쇼와사 1
(1926~1945)
일본이 말하는 일본 제국사

쇼와사昭和史란?

'쇼와'는 일본 히로히토 천황 시대의 연호로서 쇼와사는 1926년부터 1989년까지의 역사를 가리키는 말이다. 단순히 시기를 구분 짓는 의미를 넘어 시대의 상징적·문화적인 코드까지 함축하고 있다.

일 러 두 기

1. 《쇼와사》는 일본의 근현대사를 일본인의 시각에서 서술한 책이다. 지은이 한도 가즈토시는 일본의 영향력 있는 논객이자 작가로서 보수와 진보 어느 한쪽에 치우치지 않으면서 일본인이 일반적으로 가진 역사의식을 솔직하게 객관적으로 대변하고 있다. 따라서 이 책에서도 본래의 의미를 해치지 않기 위해 다소 우리의 시각이나 의식과 다르더라도 가능한 한 원문에 가깝게 번역했다. 오히려 일본인의 역사의식을 이해하는 계기가 될 것이다.

2. 용어와 고유명사도 대부분 저자의 표기를 그대로 따랐음을 밝힌다. 한국 독자가 이해하기 어려울 만한 부분은 옮긴이 주와 편집자 주를 활용했다. '대일본제국', '성단聖斷', '가라후토(사할린)' 등 일본에서 사용하는 역사적 용어를 확인하는 것 또한 의미 있으리라고 본다.

3. 가독성을 위해 한자 및 일어, 영어의 병기는 가급적 하지 않았다. 주요 인물·지명 등은 책 말미의 '주요 인명·지명·사건'에서 확인할 수 있다.

4. 《쇼와사》는 1945년을 기점으로 전전편戰前篇과 전후편戰後篇, 총2권으로 구성되어 있으며, 일본에서 전전편은 2004년 2월, 전후편은 2006년 4월에 출간되었고 이 책은 2009년 6월의 개정본을 우리말로 옮긴 것이다.

쇼와사

일본이 말하는 일본 제국사

1

1926~1945

전전편 戰前篇

한도 가즈토시 지음

루비박스

《쇼와사》를 읽는다는 것

박상미 —와세다대학 고등연구소 부교수

최근 수년간 일본의 대중매체에서는 '쇼와' 라는 말이 하나의 문화코드로 사용되고 있다. 쇼와는 일본 히로히토 천황(일왕)의 연호로서 1926년부터 1989년까지를 말한다. 천황제 국가인 일본에서 연호는 단지 정치적인 의미를 넘어 시대적인 코드까지 함축하고 있다. 예를 들어 메이지(1868~1912)는 부국강병, 문명개화를 상징하는데, 일본의 대문호인 나쓰메 소세키가 그의 소설 《코코로》의 주인공 센세를 통해 '나는 메이지의 정신이 천황에서 시작되어 천황에서 끝난 것 같은 느낌이 들었다' 라고 말하듯, 메이지 천황의 죽음은 근대화로 나아가는 시대의 끝을 뚜렷하게 인식시켰다. 반면 다이쇼(1912~1926)는 러일전쟁과 만주사변 사이의 전간기로 볼 수 있는데, 도심공간의 중산층을 중심으로 발달된 자유로운 문화와 민주주의를 표상하고 있다.

그렇다면 쇼와는 어떻게 이해해야 하는 것인가? 그것이 이 책의 주제이다. 헤이세이(1989~현재)에 들어선 지 20년이 지난 현재, 쇼와는 역사로 되돌아보기에 충분한 과거가 되어버렸다. 중일전쟁, 태평양전쟁, 미군점령 그리고 고도경제성장을 경험한 이 격동의 시대를, 10년 이상 불황을 겪으며 생동감을 잃은 지금의 일본 국민은 회상하고 그리워한다.

한도 가즈토시의 《쇼와사》는 이러한 일본 대중에게 지난 역사에 대한 관심을 증폭시킨 책이다. 평론가이자 역사소설가로 유명한 한도는 일본 내에서 영향력 있는 논객으로, 정치, 경제, 국제관계에 있어 위기에 처해 있는 일본인들이 다시 한 번 과거를 되돌아보게 하고자 《쇼와사》를 집필했음을 후기에서 밝히고 있다. 그는 이 책에서 전쟁을 이끈 일본의 정관계, 군부의 어리석은 판단과 결정 과정의 사례들을 통렬하고 적나라하게 비판하고 있다. 이러한 기록들을 단지 과거지사로 치부하기에는 그 책임의 무게가 너무 크기에, 역사가 주는 교훈을 통해 다시는 같은 오류를 범하지 않도록 일깨우고자 한 것이다.

근거 없는 자기 과신, 교만스러울 정도의 무지함, 끝을 알 수 없는 무책임 (중략)
지금의 일본도 똑같은 일을 반복하고 있지 않느냐는 생각이 듭니다. -전전편

그런데 흔히 역사로부터 교훈을 얻는다고 하지만, 이를 제대로 인식하기 위해서는 무엇보다 과거에 대한 솔직한 접근이 필요하다. 지은이가 어린 시절 진주만 공격 당시의 상황을 회고하는 장면은 역사 해석에 있어 중요한 방법론을 제시하고 있다. 세계 전쟁사에서 손꼽을 만한 대승리를 거둔 진주만 기습에 대해 지은이는 다음과 같이 서술하고 있다.

'금일 미명, 서태평양 방면에서 전투상태에 들어가다' 라는 방송이 나왔을 때 (중략) 머리 위를 덮고 있던 구름이 싹 가신 것 같은 개운한 기분이 들었던 것을 기억하고 있습니다. 대부분의 일본인이 그렇게 느꼈을 거라고 생각합니다. (중략) 거의 만세 소리를 외치고 있다고 느낄 정도입니다. -전전편

정확한 시대정황을 읽어내는 데 있어 일상의 역사, 즉 일반인들의 삶에 대한 문화사적인 접근이 필요한 이유가 여기에 있다. 지은이가 강의 형식을 빌려 서술하고 있는 《쇼와사》는 개인의 일기·수기·회고록·작가 등의 글을 인용하며 풍부한 사료를 제시하고 있다. 전후 일본인들이 스스로는 전쟁에 반대했다고 반사적으로 대응하지만, 당시의 사회상을 보면 오히려 전쟁에 광적으로 환호했다고 하는 해석은

솔직하다. 지은이는 또한 일본국민이 불경기에서 헤쳐나오기 위해 만주국 건설을 얼마나 절실하게 필요로 했는지를 지적한다. 이는 그 후 본격적으로 전개되는 전쟁을 단지 소수의 어리석은 판단에 의한 사건으로 덮어두며 잊고자 하는 것이 아니라, 그것을 대중이 지지하게 된 시대적 배경과 원인 그리고 문제점에 대하여 인정하고 있는 것이다.

이렇듯 쇼와사는 '지역'에서 바라보고자 하는 시도가 필요하며, 이는 제국시대에만 해당되는 것이 아니다. 미군에 의한 점령통치는 전후 일본의 정치문화 형성에 지대한 영향을 미쳤다. 민주주의, 평화헌법, 상징천황제, 경무장으로의 전환은 냉전기 일본의 국력을 이념논쟁이 아닌 경제성장에 집중시킴으로써 무역통상국가를 완성시키려 한 것이다. 지은이는 이러한 풍요의 일본을 형성시키는 데에 있어 한국전쟁의 특수, 지역에서 전개되는 냉전대립의 확산, 베트남 전쟁 등 주변국의 움직임이 포괄적으로 작용했음을 또한 지적하고 있다.

여기에 한 가지 균형 있는 시각이 필요한 부분이 있다. 지은이는 미 점령기 시절, 피점령국으로서 승전국의 전리에 따를 수밖에 없었던 무력함을 토로하며, 전범국으로서 받게 된 도쿄재판도 공정한 잣대가 아닌 국제정치상 힘의 논리가 반영되었음을 주장하고 있다. 힘의 논리를 내세워 승리자의 부당함을 정당화하는 것은 일본을 점령한 미국에만 해당되는 이야기는 아닐 것이다. 일본 군부가 무모하게 진행시킨 전쟁에서 병사들이 죽음으로 몰릴 때, 여기에는 본토인뿐만 아니라 동원된 조선인, 대만인, 오키나와인들도 있었다는 것은 쉽게 잊혀지곤 한다. 당시 식민지 혹은 피점령국으로서 전쟁에 참가할 수밖에 없었던 인접국에 대해서도 전후 충분한 성찰이 이루어졌어야 한다. 그런 역사 인식이 바탕이 되지 않는다면 일본이 토로하고 있는 억울함은 호소력이 경감할 수밖에 없을 것이고, 앞으로의 일본이 동북아지역에서 어떠한 위치를 확립해야 하는지에 대한 방향을 잃을 것이기 때문이다.

그리고 커다란 번영을 구가하여 다시 의기양양해 하더니 버블이 붕괴되어 우스운 꼴이 되어버리고 말았습니다. (중략) 앞으로 어떤 국가를 건설하겠다는 목표조차 없이 부유하고 있으니 다시 멸망의 40년이 시작된 것은 아닌가 하는 생각이 듭니다. —전후편

지금의 일본에게 필요한 것은 '거시적인 전망 능력'과 '유연한 풍격'이다. 이를 실현하기 위해서는 풍요의 대가로 치러진 희생에 대해서도 생각해 봐야 할 것이다. 일본근대사의 시발 이래 계속되고 있는, 변경에 대한 중심으로부터의 배제, 단일민족 신화와 같은 배타성, 불충분한 역사교육 등은 새로운 시대로의 전환에 걸림돌이 될 것이다. 전쟁을 체험한 이들이 대다수를 점하고 있던 시대에는 그들의 전쟁관과 역사관이 전면에 나오게 된다. 하지만 그 이후의 세대가 중심이 되어가면서 보다 다각적으로 의논할 여지가 생기고 있다. 제국형성, 15년 전쟁, 탈식민지 국가와의 관계, 냉전, 소비문화, 탈정치 등 일련의 경험들을 아시아와의 관계 속에서 재조명하는 것, 이것은 앞으로의 세대가 이루어나가야 할 역사 서술 작업일 것이다.

마지막으로, 정교하게 풀어나간 번역에 대해 언급하고자 한다. 고어나 속담은 물론 무수한 인명과 지명의 해독에서 번역자의 노고를 알 수 있다. 일본에서는 자연스럽게 쓰이는 표현이나 한국에서는 위화감을 주는 용어에 대해서는 주석을 활용해 독자들에게 설명을 덧붙이는 등 일본사 번역서의 발전 모습을 발견할 수 있다.

한국근현대사와도 밀접한 관계를 갖는 일본근현대사. 이 시기에 우리는 식민지배를 겪었고, 냉전을 공유했으며, 탈식민지 국가 재건과정을 겪었다. 번영과 몰락을 반복한 쇼와 시대의 일본의 경험을 이해하는 것은 한국의 근현대사를 뒤돌아보는 데 있어서도 큰 도움이 될 것이다. 역사서로서는 드물게 대중적인 사랑을 받아 일본에서 베스트셀러가 된 이 책이 한국의 독자들에게는 아시아를 바라보는 하나의 시각을 소개해줄 것이라 믿는다. 부디 비판의식을 잃지 말고 열린 마음으로 이 책에 다가갔으면 하는 바람이다. 이에 《쇼와사》의 한국어판 출간을 축하하며, 일본 관련 전공자뿐만 아니라 대중적으로 널리 읽히길 바란다.

쇼와사의 뿌리에는 '붉은 석양의 만주' 가 있다

러일전쟁의 승리가 가지는 의미

국가 흥망의 40년

　가에이 6년(1853) 갑자기 흑선을 타고 일본에 나타난 페리가 개국을 독촉한 지 150년이라는 시간이 지났습니다. 이는 근대 일본이 시작된 지 150년이 지났다는 걸 의미합니다.

　그러나 제 생각에는 근대 일본의 출발점은 페리가 일본에 나타난 때가 아니라, 페리가 온 지 12년 후인 게이오 원년(1865), 즉 교토의 조정에서 일본을 개국하겠다고 국책을 변경한 그때를 기준으로 삼아야 한다고 생각합니다.

　그 전까지만 해도 조정에서는 개국이라니 말도 안 되는 소리다, 당장 외국인을 내쫓으라는 양이 정책을 취하고 있었는데 도쿠가와 막부가 미국의 대포를 두려워한 나머지 개국하게 되었습니다. 그 점을 괘씸하게 여기던 사쓰마와 쵸슈의 근황勤皇 지사들이 도쿠가와 막부를 타도해야 한다, 양이를 관철해야 한다는 주장을 펼쳐 메이지유신이라는 일대의 큰 사건이 벌어지게 되었습니다. 그러나 그런 주장을 한다고 해서 일본 혼자만의 힘으로는 외국인을 쫓아낼 수 없을 겁니다. 그래서 결국 교토의 조정은 국가를 개방하여 세계의 국가들과 교류를 할 수밖에 없다고 결정을 내렸습니다. 즉 '양이를 위해 개국을 한 것' 입니다. 이것이 게이오 원년에 일어난 일입니다. 일본은 이때 개국을 국책으로 정했고 개국을 통해 세계의 문명과 부딪치며 자신들의 나라를 새롭게 만들어가려고 했습니다.

　그로부터 3년 후인 게이오 4년이 메이지 원년이 되니, 메이지 시대가 시작되자마자 모두들 새로운 국가 만들기에 열중했다고 할 수 있습니다. 이때 일본은 세계의 다른 국가들에게 지지 않기 위해서, 또는 세계열강의 식민지로 전락하지 않기 위해서 어느 정도 무리를 했던 것은 사실입니다. 해결해야 할 많은 문제들을 뒤로 제쳐두고, 어떻게든 서둘러서 어느 정도 성장한 국가를 건설하는 일에 집중했습니다.

그런 노력들이 비교적 잘 진행이 되어서 결국 일본은 열강의 식민지가 되지 않고 근대국가로 탈바꿈하는 데 성공했습니다.

이때 동남아시아 국가들은 대부분 유럽이나 미국 같은 열강의 식민지가 되었습니다. 예를 들어, 인도, 버마(현재의 미얀마), 싱가포르는 영국의 식민지가 되었고, 홍콩의 경우는 식민지는 아니지만 영국이 강제로 100년 동안 중국으로부터 빌렸습니다. 지금의 인도네시아는 네덜란드의 식민지, 베트남 등 인도차이나 3국은 프랑스의 식민지, 필리핀은 미국의 반식민지가 되었습니다. 그런데 일본만은 때마침 아프리카에서 일어난 전쟁으로 인해 구미 열강이 아시아에서 유럽의 본국으로 돌아가야만 했기에 운 좋게 식민지가 되는 일을 피할 수 있었습니다. 하지만 이런 세계정세와는 별개로 메이지 시대의 일본인들이 제대로 된 건실한 국가를 만들려고 노력한 것은 사실입니다.

그런 성과가 나타나 일본은 메이지 27년, 28년(1894, 1895)에 잠자는 사자로 불렸던 아시아의 유일한 강국 청나라와의 전쟁(청일전쟁)에서 승리했고, 메이지 37년, 38년(1904, 1905)에는 당시 세계의 5대 강국의 하나라고 불렸던 제정러시아와 전쟁(러일전쟁)을 벌여서 가까스로 이길 수 있었습니다. 그리고 세계 각국에 아시아에 일본이라는 나라가 있다는 사실을 인식시킬 수 있었습니다. 즉 국가를 개방한 뒤 정확히 40년이 걸려서 일본은 근대국가를 완성시켰습니다.

그런데 이 이후 다이쇼, 쇼와기에 일본은 당당한 세계의 강국이다, 세계의 강국들과 어깨를 겨루게 되었다는 생각에 일본인들은 우쭐해졌고 도취감에 사로잡혀 흥분한 나머지, 전 세계를 상대로 전쟁을 벌이기 시작합니다. 그 결과 메이지의 선조들이 열심히 만들어놓은 국가를 멸망시키고 마는데, 이것이 쇼와 20년(1945) 8월 15일의 패전입니다.

1865년부터 국가 건설을 시작하여 1905년에 완성한 이 국가를 40년 후인 1945

년에 다시 멸망시키고 만 것입니다. 국가를 만드는 데 40년, 국가를 멸망시키는 데 40년. 정말 말 그대로 대구법과 같은 결과가 만들어졌습니다.

또 하나 말씀 드리자면 패전국 일본이 미국에 점령당했을 때입니다. 비록 식민지가 된 것은 아니었지만 일본은 미국이 하는 말을 무조건 들어야만 하는 고통스러운 7년을 보냈습니다. 그 후 강화조약에 조인하고 새로이 전후 국가 건설을 시작한 것이 1952년의 일입니다.

그리고 여러 가지 사건들을 겪으면서도 어떻게든 전후의 일본을 부흥시켜 세계 1, 2위를 다투는 경제대국의 자리를 차지했지만 이때 다시 자만심에 젖어들어 영광은 물거품처럼 사라졌습니다. 이래서는 안 된다며 정신을 차리자는 생각이 든 것 역시 정확히 40년 후의 일입니다. 그와 동시에 쇼와 (쇼와는 일본 히로히토 천황 시대의 연호로서 1926년부터 1989년까지를 말함. – 편집자)가 끝나고 헤이세이가 도래했습니다.

이렇게 국가를 만든 과정을 보면, 만드는 데 40년, 멸망하는 데 40년, 다시 열심히 고쳐 만드는 데 40년이 걸린 걸 알 수 있습니다. 그리고 또다시 멸망을 향해 나아온 지 벌써 10년이 지났습니다. 어쨌든 제가 지금부터 말씀 드리려고 하는 쇼와기 전반기는 그 멸망의 40년 중에서 가운데쯤에 해당한다고 할 수 있습니다.

독자들은 우선 세계의 5대 강국의 하나인 제정러시아와의 싸움에서 승리하여 어느 정도 근대일본을 완성시킨 결과 일본이 무엇을 얻었는가를 생각해야만 할 것입니다. 즉 건설의 40년 동안 일본이 얻은 것에 대해서 다시 한 번 생각한다면 나머지 40년에 대해서 이해하기가 쉬울 것입니다. 그런 이유로 일본이 러일전쟁에서 이겨 무엇을 얻었는가에 대해서 자세히 살펴보도록 하겠습니다.

국방의 최전선인 만주

제정러시아는 잘 알고 있듯이 북쪽에 있는 나라입니다. 겨울이면 꽁꽁 얼어붙는 시베리아에는 자유롭게 드나들 수 있는 항구가 없기에 제정러시아는 부동항을 갖고 싶어했습니다. 그래서 청나라 황제의 발상지이자 당시의 청나라, 현재는 중국 영토인 중국 동북부 지역과 만주에 강제로 진출하여 무력으로 청나라와 조약을 체결하고 만주가 갖고 있던 여러 가지 권익들을 빼앗아갔습니다. 구체적으로 말하자면 요동반도에 있는 여순, 대련이라는 큰 항구를 러시아 것으로 만든 것입니다. 러일전쟁이란 결국 부동항을 원했던 제정러시아가 점점 남하해서 여순(뤼순)과 대련(다롄)을 청나라에게서 강제로 빼앗고, 그뿐만 아니라 조선반도에까지 세력을 펼치려 했기에 이에 위협을 느낀 일본이 러시아의 남하를 저지하고자 자존자위를 위해 일으킨 전쟁입니다. 이 전쟁에서 이긴 덕분에 일본은 러시아와의 조약, 그리고 청나라와의 '만주에 관한 조약'을 통해 여러 권익을 챙길 수 있었습니다.

그중 하나가 관동주, 즉 요동반도의 대부분을 청나라에서 빌려 자유롭게 사용할 수 있는 권리였습니다. 그리고 남만주 철도로, 장춘(후에 신경(신징)이 됩니다. 현재는 장춘)에서 여순까지의 철도 경영권을 얻게 됩니다. 세 번째는 안봉 철도인데, 국경선인 안동(안둥, 현재의 단동)에서 봉천(펑톈, 현재의 선양) 사이에 부설된 군용철도의 경영권을 얻었습니다. 이로써 만주 남부의 철도 경영권을 거의 획득할 수 있었습니다. 그리고 남만주 철도에 속한 탄광의 채굴권도 얻었습니다. 또, 그 이후에는 청나라와의 협정을 통해 압록강 우안 지방의 삼림 채벌권도 얻었습니다. 그리고 마지막으로 가장 중요한 것으로 이렇게 권리를 얻은 철도를 안전하게 지키기 위해서 군대를 설치하겠다고 주장합니다. 즉 철도 수비를 위한 군대 주둔권을 얻게 되었습니다. 러일전쟁에 이기게 된 결과 일본은 그때까지 아무런 관계가 없었던 만주에 발을 들여놓게 되고 군대를 파견하는 발판을 마련하게 되었습니다.

만주지도

　만주는 일본에 세 가지 의미가 있습니다. 먼저 첫 번째로 러시아의 뒤를 잇는 소
비에트연방이 잃어버린 권리를 되찾으려 남하해 올 가능성이 있기에 일본은 국가
방위를 위한 최대한의 방위선(후에 일본의 생명선이라고 불립니다), 일본 본토를 지키
기 위한 최선단의 방위선을 그어놓아야만 했습니다. 그리하여 생명선의 의미를 가
지는 만주가 탄생됩니다. 처음에 철도나 주민을 지키기 위해 주둔한 군대는 1만 명
정도였는데(마지막에는 70만 명으로 늘어납니다), 이들은 오직 광동의 여순과 대련에
사령부를 두었기에 다이쇼 8년(1919)부터 관동군이라고 불리게 됩니다. 일본은 이
들 관동군을 차례로 늘릴 방책을 세우게 됩니다.

　그리고 두 번째로 자원이 빈곤한 일본은 그때까지 철이나 석유, 주석, 아연 등을
미국과 영국의 식민지인 동남아시아로부터 수입하고 있었는데, 이제는 더 이상 외
국에서 수입을 하지 않아도 자력으로 살아갈 수 있는 길이 열렸다는 기대감을 안게
되었습니다. 즉 일본 본토를 지키기 위한 자원 공급지로서 만주가 주목을 받게 된
것입니다. 그러나 실제로 만주에서는 철이나 석탄은 많이 생산되었지만 석유는 나
지 않습니다. 만약 석유까지 생산되었다고 하면 쇼와사는 상당히 많이 달라졌을 거

라고 생각되는데, 어쨌든 유감스럽게도 석유만은 나오지 않았습니다. 그러나 그 밖의 상당한 양의 자원은 만주에서 획득할 수 있었기에 이제까지 영국과 미국에 완전히 의존하던 형태에서 어느 정도 탈피하여 일본제국은 세계의 다른 열강들과 동등해질 수 있을 정도의 힘을 가질 수 있게 되었습니다. 이처럼 일본이 강국이 되는 데는 만주가 필요 불가결한 지역이라고 할 수 있습니다.

그리고 세 번째로 인구가 점점 불어나 토지가 협소해진 일본에서 만주는 인구 유출지로서 주목받게 됩니다. 메이지가 끝날 무렵부터 활발하게 식민정책이 펼쳐져 수많은 일본인이 바다를 건너 만주로 갔습니다. 쇼와기에 들어서는 그 수가 급증했습니다. 이주해 간 사람들은 예전부터 만주에 있던 만주인, 또는 몽고인, 조선인들이 개척해서 살고 있던 토지를 강제로 빼앗거나 터무니없는 헐값으로 사들여서 이들의 원한을 사게 되었습니다. 이후 쇼와 11년(1936)에는 히로타 고키 내각이 '20년간 100만 호 이주계획'을 세워서 100만 호를 만주에 보내려고 했습니다. 숫자가 그 정도가 되면 그곳에 원래 살고 있던 사람들의 토지를 빼앗지 않고서는 개척을 할 수가 없습니다. 실제로는 그동안에 전쟁이 일어나 100만 호에는 미치지 못했습니다. 그러나 처음에는 농가의 차남이나 삼남들, 일본에서 먹고살 게 없어서 만주에서 새롭게 일을 하려고 했던 사람들, 탄압 때문에 일본에 있기가 힘들어진 전향한 공산주의자들이나 사회주의자들 등 쇼와시기에 걸쳐서 이런저런 이유로 많은 사람들이 만주로 이주하여 40만 명에서 50만 명 정도로 이민이 늘어난 것은 확실합니다.

이처럼 크나큰 역할을 세 가지나 수행한 만주를 일본은 러일전쟁에서의 승리 덕분에 손에 넣게 되었는데, 메이지 시대가 끝난 이후에도 이 땅을 어떻게 경영할 것인가가 정치의 중심과제가 되었습니다. 일본은 작고 긴 형태의 국토를 가진 국가입니다. 해안선이 긴 섬나라이기에 적국이 본토에 상륙해서 공격해 온다면 방어하기가 용이하지 않고 눈 깜짝할 사이에 당할 수 있다는 공포심을 끊임없이 가지고 있었습니다. 국가를 방어하려면 바다를 이용해야만 하고 그러기 위해서는 바다 건너에 있는 토지를 방어선으로 삼아야만 한다는 생각을 항상 가지고 있었습니다. 일본 본토를 방어하기 위해서는 조선반도에 일본 군대를 두어서 조선반도를 굳건히 지켜야만 하고, 조선반도를 방어하기 위해서는 조선과 땅이 이어진 만주를 지켜야만 했습니다. 그래서 만주에서의 자신들의 권리를 확실하게 지키고 제대로 이용하기 위해서 메이지 40년(1907)경에 만주 경영을 시작합니다. 그와 동시에 중간에 있는 조선반도(당시 조선은 외국 세력들의 입김이 많이 작용해서 정치나 군대 모두 안정되지 못한 상태였습니다)에 대한 압박도 자연스럽게 심해져 결국 메이지 43년(1910)년에 병합이라는 강경수단을 내놓게 되었습니다. 국제적으로 인정받았다는 것을 이유로 들면서 일본은 계속 북쪽을 향해 올라가는 정책을 폈습니다. 그와 동시에 국력도 확실하게 다져지기 시작했습니다.

아쿠타가와 류노스케의 《지나유기》에서

그런데 한번 생각해봅시다. 제정러시아와의 전쟁에서 이겼다고 해서, 일본이 러시아와 청나라 사이에 맺어진 조약을 마음대로 바꾸고 만주의 권익을 통째로 가져가는 것을 청나라가 용납하지 않을 거라는 건 당연히 예상할 수 있습니다. 청나라에서 일본의 정책에 대한 반대의 목소리가 커져갔습니다. 그러나 강국의식에 사로잡혀 위세 등등해진 일본은 청나라를 강압적으로 억누르려고 했습니다.

한편, 메이지가 끝날 무렵부터 일본에 유학 와서 많은 것을 배운 청나라의 지식인이나 젊은 군인들은 조국의 상황을 보고 이처럼 국력이 약해져서는 세계의 먹잇감이 될 것이다, 독립국가가 되어야만 한다, 청 왕조를 쓰러뜨려 자신들의 정부를 만들자는 운동을 일으키게 됩니다. 영국, 프랑스, 독일, 러시아, 미국, 네덜란드 같은 세계열강이 청나라에 몰려와서 제 멋대로 청나라의 권익을 빼앗고 국내에서는 예전부터 군벌이라 불린 산적 두목들이 여기저기서 나와 활개를 치며 다니고 있었습니다. 군벌들은 국가 통일에는 전혀 관심이 없고 자신들의 세력을 키우는 일에만 몰두하여 마치 일본의 전국시대처럼 세력다툼을 계속하고 있었습니다. 그런 상황을 우려의 눈으로 바라보던 청나라의 지식인들은 신국가를 건설하려는 혁명운동을 일으키게 됩니다.

그리고 일본이 조선을 병합하고 만주의 권익을 일본 것으로 만들려고 했을 무렵, 청나라에서는 일본에서 공부했던 손문(쑨원)이나 장개석(장세스) 등 유능한 군인들이 신해혁명을 일으킵니다. 일본으로 치자면 다이쇼 원년(1912), 청조는 드디어 멸망하고 중화민국이라는 새로운 나라가 만들어집니다. 그러므로 일본이 조선반도와 만주 경영을 시작했을 무렵에 그와 때를 맞추어 이웃의 대국인 중국이 새로운 국가 건설을 시작했다고 할 수 있습니다.

통일을 향한 중국의 그런 움직임에 군벌이 반발하여 여러 곳에서 내전이 일어났는데 중화민국군은 그런 군벌을 계속 토벌하면서 새로운 국가 만들기에 매진합니다. 일본은 그런 광경을 보고 곤란한 사태가 벌어졌다고 느꼈을 것입니다. 그렇지 않아도 만주를 둘러싸고 청나라 정부와 갈등을 빚고 있었기 때문이지요. 만약 청나라와 아무런 관계가 없는 중화민국이 만들어진다면 그야말로 아무런 관계가 없는 일본이 만주의 여러 권익을 빼앗는 것이 됩니다. 중화민국이 그 점을 용인하지 않을 거라고 생각하는 건 지극히 당연한 일입니다. 그러니 장래의 중일 관계가 충돌을 일으키리라는 것 또한 예상할 수 있었습니다.

그런데 마침 1914년(다이쇼 3년), 유럽에서 제1차 세계대전이 일어납니다. 독일을 상대로 영국, 프랑스, 러시아가 싸운 대전쟁으로서 아시아의 국가들은 별다른 관련성이 없었는데 일본은 이것을 기회로 여겼습니다. 유럽 열강의 눈길이 아시아에서 완전히 거두어진 때문입니다. 일본은 이 점을 포착해서 다이쇼 4년(1915)에 아직 약체인 중화민국 정부에 대해 강제로 요구사항을 들이댑니다. 간단하게 말해서 청나라에서 빼앗은 만주의 여러 가지 이권, 즉 남만주 철도나 요동 철도의 경영권, 광동

(간토) 주의 조차, 그 외에 모든 특수 권익의 기한을 100년 정도 연기하는 등 전부 합해서 21개조의 요구사항을 무력을 통해 무리하게 관철시켰습니다. 이것을 '대화 21개조의 요구'라고 합니다. 일본이 한 일들을 보고 너무 지나친 것 아니냐며 따질 법한 유럽 열강들이지만 자신들의 전쟁 때문에 다른 나라 일까지 신경 쓸 겨를이 없었습니다. 중국은 계속 내전을 치르면서 하나의 국가로 정리되어갔지만 그 과정에서 일본에 대한 분노는 점점 강해지게 됩니다. 그리고 그 분노가 계속 이어지다가 오히려 반발력으로 작용하여 중화민국도 하나의 국가로서 힘을 키우게 되었습니다. 그리고 자각을 하기 시작한 중국 민중들도 국가에 대해 진지하게 생각하게 되면서 러일전쟁에서 이겼다고 갑자기 잘난 척하기 시작한 아시아의 섬나라, 일본에 대한 반감은 걷잡을 수 없이 커져갔습니다.

중국 북부 일대에 폭발적으로 번진 반제국주의 운동인 의화단사건(1899~1901, 북청사변이라고도 합니다) 이래 여러 강국들은 중국 각지에 대한 주둔군을 인정받거나 상해에 특수 권익을 가진 조차를 만들거나 했습니다. 그래서 중국 민중은 구미 열강들에 상당한 반감을 느끼고 있었는데, 이 무렵부터(다이쇼 초기부터) 그들의 반감은 주로 일본을 향하게 됩니다. 다이쇼 8년(1919)에는 대화 21개조의 요구를 중국 역사가 시작된 이래 겪는 커다란 굴욕적인 사건으로 인식한 북경의 학생들이 일본에 대한 맹렬한 항의운동을 펼쳤는데, 일본은 그런 학생들을 탄압하게 됩니다. 이른바 5·4운동이라고 불린 사건입니다.

작가인 아쿠타가와 류노스케(1892~1927)가 다이쇼 10년(1921) 3월 하순에서 7월 하순까지 약 120일 동안 신문사 특파원 자격으로 중국대륙을 여행했는데 상해, 남경, 한구(한커우), 장사(창사), 낙양(뤄양), 북경(베이징), 대동(타이둥) 등 여러 곳을 방문하고 르포르타주를 썼습니다. 경치를 감상하고, 사람들과 만나 인정을 나누고, 유적지를 방문하고, 진귀한 음식을 맛보거나 한 여행 기록인데, 그중에 중국 민중의 일본에 대한 혐오감과 배일운동을 자주 눈으로 접할 수 있었다고 쓰여 있는 부분들이 있습니다. 항주(항저우)의 서호라는 곳을 작은 배를 타고 돌아다니면서 소소소라는 당나라 시대의 미인의 묘를 찾아갔을 때의 일입니다(이하, 《지나유기》에서).

……이 당대의 미인의 묘는 볏짚으로 만든 지붕을 얹었고 회반죽 등으로 칠을 한 것 같아 전혀 시적인 감흥이 없고 마치 흙으로 빚은 만두와도 같다. 특히 묘가 있는 부근은 서냉교(시렁차오)의 관청이 돌보지 않아서인지 황폐해질 대로 황폐해져 삭막하기가 그지없다. (중략) 파헤쳐진 흙 위로 아플 정도로 따가운 햇살이 비추고 있다. 게다가 서냉교(시렁차오)의 밭길에서는 중국 중학생 2, 3명이 일본을 욕하는 노래 비슷한 것을 부르고 있다.

간단하게 쓰곤 있지만 그 무렵 중학생들까지 큰 소리로 '일본이여, 당장 나가라'라는 반일의 노래를 부르고 있었음을 알 수 있습니다. 그리고 소주(쑤저우)에서는 노새를 타고 천평산의 백운사로 갑니다.

천평산 백운사로 가보니 산에 있는 정자의 벽에 일본을 욕하는 낙서가 많이 있었다. 諸君, 儞在快活之時, 不可忘了三七二十一條 라고 써놓은 것이 있다.

제군, 아무리 기분이 좋을 때라도 21개조를 잊어서는 안 된다는 뜻인데, 이것은 앞서 말한 대화21개조를 말하는 것이겠지요. 그리고

'犬與日奴不得題壁' 이라고 써놓은 것도 있다. (중략) 그리고 더욱 험악한 '莽蕩河山起暮愁. 何來不共戴天仇. 恨無十万橫磨劍. 殺尽倭奴方罷休.' 라는 명시도 있다.

개와 일본인만큼은 벽에 글씨를 쓰게 하지 않겠다. 지금은 중국의 산과 강이 사납게 광분하고 있다. 그걸 보고 있으면 왠지 모르게 쓸쓸함이 솟아 나온다. 같은 하

늘을 함께할 수 없는 적이 왜 중국에 온 것일까. 원한을 가진 10만의 민중이 칼을 닦고 있으니 일본인을 모조리 죽여야만 비로소 한숨을 돌릴 수가 있다, 라는 내용입니다. 그리고

　　물어보니 배일을 부추기기 위해 드는 비용은 30만 엔 내외라고 하는데, 이 정도
　　로 효과가 있다고 하면 일본의 상품을 내쫓을 수 있을 뿐 아니라 오히려 값싼 광
　　고비다.

　이 부분이 아쿠타가와의 유머러스한 점인데, 어디서 들었는지는 알지 못하지만 이런 식으로 사람들에게 일본을 욕하는 글을 쓰게 하거나 배일운동을 시키는 데 드는 돈이 30만 엔 정도인데 그 효과가 상당하니 일본 상품을 보이콧하는 것보다 훨씬 광고비가 싸게 먹힌다는 것입니다.
　그리고 장사(창사)라는 곳에 가서는 학교를 참관했습니다.

　　보기 드물게 심술 맞은 얼굴을 한 젊은 교사가 안내를 해준다. 배일운동을 하기에
　　연필 같은 것은 사용하지 않으니 여학생들은 모두 책상 위에 붓과 벼루를 두고 기
　　하와 대수를 공부하고 있다.

　다시 말해 배일을 위해서 일본 상품인 연필을 일절 사용하지 않는다, 책상 위에 벼루를 두고 거기에 먹을 갈아 붓에 찍어 기하나 대수를 공부한다는 것입니다.

　　이어서 기숙사도 한번 보고 싶어서 통역하는 소년에게 부탁을 하니, 교사가 퉁명
　　스럽게 말하기를, "그건 안 될 말입니다. 바로 전에 이 기숙사에 병졸이 5, 6명 난
　　입해서 강간사건을 일으켰단 말입니다!" 한다.
　그 병사를 일본인이라고 쓰지는 않았지만 아쿠타가와는 그렇게 생각한 듯합니

다. 일본인 병졸들이 여학교 기숙사에 들어와서 잔혹한 일을 벌였다고 교사가 비난하고 있습니다.

이처럼 중국에서는 국가 건설이 아직 완성되지 않았는데도 배일운동이 활발하여 일본에 넘겼던 만주의 권익을 돌려 달라는 목소리가 점점 높아지고 있었습니다. 그것이 다이쇼에서 쇼와의 초기에 걸친 국제 상황입니다.

정세가 악화된 쇼와 시대의 개막

그와 동시에 다이쇼가 끝날 무렵에는 장개석이 이끄는 중화민국의 국민당군이 상당히 강력해져서 곳곳에 산재해 있는 군벌들을 차례로 토벌했습니다. 그중에서도 가장 구적인 중국 공산당군과의 싸움에서 이겼습니다. 이에 공산당군은 장정이라고 불린 대륙 종단을 강행군하며 남에서 북쪽으로 도망쳤습니다. 그리고 국민당군은 남에서 북을 향해 진격을 개시하는 북벌을 다이쇼 15년(1926)에 시작합니다. 다이쇼 15년은 쇼와 원년이 되는 해인데 장개석의 군대는 이 무렵 북경에 이르게 됩니다. 즉 일본이 가장 위험시했던 중국의 국가 통일이 완성을 내다보고 있고 내전도 종결되고 있을 때 다이쇼가 끝난 것입니다. 한편, 제정러시아에서는 러시아 혁명이 일어나 소비에트 정권이 수립되고 사회주의 국가 건설이 시작되었습니다. 다이쇼 6년(1917)이었습니다.

요컨대 쇼와란 그토록 두려워했던 중국의 통일이 서서히 진행되고, 그와 동시에 일본 최대의 가상 적국인 러시아도 새로운 국가 건설을 시작할 시기였으니, 일본을 둘러싼 환경이 점점 악화되고 국제정세가 격동하기 시작한 출발점이기도 합니다. 그러나 강국이 된 일본을 유지하고 강하게 만들고 발전시키기 위해서 일본은 무슨 수를 쓰던 조선반도와 만주를 끝까지 붙잡고 늘어지려고 했습니다. 그러니, 악화 일로에 있는 상황에 어떻게 대응해야 할 것인가, 이 문제들을 어떻게 처리해야 할 것인가가 일본의 크나큰 사명이자 쇼와의 일본인이 신속하게 해결해야 할 숙제가 되었습니다. 여기서 쇼와가 출발합니다.

쇼와사의 여러 사건들은 항상 만주 문제와 얽혀서 일어납니다. 그리고 크고 작은 사건들이 겹쳐 일어나다가 드디어 국가의 운명을 건 태평양전쟁이 일어나게 됩니다. 어쨌든 여러 요소들이 복잡하게 얽히면서 역사는 전진합니다. 그리고 그 뿌리에 붉은 석양의 만주가 있었던 것도 사실입니다.

여담이지만 다이쇼 시대의 중요한 이야기를 해볼까 합니다.

제1차 세계대전 시 일본은 아무런 관여를 하지 않고 모르는 척했어야 했는데 자기 몫을 받고 싶은 마음에 나중에 갑자기 참가를 하게 되었습니다. 참가를 한 이유는 동맹국인 영국이 아시아에서 독일의 군함이 활개를 치고 다니는 걸 어떻게든 막아달라고 부탁했기 때문이라고 하는데, 어쨌든 결국 독일이 항복을 하고 일본은 전승국 쪽에 서게 됩니다. 그리고 1919년에 전승한 27개국이 참가하여 베르사유 조약을 체결하고 일본은 독일이 권리를 가졌던 마셜제도 등 남양제도를 통째로 통치지로 위임받게 됩니다. 일본은 다시 한 번 우쭐한 기분에 젖어들게 됩니다.

그런데 다이쇼 3년(1914)부터 벌인 7년이라는 장기 전투에 유럽의 참전국들은 승패와 관계없이 국력과 자산을 낭비하고 피폐해져갔습니다. 이대로라면 세계는 도저히 손을 쓸 수 없는 지경이 될 것을 우려하여 현재 국제연합의 전신인 국제연맹이 탄생되었습니다. 연맹의 탄생을 계기로 앞으로는 제대로 국제 협조를 해 나가자, 그러기 위해서 군비를 제한하자는 목소리가 커지게 되었습니다.

그리하여 영국이 중심이 되어 미국과 손잡고 프랑스 등 승전국이 워싱턴에 모여서 군비축소조약을 만들기 위한 활동을 벌입니다. 그 결과물이 워싱턴 해군군축조약입니다. 일본은 다이쇼 11년에 정식으로 조인했습니다. 이것이 유명한 5 대 5 대 3

의 비율로 불리는 것으로, 주력함(전함과 항공모함)의 비율을 미국과 영국의 5에 대해서 일본은 3으로 한다는 말입니다.

러일전쟁의 해전에서 대승리를 거두어 세계 일류의 해군국이 된 일본으로서는 이 조약이 유쾌할 리가 없었습니다. 그러나 세계평화를 위해서는 조약안에 따르는 것이 좋겠다는 선견지명을 가진 해군 가토 도모사부로가 전권대사로 가서 "국방은 군인의 전유물이 아니고 전쟁 역시 국가 총동원이 아니고서는 목적을 달성하기 어렵다.……쉽게 말하자면 돈이 없으면 전쟁은 불가능하다는 말이다."라고 딱 잘라 말했으니 이 비율을 인정한 셈입니다. 그 결단은 상당히 훌륭했습니다. 다만 그 전에 미국이 교묘한 외교작전으로 일본을 자극하여 영국과 메이지 35년(1902)에 체결한 영일동맹, 즉 중국에서의 상호 권리의 보호 등에 관해 맺은 동맹을 폐기하게 만듭니다. 영일동맹의 폐기는 이후 일본의 외교에 상당한 영향을 끼치게 됩니다. 그때까지 일본과 영국은 상당히 사이가 좋은 국가였지만 그 관계가 깨어지고 일본은 독자적인 외교노선을 걷게 됩니다.

워싱턴 군축조약과 영일동맹의 폐기를 동반한 세계 체제는 쇼와에 들어온 뒤 여러 가지로 큰 문제를 일으킵니다. 이 점을 미리 기억해두시기 바랍니다.

1장

쇼와는 '음모' 와 '마법의 지팡이' 로
막을 열었다

장작림 폭살사건과 통수권 간범

장작림 폭살사건의 범인은?

드디어 쇼와기에 들어왔습니다.

이제 일본군이 중국의 대군벌 두목인 장작림이 탄 기차를 폭발시켜 암살했다고 하는 이른바 장작림[*1] 폭살사건(주로 '만주 모 중대 사건'이라고 불립니다)에 대해서 이야기하려고 합니다.

앞서도 잠시 살펴보았지만 메이지 44년(1911), 중국에서는 손문(쑨원)이 신해혁명을 일으켜 청나라가 무너지고 공화제가 시작됩니다. 그 다음 해에는 남경을 수도로 한 중화민국이 세워집니다. 이때부터 중국이 새로운 국가로 등장하고 그로 인해 일본이 취하는 정책에 매우 큰 영향을 주게 됩니다.

그렇지만 중국 통일이 간단하게 이루어진 것은 아닙니다. 여러 곳에서 암약하던 군벌들이 국민당군과 싸우거나, 국민당군 내부에서 세력다툼이 일어나거나, 아니면 좀 더 나중에 성립한 공산당군이 국민당군과 충돌하는 등 항쟁이 끊이지 않아 다이쇼 시대에 들어와서도 중국에서는 여전히 혼란이 이어지고 있었습니다. 그러다가 다이쇼 9년(1920)경에는 손문을 대장으로 하는 광동군과 장개석을 대장으로 하는 강서군이 힘을 합해 국민정부군이라는 큰 세력을 만들었습니다. 국민정부군은 크고 작은 군벌들을 차례로 토벌하여 통일을 향해 나아가게 됩니다.

그 무렵 중국의 동북지방, 즉 만주의 대군벌 두목으로 군림하고 있던 자가 장작림이었습니다. 만주에는 소군벌이 많이 있긴 했지만 전체적으로는 장작림이 지배하고 있었습니다. 이윽고 장작림의 동북군과 국민당군이 대립하기 시작했는데 일본으로서는 만주를 어떻게든 자신들의 세력하에 두고 싶은 마음에 장작림을 선동하여

장작림 폭살사건 현장

여러 가지 공작을 펼쳤습니다. 그리고 장작림 또한 국민당군과 싸우려면 일본군의 후원이 필요했기에 여기서 일종의 밀월시대가 잠시 이어집니다. 그러나 장작림은 이내 기세가 등등해져서 자신을 대원수라고 칭하고 북경까지 진공하더니 일본군을 방패 삼아 북경정부까지 만들어버립니다.

그런데 거만해지기 시작한 이 대원수가 점점 일본의 말을 듣지 않게 됩니다. 이 대로 두면 더 이상 도움이 되지 않겠다고 생각한 일본은 다이쇼 10년(1921) 하라 다카시 내각 때 장작림을 죽여서 만주의 안녕을 보장하자고 방침을 정했습니다.

쇼와 3년(1928), 장개석의 국민당군과의 충돌에서 패배한 장작림이 북경에서 도망쳐 나온다는 정보가 들어왔습니다. 이에 일본 육군은 종래대로 장작림을 떠받들면서 국민당군과 정면으로 충돌하게 하는 것은 상당히 위험하니 오히려 장작림을 배제하고 만주를 일본군 스스로 통치하는 형태로 만들자는 계획을 몰래 세웠습니다. 그런 때 장작림이 베이징에서 봉천으로 도망쳐 돌아오는 것이 확인되자 관동군의 참모들은 그 열차를 폭발시켜야겠다고 생각했습니다. 쇼와천황이 직접 쇼와 시대를 이야기한 《쇼와천황 독백록》이라는 책이 있는데, 이 책의 앞부분에 장작림 폭살사건이 다루어지고 있습니다. 즉 쇼와라는 대동란이 시작되는 기점은 이 사건이라고 할 수 있습니다.

6월 4일의 일입니다. 정말로 장작림을 태운 열차가 봉천 부근에 도착했을 때 선로에 장치해 두었던 폭약이 폭발하여 눈 깜짝할 사이에 열차가 불에 타고 장작림은 폭발로 인해 죽게 되었습니다. 물론 관동(간토)군은 자신들이 꾸민 음모가 아니라 현장에서 사체로 발견된 2명의 중국인 아편중독자가 한 짓으로 만들 생각이었습니다. 그렇지만 이 엉터리 계획은 금방 들통이 나버렸습니다. 두 사람이 전날 봉천(펑톈)의 공중목욕탕에서 "내일 우리가 큰일을 벌일 것이다."라고 떠벌리는 것을 많은 사람들이 들었다고 합니다. 설마 자신들까지 죽게 될 이런 일을 벌일 리가 없다, 돈을 받고서 한 것이 틀림없다, 그렇다면 과연 누가 했을까 하고 따져보니 배후에 관동군이 있다는 것이 금방 포착되었습니다.

장작림 암살의 원흉이 일본군이라는 것이 알려지면 세계적으로 큰 문제가 되기에 관동군은 자신들과는 관계가 없다고 계속 버텼습니다. 그러나 현장의 상황 등을 통해서 일본군의 모략이라는 것이 서서히 밝혀지게 됩니다. 그러나 결정적인 증거는 없습니다. 군벌의 대장인 장작림은 일본군 말고도 다른 군벌들이나 국민당군과 대립하고 있었습니다. 따라서 군벌과 국민당군이 장작림의 목숨을 노릴 만한 이유가 충분히 있었으니 아편중독자 2명이 그쪽에서 돈을 받고서 저지른 일이라고 하면 빠져나갈 구멍은 있었습니다.

그렇지만 상식적으로 생각할 때 이상한 일입니다. 게다가 이걸 처음에 알아챈 사람은 원로인 사이온지 긴모치입니다. 원로란 천황의 측근에서 여러 가지 상담을 해주는 내각 총리대신 역임자를 말합니다. 사이온지는 메이지 시대에 활약한 인물로 쇼와에 들어오고 나서도 현역에 몸담고 있었습니다. 평소에는 시즈오카 현 오키쓰에 살고 있다가(자교소라고 불리는 그의 집은 당시 매우 유명했는데 현재는 아이치 현 이누야마 시의 메이지무라로 이축되었습니다) 도쿄로 오면, 당시 26세로 1901년(메이지 34년)생인 젊은 쇼와천황에게 여러 가지로 조언을 해주었다고 합니다. 그런 사이온지가 이 사건을 육군이 저질렀다는 걸 알아챘습니다. '괘씸한 놈들. 세계적으로 공표할 수는 없지만 국내에서라도 제대로 마무리 짓지 않으면 앞으로 좋지 않은 결과를 낳게 될 것이다' 라고 생각한 그는 상경해서 당시의 내각 총리대신이자 전 육군대신인 다나카 기이치를 불러서 "정부 차원에서 이 문제를 제대로 조사하고 만약 범인이 일본인이라면 엄벌에 처해야 한다."는 말을 전했습니다.

그런데 다나카 수상은 알겠다고 말은 하고도 전혀 실행에 옮기려고 하지 않았습니다. 사이온지가 재촉하자, "11월 10일 천황 즉위라는 큰일을 마친 뒤 이 문제에 대해서 폐하께 보고할 작정입니다."라고 대답했습니다. 사이온지는 "내각 총리대신이자 육군의 윗자리에 있다고 해서 그런 식으로 얼버무려서는 안 된다. 빨리 보고하도록 해라."라며 다시 재촉했습니다.

다나카 수상은 계속 재촉을 받자 내키진 않았으나 사건이 발생한 지 반년 이상이 지난 12월 24일 비로소 천황에게 "이 사건은 세계적으로도 큰 문제이니 육군에서 충분히 조사를 할 것이고 만약 육군이 한 일이라면 엄벌에 처할 생각입니다."라고 말했습니다. 이 말을 듣고 천황은 "그래야지. 육군 내부의 미래를 위해서라도 그런 일은 제대로 처리하도록 해야지."라고 답했습니다.

천황이 격노하다

해가 바뀌었고, 하루라도 빨리 보고를 듣고 싶어했던 천황은 시종장이나 시종무관장들에게 계속해서 물어보았지만 다나카 수상은 계속 모르는 척하고 있었습니다. 그러는 동안에 진상은 서서히 드러났습니다. 봉천의 하야시 규지로 총영사가 사건을 조사한 바, 공중목욕탕에서 들었다는 증언도 나와 결국 육군의 모략이었다는 것이 구체적으로 밝혀졌고 주모자는 관동군 참모인 고모토 다이사쿠 대좌라는 것까지 확실해졌습니다. 육군이 중국인 몇 명에게 기밀비를 건넸고 중국인들은 그 돈으로 상당히 돈이 궁했던 아편중독자 2명을 매수해서 그들이 열차를 폭파시킨 것처럼 위장했으며, 동시에 그 두 사람도 죽였다는 것입니다. 그리고 일을 맡은 중국인들은 봉천(펑톈)에서 도망쳤다는 경위까지 밝혀지게 되었습니다.

증거품도 현재 남아 있습니다. 예를 들어, 쇼와 3년 7월 23일자로 육군대신에 재임 중이었던 시라카와 요시노리가 입헌정우회의 거물이자 철도대신인 오가와 헤이키치 앞으로 보낸 편지가 있습니다. 그 편지의 말미에는 '오늘 아침, 전화하신 건에 대해 어렵게 3천을 조달했습니다. 좋으실 대로 처리하시기 바랍니다. 말씀 드리지만 이미 교대가 끝나서 앞으로는 소생의 손으로는 처치할 수 없게 되었습니다. 이 점 양해를 바랍니다'라고 쓰여 있습니다. 즉 3천 엔을 주겠다, 다만 육군대신을 교체하니 그 점은 알아두길 바란다는 내용입니다. 이어서 구도 데쓰사부로와 아다치 가타나리가 오가와 헤이키치 앞으로 보낸 7월 30일자 전보입니다. '깊은 호의에 감사합니다. 30은 확실히 받았습니다. 구도, 아다치.' 이것을 대조해 살펴보면 전 육군대신인 시라카와가 오가와에게 건넨 3천 엔이 고모토 다이사쿠가 부리고 있는 구도와 아다치라는 남자들에게 건네졌고 그들은 그 돈으로 장작림(장쭤린)파의 중국인을 고용해서 모략을 꾸몄다, 그리고 구도와 아다치는 돈을 받고 도망쳤다는 것을 알 수가 있습니다.

당시에 3천 엔이라는 돈은 상당한 금액입니다. 그 돈을 육군대신이 조달해 주었다는 것은 관동군만의 모략이 아니라 도쿄의 참모본부나 육군성이 배후에 있다는 이야기입니다. 그러니 다나카 수상이 조사하기 시작하면 육군이 방해를 합니다. 현역 간부들이 당신 역시 육군 출신 아니냐며 견제를 하기도 했습니다. 그런데 천황의 측근들이 불같이 화를 내고 있으니 다나카 수상도 결국에는 보고를 할 수밖에 없었습니다. 이는 쇼와 4년 5월 6일의 일이므로 사건이 발생한 지 거의 1년 가까이 지난 뒤에야 천황에게 "이것은 육군이 한 일이 아닙니

고모토 다이사쿠(1883~1955)

다. 육군과는 아무런 관계가 없는 이야기입니다."라고 보고한 것입니다. 표면상으로 우호관계를 가졌던 장작림을 경비할 의무가 있었다는 점에서 설령 관동군에게 책임이 있을지라도 아주 가벼운 행정처분으로 끝내고 싶다고 말한 것입니다.

이에 천황은 상당히 놀랐습니다. 처음에는 이것이 육군의 모략일지 몰라서 범인을 엄벌에 처할 거라고 약속을 해두었는데 반년 이상이나 내팽개쳐두다가 결국에는 아무런 관계가 없다고 말을 하니 천황은 무섭게 화가 났습니다. 《쇼와천황 독백록》에 의하면,

다나카는 내게 다시 찾아왔지만 이 문제를 유야무야 덮어버릴 것이다. 그렇게 되면 저번에 했던 말과 상당히 다르다. 나는 다나카에게 지난번과 이야기가 다르지 않는가? 사표를 내는 게 좋을 것 같다, 라고 강력하게 말했다.

이 부분은 조금 틀리긴 하지만 어쨌든 이렇게 회상하고 있습니다.

이처럼 천황이 노기를 띠자 측근인 내대신 마키노 노부아키와 사이온지가 5월 6일에 만나 육군을 이대로 두고 볼 수만은 없다며 논의를 했습니다. 이 회담 광경은 마키노의 일기에 쓰여 있는데, 당시 사이온지가 상당히 엄한 태도를 보였다고 합니다.

> 그러니 [다나카 수상의 책임을 끝까지 추급하게 되면] 정변이 일어날 것도 예상되지 않는 바는 아니지만 이것은 정치를 하다 보면 흔히 일어날 수 있는 일이니 그다지 걱정하지 않아도 된다. 대원수 폐하와 군대의 관계를 생각해보면 내각에 책임을 물은 뒤 본건을 어떻게든 처치해야 할 것이다.……뒷수습을 잘 처리해야 한다는 걸 사전에 고려해둘 필요가 있다.

요컨대, 책임을 추급하다 보면 정변이 일어나고 다나카 내각이 무너질지도 모른다, 그러나 그런 일은 자주 일어나는 일이니 걱정하지 않아도 좋다, 다만 이 일로 인해 대원수(천황)와 육군과의 관계가 삐걱거릴 경우 어떻게 해야 될지 미리 생각해두는 것이 좋지 않겠느냐는 이야기입니다. 다시 말해 천황의 측근들은 다나카 총리대신이 이전에 했던 말을, 그것도 천황 앞에서 완전히 뒤집었다는 것은 신하 된 자로서 해서는 안 되는 일이니 어디까지나 책임을 추급해야 된다는 태도를 보이고 있습니다.

그래서 마키노는 사이온지와 회담을 한 뒤 5월 11일에 전 해군 대장이자 시종장인 스즈키 간타로(종전 무렵의 수상)와 만나 다시 상의를 합니다. 이것도 마키노 노부아키의 일기에 의하면,

> 천황에게 진상한 내용은 그 전후가 양립하지 않아서 폐하의 판단력을 가리는 일이 될 것이니 최고 보필자로서 그 책임을 벗어날 수 없다.……폐하가 염려하고 계시는 일을 가장 잘 알고 있을 테니 때를 보아서 그 취지를 폐하께 올렸으면 한다.

시종장 역시 같은 생각일 것이다.

즉 천황에게 올린 다나카 수상의 보고가 만약 거짓이었다고 하면 천황의 판단을 흐리게 하는 일이 될 것이다, 그렇다면 총리대신으로서 책임을 면할 수가 없고 폐하가 화를 내면서 괘씸하다고 생각하는 것은 당연한 일이다, 사이온지와 나는 다소 문제가 발생할지도 모르지만 어디까지나 다나카의 인책 사직을 구하는 것이 옳다고 결정을 내렸다, 따라서 시종장은 그 취지를 천황에게 알렸으면 한다는 이야기입니다.

이 말을 들은 스즈키 시종장 역시 군이 더 이상 제멋대로 굴지 않도록 엄격하게 바로잡지 않으면 장래를 위해서 좋지 않다, 기회를 보아서 천황에게 다시 다나카를 불러서 사직하라고 직접 말씀하시는 게 좋겠다는 말을 올리겠다며 동의했습니다.

사이온지 원로, 마키노 내대신, 스즈키 시종장, 이들 천황 측근의 최고 3인방이 결정한 일이므로 때를 보아서 스즈키 시종장이 천황에게 그 뜻을 전한다면 이야기가 정리될 것입니다.

그런데 그 이면에서는 중신들의 움직임을 알아챈 육군이 가만히 두고 보지는 않겠다며 책동을 부리기 시작했습니다. 후에 육군대신이 된 오카무라 야스지 소좌의 쇼와 4년의 일기에 그 기록이 남아 있습니다.

1. 17 모쿠요카이木曜會, 나가타 데쓰잔, 오카무라, 도조 히데키. 의제는 정치와 통수.

2. 10 후타바카이雙葉會, 시부야의 신센칸에서 모임. 구로키, 나가타, 오가사와라, 오카무라, 도조, 오카베, 마쓰무라, 나카노. 도쿄에 있는 자는 전부 출석. 고모토 사건에 대해 협의하다.

3. 22 후타바카이. 폭파사건(고모토 사건) 인사에 대해서 상담.

6. 8 후타바카이. 9명 전원이 집합. 고모토 사건에 대해 이야기하다.

이런 기록이 많이 남아 있습니다. 나중에 육군을 이끌게 된 유능한 중견 클래스가 후타바카이라는 그룹을 만들었는데 전 인원이 모여서 장작림 폭살사건을 어떻게 유야무야로 끝낼지 의논하고 있으니 육군의 노장인 다나카 기이치 수상도 이러지도 저러지도 못하고 말을 얼버무릴 수밖에 없었던 겁니다. 이처럼 양쪽의 생각이 충돌하여 결국 천황 스스로 다나카 수상에 대해서 사직을 권고하기에 이릅니다.

태도를 바꾼 원로 사이온지

그런데 역사란 똑바로 나아가지만은 않는 것 같습니다. 6월 27일 다나카 수상이 이 사건을 천황에게 최종 보고하기로 되었기에 마키노 내대신이 만약을 대비하여 미리 결론을 확인해두려고 했습니다. 그런데 놀랍게도 사이온지가 자신의 의견을 완전히 정반대로 바꾸어버린 것입니다. "그런 짓을 했다간 큰일이 난다. 천황폐하가 총리대신에게 직접 그만두라고 말하는 것은 도저히 헌법상 용납할 수 없다. 나는 이에 찬성한 기억이 없다."라고 말한 것입니다.

이에 마키노 내대신은 놀라서 "당신 입으로 육군을 제압해놓지 않으면 안 된다고 말씀하시지 않으셨습니까?"라고 추궁해도 사이온지는 "천황이 직접 그런 발언을 한다는 것은 분명히 말도 안 되는 일이네."라고 밝힌 뒤, "메이지 천황 시대부터 지금까지 그런 예는 없었고 총리대신의 진퇴에 직접 관계된 반대 의견을 주장한다면……."이라고 말했습니다. 다시 말해 천황은 총리대신의 진퇴에 관해서 쓸데없이 참견을 해서는 안 된다고 주장을 하기 시작한 것입니다. 마키노의 일기에는,

너무나 의외라서 망연자실했고, 경악을 금치 못했다.

라고 쓰여 있습니다. 마키노는 정말로 기가 막혀 이런 말도 안 되는 일이 어디에 있냐며 사이온지를 물고 늘어졌지만 사이온지 역시 물러서지 않았습니다. 그래서 이유를 물으니 사이온지는 자신이 겁쟁이라서 그렇다고 합니다.

도저히 이해하기 힘든 이야기입니다. 최고 책임자인 원로가 겁이 난다는 이유로 앞서 했던 말을 철회한다는 것은 보통 통용되는 이야기는 아니지만 어쨌든 사이온지는 맹렬하게 반대했습니다. 마키노는 "오늘은 결국 결론을 내리지 못하고 공작의 저택을 나왔다. 30여 년 동안 알고 지내 왔지만 오늘 같은 불화가 생긴 것은 처음이었다."라며 절망감에 휩싸인 채 오키쓰의 사이온지 집을 나왔습니다.

그런데 이제 시간이 없습니다. 이 사실은 스즈키 시종장의 귀에 들어가지는 않았고 27일이 되자 천황은 다나카 기이치 총리대신에게 책임을 확실하게 지기 위해 사퇴를 하면 어떻겠냐고 말한 것 같습니다.

다음 날인 28일, 시라카와 요시노리 육군대신이 와서 천황에게 육군의 처분안을 보고합니다. 그것은 행정처분이지 엄벌이 아니었습니다. 장작림을 지키지 못했던 관동군 사령관은 예비역으로 내보내고, 같은 이유로 고모토 다이사쿠는 관동군 참모를 사직하게 하고, 참모장 이하에게는 견책처분을 내렸으니, 군법회의에서 죄를 묻지 않고 단지 서류상의 재단으로 일을 마무리하고 만 셈입니다.

이 소식을 전해 들은 천황은 다시 다나카 수상을 불러서 "대체 어찌 된 일인가, 정말 이렇게 끝낼 셈인가? 그럼 자네도 당장 그만두게나."라고 이번엔 확실하게 이야기했습니다.

다나카 총리대신은 도망치듯이 물러났고 다나카 내각은 7월 2일에 총사직했습니다. 그 후 얼마 지나지 않아 다나카는 죽었습니다. 이때 받은 쇼크로 심장이 나빠졌다는 말이 있지만, 실은 그가 자결했다는 설도 하나의 가능성으로 제기되고 있습니다.

결과적으로 장작림 폭살사건은 이렇게 결론이 지어졌지만 여기서 중요한 것은 천황이 정치에 간섭을 해서 내각 총리대신을 그만두게 했다는 점입니다. 이에 대해 《쇼와천황 독백록》을 살펴보면,

이제 와서 드는 생각이지만 이런 말(즉 그만두게 한 것)을 한 것은 내 젊은 혈기 때문이었다. 하지만 어쨌든 내가 그런 말을 하니 다나카는 사표를 제출하고 다나카 내각은 총사직했다. 들리는 바에 의하면 만약 군법회의를 열어 신문이라도 한다면 고모토는 일본의 모략을 전부 폭로할 것이라고 말해서 군법회의는 취소하기로 했다고 한다.

라고 쓰여 있습니다. 쇼와천황은 이렇게 기억하고 있는데 이것은 참으로 재미있는 내용입니다. 만약 군법회의에 부친다면 고모토 다이사쿠는 모든 것을 폭로할 생각이었다고 합니다. 이렇게 되면 육군 중앙이 모두 한 패거리였다는 것이 알려져 자칫하면 일본 육군이 상당한 타격을 받게 될 것입니다. 그러니 육군은 다나카 수상에게 압력을 가하고 다나카는 이러지도 저러지도 못해서 스스로 그만두어버린 것입니다. 그 결과 육군은 "일련의 사건은 궁중의 음모이고, 측근들이 변변치 않은 일만 천황에게 진언하므로 이처럼 말도 안 되는 일이 벌어졌다."며 이때부터 천황의 곁에 있는 중신들을 적으로 여기게 됩니다. 군부는 이들을 천황 옆에 붙어 있는 간신이라고 부르기 시작했습니다. 이때 중신들에게 원한을 품는 분위기가 조성되었는데 이것이 후에 2·26사건(제5장 참조)이 일어난 원인이 되었는지도 모른다고 천황은 말하고 있습니다.

어쨌든 쇼와천황은 결론적으로,

이 사건이 일어난 뒤 나는 내각이 진언하는 것에 대해 설령 반대 의견을 가지고

있더라도 재가를 해주기로 결심했다.

라고 말하고 있습니다.

즉 장작림 폭살사건, 다나카 내각 총사직이 있은 이후에는 내각이 일치단결해 말해주는 것에 대해서 비록 자신은 그것과 다른 의견을 가지고 있어도 항상 긍정하기로 했다는 말입니다. 이《독백록》은 옛날의 일을 기억해서 전후에 쓴 기록입니다. 증거는 없지만 천황은 "앞으로는 쓸데없는 말은 하지 마세요. 그건 헌법위반입니다."라고 원로인 사이온지에게 상당히 단호하게 말했다고 합니다.

앞서 말씀 드린 사이온지의 변심은 육군의 강경파에게 상당히 위협을 받은 결과라는 생각이 듭니다. 입헌군주제[2]에서는 국무(정치)와 통수(군)의 최상위자가 완전히 의견의 일치를 보아서 천황에게 알린 일은 설령 군주 자신이 내심으로는 찬성하지 않아도 재가를 해주어야 하는데, 이는 헌법에 따른 것임을 확신한다고 사이온지는 말했습니다. 즉 일본과 같은 입헌군주국에서는 정치나 외교, 군사 문제는 모두 각각의 책임자들, 즉 내각과 군부의 대신들이 완전히 의견을 일치시켜 보고를 해온 것이고 천황은 설령 이에 찬성하지 않아도 허가를 해야 하는데, 이는 헌법에 따른 것이라고 확신하고 있다는 말입니다.

천황은 진언을 듣고 단지 자신의 의견을 말했을 뿐인데 내각이 바뀌고, 게다가 총리대신이 곧바로 죽어버린 사태가 벌어져 혼란을 가져왔으니 천황 스스로 어떠한 지시를 해서는 안 된다, 앞으로는 각료회의의 결정을 존중하고 내각의 진언을 거부하지 않는 것을 방침으로 삼자는 충고도 있어서 그렇게 결정한 것입니다.

쇼와사의 출발점에 벌어진 이 사건의 의미는 사건 그 자체의 크기보다는 바로 이 점에 있습니다. 쇼와천황은 이후에는 내각이나 군부가 일치해서 정한 일에 '노'라고 말하지 않으며 쓸데없는 발언을 하지 않겠다는 입장을 관철합니다. 즉 군림은 하되 통치하지 않는다, 이것이 입헌군주국에서 군주의 존재방식이라고 깨달은 것 같습니다. 쇼와사는 항상 이 점에서 출발하고 이게 이후 일본이 엉뚱한 방향으로 움직이게 되는 결과를 가져오게 됩니다.

통수권 간범이란 무엇인가?

장작림 폭살사건에 관련된 육군의 강경한 움직임에 이어서 이번에는 해군의 이 야기입니다.

장작림 폭살 문제가 해결된 직후인 쇼와 4년(1929) 10월 24일, 이른바 월가의 주식시장 대폭락을 시작으로 세계적인 대공황이 불어닥쳤습니다. 물론 일본도 상당한 불황에 빠져서 여러 가지 문제가 생겼는데, 그 전에 세계적인 대공황으로 인해 다시 한 번 군축을 하자는 움직임이 나오게 됩니다. 그 부분을 한번 살펴보겠습니다.

지난번에 잠깐 언급한 것처럼 다이쇼 11년(1922), 세계의 전함 및 항공모함을 대폭 축소하자는 워싱턴 조약이 조인되었는데, 이번에는 중순양함 이하의 구축함이나 잠수함급도 축소하자, 그리고 각국이 군비경쟁을 하느라 소모하는 방대한 비용을 절약하자며 쇼와 5년 1월 21일 러시아에서 보조함정에 관한 축소 논의가 이루어졌습니다. 일본 해군은 이 회의를 앞두고 보조함(순양함, 구축함 등)은 미국과 영국의 7할을 확보하고 잠수함은 현 상태인 7만 8천 톤을 유지한다는 방침을 세운 뒤 수석 해군 대표인 다카라베 다케시 해군대신을 런던으로 보냅니다.

그러나 런던에서 이루어진 토의의 결과 중순양함은 6할이지만 보조함 총괄 톤수는 7할에 약간 미치지 못하는, 미국과 영국의 69.75퍼센트를 유지하는 걸로 결정되었습니다. 더 이상 주장을 해보았자 분열만 생길 거라고 생각한 다카라베 다케시 대표도 조인을 하는 방향으로 훈전을 받고자 전보를 쳤습니다.

3월 15일에 이 연락전보를 받은 일본 해군은 26일, 해군의 장로인 오카다 게이스케 대장을 중심으로 통수(군대 지휘)를 맡고 있는 군령부장 가토 히로하루 대장, 군령차장 스에쓰구 노부마사 중장, 작전부장 가토 다카요시 소장, 그리고 군정을 맡고 있는 해군성에서는 해군차관 야마나시 가쓰노신 중장, 군무국장 호리 데이키치 소장, 고급부관 고가 미네이치 대좌 등 간부들을 모아서 최종 토의를 했습니다.

전체적으로는 타협을 한다는 분위기였지만 가토 군령부장이나 스에쓰구 차장은 "도저히 납득할 수 없다. 특히 중순양함 6할은 말이 안 된다."라고 주장했습니다. 그러나 해군성 측은 이렇게 정한 방침의 범위 내에서 앞으로 정부가 최선을 다한다면 이 조건을 받아들여도 되지 않겠냐는 의견을 내놓았습니다.

다음 날인 27일, 내각은 이 결과를 받아들이고 하마구치 오사치 총리대신이 그 내용을 천황에게 보고하러 갔습니다. 비록 약간의 반대 의견은 있었지만 현재의 세계정세나 일본의 국력을 생각하면 이 조약에 조인하는 것이 타당할 것 같으니 전권에 대해서 승인한다는 전보를 치고 싶다는 취지를 천황에게 전하고 결재를 받았습니다.

그런데 이걸로 일이 끝났다면 아무런 문제가 없었을 것입니다. 그러나 훈전을 타전한 뒤인 4월 1일, 앞서 말한 해군 수뇌들은 앞으로의 일에 대해서 회의를 열었는데 군령부 측이 이 기회를 이용하여 군축에 대해 맹렬히 반대하기 시작합니다. 특히 해군에서 가장 달변가인 스에쓰구 노부마사 중장이 너무나도 강경하게 주장했습니다. 해군성 측이 놀라서, 이미 훈전을 쳤고 조인도 이루어졌다고 아무리 달래도 스에쓰구 중장은 말을 들으려고 하지 않았습니다.

다음 날 가토 군령부장이 직접 천황에게 가서 군령부는 이번 런던회의의 결정에 반대한다는 점을 알려드리고 싶다고 말합니다. 이 말을 들은 천황은 놀랐을 것입니다. 해군이 일치해서 앞서의 결정을 내렸다고 생각했는데 갑자기 그런 말을 들은 셈이니까요.

그런 줄도 모르고 해군차관인 야마나시 가쓰노신 중장(후에 가쿠슈인 원장을 역임한 인물입니다)은 해군의 대가인 도고 헤이하치로 원수(러일전쟁에서 연합함대 사령장관이었고 현재는 도쿄 진구마에神宮前에 있는 도고 신사에서 제사를 지내고 있습니다)와 가장 나이가 많은 후시미노미야 히로야스 왕에게 가서 비록 다소 이견이 있긴 하지만 전체적인 분위기상 찬성한다고 보고했습니다.

이런저런 일들이 있는 사이에 4월 21일, 즉 런던에서 정식 조인을 하기 전날에 해군 군령부의 사자가 해군성에 몰려 들어와서는 "이번 일은 동의할 수 없다. 우리는 분명하게 반대한다."라고 항의하고는 돌아갔습니다.

마침 그때 국회에서는 제58 특별회의가 시작되었는데 그 회의장에서 이누카이 쓰요시, 하토야마 이치로 등 야당 간부들이 기염을 토하고 있었습니다. 그들은 군비는 군정을 다루는 해군성의 권한이 아니다, 군비는 천황이 가지는 통수권(즉 군대의 지휘권)을 보익하는 군령부가 가지는 것으로 군령부의 승인 없이 함부로 해군성이 정하는 것은 잘못되었다, 따라서 이번 일은 통수권을 침범하는 범죄다, 통수권 위반이며, 통수권을 업신여기고 있는 것이다, 괘씸하기 그지없다, 라고 생각한 것입니다.

당시의 의원들은 통수권이 무엇인지 잘 알지 못했지만 이누카이와 하토야마가 선두에 서서 심상치 않은 문제라며 맹렬히 반대하고 있으므로 군령부는 그 기세를 등에 업고 "이번 조약은 군령부의 의견에 반해서 해군성이 마음대로 조인한 것이다. 이야말로 명백한 통수권 간범干犯(간섭하여 침범한 자—편집자)으로 장래 일본의 국방을 뒤흔들 큰 문제다."라고 가두연설을 하기 시작했습니다. 시바 료타로가 말한 '마법의 지팡이'[3]가 휘둘려진 것입니다. 이렇게 해서 별 무리 없이 끝났을 문제를 가지고 일본은 크게 동요하기 시작합니다.

군사에 관해서는 기타 잇키

도고 원수와 후시미노미야는 갑자기 화를 내기 시작했습니다. 도고 원수는 "다카라베 해군대신은 자기 부인을 데리고 런던에 갔다고 하지 않던가? 정말 괘씸한 일이군. 제 마누라를 데리고 전쟁에 나가는 놈이 대체 어디에 있단 말인가?"라며 욕설을 퍼부었습니다. 다카라베 부인은 예전의 권력가인 야마모토 곤베 대장의 딸로 낭비벽이 심해 해군 내부에서 평판이 그리 좋지 않았습니다. 그건 그렇다 치고 이들은 군축 회의를 하러 간 것이지 전쟁을 하러 간 건 아니었습니다. 후시미노미야도 "통수권 간범은 용서할 수 없다. 해군성이 이런 일을 벌이도록 놔두면 장래 일본의 군비가 위태로워질 것이다. 군비는 실제로 지휘권을 가지고 있는 군령부의 소관이고 해군성의 사무관 같은 직급이 다루어야 할 문제가 아니다."라고 말했습니다. 마침내 해군의 우두머리 2명이 통수권 간범(간섭하여 권리를 침범함-편집자)이라고 입을 모아 말해주니 군령부도 상당히 의기가 충만했을 것입니다.

당시의 각 신문은 상당히 양심적이어서 오히려 전권단의 노고를 치하하여 "이번에 내린 판단은 틀림이 없다. 이누카이나 하토야마가 통수권 간범이라는 말을 한 것은 그들이 야당이기에 내각을 무너뜨리려고 뱉은 말이다."라며 건전한 논의를 펼치고 있었습니다.

그 결과 7월 21일부터 23일에 걸쳐서 도고와 오카다 게이스케, 그 외 해군의 군사참의관 두뇌들이 모여서 매일 회의를 했습니다. "이대로 두면 엉망진창이 될 것이다. 조인이 끝났으니 여기서 뒤집으면 일본은 창피를 당할 뿐이다. 해군으로서는 앞으로 어떻게 해야 하는가를 잘 생각해서 결말을 짓자."라는 식으로 논의가 이루어졌는데 강경파(후에 함대파)는 다카라베 대신이 책임을 지고 사임해야 한다고 주장했고 조약 찬성 측(조약파)은 이를 반대하며 서로 양보하지 않았습니다. 이렇게 해군이 완전히 두 갈래로 나뉘어 유야무야인 채로 있는 동안 일단 이야기는 결말이 났습니다.

싸움의 성패를 보면 가토 히로하루, 스에쓰구 노부마사, 가토 다카요시 같은 강경파 군령부 측 인사와 다카라베 다케시, 야마나시 가쓰노신, 호리 데이키치 등 해군성 측의 양식파가 차례로 사임을 합니다. 그리고 조금 후의 일이긴 하지만 양식파들, 즉 다니구치 나오미, 사콘지 세이조, 데라시마 겐, 호리 데이키치, 사카노 쓰네요시처럼 해군 내에서도 해외 경험이 풍부하고 세계정세에 밝은 수재들이 부서의 심상치 않은 움직임에 자리를 잡지 못하고 결국에는 우두머리인 후시미노미야와 도고의 의견에 따라서 예비역이 되어 해군을 떠나게 됩니다. 한편 강경파는 착실하게 해군의 요직을 차지하게 됩니다.

군축조약의 당사자이자 당시의 군 사무국장으로 가장 비난의 대상이 되었던 호리 데이치키는 후에 연합함대 사령장관이 되는 야마모토 이소로쿠의 해군병학교 동기생이었습니다. 런던에서 호리가 물러난 것을 알게 된 야마모토는 "야마나시나 호리와 같은 해군의 보물들을 차례로 모가지 자른다면 해군에는 이제 더 이상 미래가 없다. 언젠가 오만함으로 인해 자멸하게 될 것이다."라고 말하며 자신도 사직하려 합니다. 하지만 "자네마저 그만둔다면 해군은 텅 비게 된다. 부디 힘을 내 마지막까지 남아 있어라."라는 호리의 말을 듣고는 결국 남게 되었다고 합니다.

이렇게 해서 양식파가 사라져버린 해군은 가토 히로하루, 스에쓰구 노부마사 이하 강경파가 주류를 이루게 되었고 이에 따라 쇼와의 일본은 대미 강경노선으로 내달리게 되었습니다.

육군이 장작림 폭살사건을 계기로 쇼와 4년에 '침묵의 천황'을 만들어내고 쇼와를 엉뚱한 방향으로 흐르게 만들었는데, 이와 동시에 역시 다음 해 런던의 군축조약으로 발생한 통수권 간범 문제를 계기로 이상할 정도로 완고하고 강경한 해군이 만들어지게 됩니다. 즉 쇼와 초기의 이 두 사건으로 인해 쇼와가 어떤 식으로 움직여갈지 그 방향이 정해졌다고 해도 과언이 아닙니다.

통수권 간범이라는 것에 대해서는 지금까지 아무도 생각하지 못했던 일입니다.

군비는 누가 담당하는 건지, 육군이라면 참모본무인지 육군성인지, 해군이라면 군령부인지 해군성인지, 이는 예전부터 몇 번 나온 이야기이지만 양쪽이 논의를 하면서 그때그때 대응을 해 왔기에 문제가 될 것은 없었습니다. 그런데 갑자기 통수권에 대한 논의가 제기되다가 '통수권 간범'이라는 단어가 밖으로 표출이 되었습니다. 이 통수권 간범이라는 단어는 이후에도 계속 쇼와사에 영향을 미칩니다. 군의 문제는 전부 통수권에 관한 문제로 수상이건 누구건 간에 다른 사람들은 일절 입에 올릴 수 없고, 만약 입에 올리면 간범이 된다는 사고가 이 시기에 확립이 되고 맙니다.

그렇다면 이 '마법의 지팡이'를 고안해낸 사람은 누구인가? 이 개념을 가지고 정치를 움직이려고 했던 사람은 기타 잇키[*4]라고 합니다. 절반은 종교가라고도 불린 이 천재 철학자가 통수권 간범 문제를 생각하여 이누카이나 하토야마 같은 야당 인물들을 가르쳤고, 여기에 해군의 강경파가 달려들었습니다. 그래서 이상하게도 큰 싸움이 시작되었습니다. 게다가 국제적인 조약이 체결된 뒤라서 그 문제는 가히 폭발적으로 일본을 뒤흔든 것입니다. 생각해보면 정말로 이해하기 힘든 이야기입니다. 그리고 많은 우수한 해군들이 현역에서 물러났습니다.

이 점이 쇼와사 출발점에 있어서 너무나도 불운한 부분입니다. 이 기괴한 상황과 월가의 주식시장 폭락에 따른 불황을 일본이 어떻게 헤쳐 나갈지가 문제가 되는데, 이는 다음 해에 일어난 만주사변으로 이어지게 됩니다.

*1- 장작림(장쭤린): 1875~1928년. 지금의 요령성 해성 현 출신의 군인. 신해혁명 전후의 동란기에 군벌을 구축하여 13년 동안 중국 동북지방에서 군림했다. 관동군과 반발하면서도 서로 이용하는 관계에 있었다. 1926년 북경에 안국군 정부를 만들어 육해군 대원수라고 칭했지만 1928년에 장개석 군대에 패해 봉천으로 도망치려다가 관동군에 의해 폭살되었다.
*2- 입헌군주제: 전제정치와는 달리 군주의 권력이 헌법에 의해 규제받는 군주제.
*3- 시바 료타로가 말한 '마법의 지팡이': 일본이라는 국가의 숲에 다이쇼 말년, 쇼와 원년 정도에서 패전까지 마법사가 지팡이를 톡 하고 건드렸다고 할 수 있습니다. (중략) 이때 발상된 정략, 전략, 또는 국내의 단결, 이것들은 전부 이상하고 일그러진 것이었습니다. 《쇼와라는 국가》 일본방송출판협회, 1998년)
*4- 기타 잇키: 1883~1937년. 국가주의 운동의 이론 면에서의 지도자. 천황 대권을 발동하여 쿠데타를 일으켜 국가를 개조하고 해외 팽창을 기도하자는 구상이 적힌 《일본개조법안 대강》(1923)은 국가주의 운동의 교전이 되었다. 정계의 이면에서 드러내지 않고 활약하다가 2·26사건의 흑막으로 지목되어 총살형에 처해졌다.

2장

쇼와를 엉망으로 만든 출발점은 만주사변

관동군의 야망인 만주국의 건국

천황의 간신이라 불린 사람들

후에 쇼와사에서 나오는 말 중에 천황의 간신 또는 중신그룹이라고 표현되는 사람들이 있습니다. 이들은 쇼와천황을 둘러싼 원로, 내대신, 시종장, 시종무관장, 궁내대신처럼 궁중의 우두머리 위치에 있는 사람들을 말합니다.

다이쇼 천황이 병이 들어 요양을 해야 되었기에 후에 쇼와천황이 된 히로히토 친왕이 섭정을 하게 되었습니다. 하지만 아무리 상황이 어쩔 수 없었다고는 해도 16, 7세의 어린 왕에게 전권을 맡기는 것은 무리가 있어 내각 총리대신 경험자, 메이지를 겪은 사람들에게 보좌 역할을 맡겼습니다. 이들을 원로라고 부릅니다. 다이쇼 시대에는 야마가타 아리토모, 마쓰카타 마사요시, 사이온지 긴모치, 이 세 사람의 원로가 일을 맡았었는데, 이중 야마가타나 마쓰카타는 죽고 말아 쇼와에 들어오자 사이온지 긴모치 단 한 명만이 남게 되었습니다.

사이온지의 예전의 성은 도쿠다이지였습니다. 물론 왕실 사람이었는데 교토의 유서 깊은 왕족인 사이온지 집안에 양자로 들어가 사이온지라는 성을 물려받았습니다. 사이온지는 왕족이라고는 해도 젊은 시절부터 거친 역사의 풍랑을 겪었던 사람으로, 보신전쟁(1868) 때는 호쿠리쿠 방면 서군의 총독 역할을 맡아 에치고의 나가오카 성 공방전을 지휘했습니다. 시바 료타로가 가와이 쓰기노스케를 주인공으로 한 《고개》라는 소설에서 얼마나 나가오카 번이 용감무쌍하게 싸웠는지 묘사했는데, 실제로 나가오카 성 탈환 작전에서 사이온지는 하마터면 목숨을 잃을 뻔했습니다. 전쟁을 하다 불리해지자 다른 사람들이 사이온지를 말에 태워서 도망치게 했는데 이때 사이온지는 갑옷 위에 덧입었던 겉옷을 바꾸어 입었다고 합니다. 그렇게 하면 상대방이 지휘관이라고 생각하지 못할 것이라 여겼기 때문입니다. 그런데 일설에 의하면 말을 거꾸로 타고 도망갔다고도 합니다. 어느 쪽이든 구사 일생으로 살아남았다고 할 수 있습니다.

사이온지 긴모치(1849~1940).

제1차 세계대전의 파리 강화회의에서는 수석 전권대사를 역임했습니다. 풍류를 즐길 줄 아는 사람으로 내각 총리대신이었을 때는 모리 오가이나 고다 로한 같은 소설가들을 불러서 우세이카이雨聲會라는 환담회를 열기도 했습니다. 나쓰메 소세키도 불렀지만 '두견새는 변소에 들어가지 않는다' 는 시를 읊어 거절했다는 유명한 이야기가 있습니다.

어쨌든 원로 사이온지는 천황에게 의견을 말할 수 있는 위치에 있던 사람으로서 쇼와 초기의 내각 총리대신을 대부분 혼자서 정했다고 말해도 좋을 정도입니다. 무슨 사건이 있어서 내각이 무너지고 다음 내각 총리대신을 정해야 할 때는 사이온지가 사는 시즈오카 현 오키쓰의 역전 여관에 신문기자들이 들이닥칠 정도로 사이온지는 권위가 있었습니다. 그리고 이 여관은 이른바 '오키쓰의 참배' 라는 별명을 얻으며 크게 번성했다는 일화도 남기고 있습니다. 그 정도로 쇼와사 속에서 사이온지는 중대한 역할을 계속 맡아 왔는데 그의 뒤에는 스미토모 재벌의 후원이 있었습니다. 오키쓰에 살면 정보에 어두울 것 같지만 스미토모의 사원이자 귀족원 의원인 남작 하라다 구마오가 같은 교토 대학 출신이기도 해서 비서처럼 사이온지의 집에 드나들었고, 고노에 후미마로(공작, 후에 수상이 됨)와 기도 고이치(후작, 후에 내대신이 됨) 역시 교토 대학 출신 모임에서 정보를 열심히 수집해서는 사이온지에게 보고했습니다. 구마오는 나중에 《사이온지 공과 정국─하라다 구마오 일기》라는 쇼와사의 제1급 사료를 남겼습니다. 어쨌든 사이온지는 쇼와천황을 둘러싼 중신그룹의 요코즈나(스모 경기에서의 우승자. 우두머리나 일인자를 뜻한다.─옮긴이)로 불리던 사람이

마키노 노부아키(1861~1949).

었습니다.

다음은 내대신입니다. 내대신은 경찰행정을 한 손에 장악하고 있는 내무대신과 혼동하기 쉬운 데, 내상이라고도 불리는 내무대신은 내각 속의 일개 각료 중 하나이지 궁중그룹은 아닙니다. 한편, 내대신은 내부內府라는 약칭으로도 불립니다. 이 내대신은 한마디로 천황의 옥쇄를 관리하는 사람입니다. 예를 들어, '짐의 생각은……' 으로 시작하는 교육칙어[*1]에는 맨 끝에 메이지 23년 10월 30일 어명 어새御名御璽라고 쓰여 있고 다음에 천황의 이름인 무쓰히토가 적혀 있으며 그 밑에 도장이 날인되어 있습니다. 이것이 정식 칙어의 모습으로 천황의 이름과 도장을 어명어새라고 하는데 내대신은 그 어새를 관리하는 사람입니다. 즉 메이지 천황은 무쓰히토, 다이쇼 천황은 요시히토라고 도장을 찍습니다. 천황의 도장은 일본에서는 절대적인 권위가 있으므로 함부로 찍는다면 곤란한 일이 생길 것입니다. 만약 알코올 중독자인 천황이 나와서 술에 취한 상태로 아무렇게나 도장을 찍어버린다면 큰일이 나므로 엄중하게 보관할 관리인을 두고 있었습니다.

한편, 내대신이 수완이 좋을 경우 단순한 도장 관리인에 머무르지 않을 수도 있습니다. 즉 천황의 정치적인 보좌인(항상 보필을 하고 있으므로)으로서 궁중의 내대신부에 매일같이 출근하여 정치문제에 관해 천황의 상담역을 맡는 경우도 있습니다. 쇼와 초기에는 지난번에 나왔던 마키노 노부아키가 사이온지의 가장 두터운 신뢰를 받는 내대신으로서 쇼와 10년 무렵까지 천황을 보좌했습니다. 마키노 노부아키는 막부 말기 유신에서 크게 활약했고 근대일본의 기초를 다졌다고 일컬어지는 오쿠보 도시미쓰의 차남으로 태어났습니다. 그러다 마키노 가문에 양자로 들어갔고 후에 외교관 생활을 합니다. 그의 부인은 미시마 미치쓰네의 딸이고, 그들의 딸인 유키코가 후에 요시다 시게루의 부인이 됩니다. 궁중과의 관계를 통해서 큰 권력을 가진 그룹을 이루게 되었다고 할 수 있습니다. 마키노의 뒤를 이어 내무성 출신의 유아사 구라헤이가 내대신을 맡았고 그 후에는 상공성 출신의 매서운 실력자인 기도 고이치가 내대신이 됩니다.

그리고 시종장이 있습니다. 시종장은 천황의 바로 곁에서 여러 가지 일들을 상담해주는 사람입니다. 해군 대장 스즈키 간타로가 쇼와 4년(1929) 1월부터 2·26사건으로 중상을 입게 되는 쇼와 11년 연말까지 근무했습니다. 재미있게도 시종장은 해군 대장이나 중장이, 이후에 설명드릴 시종무관장은 육군 대장이나 중장이 맡는 것이 오랫동안의 관례였습니다.

그런데 시종장이 하는 일은 상당히 애매합니다. 천황의 말 상대를 하는 것은 확실하지만 정치적인 보좌 역할은 내대신이, 군사적인 보좌 역할은 시종무관장이 맡고 있습니다. 따라서 별 실력이 없는 사람이 시종장이 되면 단순히 그 자리를 지키는 존재로만 머물게 됩니다. 하지만 상당한 실력자가 그 자리에 앉으면 천황의 알현 스케줄, 즉 누구를 천황과 만나게 하고 누구를 못 만나게 할지에 대한 권한을 한 손에 쥐게 되어 상당한 영향력을 가지게 됩니다. 스즈키 간타로는 국무에 관한 천황의 스케줄을 직접 만들었습니다. 이처럼 실력이 있는 시종장은 큰 역할을 하게 됩니다. 그런 이유로 2·26사건까지 사이온지 긴모치, 마키노 노부아키, 스즈키 간타로, 이 걸출한 세 인물이 중신그룹을 이루어 국정이나 군사에 관한 제약을 강화했습니다.

그리고 시종무관장은 앞서 말씀 드렸듯이 대대로 육군 대장이 역임하여 군사문제에 관해 보좌했습니다. 통수권 독립이라는 말이 나온 것처럼 군사는 내정과 다르고 군인은 대원수에게 직속된 부하이므로 참모총장이나 군령부총장이 알현을 신청해오면 국무를 담당하는 시종장이 막고 싶어도 막을 수가 없습니다. 그럴 때는 시종무관장이 스케줄을 만듭니다.

쇼와 초기에 이 일을 맡았던 나라 다케지는 그다지 실력자가 아니었는지 사이온지와 마키노, 스즈키, 이 세 중신들 밑에서 그다지 발언권을 가지지 못했던 것 같습니다. 그러나 쇼와 8년, 혼조 시게루 대장이 시종무관장이 된 때에 큰 사건이 벌어지게 되는데 이에 대해서는 나중에 이야기하기로 하겠습니다. 그리고 그 아래에 있는 시종무관은 육군 5명, 해군 3명으로 정해져 있었고 육군과 해군의 장교나 사관이 맡았습니다. 참고로 쇼와 4년 8월부터 아나미 고레치카 중좌가 시종무관이 되었는데 이 사람이 후에 스즈키 간타로와 함께 일본의 종전에 큰 역할을 하게 됩니다(제14, 15장 참조).

그리고 또 하나, 궁중에는 궁내대신이 있습니다. 궁내성의 우두머리로서 황실 전반에 관한 일만을 보좌합니다. 쇼와 초기에는 철학자인 이치키 기토쿠로가 맡았고 나중에는 유아사 구라헤이가 맡게 되었는데 두 사람 모두 중요한 역할을 해냈습니다. 물론 정치와 군사에 관해서는 직접 관여하지 않았지만 궁중그룹에 이 두 사람을 넣어 둘 필요가 있습니다. 어쨌든 후에 국가 개신을 부르짖던 청년 장교들 입장에서는 지금까지 말씀 드린 이 사람들은 쇼와천황의 곁에서 걷어내야만 하는 검은 구름, 즉 천황 옆에 붙어 있던 간신이었던 셈입니다.

궁중그룹과 그 역할에 대해서 앞으로도 자주 나오게 될 테니 지난번의 이야기를 보충하는 차원에서 다시 한 번 설명했습니다. 이후 다양한 쇼와사의 소동과 사건에 어떻게 대처해야 할지에 대해 그들, 즉 천황의 간신이라 불리던 이들이 모여서 회의를 합니다. 쇼와 6년에는 앞으로 이야기할 만주사변이 일어납니다. 그 후 몇 년 동안 잠잠하긴 했지만 쇼와 천황을 둘러싸고 마작만 하고 있다고 육군 내에서 소문이 날 정도로 궁중그룹은 적대시되었고 그들의 목숨은 항상 표적이 되었습니다.

천재 전략가, 이시하라 간지의 등장

그럼 이제는 만주사변에 대해서 이야기하고자 합니다.

쇼와 4년(1929)에 있은 미국 월가의 주식시장 대폭락과 쇼와 5년의 런던 군축조약으로 경제적인 긴박감이 조성되어 해군의 인사정리가 시작되었는데, 육군들 사이에는 다음에는 자신들 차례라는 위기감이 만연해 있었습니다. 게다가 제1차 세계대전 후 세계는 총력전의 시대, 다시 말해 전쟁이란 군인만이 하는 것이 아니라 국민전체가 일체가 되어 싸우지 않으면 이길 수 없는 시대에 돌입했습니다. 그렇지만 육군에 대한 민중들의 차가운 시선과 불만은 육군 내부를 울적한 기분에 휩싸이게 했습니다. '가난한 소위에 변통해서 사는 중위, 겨우 살 만한 대위는 백십 몇 엔, 시집 오는 처자도 없네'라며 육군을 비웃는 노래가 유행했습니다. 즉 소위나 중위가 되어도 여전히 가난하고, 겨우 대위가 되었지만 백십 몇 엔의 급료를 받으니 아무도 시집을 오지 않는다는 말입니다. 군인들은 차가운 시선을 받았고 전차에 탈 때도 군복을 벗고 타야 될 정도였습니다.

그럴 때 마음이 맞는 군인들은 현실적으로 냉정하게 일본의 전력을 돌아보고 있었습니다. 제1차 세계대전이라는 거친 파도를 헤쳐 나가지 못하고 무사태평하게 지내니 일본의 군비가 점점 뒤처지고 있다는 살벌한 현실을 인식하기 시작한 것 같습니다. 예를 들어, 기관총으로 말하자면 영국군 20만 정, 독일군 50만 정에 비해서 일본 육군은 겨우 1천200정을 보유하고 있었습니다. 전차는 영국과 프랑스가 35만량, 독일군 6만 량에 비해서 일본은 겨우 300량밖에 되지 않았습니다. 게다가 군비를 수리할 능력도 거의 없었습니다. 화력과 기동력 모두 열강의 육군에 비해서 수백분의 1의 실력밖에 되지 못했습니다. 사실을 알면 알수록 일본의 국방이 어떻게 될 것인지 초조함이 더해갔습니다.

그럴 때 천재적인 군인 이시하라 간지 중좌가 등장했습니다. 육군학교에서는 월

이시하라 간지 (1889~1949)의 만년

등한 우등생으로 '육군에는 이시하라가 있다'
고 선전될 정도로 나가타 데쓰잔과 더불어 군
내부에서는 모르는 사람이 없는 존재였습니다.
그런 이시하라가 '세계최종전쟁론'이라는 세계
정치 전략의 대구상을 정리했습니다. 이건 간단
하게 말하면 제1차 세계대전 후 세계에 그럭저
럭 평화가 찾아오긴 했지만 열강은 언젠가 다음
세계전쟁을 시작할 것이다, 다양하게 팀을 이루
어 싸우는 사이에 결국에는 소련, 미국, 일본이
남게 될 것이다, 최종전을 앞에 두었을 때 일본
이 싸우지 않고 꾹 참고 견디면서 전쟁에 대비
하여 국력과 전력을 정비하고 기다리면 준결승
에서 미국이 소련에 이길 것이고 결승전에서는 일본과 미국이 싸우게 될 것이라고
예측한 것입니다. 그러니 일본은 그때까지 쓸데없는 일을 벌이지 말고 계속 인내하
면서 국력과 전력을 비축해두어야 한다고 주장했습니다. 당시 이시하라 간지는 천
재적이라고는 하지만 상당히 가벼워 보인다는 말도 들었습니다. 그런데 현실은 어
떠했습니까? 냉전이 이어지고 미국과 소련이 언젠가 최종 전쟁을 벌일 거라고 기다
리던 도중에 결국 소련은 스스로 붕괴하고 어느샌가 세상은 미국 천하가 되었습니
다. 한편 일본은 준준결승 정도에서 져버려 결승전에 참가하지는 못했다고 하나 이
시하라 간지의 예언이 전부 틀렸다고는 할 수 없을 것입니다.

그건 그렇고, 일본이 결승전에 대비하기 위해서는 어떻게 해야 할 것인가? 만주
를 제대로 확보하고 발전시켜서 국력을 양성하고, 중국과는 싸우지 말고 손을 잡아
최종적으로 중국의 협력을 구함으로써 중국과 일본이 만주를 공동으로 지배해 나가
야 한다는 것이 이시하라의 구상이었습니다.

쇼와 3년 10월 이시하라 간지가 장작림 폭살사건으로 사직한 고모토 다이사쿠의

뒤를 이어서 관동군의 작전참모로 여순에 부임했습니다. 그리고 작전 구상을 계속 문서로 작성하여 도쿄의 참모본부에 보냅니다. 그 골자만을 말하자면 쇼와 4년 7월 '국운을 바꿀 근본 국책인 만몽 문제 해결안'에서 만주를 어떻게 해야 할지에 대해 다루었습니다. 자세하게 말씀 드리면 대미 지구전에서 이기려면 중국의 4억 민중에게 경제적 생명선을 부여해 도와주어야 한다, 이렇게 해서 일본의 상공업을 진흥시키고 구미 열강으로부터 일본의 공업이 신속하게 완전 독립하는 것을 근본적인 목표로 삼아야 한다는 것입니다. 즉 무역을 통해서 중국과 공동 작업으로 일본의 국력을 키우고 미국과 영국에 의존해 왔던 공업을 독립시켜둘 필요가 있다는 것입니다.

같은 해 같은 달에 나온 '관동군 만몽 점유계획'은 최종적으로 만몽(만주와 몽고)을 일본 영토로 만들려면 어떻게 해야 될 것인가를 다루었습니다. 그러기 위해서는 장작림 사후에 동북군 사령관이 된 장학량(장쉐량)*2을 소탕하고 무장해제 해서 만주를 평정해야 한다는 것입니다. 그리고 군정하에 치안을 유지하고 만주 국민에 대한 간섭은 극히 자제하며 일본, 조선, 중국 세 민족의 자유경쟁을 통해 산업을 육성해야 한다고 주장합니다. 이는 나중에 만주와 몽고 두 민족까지 합해서 '5족 협화'라는 만주국의 슬로건이 만들어지기 직전 단계에 나온 계획입니다. 어쨌든 이 세 민족이 각자 자신의 역할을 분담한다면 만주의 경제가 틀림없이 발전할 거라고 이시하라는 주장했습니다. 즉 이시하라는 만주를 일본의 국력과 군사력을 육성하기 위한 튼튼한 기반으로 삼아야만 한다는 구상 아래 이런저런 일들에 손을 대기 시작했습니다.

그리고 쇼와 6년 5월, '만몽문제 사견'을 발표합니다. 여기에서 밝히길, 앞으로 세계는 서양을 대표하는 미국과 동양의 대표선수인 일본 사이의 최종전에 의해서 결정이 날 것이다, 다시 말해 일본은 동양의 선수가 될 만한 자격을 획득해야 한다, 그러기 위해서는 만주를 재빨리 일본의 영유권 내에 반드시 두어야 한다, 이렇게 되면 일본의 운명은 활짝 열리게 될 것이다, 그리고 만주를 전략거점으로 만들어놓으면 조선반도의 통치도 안정될 것이고 중국에 대해서도 지도적인 위치에 서게 될 수 있다고 했습니다.

　이런 이시하라의 대전략에 이어서 쇼와 6년 6월 참모본부는 '만몽문제 해결방책 대망'을 만들었습니다. 즉 관동군의 작전계획에 기초를 두었지만 참모본부 역시 만몽문제에 대해 국책 차원의 해결책을 정했습니다. 그 내용을 간단하게 말씀 드리면, 만몽 지역을 갑자기 식민지로 삼는 것은 무리이니 우선은 만주에 친일 정권을 수립해야 하는데 그러기 위해서는 황제를 두어야 한다는 겁니다. 이 황제는 청나라의 마지막 황제 부의[*3]인데, 이 안에는 이시하라 간지가 엄청나게 반대를 했습니다. 그러나 참모본부는 이런 식으로 일단은 독립국의 형태를 취한 뒤 나중에 영유권을 가지겠다는 방침을 세웠습니다. 주목해야 할 것은 그 안의 마지막에 이 대방침을 실행에 옮기려면 반드시 안팎의 이해가 필요하다고 말한 점입니다. 여기서 안이란 바로 국내 매스컴을 말합니다. 이때부터 매스컴이 군의 정책에 협력하지 않으면, 즉 매스컴이 국민에게 제대로 선전을 해주지 않으면 성공할 수 없다는 것을 군부는 의식하기 시작했습니다. 장작림 폭살사건 이래 육군의 계획이 전부 수포로 돌아간 것은, 육군의 뜻과 반대로 행동한 매스컴에 선동당해 국민들이 육군이라면 꼴도 보기 싫다고 여겼던 것에 원인이 있다고 육군은 참담한 반성을 한 것입니다. 그러므로 앞으로는 무슨 일을 할 때는 매스컴을 잘 이용해야겠다고 생각했고 이후 대매스컴 정책이 참모본부에는 중요한 일이 되었습니다. 그 결과 신문사뿐만 아니라 막 보급되기 시작한 라디오, 일본방송협회에 대한 압력이 다양한 형태로 나타났고 압력은 점점 더 강력해졌습니다.

　이처럼 이시하라 간지의 대구상이 있고 그에 기초한 참모본부의 대구상이 있었습니다. 그리고 이것이 만주사변으로 이어졌다고 할 수 있습니다.

사이온지가 천황을 견제하다

그런데 육군이 이런 큰 구상을 짜고 있는 동안 국내에서는 군부가 매스컴에 대해 공작을 펼치기도 전에 신문·잡지에서 만몽문제를 활발하게 논의하여 만주와 몽고는 일본의 생명선이라는 주장까지 나오게 되었습니다. 이 말은 원래 당시 만철(신경 ↔ 대련 간을 달리던 남만주 철도)의 부총재로 후에 외무대신이 된 마쓰오카 요스케가 쇼와 4년 8월에 교토에서 열린 제3회 태평양문제조사회에서 만주문제에 대해 사자후를 토한 뒤 상당히 유행한 말입니다. 그런데 의회에서 다시 강경파 국회의원인 모리 쓰토무가 마쓰오카의 연설을 이어받아 "20억의 국비와 10만 동포의 피의 값을 치르고 러시아를 쫓아낸 만주는 일본의 생명선이다."라고 주장합니다. 이 숫자는 러일전쟁에서 사용한 돈과 전사자 숫자인데, 그런 희생을 통해서 어렵게 손에 쥐게 된 만주는 그야말로 일본이 끝까지 지켜야만 하는 생명선이라는 이야기입니다. 이 말은 이후에 일본의 대슬로건이 되었는데, 재미있게도 멋진 슬로건이 있으면 국민의 마음도 묘하게 일치하여 슬로건과 같은 방향으로 향하게 되는 것 같습니다.

잡담이지만 150년 전의 음력 6월 4일(양력 7월 8일)에 페리가 우라가浦賀에 오고 난 뒤부터 게이오 4년에 메이지 정부가 성립하기까지, 즉 1853년부터 1868년까지 15년 동안 여러 문헌이나 서간 등을 살펴보면 많은 사람들이 빈번하게 황국이라는 단어를 사용하고 있는 걸 알 수 있습니다. 아무래도 황국이라는 단어는 그 무렵의 슬로건, 다시 말해 막부 말기 존왕양이 시대의 캐치프레이즈였던 것 같습니다.

그것이 쇼와 초기에 와서는 '생명선', '20억의 국비', '10만 동포의 피'로 바뀌게 됩니다. 이렇게 슬로건이 만들어지게 되면 국민감정이 슬로건에 완전히 동화되는 것 같습니다. 오늘도 일본은 '보통 국가'나 '재군비'라는 말들을 많이 하지만 국민의 마음을 움직일 만한 좋은 말을 찾을 수가 없어서인지 국민감정이 일치되지 못하는 것 같습니다.

그런데 당시에는 강경파뿐만 아니라 전후의 수상으로 당시 봉천 총영사였던 요시다 시게루가 '대만정책 사견'에서 이런 말을 했습니다. "우리 민족이 발전하기 위해 요지가 되는 만몽이 개방되지 않는 이상 경제 회복·번영의 기초가 만들어지기 힘들고 정쟁이 완화되지 않을 것이다. 이는 중국에 대해, 만몽정책의 일신을 당면 급무로 삼아야 할 이유가 된다." 즉 만몽문제의 해결 없이는 경제적인 회복이나 번영이 없을 것이고 정치적인 싸움도 완화될 수 없다는 말입니다. 여기서 말하는 만몽의 개방이란 결국 만몽을 일본의 지배하에 둔다는 것, 즉 식민지로 만드는 것입니다. 요시다 시게루조차 당시 이렇게 말했습니다.

요컨대 일본의 국민감정은 만몽의 식민지화를 향해 나아갔고, 그런 세상의 커다란 변화에 편승한 육군은 드디어 시기가 왔다고 생각합니다. 마침 6월 27일, 발표는 8월 17일이지만 나카무라 신타로 대위가 스파이 용의로 중국군에게 살해당하는 사건이 일어나게 됩니다. 게다가 7월 2일에는 만주에서 중국 농민과 조선인 농민이 충돌하는 만보산사건이 일어났습니다. 이런 사건들로 인해 일본의 국민감정도 점점 험악하게 흘러갑니다.

그럼 신문은 어떠했을까요. 아직 이 무렵에는 만몽문제를 무력으로 해결해서는 안 된다고 상당히 냉정하게 대처했습니다.

그리고 이런 사태를 가장 우려했던 사람은 쇼와천황과 앞서 이야기한 궁중그룹이었습니다. 쇼와천황은 쇼와 6년(1931) 4월에 발족한 와카쓰키 레이지로 내각(제2차)의 육군대신인 미나미 지로 대장을 불러서 6월 4일 "군은 규율이 모든 걸 이야기해준다. 규율이 느슨해지면 큰 사건이 일어날 우려가 있다. 군기를 엄중하게 하라." 라고 당부합니다. 즉 군은 항상 엄격한 규율로 다루어야 한다, 규율이 느슨해지면 무시무시한 사태가 벌어질 수 있는데 아무래도 최근에는 군의 기강이 흐트러진 것 같으니 바로잡으라고 명령한 것입니다. 그리고 와카쓰키 수상에게도 "만몽문제에 대해서 불온한 언동들이 쏟아져 나오고 있는데 중국과 친선을 유지하는 것을 항상 기조로 삼아야 한다. 이 점을 잊어서는 안 된다."라고 말했습니다. 천황이 한 말은 물론 배후에 있는 사이온지, 마키노, 스즈키, 잇키 등 측근들의 의견이었습니다.

그런데 군부는 이런 반대론에는 전혀 개의치 않고 계속 음모를 꾸미고 있었습니다. 궁중그룹이 군부를 다시 한 번 제대로 눌러서 바로잡아야 한다고 하니 9월 11일 천황이 미나미 육군대신을 재차 불러서 엄하게 주의를 주었습니다. 만보산사건이나 나카무라 대위 사건은 큰 사건이며 그 나름대로 복잡한 사정이 있을 것이니 그 점을 제대로 규명해야 할 것이다, 모든 잘못이 상대방에게만 있다는 태도를 유지해서는 원만한 해결책이 나올 수 없다, 어쨌든 군의 규율을 엄중하게 지키기 위해서 메이지 천황이 만든 군대에 문제가 생겨서는 안 된다는 말까지 전했습니다.

미나미 육상(육군대신)은 천황의 말을 듣고 "지당하신 말씀입니다."라고 대답했고, 같은 날에 사이온지도 다짐을 하듯 "만몽은 지나의 영토인 이상 외교에 관해서는 모두 외무대신에게 맡겨야지 군이 나서서 이러쿵저러쿵하는 것은 상당히 건방진 일이다."라고 엄하게 꾸짖었습니다. 미나미 육상은 "이 문제에 관해서는 와카쓰키 총리에게서 종종 꾸지람을 들었고 폐하로부터도 주의를 받았습니다. 정말로 송구스럽기 그지없습니다. 사이온지 공께서 말씀하신 것은 전부 다 맞습니다. 제가 책임을 지고 주의를 시키겠습니다."라고 대답했는데 왠지 히죽거리는 표정을 지었다고 합니다. 사이온지는 미나미 육상의 말을 듣고 "마치 허공에 대고 혼잣말을 한 것 같은 느낌이 들어 왠지 불쾌했다. 얼굴을 보니 방금 술을 마시고 온 것 같은데 끊임없이 말을 내뱉고는 있지만 정말로 믿음이 가지 않는 사람이다."라고 말했다고 하라다 구마오 일기에는 적혀 있습니다.

육군은 연신 변명을 하긴 하지만 그 말에 따를 생각은 없었던 것 같습니다. 다만 미나미 육군대신은 의외로 소심하여 일이 이대로는 끝나지 않을 것 같다고 생각하기 시작했습니다. 그건 당시 미나미 육상과 참모총장인 가나야 한조 대장 등이 중심이 되어서, 육군은 관동군의 방침을 시인하니 그 작전계획에 기초하여 9월 28일에 모략으로 사건을 일으키고 그걸 계기로 만몽 영유계획을 강력하게 추진하려고 했기

시종무관장 시절의 혼조 시게루
(1876~1945)

이타가키 세이시로(1885~1948)

때문입니다. 여기에는 이론이 많습니다. 학자 중
에는 이때 공모를 꾸민 게 아니고 오히려 억제를
했다고 말하는 사람도 있지만 그렇게 생각하기
에는 부자연스러운 점이 많습니다.

증거라고 말할 것까진 없지만, 8월 1일에 성격
이 강경한 혼조 시게루 대장을 관동군 사령관에
임명했고 그달 중순에 군사령관, 참모장에 이어
서 넘버 3인 관동군의 고급 참모 이타가키 세이
시로 대좌가 도쿄로 나와서 군사과장 나가타 데
쓰잔 대좌, 보임과장 오카무라 야스지 대좌, 작전
과장 이마무라 히토시 대좌, 작전부장 다테카와
요시쓰구 소장과 극비리에 회담을 가졌습니다.
이 회담에서 관동군이 벌일 일에 대해 사전 협의
를 했습니다. 그리고 이 사전 회의에서 나가타 데
쓰잔 이하 도쿄 중앙의 육군성 및 참모본부의 주
요 인물들에게 모든 작전계획을 면밀하게 이야
기해주었다고 할 수 있습니다.

그리고 이타가키는 발길을 돌려서 바로 만주
로 돌아갔고 8월 하순에 혼조 대장이 여순에 부
임했을 때 "만약 충돌사건이 일어났을 때 육군
중앙의 명령을 기다려야 합니까, 아니면 독단전
행을 해도 됩니까?"라고 물었다고 합니다. 혼조
는 이타가키를 한참 보고는 "나는 군사령관으로
서는 어디까지나 육군 중앙의 지시에 따를 생각
이네. 하지만 독단전행을 결정하는 것을 주저할

필요는 없네."라고 대답했다고 합니다. 이에 이타가키는 '아, 정말 소문대로 강건한 남자다. 이 사람이라면 걱정이 없겠다'며 안심하고 9월 28일 드디어 행동에 옮기기 위해 준비를 진행했습니다.

작전계획은 정말로 명확합니다. 바로 만철을 폭파하는 것입니다. 철도를 폭파시키면 관동군사령부 조례 제3조에 의해 관동군은 합법적으로 출동할 수가 있습니다. 중요한 것은 철저하게 은밀히 행동하여 선로를 폭파해야만 한다는 점입니다. 외부 사람을 기용하지 않고 자신들이 직접 실행해야 한다고 결정했습니다. 장작림 폭살 때와 같은 실수를 두 번 저지를 수는 없다며 신중에 신중을 기해서 계획을 진행했습니다.

나무젓가락은 오른쪽으로 굴렀지만…

그런데 9월 11일 천황과 사이온지에게 질책을 받은 미나미 육군대신이 겁이 났는지 "이러면 안 될 것 같다. 이대로 질주하면 큰일이 날 것 같다. 안팎의 이해가 필요한데 안쪽의 톱인 천황폐하 이하의 측근들이 맹렬히 반대를 하니 계획을 연기하는 편이 좋을 것 같다."라고 말했습니다.

9월 14일 미나미는 가나야 참모총장과 상담을 해서 관동군의 생각을 저지하기로 했는데 전보로는 그 뜻을 제대로 전달할 수가 없어서 다테카와 작전부장을 만주로 파견하기로 했습니다. 다테카와는 이타가키를 비롯한 무리들과 이제껏 충분히 논의를 했으니 이제 와서 그만둔다는 것에는 찬성할 수 없었지만 명령이므로 따라야 했습니다. 그러나 비행기로 가면 빨리 갈 수 있는데도 별 내키지 않는 일을 급히 처리하고 싶지도 않아 도쿄 역에서 기차를 타고 천천히 갔습니다. 이렇게 행동한 것이 자신이 도착하기 전까지 일을 해치우라는 의미였는지 알 수 없지만 어쨌든 그렇게 출발했습니다. 그런데 다테카와가 출발하자마자 도쿄 참모본부의 러시아 반장인 하시모토 긴고로 중좌가 관동군사령부에 '사태가 험악해져서 바로 결행해야 한다', '다테카와가 봉천에 도착하기 전해 결행해야 한다', '내지는 걱정할 필요 없다, 결행을 하라'라는 내용의 세 통의 전보를 물론, 암호로 쳤습니다.

전보를 받아 든 관동군사령부는 재빨리 결단을 내려야만 했습니다. 군사령관과 참모장 등 주요 간부는 사령부가 있는 여순으로 갔고, 봉천에 있는 사람은 이타가키 세이시로, 이시하라 간지, 특무기관인 하나야 다다시 소좌, 헌병 분대장인 미타니 기요시 소좌, 주재 분대장인 이마다 신타로 대위 등이었습니다. 다테카와가 계획을 저지하러 봉천(펑톈)에 온다는 소식을 듣고 그들은 은밀히 만나서 다테카와가 오기 전에 일을 해치울 것인지, 아니면 다테카와의 이야기를 들은 뒤에 결정할 것인지 상당히 옥신각신했던 것 같습니다. 그러나 결국 결행을 할지, 아니면 중지를 할지 정할 수 없었다고 합니다.

9월 16일 밤, 이타가키와 그 멤버들은 다시 모여 술을 마시면서 시인 이시카와 타쿠보쿠가 말한 '끝이 없는 논의 그 이후'라는 시구 그대로 다시 한 번 논쟁을 벌였습니다.

17일 오전 3시가 되어서 이타가키가 "이렇게 된 바에야 운을 하늘에 맡기고 나무젓가락을 세워서 정해보는 건 어떨까?"라고 제안했습니다. 이에 대해서는 나무젓가락이 아닌 연필로 정했다는 설도 있지만 어쨌든 오른쪽으로 구르면 중지, 왼쪽으로 구르면 결행이라고 정한 뒤 젓가락을 굴려보았더니 오른쪽으로 굴렀던 것 같습니다. 그럼 중지를 해야 될 것입니다. 이시하라 간지의 일기에도 "오후 9시 반부터 기관에서 회의. 다테카와가 온다는 비밀 전보가 있었다. 오전 3시까지 의논한 결과 중지로 결정"이라고 적혀 있습니다. 그러니 그만두자는 결정이 한 번 나왔던 것은 맞습니다.

그런데 군인들에겐 기호지세가 있는 법이어서 한 번 세웠던 계획을 물거품으로 만드는 걸 견딜 수 없어 합니다. 이왕 여기까지 왔다면 한번 저질러보는 것이 좋지 않을까, 라고 이마다 신타로와 미타니 기요시와 같은 젊은 강경파들이 주장해서 또다시 행동에 옮기자는 분위기가 만들어졌습니다.

그리고 18일 오후 7시에 다테카와가 봉천역에 도착했는데 술을 좋아하는 다테카와를 맞이하러 역시 호주가인 이타가키와 하나야가 역으로 나갔고, 다테카와를 만나서는 곧장 키쿠분이라는 요정에 데리고 갔습니다. 여기서 술을 마시고 흐느적거리며 별 쓸데없는 말을 주고받으면서 얼버무렸다는 설도 있지만, 다테카와를 설득했다는 설도 있습니다.

하긴 그때는 이마다 신타로가 이끄는 실행부대가 28일로 예정된 계획을 열흘 앞당겨 오늘 밤에라도 실행할 수 있도록 이미 봉천 교외에 있는 유조호(류타오후) 부근에 폭약을 설치해 두는 등 준비를 착착 진행하고 있었기에 다테카와가 어떻게 나오든 일을 벌일 작정이었습니다. 어쨌든 다테카와는 입을 다물어줄 생각이었으므로 "이 뒷일은 자네에게 맡긴다."라고 이타가키에게 말해두었고, 이시하라 간지는 바로 여순으로 가서 혼조 사령관을 설득할 준비를 했습니다. 이타가키는 다테카와가 정신을 못 차릴 정도로 술을 많이 먹였습니다. 여담이지만 혼조 시게루의 별명은 돌부처입니다. 성격이 진중하고 한 번 정한 일은 무슨 일이 있어도 바꾸려 하지 않았기 때문입니다. 그리고 미야케 고지 참모장의 별명은 러시아 사탕이었습니다. 당시 군부에서 제일가는 러시아 통이었는데 러시아를 공격할 때는 상당히 미적거렸기 때문입니다. 그리고 이타가키의 별명은 술꾼입니다. 밤새 내내 술을 마시고 다음 날 아침이 되어야 술잔을 놓을 정도의 호주가였습니다. 그와 술을 마시다 다테카와는 쓰러지고 말았습니다.

오후 10시 20분, 유조호 부근의 철도가 폭발했습니다.

이타가키는 요정인 키쿠분에서 그 소식을 듣자마자 순식간에 뛰어나갔고 11시가 넘어서는 제29 연대장과 독립수비보병 제2대 부장을 불러서 "장학량(장쉐량) 군대가 공격했다. 봉천성과 북대궁을 공격하라."고 강경하게 명령을 내렸습니다. 즉 철도

폭파라는 불법적인 공격을 중국군이 일본군에게 가해 온 것이다, 그러니 빨리 장학량 군대의 본거지를 공격해서 점령하라는 것입니다. 이 모든 것은 대원수의 명령 없이 독단적으로 내려진 것이므로 엄밀하게 말하면 통수권 간범이고, 육군 형법을 적용하면 사형입니다. 여기서 만주사변이 시작됩니다.

여순의 관동군사령부에 제1보가 전해지자 사건이 일어났다며 혼조 사령관과 부하들은 바로 봉천으로 출발했습니다. 이때 혼조를 미야케 참모장과 이시하라 간지가 둘러싸고는 첫째, 봉천작전 후에는 하얼빈까지 진출하자, 둘째, 관동군의 전력을 다해도 1만이 조금 넘는 정도지만 장학량의 군대는 봉천 부근만 해도 2만이고 만주 전체로는 25만이나 되는 대군이다, 이 상태라면 진압을 할 수가 없으니 조선에 있는 일본 병사들을 국경 너머로 이동시켜 지원을 해달라고 부탁했습니다. 이 월경 지원군에 관해서는 이시하라 간지가 이미 조선군의 작전참모인 간다 마사타네 소좌와 이야기를 마쳤습니다. 혼조는 바로 이전에 여차할 경우에는 독단전행을 주저하지 말라고 대답한 바가 있어 아무 말 없이 듣고 있었다고 합니다.

심야 1시 7분, 육군 중앙에 봉천발 제205호 전보가 도착했습니다.

'……폭력적인 지나 군대는 만철선을 파괴하고 우리 수비대를 공격하고……'

이처럼 모든 작전은 계획대로 진행되고 있었습니다. 그런데 혼조와 그 부하들이 봉천에 도착한 것과 거의 동시인 오후 6시 무렵 가나야 참모총장이 보낸 전보가 도착했습니다. 그 내용은 '불확대하기로 방침을 확정했다. 군은 필요 이상의 행동을 해서는 안 된다'는 것이었습니다. 육군 중앙에서 쓸데없는 공격을 하지 말라는 명령을 내린 것입니다. 이미 사전 모의를 다 끝냈는데 이런 명령이 내려오리라고는 관동군은 생각지도 못했을 것입니다. 실은 이 명령 역시도 도쿄에서 상당히 옥신각신한 결과 나온 것입니다.

혼조 사령관은 마음이 금방 바뀌었습니다. "빨리 정전하라. 하얼빈 진공은 당치도 않다."라고 명령을 내립니다. 그리고 한 번 바뀐 그 마음은 돌처럼 움직이지 않습니다. 이시하라 간지는 낙심해서는 "뭐, 이제 내가 알 바 아니다."라고 탄식하고 다다미 위에 벌러덩 누웠다고 하는데 머리가 좋은 사람은 포기도 빠른 것 같습니다.

그러나 이타가키는 별 대수롭지 않다는 듯 벌떡 일어서서는 "이시하라, 하얼빈이 안 되면 그 옆 길림성으로 진군하는 것은 어떨까?"라고 말하는 겁니다. 이런 점을 보면 이타가키가 평범하지 않은 인물임을 알 수 있습니다. 이타가키의 질문에 답하듯 이시하라도 일어서서 "그래. 길림성은 봉천을 지키기 위해 확보할 필요가 있지."라고 다시 힘이 솟아난 듯 대답했습니다. 길림성은 만철에서는 상당히 떨어져 있어서 주류권은 없지만 만약 그곳에서 폭동이 일어나면 재류 일본인의 안전을 확보한다는 명목하에 출병할 수 있을 것입니다. 그리고 결과적으로 봉천 부근의 안보가 느슨해졌다는 구실로 조선군의 월경 증원을 요청할 수 있을 것이고 그렇게 되면 재빨리 다음 작전을 계획하여 작전부장인 다테카와를 설득할 수 있습니다. 다테카와는 작전을 말리려고 왔음에도 불구하고 그 계획에 감탄해버렸고 미야케 참모장도 찬성합니다.

이걸로 다시 한 번 숨통이 트였고 20일, 혼조와 다테카와가 회담을 합니다. 다테카와는 혼조를 설득하려고 했습니다. 정전을 할 수는 없다, 공격을 시작한 이상은 반격도 있을 테니 봉천을 지킬 정도의 공격은 해야 한다고 말했는데도 돌부처인 혼조는 전혀 꿈쩍도 하지 않았습니다. 다테카와도 단념하고 돌아갔습니다.

그래서 막료 전원이 같은 날 저녁 혼조와 담판을 벌였지만 혼조는 여전히 마음을 바꾸지 않았습니다. 한밤중인 12시 전 무렵쯤엔 모두가 되돌아갔고, 이사하라 간지 역시 이제 이걸로 끝이라며 정말 그만두려고 했습니다. 그렇지만 사령관실에서 돌아오지 않은 한 사람이 있었습니다. 바로 이타가키 세이시로입니다.

무슨 생각이었는지 그 자리에 남은 이타가키는 혼조와 마주 앉아서 아무 말 없이 노려보고 있었던 것 같습니다. 그리고 오전 3시쯤 돌아온 이타가키는 이시하라를 일으켜 세우고 "이제 다 됐다."라고 말했다고 합니다. 돌부처를 움직여서 오케이 사인을 받은 것입니다. 결국 여기서 혼조가 고집을 더 부려서 마음을 바꾸지 않았다면 만주사변은 일어나지 않았을 것입니다. 그러나 진중함에서 둘째가라면 서러울 정도라고 하는 동북지역 출신 이타가키의 끈덕진 성격 때문에 21일 새벽 다시 관동군은 숨을 돌리게 되었습니다.

공격 준비를 갖추어가던 관동군은 상당히 급하게 진격을 진행했습니다. 중국군이 무저항주의를 취했기에 군이 생각하던 대로 일은 전개되었습니다.

신문들은 일제히 맞장구를 쳤다

한편, 일본 국내에서는 이날의 조간신문 모두가 갑자기 관동군을 비호하기 시작했습니다. 당시에 조간은 아사히신문과 도쿄니치니치신문(현재의 마이니치신문)이 가장 많은 부수를 발행했습니다. 반복해서 말씀 드리지만 그때까지는 아사히신문, 히비신문, 지지신보, 호치신문 모두 군의 만몽문제에 대해서는 상당히 혹평의 논조를 띠고 있었는데 20일 조간부터 갑자기 손바닥 뒤집듯이 태도를 바꾼 것입니다. 예를 들어, 도쿄 아사히신문은 19일의 논설위원회에서 이것은 러일전쟁 이래 일본의 대방침이고 정통적인 권익 비호를 위한 싸움이라는 것을 확인했다고 했고, 20일 오전 7시 호외에서 '봉천군(중국군)의 계획적 행동'이라는 제목으로 특파원의 급보를 국민에게 전달했습니다. 그 내용은 다른 신문도 거의 비슷하여 군이 발표한 것 그 자체였다고 할 수 있습니다.

18일 오후 10시 반, 봉천 교외 북대궁의 서북쪽에서 폭동을 일으킨 지나군이 만철선을 파괴하고 우리 철도수비대를 습격하여 우리 군은 이에 응전했다. 운운

하면서 '지나 측의 계획적인 행동이라는 것이 명료하다'라는 말도 쓰고 있습니

다. 잘 읽어보면 조금도 명료하지 않지만 이 기사의 내용은 상당한 기세를 가지고 그대로 국민에게 전달되었습니다.

이렇게까지 할 수 있었던 데는 라디오의 역할이 매우 컸습니다. 19일 오전 2시경 전보통신사(현재의 덴쓰)에서 제1보가 들어온 것을 전해 받고는 오전 6시 반부터 라디오 체조를 중단했습니다. 그리고 '9월 18일 오후 10시 30분, 봉천에 주재한 우리 철도수비대와 북대궁의 동북 육군 제1여단 병사가 충돌하여 목하 격전 중'이라고 전하고 그 후에도 계속 속보를 흘려보냈기에 신문도 이에 질세라 매서운 기세로 보도를 하기 시작했습니다. 참고로 당시 약 65만이었던 라디오 계약자 수는 이 사건을 계기고 월 평균 6만씩 늘어나 쇼와 7년 3월에는 105만 6천에 달했습니다. 라디오 시대에 돌입하게 되니 그에 영향을 받아 신문도 호외를 연발하게 됩니다. 즉 호외전쟁이 벌어져 점점 독자를 선동하게 되었습니다.

한편, 관동군에게는 만주 전 영역을 합해 20배나 되는 적이 있으므로 조선군이 나와서 도와주어야만 했습니다. 군대를 국경을 넘어 이동시키려면 통수 명령이 있어야 하니 대원수, 즉 천황의 명령이 없으면 안 됩니다. 그래서 가나야 참모총장이 천황에게 부탁하러 갔는데 전쟁의 확대를 반대하던 천황은 절대로 안 된다며 뜻을 굽히지 않았습니다. 시종무관장이 그 사이를 중재해도 만나주지 않아서 몇 번씩 헛걸음을 해야 했습니다. 간다 마사타네 작전참모가 이끄는 조선군은 국경선인 압록강까지 와서 기다리고 있었지만 도쿄에서는 좀처럼 허가가 떨어지지 않았습니다. 기다리다 못한 조선군의 하야시 센주로 사령관이 여기서 단독으로 월경 명령을 내려버립니다. 21일 오후 혼성 제39여단의 병사 1만여 명이 한꺼번에 압록강을 넘어 만주로 들어왔습니다. 대원수의 명령 없이 군대를 움직인 것은 너무나 큰 범죄일뿐더러 육군 형법을 적용한다면 사형에 처해질 것입니다.

한편, 같은 날 저녁에 그 소식을 전달받은 육군은 큰일이 났다고 허둥대다가 각료회의에서 정해달라고 청해 22일 오전 10시부터 각료회의가 열렸습니다. 와카쓰키 총리대신이나 하야시 규지로 봉천 총영사보다 상당히 많은 정보를 가지고 있던 시데하라 기주로 외무대신도 '이 사건은 분명히 일본 육군의 계획적인 행동이라고 생각된다'는 전보를 받은 터라 말도 안 되는 소리 말라며 미나미 육군대신을 규탄했습니다. 다음은 시데하라가 미나미에게 엄중하게 항의한 말입니다.

"과연 그 원인이 지나 병사가 레일을 파괴한 데 있고, 그런 무력을 방어하고자, 다시 말해 수비를 위한 공격을 하느라 일어난 일인가? 즉 정당방위란 말인가? 만약 그게 아니라 일본군이 음모를 꾸며서 일어난 행동이라고 밝혀진다면 일본의 입장은 과연 어떻게 될 것인가?……앞으로는 부디 이 일이 확대되지 않도록 노력해야 할 것이다. 즉각 관동군 사령관에게 이 사건을 확대하지 말라는 훈령을 내려야 할 것이다."

그러나 미나미가 그의 평소 성격대로 우물쭈물하고 있는 사이에 이미 조선군은 국경을 넘어서 만주로 들어갔다는 것이 밝혀졌습니다. 이 부분이 쇼와사의 병폐, 또는 한심한 점이라고 할 수 있는데, 이 사실이 밝혀지니 그나마 도리를 알 만한 와카쓰키 수상이 "뭐라고? 이미 만주로 들어갔단 말이지. 그렇담 어쩔 수 없군."이라고 했다는 것입니다. 이 와카쓰키 수상의 한마디로 각료회의의 내용이 결정되어 "조선군을 그냥 내버려 둘 수는 없다. 예산에서 특별 군사비를 지출할 필요가 있다."라고 정하게 되었습니다.

천황은 대원수 입장에서 참모총장에게 "전쟁의 확대는 안 된다. 조선군의 월경은 인정할 수 없다."라고 엄하게 말했지만, 각료회의 후 와카쓰키 수상이 "각료회의에서 전원이 일치해서 결정한 일이고 월경을 한 조선군에게 특별 군사예산을 부여했습니다."라고 진상했습니다. 앞서 설명 드린 것처럼 일본 헌법상 내각이 일치해서 정한 것에 대해서 천황은 '노'라고 말할 수 없기에 어쩔 수 없이 허가를 하고 말았습니다.

육군은 뛸 듯이 기뻐했습니다. 22일 오전부터 오후에 걸쳐서 천황이 허가했다,

예산이 나왔다, 라는 등 격려 전보를 계속 현지로 보냈습니다. 이것을 받아 든 관동군은 명령을 내립니다. "하얼빈의 형세는 점점 불온해진다. 하얼빈 총영사가 정부에 출병을 요청했다. 군은 재빨리 하얼빈을 구원할 준비를 해야 한다."라고 명령하여 하얼빈 공략작전이 시작되었습니다.

다시 천황을 만나러 간 가나야 참모총장에게 천황은 "이번 일은 너무나 괘씸한 일이긴 하지만 각료가 일치해서 정한 일이니 어쩔 수 없다. 그러나 어디까지나 나는 전쟁 확대에 반대하니 되도록 전쟁을 빨리 끝내도록 하라."라고 명령을 내렸습니다.

23일 조간 신문은 '조선군의 만주 출동'이라고 대대적으로 보도했습니다. '각료회의에서 사후승인'이라고도 썼는데 이건 맞는 말입니다. 그리고 '군과 정부가 삐걱거리는 인상을 대내외에 알리는 것은 상당히 좋지 않다. 그리고 정부가 용단을 내리지 못하고 있다는 인상을 주는 것은 더욱 안 된다'라고 쓰면서까지 군부를 후원했습니다. 이때부터 대중이 군을 응원하기 시작했는데 강경한 방향으로만 흘러가 '기득권 비호', '신만몽 건설'이라는 새로운 슬로건이 탄생합니다. 이렇게 하여 만몽영유계획은 일사천리로 추진되어갑니다.

만주사변이 일어난 지 채 일주일도 지나지 않아 일본 전국에 있는 신사에는 필승을 기원하는 참배자들이 물밀듯이 늘어났으며 우국지사나 국사들의 혈서 편지가 육군대신의 책상 위에 산처럼 쌓이게 되었습니다. 미나미 육상은 희색이 만면하여 "일본 국민의 기세는 전혀 쇠퇴하지 않았다. 정말로 믿음직스럽다. 이런 전 국민의 응원이 있어야 만주의 황야에서 싸우는 군인들이 제대로 자신들의 본분을 이룰 수 있다."라고 신문기자들에게 말했을 정도입니다. 이것이 바로 사변 직후에 천황에게 엄청나게 질책을 받고 소금에 절인 배추 잎처럼 흐물거리던 사람의 입에서 나온 말입니다.

다시 한 번 반복해서 말씀 드리지만 이처럼 일본 전 국민의 응원을 군부가 받게 되기까지 신문이 맡은 역할은 너무나도 컸다고 할 수 있습니다. 여론 조작에 적극적인 군부 이상으로, 아사히와 마이니치 같은 대형 신문이 선두에 서게 되자 매스컴은 경쟁하듯이 여론 조작에 광분했고 지나치게 열성적이었습니다. 그리고 만주국 독립안, 관동군의 맹진격, 국제연맹의 항의 등 새로운 국면이 펼쳐질 때마다 신문은 군부의 움직임을 전면적으로 지원해주었고 민중은 그런 언론에 선동당해 얼마 지나지 않아 호전적으로 변해갔습니다. 이는 잡지 〈개조〉(쇼와 6년 11월호)에서 평론가인 아베 신고가 말했던 것처럼, 신문들이 모두 군부의 선전기관처럼 변했다고 말해도 과언이 아닌 상황이었습니다. 매스컴과 일체화된 국민적 열광이라는 게 얼마나 무서운지 잘 말해주고 있습니다.

그리고 쇼와 7년 3월에는 만주국이 건설되었고, 9월 8일에 혼조 사령관 이하 미야케 참모장, 이타가키 고급 참모, 이시하라 작전참모가 도쿄에 돌아오자 열화와 같은 환영을 받았으며, 궁중에서 보내온 마차에 올라타 천황에게 가서 지금까지의 전황을 보고했습니다. 아무 말 없이 듣고 있던 천황이 물어봅니다. "내가 들은 바에 의하면 누군가가 모략을 했다는 소문도 있던데 그런 사실은 있었는가?" 이 말을 들은 혼조는 "나중에서야 저도 그런 말을 들었지만 관동군은 단연코 모략 같은 것은 꾸미지 않았습니다."라고 능글맞게 대답했습니다. 천황은 "그래? 그렇다면 다행이네." 라고 말했다고 합니다. 후에 이 이야기를 들은 이시하라 간지가 "온갖 일들을 천황 귀에 전해주는 놈이 있군."이라고 중얼거렸다는 이야기도 남아 있습니다. 즉 천황 옆에 붙어 있는 간신들을 용서할 수 없다는 말이겠지요.

이미 말씀 드렸지만 이 사람들은 본래 대원수의 명령 없이 전쟁을 시작한 중죄인으로 육군 형법에 따르면 사형을 당해야 마땅합니다. 그러나 그러기는커녕 오히려 혼조 사령관은 시종무관장이 되어 천황의 측근이 되었고 남작 작위도 받게 됩니다. 이시하라 간지는 연대장으로 일단 밖으로 나오긴 했지만 얼마 지나지 않아 참모본부 작전부장이 되어 논공행상을 통해 오히려 출세의 길을 걷게 됩니다. 문자 그대로 이기기만 하면 관군이 되는 것입니다.

쇼와가 엉망이 된 것은 바로 이 순간이라고 저는 생각합니다.

*1- 교육칙어: 메이지 23년(1890)에 발표되어 교육의 기본방침을 보여준 메이지 천황의 칙어. 공식적으로는 교육에 관한 칙어.

*2- 장학량(장쉐량): 1898~2001. 장작림의 장남으로 동북지방을 기반으로 삼은 군벌. 1928년 장작림 폭살 후 그 뒤를 이어서 30세의 나이에 3성(요령(랴오닝), 길림(지린), 흑룡(헤이룽) 강의 3성)의 실권을 쥐었다. 만주사변 당시는 국민당 정부에 협력했다.

*3- 부의: 1906~1967. 청나라의 마지막 황제(선통제). 재위는 1908~1911년. 만주국의 황제(강덕제)로는 1934~1945년(다음 장 참조) 동안 재위. 성은 애신각라, 자는 호연.

3장

만주국은 일본을 '영광스러운 고립' 으로 이끌었다

5·15사건에서부터 국제연맹 탈퇴까지

전쟁을 선동하는 신문사

쇼와 6년(1931) 9월 18일에 일어난 만주사변으로 일본 국내도 전쟁의 기운이 높아져 어수선해지고 있었습니다. 그 사이에 관동군은 자신들이 사변을 일으킨 장본인들임에도 불구하고 10월 2일 사령부에 모여서 비밀리에 만몽문제 해결안을 결정했습니다. 이것은 거의 이시하라 간지가 만든 것으로,

> 방침: 만몽을 독립국으로 만들어 우리의 보호 아래 두고 재만몽 각 민족의 평등한
> 발전을 기한다.

라는 내용입니다. 이시하라는 원래 만주를 일본의 영토로 만들려고 구상했지만 갑자기 만주를 일본 영토로 만들어버리면 세계 여론의 반대에 부닥칠 것이고 일본 국내도 아직 어수선한 상태이므로 지금은 양보해서 우선 만몽(이 시점에서는 만주였지만 후에 내몽고가 들어가게 되므로 만몽이라고 합니다), 특히 만주를 장개석 정부와 단절시켜 완전히 별도의 독립국으로 만든 뒤 교묘하게 조종하자는 계획을 세웠습니다. 이른바 괴뢰정부를 만들어 일본 국방의 최전선으로 삼자는 것이었습니다.

이 방책을 가지고 국민을 잘 이끌려면 앞서 그랬던 것처럼 신문을 이용해야 합니다. 그들은 신문을 철저하게 이용하여 만주 독립에 대한 구상을 추진하고자 했습니다. 전쟁은 신문사에 돈벌이를 할 기회를 주는 최대의 무기입니다. 그래서 신문 역시 전쟁을 부채질하여 발행부수를 늘리려고 군이 생각하는 대로 움직였습니다.

만주사변을 본격적으로 보도한 것은 10월부터였지만 그 후 약 6개월 동안에 아

사히나 마이니치는 임시 경비로 100만 엔이나 사용했습니다. 참고로 당시 총리대신의 월급은 800엔입니다. 신문이 어디에 돈을 사용했는지 알 수 있는 자료가 있습니다. 아사히신문의 발표에 의하면 참가 비행기 대수는 8대, 항공 횟수 189회, 자사 제작 영화를 공개한 장소 1천500곳, 공개 횟수 4천24회, 관중은 약 1천만 명, 호외 발행 수가 131회이니 끊임없이 대대적으로 선전을 한 셈입니다. 그러자 마이니치신문도 이에 질세라 아사히 이상으로 대대적으로 선전했습니다. 당시 정치부 기자였던 마에시바 가쿠조는 후에 이런 말을 했습니다.

"사변이 일어난 뒤 사내에서는 마이니치신문이 후원하고 관동군이 주최한 만주전쟁이라는 자조적인 말까지 들렸습니다."

즉 이 전쟁을 마이니치신문이 후원하고 있는 것 같다고 말할 정도로 신문사는 대대적으로 전쟁을 보도했습니다. 현지에 간 신문기자나 특파원도 신문사 안에서 에이스로 꼽히는 사람들이나 문장력이 뛰어난 사람들이었습니다. 이들을 현지에 보내 철저하게 글을 쓰도록 했습니다. 그때 활약했던 사람 중 하나가 아사히신문사에서 후에 천성인어天聲人語로 이름을 날린 아라가키 히데오입니다. 전후 10년간은 이 사람이 천성인어를 썼습니다. 당시 썼던 아라가키의 기사를 보면,

40도가 넘는 열에 시달리던 사람이 휘청거리는 걸음으로 전투에 나갔는데 그곳에서 병이 완쾌했습니다.
미간을 통해 들어온 총알이 두개골과 피부 사이를 깨끗하게 지나서 후두부로 빠져나갔지만 이를 대수롭지 않은 상처라고 생각해서 싸웠던 독립수비대 제○(이 부분은 가려놓았습니다) 대대의 기타야마 일등 졸.

머리에 쑥 들어온 총알이 빙그르르 돌아서 뒤로 나갔는데도 아무 느낌도 갖지 않고 싸웠다는 말입니다. 그리고
흉부에서 등 쪽으로 구멍이 나서 숨을 쉴 때마다 출혈을 하면서 적과 격투를 했던

요네야마 상등 졸. 탄환의 파편으로 다리 살이 완전히 드러났지만 적을 향해 돌격
을 했던 아이자와 일등 졸.

정말이지 용감하게 마구 써 내려갔다고밖에 할 말이 없습니다. 그뿐만 아니라 신
문사의 간부들도 육군에 협력한다기보다 육군의 선동에 놀아났는데 호시가오카 사
료라는 요정이나 히비야의 장어 요릿집에서 육군의 기밀비로 대접을 받으면서 육군
이 원하는 바를 다 들어주었습니다.

그런데 신문사가 육군성과 결탁해서 일을 처리하고 있다는 것은 일반인에게도
잘 알려진 것 같습니다. 다음 해인 쇼와 7년 2월 11일 나가이 가후(작가, 1879~1959)
의 일기에는 이렇게 쓰여 있습니다.

아사히신문사는 육군 내부의 유력자를 요정인 호시가오카 사료에 불러 대접하면
서 사죄했고 출정 군인 위문 의연금이라며 10만 엔을 기부했다. 그리고 다음 날
부터는 완전히 기사를 바꾸어서 군벌을 칭송하는 노래를 부르기에 이르렀다고
한다. 이게 만약 진실이라면 언론의 자유는 존재하지 않은 것이다. 그리고 육군성
은 말 그대로 신문사를 협박해서 취재하게 한 죄를 범했다고 할 수 있다.

여기서 사죄란 신문이 만주사변 초기에 군에 대해서 비판적이었던 점을 사죄했다
는 말입니다. 많이 팔기 위해 신문이 육군에 부화뇌동하며 얼마나 노골적이고 떠들썩
하게 선동을 했는지 나가이 가후처럼 비판적인 사람은 다 파악하고 있었습니다.

쇼와 5년에 출생한 저는 아직 어려서 잘 알지는 못했지만 대략 쇼와 6년, 7년, 8
년 정도에 일본인의 생활에 군국체제가 완전히 뿌리를 내려서 군가는 유행가처럼
불렸고 아이들 사이에서는 전쟁놀이가 상당히 유행했습니다. 그리고 보니 저도 철
이 들 무렵에는 매일 전쟁놀이를 했던 것 같습니다. 모자의 차양을 앞으로 오게 쓰
면 수뢰함장이라고 하고, 차양을 뒤로 쓰면 수뢰정이라고 하고, 옆에 오게 쓰면 구

축함이라고 하면서 전쟁놀이를 많이 했는데 그때 당시 그런 풍조는 확실히 있었습니다.

신문이 떠들썩하게 선동을 해대니 일본 전체에 전쟁을 해야 될 것만 같은 분위기가 만들어졌습니다. 아이들은 전쟁놀이를 하고 서민들 사이에서는 위문품 붐이 일어나서 끊임없이 물건을 만들어서는 전장으로 보냈습니다. 이걸 가지고 신문사는 또 거침없이 써댑니다. 위문품이나 돈을 기부한 사람의 이름을 매일같이 신문에 써대니 위문품과 돈이 점점 많이 모이게 되었습니다. 예를 들어, 12월 2일에는 15만 엔, 6일에는 20만 엔이 들어왔다고 합니다. 그러다가 결국에는 기부하는 사람이 너무 많아서 다 쓸 수 없게 되자 '죄송하지만 지면이 부족하여 더 이상 실을 수가 없습니다'라는 사죄문을 게재할 정도였습니다. 그럼에도 불구하고 드디어 12월 29일에는 35만 엔에 달했을 정도로 민중들 사이에서는 전선의 병사들을 위해서 하나로 단결하자는 분위기가 생겨났습니다.

한편, 그 이면에서는 쇼와 4년 월가의 주식시장 대폭락 이래 닥친 불경기가 온 국가를 덮고 말았습니다. 오즈 야스지로의 영화 〈대학은 나왔지만〉*1의 제목 그대로 세상에는 실업자가 흘러넘쳤습니다. 그런 불경기에서 일찍 탈출하고 싶다는 생각이 전쟁경기에 대한 기대감을 고조시키는 데 일조했다고 생각합니다.

아침 햇살을 받으며 황군이 입성

한편 만주에서는 점점 전쟁이 진행되고 있었습니다. 문제는 그걸 아무 말 없이 보고만 있던 중국입니다. 자신의 나라가 지금 일본의 손아귀에 들어가려고 하는 상황이니 어떻게든 저지해야만 하는데 역사라는 것은 참 아이러니합니다. 이 무렵 중국 본토는 권력투쟁을 하느라 정신이 없었습니다. 남경에는 장개석의 국민정부가 있었고 남쪽인 광동(광둥)에는 그 일파인 왕조명[*2]의 정부가 있었습니다. 참고로 왕조명(왕자오밍)은 후에 왕성우(왕징웨이)라는 이름을 쓰면서 일본을 위해 일했습니다. 이 둘은 모두 국민당이지만 이렇게 둘로 나뉘어 싸우고 있었습니다. 그리고 이때 모택동(마오쩌둥)의 공산당이 세력을 점점 키워 나가고 있었습니다. 장개석은 공산당을 눈엣가시처럼 생각했으니 내부가 세 갈래, 네 갈래로 나뉘어 있던 중국에는 일본을 주적으로 삼아야 한다는 생각이 전혀 없었습니다. 기껏 해보았자 장개석이 국제연맹(현재의 국제연합의 전신입니다. 미국은 불참가)에 일본군의 침략을 억제하도록 도와달라, 국제 정의의 이름으로 일본에 제재를 가해달라고 호소하는 정도였습니다.

국제연맹은 이에 대해서 논의를 시작하긴 했지만 연맹 자체가 그다지 일을 빠르게 처리하는 기관이 아니어서 일본은 또 이 점을 기회라고 생각했습니다. 중국은 내부에서 전쟁을 벌이고 있고 국제연맹의 움직임은 굼뜹니다. 이런 때 이시하라 간지가 구상했던 것처럼 만주를 재빨리 독립시켜 괴뢰정부를 구축해야 한다는 방침이 정해지게 됩니다.

10월 8일에는 중국의 금주(진저우)에 폭격을 가했습니다. 천황은 그 소식을 듣고 깜짝 놀라서 진지한 어조로 스즈키 간타로 시종장에게,

"내가 재위하고 있을 때 대전쟁이 일어났단 말인가. 이것이 과연 일본의 운명인가."

라고 탄식했다고 합니다.

그러나 최전선에 있는 관동군이나 조선에서 파견되어 온 일본군은 천황의 탄식 따위에는 아무런 관심도 없었습니다. 장학량 군대를 차례차례 격파하여 드디어 11월 18일에는 치치하루를, 그리고 다음 해인 쇼와 7년(1932) 1월 3일에는 금주를 점령하는 등 점령지역을 점점 넓혀갔습니다.

생각해보면 이 시점에서 좀 더 일찍 국제연맹이 행동을 취하거나, 중국의 대부대

가 만주로 들어왔다면 일본도 그렇게 간단하게 중국의 곳곳을 점령할 수는 없었을 겁니다. 그러나 상황이 이러했으니 이걸 기회로 포착하여 식은 죽 먹듯 공격을 해 나갈 수 있었습니다. 그리고 국제연맹이 행동을 취하기 바로 직전에 일본은 외교적인 노력을 시험하듯 오히려 "일본이 방위전쟁을 하고 있으니 이를 증명하기 위해서 조사단을 보내 달라. 그러면 일본의 정당성이 증명될 것이다."라고 연맹에 요청합니다. 이 요청을 또 국제연맹이 받아들였으니 조사단을 꾸려서 만주로 보낼 동안 시간을 벌 수가 있었습니다. 몇 년 전 이라크의 핵 사찰단이 몇 개월이나 걸려서 이라크에 들어간 것과 비슷한 모양새입니다. 일본은 반일 멤버만으로 구성되면 안 된다, 공평을 기하기 위해서 인원을 다시 뽑아라, 라고 요구하는 등 아주 편리하게 시간을 벌었습니다. 모든 것이 일본의 생각대로 척척 돌아가기 시작하여 일본군은 만주의 도시들을 계속해서 점령해 나갔습니다.

한편, 중국 본토에서는 민중, 특히 젊은이들이 장개석이나 왕조명 정부에 맹렬히 반대하는 한편, 일본은 침략국이므로 격퇴해야 한다는 운동을 대대적으로 벌이게 됩니다. 특히 상해 등지에서는 상당한 기세로 반일운동이 전개되었습니다. 일본 물건은 일절 사지 않고 팔지 않고 운반하지 않고 쓰지 않는다, 원료나 모든 물품을 일본인에게 공급하지 않는다, 일본 돈인 엔을 받지 않는다, 거래도 하지 않는다, 일본인을 고용하지 않고 일본인에게 고용되지도 않는다, 일본인을 절대로 상대하지 않는다……등등을 슬로건으로 내걸고 학생들이 봉기하기 시작합니다. 상해, 북경, 남경, 광동으로 데모가 번지니 중국 정부도 이대로 두고 볼 수만은 없는 상황에 몰리게 되었습니다.

그러나 중국 정규군이 반격을 시작하기 전까지는 아직 시간이 있어서 일본은 다시 북쪽과 서쪽으로 공격을 해 나갔습니다. 이렇게 승리를 하면서 진격하면 신문은 또 기뻐합니다. 신문에 대해서 조금 비판을 해보겠습니다. 예를 들어, 쇼와 7년 1월 3일 일본은 금주(진저우)를 점령했습니다. 메이지 시대에 성장이라고 불린 노기 마레스케 장군(1849~1912)이 러일전쟁 때 읊은 〈진저우金州 성 밖 석양에 서다〉라는 한시가 있어 금주錦州에 대해 쓸 때마다 저도 자주 혼동하여 노기 장군의 시를 읊곤 합니다. 그런데 일본이 금주를 점령한 다음 날인 4일의 아사히신문은 노기 장군이나 된 듯 매우 화려한 노래를 불러댔습니다.

　평화의 천자처럼 아침 햇살을 받고 황군 입성하다

일본군을 평화의 천자라고 표현했습니다.

　황군의 위엄으로 신 만주시대로 들어간다

　어쨌든 신문은 많이 팔렸고 온 국민이 기뻐하므로 신문은 변함없이 대대적으로 선전할 수 있었습니다.
　역사에 만약이란 없습니다. 그렇지만 중국 국내나 국제연맹이 그런 상태였으므로 여기서 일본이 전쟁을 그만두고 천황이 말한 불확대의 방침을 지켰다면 그런 국제적인 큰 사건이 일어나지 않았을 거라고 생각합니다. 그런데 그러지 못했습니다. 신문은 선동하고 국민은 기뻐하고 경기도 좋아지기 시작했습니다. 군은 일이 이렇게 되었으니 아예 만주 전부를 먹어치우자며 기세를 올렸습니다. 국제연맹이 옥신각신하면서 쓸데없는 논의를 펼치고 있는 동안 일본군은 드디어 만주와 중국 본토의 국경선인 산해관(산하이관), 즉 만리장성의 첫 관문 부근까지 진출하고 그곳에 일장기, 즉 히노마루를 꽂고야 말았습니다.
　전투가 끝났을 때를 생각하면 그곳을 반드시 지켜야 하겠지만 무슨 일에 있어서든 반드시 지켜내고 말리라는 용기가 결여된 점이 일본인의 특색일지도 모릅니다. 어쨌든 만사에 대증요법적인 모습을 보여줍니다.

혹독해진 세계의 여론

일이 이렇게 되니 중국도 가만히 있을 수는 없었습니다. 국제연맹에서도 너무 심하지 않느냐는 소리가 당연히 나오게 됩니다. 미국은 그때까지 일본에 호의적이었다고 할 수 있습니다. 국제연맹 내부에서 옥신각신하고 있을 때도 미국은 일본에 대해 비판적인 입장을 취하지 않았습니다. 물론 일본이 자신들이 하고 있는 전쟁이 자위전쟁이라고 주장한 점에 대해서는 긍정하지 않았지만 적어도 의도적인 침략전쟁으로 보지는 않았습니다. 그런데 결국에는 금주를 점령하자, 산해관까지 나아가자, 라고 외치자 미국도 이대로 두어서는 안 되겠다고 생각했는지 갑자기 태도를 강경하게 바꾸기 시작했습니다. 특히 금주를 점령했다며 만세를 불러대던 일본의 언론보도를 보곤 미국의 스팀슨 육군장관은 큰 충격을 받았다고 합니다. 역시 일본은 믿을 수가 없다고 생각했겠지요. 미국은 침략전쟁이라며 엄중하게 항의했고, 만주의 상태를 보고 나서는 일본이 1928년(쇼와 3년)에 각국과 맺은 부전조약[*3]을 완전히 위반한 것이다, 이렇게 빨리 조약을 깨뜨린 일본이 괘씸하다, 따라서 이건 더 이상 자위전쟁이라고 인정할 수 없다며 강경하게 나왔습니다.

이런 미국의 불신 표명은 일본에게는 충격이었습니다. 그러나 사태가 이렇게까지 벌어졌으니 더 이상 물러날 수 없다고 나오는 것이 바로 군대의 특성입니다. 이런 게 바로 전리戰理일 것입니다. 미국이 무슨 말을 하든지 일본은 반드시 만주를 독립시킬 거라며 일을 계속 진행시켰습니다. 그뿐만 아니라 쇼와 7년 1월, 사건을 일으킨 장본인인 그 술꾼 이타가키 세이시로 대좌가 먼 길을 마다 않고 도쿄까지 왔습니다. 그런 이타가키에게 이시하라 간지는,

"잘 듣게, 이타가키. 자네는 결코 자신 없어하거나 불안해서는 안 되네. 관동군이 무슨 생각을 하고 있는지 육군 중앙부에 철저하게 설명해주기 바라네. 중앙부가 기운 빠진 소리를 하면 그 코를 납작하게 할 정도로 닦달을 하고 오게."

라는 말을 거침없이 내뱉었습니다.

어쨌든 만주에는 신국가를 건설한다, 정확하게는 남경정부로 중국 정치의 중심에서 이탈시켜서 명실공히 독립국으로 만든다, 육군 중앙(육군성과 참모본부)도 그렇게 결의를 해주었으면 한다는 것입니다. 그래서 이타가키는,

"부전조약이나 국제연맹의 규약에 의하면 만주를 지나 본부와 분리시키기 위해 일본이 직접 행동하는 일은 허락되지 않을 것입니다. 그러나 지나인 자신이 내부적으로 중앙과 분리하여 자신들의 국가를 만드는 것이라면 조약에 전혀 반하지 않습니다. 일본은 어디까지나 옆에서 지켜보기만 하면 되고 지나인 자신들의 의지로 독립국을 만드는 것이니 아무 문제가 없습니다."

라고 육군 중앙을 설득합니다.

이타가키는 그다지 말이 많은 편이 아니고 오히려 과묵한 편이어서 아무 말 없이 세 시간이고 네 시간이고 상대의 얼굴을 노려볼 수 있는 사람인데, 그때는 이시하라 간지에게 어지간히 설득을 당했는지 정말 많은 이야기를 한 것 같습니다. 결과적으로 육군성과 해군성과 외무성, 소위 3성이 합의를 한 것이 되었습니다. 그리고 국가의 대방침을 '만주를 지나 본부 정권에서 분리 독립된 하나의 정권으로 만든다. 그렇게 되도록 차츰 유도한다' 라고 정했습니다. 즉 일본이 무리하게 국가를 만들게 되면 국제조약 위반이 될 것이다, 그러니 직접 손을 대면 안 된다, 하지만 잘 유도해서 중국인들 스스로 자신들의 독립국을 만들게 한다, 그렇게 되면 아무 문제가 없을 것이다, 이것이 바로 대방침입니다. 1월 초순에 일어난 일입니다.

대원수의 명령과 국책인 불확대방침에 위반하여 마음대로 만주사변이라는 말도 안 되는 짓을 일으킨 원흉들은 군법회의에 넘겨져서 사형에 처해져야 마땅할 텐데 이렇게 하여 살아남게 되었습니다. 그리고 죄를 묻지 않을 뿐 아니라 오히려 칭찬하는 소리까지 들었습니다.

그리고 1월 8일 그토록 큰 전쟁이 일어날까 걱정했던 쇼와천황도 관동군이 잘했다는 내용의 칙어를 발표했습니다. 다시 말해 만주사변을 일으킨 유조호(류탸오후)

사건은 자위전쟁이다, 치치하루나 금주를 점령한 것은 황군의 위엄과 용맹스러움을 안팎에 선전한 것이라고 칭찬하는 내용의 칙어였습니다.

이것은 쇼와천황이 범한 가장 큰 과오라고 생각합니다. 쇼와천황 자신이 이 일을 실수로 여기고 있는지 어떤지는 알지 못하지만 적어도 《쇼와천황 독백록》속에서는 만주사변에 대해서 지금까지 이야기해드린 내용은 거의 말하고 있지 않습니다. 칙어, 관동군의 독단전행, 만주를 어떻게 독립시킬 것인지, 등에 대한 언급이 거의 없습니다. 그건 아마 자기 나름대로 상당한 충격이어서 그런 것은 아니었나 생각합니다.

어쨌든 그런 이유로 일본이 유도하여 만주국을 건설하기로 다시금 국책이 결정되었습니다. 그런데 이런 국책을 추진하려면 국제적인 허가가 필요한데 도저히 받을 수 있을 것 같지가 않았습니다.

세계 여론은 점점 비판적으로 되어갔고 이에 곤란해진 일본은 어떻게 해서든 만주를 세계의 이목에서 벗어나게 하려 합니다. 이것이 만주사변 이래 억지스러워진 일본의 강경 정책인데 이 부분은 도저히 칭찬할 수가 없습니다. 적당한 선에서 멈추었으면 좋았을 텐데 지나치게 질주를 한 탓에 국제적으로 고립되어갔습니다. 요컨대 세계의 눈을 다른 곳으로 돌리게 하려면 어디선가 사건이 일어나면 좋을 거라는 생각에 이르게 되었습니다. 이 이야기를 하다 보면 아무래도 일본의 악담만 하게 되는데 사실이 그런 걸 어떡하겠습니까. 이타가키 세이시로 및 이시하라 간지 무리들이 만주사변 직후인 쇼와 6년 10월쯤에 같은 한 패이자 상해 일본공사관에 배속된 육군무관 보좌관 다나카 류키치 중좌를 불러 "무슨 일이 있을 때는 부디 상해에서 사건을 일으켜주기 바라네. 그러면 세계의 이목이 그쪽으로 향하게 될 것이야."라는 말을 전했습니다. 참고로 다나카 류키치라는 인물은 도쿄재판이 열렸을 때 미국 검찰 쪽에 붙어 일본 육군이 얼마나 음모에 뛰어났는가를 전부 폭로해서 일본 육군이 너무나 증오하는 사람 중 하나입니다.

극단적으로 말하자면 만주는 세계열강과는 직접적인 이해관계가 없습니다. 그런데 상해는 영국과 미국의 조계지가 있어서 상당한 이해관계가 있습니다. 그러니 만약 상해에서 사건이 일어나면 분명히 그곳으로 이목이 집중될 것이니 만주는 완전히 쏙 빠질 수 있다는 계산입니다.

상해사변을 뒤로하고 정전으로

드디어 쇼와 7년 초부터 국제사회의 눈이 험악해지자 일본은 불안해지기 시작했습니다. 작전을 이대로 수행한다면 고립화는 심화될 것이고 세계적으로 비난을 받을 것입니다. 그래서 다나카에게 빨리 결행하라는 전보를 치고 1월 10일에 약 2만 엔의 군자금을 보냈습니다.

이런 일이 세상에 알려지게 된 것은 다나카가 도쿄재판에서 모두 밝혔기 때문입니다. 그는 육군 중앙에서 받은 2만 엔을 자신의 애인이자 동양의 마타하리라고 불렸던 가와시마 요시코[*4]를 시켜 중국인에게 뿌려서 사건을 일으킬 계산을 했습니다. 그리고 1월 18일 드디어 사건이 발생했습니다. 일연종에 속한 승려 2명이 신도 셋을 이끌고 '남무묘법연화경'을 외치며 상해의 거리를 탁발하며 걷고 있을 때, 항일운동이 불탔을 무렵이므로 반일분자(실은 돈으로 매수해서 반일분자로 무장한 중국인)가 그들을 습격하여 결과적으로 2명이 사망하고 3명이 중상을 입는 살인사건이 발생했습니다.

이 사건을 기회로 삼아 일본군은 중국에 범인을 내놓으라고 엄중하게 항의했습니다. 중국 쪽에서도 그런 일을 벌인 적이 없는데 무슨 말을 하느냐고 항의하여 다툼이 생겼고, 일촉즉발의 긴장감이 감돌게 되었습니다. 중국 측은 반일로 인해 감정이 격해졌고 일본 측은 원래 그럴 계획이었으니 눈 깜짝할 사이에 양쪽에서 분노의 불꽃이 치솟았습니다. 결국 10일 후에는 중국군과 일본군이 서로 총알을 쏘아대는 대사건으로 발전했습니다.

지금 이야기한 것은 나중에 알게 된 사실로 당시에는 일본군의 모략으로 다나카 류키치와 가와시마 요시코가 손잡고 그런 일을 꾸몄다고는 아무도 생각하지 못했기에 일본인들은 드디어 일이 벌어졌구나, 라고만 생각했습니다. 쇼와천황 역시 그렇게 생각했던 것 같습니다. 쇼와천황이 깜짝 놀라 스즈키 간타로 시종장을 불러 엄중하게 조사하라고 말했지만 그럴 여유는 없었고, 이미 전쟁은 시작되어 세계의 눈은 일제히 상해로 향했습니다.

만주의 관동군은 이걸 보고 쾌재를 불렀고 혼조 군사령관을 중심으로 북부의 하얼빈을 빼앗으려고 공격을 개시했습니다.

장작림 폭살사건 이래 이런 식으로 일본 육군은 점점 모략을 꾸며 나갔는데 일련의 사건들에 깔린 기본적인 생각은 맨 처음 말씀 드린 대로 소련 남하에 대한 두려움이었습니다. 그리고 너무나 불경기가 심각했다는 것도 사건의 근저에 있었지만 적어도 상해사변이라고 불리는 이 사건은 처음부터 일본군이 꾸민 모략이었음이 분명합니다.

천황은 이에 대해 상당히 우려했습니다. 만주문제만 가지고도 세계의 매서운 여론이 일본에 쏟아졌는데 설상가상으로 상해에서 전투가 벌어지다니 이는 절대 있을 수 없는 일이다, 어쨌든 빨리 그만두어라, 라고 몇 번이나 육군 중앙에 말했습니다. 국제연맹이 제네바 본부에서 만주문제와 상해사변을 함께 논의할 총회를 3월 3일에 연다고 정했으니 무슨 일이 있어도 그때까지는 전쟁을 종결하고 육군을 철수하라고 엄하게 명령을 내렸고 내각에도 그렇게 말했습니다. 이때 이누카이 쓰요시라는, 정우회의 우두머리를 수상으로 하는 내각이 만들어졌습니다.

내각의 수상은 처음에는 와카쓰키 레이지로였는데 전년도인 쇼와 6년 12월 11일에 사임했습니다. 이누카이는 기본적으로 와카쓰키 내각이 정한 만주독립안의 방책에 반드시 찬성한 것은 아니지만, 육군의 압력 때문에 결국 상해 부근의 중국군을 격파하도록 2개 사단 즉 약 3만 명을 상해로 보낸다고 결정할 수밖에 없었습니다.

당시 1개 사단은 1만 5천 명 정도였으나 후에 2만 명이 조금 넘었습니다.

새롭게 만들어진 상해 파견군의 사령관은 전 육상인 시라카와 요시노리 대장입니다. 그를 임명할 때 천황은 이번에야말로 상해(상하이)사건이 확대되지 않도록 무조건 조약을 엄수하고 국제협정을 지키라고 부탁했고, 힘없는 어조로 다음과 같은 말도 했습니다.

"또 하나 부탁이 있네. 상해에서 19로군(중국의 군대)을 격퇴했다면 결코 끝까지 쫓아가서는 안 된다. 3개 사단이라는 대군을 움직이는 것은 전쟁을 위해서가 아니라 치안을 위해서라는 점을 잊어서는 안 된다. 특히 육군의 일부에는 이것을 좋은 기회라고 보고 남경까지 공격하려는 기운이 있는 것 같네.".

천황은 상당히 정보에 밝았습니다. 육군의 의도를 다 꿰뚫어 보고 그런 일이 없도록 부탁하고 있는 것입니다. 육군의 의도란 이걸 기회로 삼아 내친김에 남경, 즉 장개석이 있는 곳까지 공격하자는 것이겠지요. 이에 시라카와가 명심하겠다고 말하자,

"나는 지금까지 몇 번이나 배신을 당해 왔다. 너라면 약속을 지켜줄 거라고 믿는다."

육군 안에도 양식을 갖추고 충성심이 있는 사람도 있었던 것 같습니다. 국제연맹이 3월 3일에 총회를 연다고 하니 그 전에 전쟁을 그만두고 일본이 성의를 보이는 모습을 전 세계에 보여주고 싶다는 천황의 마음을 시라카와는 받아들였습니다. 이 명령을 받고 시라카와가 지휘하는 상해 파견군은 중국의 19로군을 눈 깜짝할 사이에 격퇴합니다. 그리고 상해 부근을 포위하고 있던 중국군을 모두 내쫓아 원래대로 만들고는 그와 동시에 정전명령을 내립니다.

놀란 것은 도쿄의 참모본부입니다.

"뭐라고!? 이기고 있었는데 왜 그만두는 거야? 계속 공격하게나."

이 또한 너무나 바보 같은 출격 명령입니다. 그러나 시라카와는 단호하게 정전을 주장하여 드디어 상해사변을 수습했습니다. 결과적으로는, 상당히 험악한 분위기에

서 시작한 제네바 국제연맹 총회가 이 모습을 보고는 단번에 우호적으로 변했습니다. 일본이 그렇게 심한 일을 꾸몄을 리가 없다며 다시 보게 된 것 같습니다. 천황도 그 보고를 듣고 진심으로 기뻐하며 스즈키 간타로 시종장에게 "정말로 시라카와가 잘해줬다."라고 말했다 합니다.

그런데 실제로 전투를 중지하려면 중국군 측과 정전협정을 맺고 조인을 해야만 합니다. 조인식은 쇼와천황의 생일날인 4월 29일로 정했습니다. 상해 북부의 공원에서 이루어진 조인식을 축하하는 모임에서 반일운동을 하던 조선인 윤봉길이 단상에 있던 일본 측 책임자들에게 수류탄을 던졌습니다. 이때 시라카와는 부상을 당했고 상태가 악화되다가 이듬해 사망합니다. 그리고 당시 중국 공사이자 후에 외무대신이 된 시게미쓰 마모루는 왼쪽 다리를 잃게 됩니다.

재미있게도, 아니 오히려 이상하다고 여겨질 정도로 천황은 《쇼와천황 독백록》에서 상해사변에 대해서는 매우 자세하게 이야기하고 있습니다. 특히 시라카와에 대해서 칭찬을 아끼지 않았고 그의 죽음을 애통해했습니다. 시라카와가 죽은 다음 해인 쇼와 8년 봄의 기일에는 스즈키 시종장에게 부탁한 단책(가늘고 길게 자른 종이나 얇은 나무를 가리키는데, 여기에 노래나 소원을 써서 매달거나 한다.–옮긴이)을 유족들에게 건네어 불전에 올리도록 했습니다. 그 단책에는 이런 노래가 쓰여 있었습니다.

소녀들의 히나 마쓰리(여자아이들의 무병장수와 행복을 빌기 위해 해마다 3월 3일에 치르는 일본의 전통 축제–옮긴이) 날에 전쟁을 막아준 것을 기억하며

3월 3일 그날의 수훈을 지금도 기억하고 있다는 노래를 천황 스스로 만들어서 전해주었다는 이야기도 있습니다. 어쨌든 상해사변에 대해서는 《쇼와천황 독백록》에 자세하게 나와 있는데, 상해사변이 3월 3일까지 수습되었다는 점에 대해서 천황이 상당히 기뻐했다는 것을 알 수 있습니다.

'이야기를 들으면 이해될 것이다' '문답무용'

한편 육군 중앙과 혈기 왕성한 사람들은 이 일에 참을 수 없는 불만을 느꼈습니다. 그 기세를 몰아서 남경까지 공격하지 않았다는 사실이 불만스러웠고 정전협정 따위를 체결하고서 기뻐하는 모습도 불쾌하기 짝이 없었습니다. 국가 내부에서 이런 불만을 계기로 비밀리에 어떤 움직임이 생성되었는데, 쇼와 7년의 새해가 밝고 나름대로 평화 무드가 고양되고 있을 때 암살사건이 차례로 일어나게 됩니다.

2월 9일의 이노우에 준노스케 전 대장대신 암살사건, 3월 5일의 미쓰이 합명회사의 이사장인 단 다쿠마 암살사건이 그것입니다. 보통 혈맹단사건이라고 불립니다. 그리고 육해군이나 민간 우익들은 지금의 이누카이 내각을 매우 불안한 눈으로 보았습니다. 상해사변을 끝내면서 모처럼의 기회를 놓치고 말았으며 불경기를 극복하지도 못하고 있으니 하는 일마다 미덥지 못하다고 여겼습니다. 그리하여 결국 5·15 사건이라는 쿠데타를 일으키고 맙니다.

상해사변에서는 육군뿐만이 아니라 해군육전대(한국의 해병대에 해당—옮긴이)나 해군항공대도 싸웠으므로 해군에서도 상당히 많은 희생자가 나왔습니다. 그런데 이걸 단순한 사건으로 처리했으니 훈장이고 뭐고 없었고, 그 밖에도 이런저런 불만들이 해군 내부에서 터져 나왔습니다. 급기야 내각 및 중신들(앞서 이야기한 천황의 간신들)이 건방지다, 그놈들을 무너뜨려 음침한 기운을 떨쳐버리고 좀 더 산뜻한 일본을 만들어야 한다며 이누카이 수상 암살을 결행합니다. 이것이 쇼와 7년 5월 15일에 일어나서 5·15사건이라고 불립니다.

죽음을 당한 것은 이누카이 수상뿐이지만 표적인 된 것은 원로인 사이온지 긴모치, 내대신 마키노 노부아키, 시종장 스즈키 간타로 이 세 사람이었습니다. 이누카이를 공격한 자들은 해군사관인 미카미 다쿠, 구로이와 이사무, 야마기시 히로시, 무라야마 가쿠시 그리고 육군사관학교의 고토 데루노리, 시노하라 이치노스케 등 6

명입니다. 이들은 야스쿠니 신사에 집합해서 2대의 자동차에 나누어 탄 뒤 오후 5시 반경 수상관저에 몰려가 이누카이와 면담했습니다. 이누카이가 나와서,

"그 일 때문에 그러는가? 이야기를 들으면 이해될 것이다."

라고 말을 하니,

"문답무용", 탕

이라고 했다는 유명한 이야기가 남아 있습니다.

일설에 의하면 이누카이가 부정한 정치자금을 받은 것에 대해서 괘씸하다고 지적하자 이누카이가 "이야기를 들으면 이해될 것이다."고 대답했더니 문답무용이라고 하면서 공격했다고도 합니다. 하지만 그들이 "절대로 아무 말도 듣지 않겠다. 무조건 죽일 것이다."라면서 실행한 것은 아니라는 설도 있습니다. 그러나 대체적으로는 내각의 정책에 대한 항의로서 결행했다고 생각하는 것이 맞을 것 같습니다.

그리고 그들은 차를 타고 달리면서 경시청을 향해 '우리나라는 무슨 생각을 하고 있느냐'라는 내용의 격문을 뿌렸습니다. 그 격문은 지금도 남아 있습니다.

다른 한 팀은 리더인 고가 기요시라는 사람을 포함하여 육군사관학교 생도 4명이었는데, 이들이 마키노 노부아키 내대신의 저택에 수류탄을 던졌지만 마키노는 그때 집에 없어서 목숨을 구했습니다.

그리고 또 다른 한 팀은 해군인 나카무라 요시오라는 인물을 리더로 했는데, 그가 육군사관학교 생도 3명을 이끌고 정우회 본부에 수류탄을 던졌지만 불발되었습니다.

그 외에도 이런 결기부대에 호응하듯 다치바나 고자부로라는 사람을 중심으로 하는 아이쿄주쿠愛郷塾[*5] 멤버들이 도쿄의 발전소를 습격했습니다. 그들은 도쿄를 암흑으로 만들고는 무슨 일들을 꾸밀 생각이 있었는가 봅니다. 그러나 막상 가보니 어떻게 해야 될지 몰라 하는 수 없이 기계를 한두 개 쇠망치로 부수기만 했을 뿐 결국엔 아무 일도 하지 못했다는 이야기가 남아 있습니다.

어쨌든 커다란 계획을 세운 것치고는 엉성하기가 그지없습니다.

그런데 이 사건은 어찌 된 일인지 당시의 국민들에게 묘하게도 인기가 있었습니다. 이누카이 내각의 정책이 상당히 엉성해서 그랬는지, 아니면 하는 일마다 국민들의 마음을 흡족하게 해주지 못해서 그랬는지는 몰라도 이 청년 장교들을 규탄하는 것이 아니라 오히려 도와주고 싶다는 운동이 여기저기서 많이 일어났습니다. 그리고 도당을 만들어서 사람을 죽였으니 군은 엄중하게 처벌해야 하지만 무슨 이유인지 군도 피고들에 대해서 동정적이었습니다. 그런 점도 국민의 지지를 얻었습니다. 당시 일반 민중 사이에 정치적인 불만이 강했다고밖에 생각할 수가 없습니다.

결론을 말하자면 해군의 군인이 일으킨 사건이므로 해군의 군법회의가 열리게 되었는데, 주모자인 미카미 다쿠와 고가 기요시는 각각 금고 15년, 다른 한 명은 금고 13년, 또 다른 하나는 무기징역, 그리고 나머지는 전부 무죄였습니다. 사형에 처해진 사람도 없을뿐더러 금고 15년을 받은 사람도 조금 지나자 사면을 받아 나오게 되었습니다. 요컨대 판결 그 자체가 너무나도 가벼웠습니다. 그렇게 가벼웠던 이유는 해군 내부에서도 이 사람들에 대해 동정 또는 응원하는 사람들이 상당히 많았기 때문입니다. 예를 들어, '군신 도고'라 불렸던 도고 헤이하치로 원수는,

"이들 사관들의 의지는 충분히 알았으니 그들의 뜻을 국민에게 알리고 그와 동시에 부족한 점이 있다면 너희들이 도와줬으면 한다."

라고 해군의 군인들에게 말했습니다. 그러자 군인들은,

"알았습니다. 그들의 뜻을 충분히 살리도록 하겠습니다."

라고 답했습니다. 그리고 판결이 나오고 집행유예가 되어서 해군을 방문한 피고 중 한 명에게 런던 군축회의 때 군령부장을 지내다가 천황에게 사표를 내던진 가토 히로하루 대장이 눈물을 글썽거리며 이렇게 말했다고 합니다.

"너희들에게는 정말로 미안하다. 내가 해야 할 일을 너희들이 해주었구나. 정말로 미안하다."

이게 대체 어찌 된 일입니까? 해군 대장 입에서 이런 말이 나오다니요. 그 정도로 분위기가 동정적이었다고 말할 수 있겠지만 일국의 총리대신을 죽였으므로 이건 사

건 중에서도 대사건입니다. 그 사건으로 원로인 사이온지는 완전히 일본에 실망했고 정치에 혐오감이 생겨 오키쓰를 방문하러 온 고노에 후미마로에게 "나는 이미 나이를 먹을 만큼 먹었다. 이젠 정말 지쳤으니 원로의 일을 그만두고 싶다."라고 말을 꺼냅니다. 그리고 자신의 관저에서 습격당한 일도 있는 마키노 내대신도 가마쿠라의 사저에 틀어박혀서 도쿄에 나오는 기회를 줄이고 말았습니다.

천황의 간신이라 불리던 두 사람이 갑자기 힘이 쭉 빠져버렸고 이제 남은 것은 스즈키 간타로뿐입니다. 그런데 이 스즈키 시종장은 의기양양하게 비판을 퍼붓습니다.

"군인이 점점 정치에 간섭을 하더니 이제는 정권을 휘어잡으려고 한다. 게다가 자신들에게 방해가 되는 사람들을 점점 희생양으로 삼고 있는데 이누카이 내각도 결국에는 이런 화를 입게 되었다. 이누카이가 만주문제 때문에 당했다고는 하지만 그 일면에 정우회 내각의 세력다툼이 있었다는 사실이 포착되었다. 그리고 그놈들은 군인과 결탁했다는 소문도 있다. 이누카이는 만주의 독립에 반대했었다. 책동가의 앞잡이가 된 군인이 기어코 폭동을 감행했는데 이 사건의 자초지종을 보면 유감스럽기 그지없다."

라고 발표하여 군부로부터 완전히 미운 털이 박히게 되었습니다. 이것이 후에 2·26사건으로 이어지게 되는데, 사건이란 이면에 어떤 의도가 있어서 그런 식으로 복잡하게 얽혀 나가게 되는 것 같습니다.

5·15사건이 결과적으로 무엇을 의미하는가 하면, 이누카이의 정우회는 여기서 완전히 해체되고 그 후 사이토 마코토라고 하는 해군 대장이 총리대신이 됩니다. 이누카이 내각은 정우회 사람들을 각료로 만들었던 소위 정당내각[6]으로, 일본은 메이지 31년(1898)의 제1차 오쿠마 시게노부 내각 이래 그런 정당내각을 유지해 왔지만 5·15사건으로 정당정치는 완전히 숨이 끊기고 말았습니다. 사이토 내각은 거국일치 내각이라고 하여 더 이상 정당과 상관없이 국가를 위해 일하고자 하는 사람들을 모아서 내각을 조직했습니다. 그 이후에도 이런 식으로 유지됩니다. 즉 5·15사건의 결과 일본의 정당내각은 운명을 다하게 됩니다. 그리고 군인의 폭력이 정치나 언론 위

에 군림하기 시작하는 일종의 공포정치가 이때부터 확실하게 시작됩니다.

5·15사건은 그런 이유로 일본의 정치사적으로 중대한 의미를 내포하고 있는데, 지금 말씀 드린 대로 판결은 상당히 가벼웠고 그 사실을 일본 민중이 대단히 환영한 이상한 사건이 되어버리고 말았습니다. 그 점을 생각해보면 일본 국민에게 불경기에서 헤쳐 나오기 위해 만주국 건설이 얼마나 절실하게 필요했는지 알 수 있습니다.

이런 식으로 국내에서는 살인이나 테러가 끊이지 않고 일어났으며 5·15사건 이후에도 그 공포는 수그러지지 않았습니다. 사이토 마코토 수상 암살 예비사건, 후지와라 긴지로 암살 예비사건, 황국 의용대 사건, 오카다 게이스케 수상 암살 미수사건처럼 실제 암살은 일어나지 않았지만 철저하게 조사하고 체포를 해보니 끊임없이 계획을 짜고 있었다는 점이 판명되었습니다. 정말로 공포 시대가 도래한 것입니다.

리튼 조사단이 본 것

한편, 만주에서는 만주국 건설을 향해 움직이기 시작했습니다. 만주국을 설립하기 위해서는 일본이 표면에 나와서 행동할 수는 없고 중국 사람들이 스스로 만드는 형태를 취해야 했습니다. 그래서 관동군은 봉천성, 길림성, 흑룡 강성의 3성에서 수석, 즉 가장 높은 사람들을 불러서 "당신들 스스로 중앙 정무위원회를 만들고 거기에서 의견 일치를 보아 중국 본토에서의 분리 독립을 선언하시오."라고 지도했지만 이건 결국 강제로 밀어붙인 것입니다. 명령을 받은 그들은 당장 명칭, 국기, 예산, 제도, 인사 등 행정에 관한 문제를 상의했습니다. 다만 관동군이 낸 계획을 그대로 받아들여야만 했습니다.

이렇게 되면 원수를 누구로 정해야 할지가 중요 문제가 됩니다. 3성의 세 수석 중에서 원수를 배출하면 결국 서로의 발목을 붙잡고 늘어질 세력투쟁으로 번질 수 있으므로 아무래도 이 3명의 윗자리에 원수를 세워둘 필요가 있었습니다. 이에 관해서는 관동군이 거의 정해놓았습니다. 바로 부의라는 청나라 최후의 황제를 내세우는 것입니다. 어쨌든 관동군은 전혀 모습을 드러내지 않고 너희들 스스로 정하라고 하고서는 뒤에서 몰래 지도하는 형태로 일을 진행했습니다.

2월 16일, 3개 성의 수석이 회의를 열어 활발하게 논의를 했지만 겨우 3일 만에 끝났습니다. 그건 이미 청사진이 완성되어 있었기 때문입니다. 그리고 이들은 독립을 선언하게 됩니다.

2월 18일, 그들은 중국 본토와 분리해서 자신들만의 나라를 만든다고 선언합니다. 다음 날 아사히신문은,

만주국 황제가 된 부의(1906~1967).

> 신국가는 그동안 화근이 되었던 종양을 일제히 제거하고, 동양 평화를 위해 선린 국인 일본의 지위를 다시금 확인하고, 공존공영의 열매를 맺는 데 노력을 다해야 된다는 것은 말할 필요도 없다.

라고 썼습니다. 요컨대 당신들은 새로운 국가를 만든 것이다, 그러니 종양(즉 지금까지 중국인이 벌였던 반일운동을 말합니다)과 같은 짓은 절대로 하지 말고 지금부터는 동양 평화를 위해서 일본의 지위를 제대로 확인하여 사이좋게 지내고 서로 공존

공영의 열매를 맺도록 노력하자, 그런 건 말하지 않아도 잘 알 것이라고 참으로 당당하게도 썼습니다.

여기에 대해서는 장개석이 가장 화를 냈습니다. 당연한 일입니다. 갑자기 독립선언이라니 무슨 소리냐며 펄쩍 뛰었습니다. "본토인 중국 정부가 동의하지 않는 분리라는 것은 있을 수가 없는 일이다. 하물며 독립이라니 말도 안 된다. 절대로 인정할 수 없다."며 이에 항의하는 성명을 발표하고 중국 본토에서는 더욱더 반일운동이 활발하게 이루어졌습니다.

그러나 일본은 이에 전혀 개의치 않았습니다. 2월 29일에는 봉천에서 만주국의 독립대회가 열려 마지막 황제 부의가 잠정적이긴 하지만 원수(집정)에 임명됩니다(後에 정식 원수인 황제가 됩니다). 그리고 3월 1일, 만주국은 독립을 선언합니다. 일본 국내에서는 5·15사건은 아직 일어나지 않았지만 암살사건이 서서히 일어나기 시작할 때인데 국외에서는 만주국이 여봐란듯이 독립을 한 것입니다.

그러나 중국 본토에서는 반일운동이 점점 기세를 더해갔습니다. 학생들이 여기저기서 봉기를 했으며 공산당이 선두에 서자 "국민정부군과 공산당군은 언제까지 내부에서 싸우고 있을 수만은 없다. 죽음을 맹세하여 원수를 갚고 한을 풀자."라며 민중들이 큰 목소리로 양군을 규탄했습니다.

그런데 전만대회가 열려 부의가 원수로 임명된 2월 29일, 국제연맹이 만주국의 실태를 조사하기 위해 어렵게 조직한 리튼 조사단이 일본에 도착했습니다. 리튼 조사단은 영국의 리튼 경을 단장으로 했는데 이것저것을 조사한 뒤 7월 19일에 일본을 떠났습니다.

한편, 관동군은 만주국이 이미 만들어졌는데 무엇을 조사하려 하느냐, 제대로 된 독립국이니 빨리 국제적으로 인정받으면 된다며, 정부에 신속히 만주국을 승인하라는 압박을 강하게 가했습니다. 신문도 관동군과 손발을 맞추었는데 드디어 9월 15일에 일본은 만주국을 독립국으로 승인했습니다. 만주국은 이렇게 일본만이 인정한 독립국으로서 존재하게 된 것입니다.

리튼 조사단은 만주에 대해서 상당히 자세하게 조사했습니다. 과연 일본의 모략인지 아니면 일본이 주장하는 대로 자위전쟁인지, 아니면 둘 다 맞는지(즉 중국은 반일·배일 운동을 벌이고 있었으니 치안을 지키기 위한 충돌이었는지), 여러모로 조사했습니다. 결과만을 말하자면 리튼 조사단은 일본에 상당히 호의적이어서 반드시 일본이 나쁘다고는 단언하지 않았습니다. 만주국의 독립은 장래 해결할 문제로 남겨둘 수도 있다고 했으니 일본에 가혹한 내용의 보고는 아니었던 것으로 보입니다. 단, 11월 16일까지 만주국에서 일본이 일단 철수하는 것이 좋겠다고 요구했습니다. 이에 대해 일본이 반대했지만 단 한 표의 반대 의견에 지나지 않아서 결국 10월 12일 국제연맹 이사회는 일본의 철수를 결의했습니다.

그 보고를 받은 천황은 가마쿠라에 있던 마키노 내대신을 불러서 이야기했습니다.

"상황이 정말 긴박해지는 것 같다. 만약 보고서에 따르지 않아서 서구 열강이 경제봉쇄를 하거나 하면 일본은 어떻게 되는가? 그럴 경우에 대한 각오는 되어 있는가? 만약 서구 열강을 상대로 해서 전쟁을 한다고 하면 큰일이다. 그럴 각오와 준비는 되어 있는가? 육해군 대신들의 의견을 듣고 싶다."

이 철수 요구를 무시해버리면 서구 열강과 정면으로 충돌하게 될 것이다, 자칫하면 전쟁이 벌어질지 모른다고 쇼와천황은 내다보고 있었던 것 같습니다. 그러니 이에 따르는 편이 좋지 않겠느냐고 열심히 말했지만 육군이나 외무성은 정말 말도 안 되는 쪽으로 생각이 치닫고 있었습니다.

그때 내각 총리대신인 사이토 마코토는 해군 대장으로 성격이 온건한 편이고 어느 정도는 평화주의적인 사고를 가진 자였다고 일본에서 평가를 받고 있습니다. 그러나 앞서 이야기했듯이 당시에는 거국일치 내각이어서 내각에는 내로라하는 사람들이 모여 있었고 개중에는 강경파도 많이 있었습니다. 총리대신은 온건하다고 해도 강경한 사람들로 각료가 채워졌다면 도저히 결론이 나오지 않게 됩니다. 앞을 내다본 천황의 우려에도 불구하고 점점 압력이 가해지듯 내각은 강경론이 지배하게 되었습니다.

42 대 1의 결의

쇼와 8년(1933) 2월 15일 각료회의에서는 육군대신 아라키 사다오 대장과 외무대신 우치다 야스야가 "이렇게 되면 국제연맹에서 탈퇴해야 한다."고 주장하기 시작했습니다. 이때는 다른 각료들 중에서 아직 이르다며 말리는 사람도 있었고 사이토 마코토 수상도 말도 안 되는 소리라고 하는 등 결론이 나지 않았습니다. 그런데 여기서 다시 신문이 일을 벌이기 시작합니다. 대체 내각은 지금·뭘 하는 것이냐, 국제연맹한테 이런 심한 소리를 듣고도 아무렇지도 않단 말인가, 라고 말입니다.

이야말로 제국에 동정을 구하는 겁쟁이 같은 태도다. 쓸데없이 그들이 깊은 경멸감을 느끼도록 만들 뿐이다.……일본은 지금처럼 범죄국가 취급을 받을 것이다. 연맹 내의 고립과 연맹 밖의 고립은 사실상 아무런 차이가 없다.

즉 지금 일본이 연맹 안에서 고립되어 있다고 한다면 연맹 밖에서 고립되어 있는 것과 마찬가지가 아닌가. 이게 무슨 차이가 있는가. 그렇다면 동정을 구하려는 짓은 하지 말고 마음대로 하자, 이것이 마이니치신문(당시에는 도쿄 히비신문) 2월 18일자의 기사입니다. 각료회의에서 국제연맹을 탈퇴하자는 주장이 묵살된 직후에 나온 셈입니다.

2월 20일, 드디어 국제연맹은 일본군이 만주에서 철수해야 된다는 권고안을 총회에서 채택했습니다. 그 소식이 도착하는 것과 동시에 일본 정부는 국제연맹에서 탈퇴한다는 방침을 결정할 수밖에 없게 되었습니다. 22일 신문은 일제히 잘했다며 탈퇴 방침을 응원하느라 야단입니다. 당일 아사히신문에는 구석 칸에 자그마하게,

고바야시 다키지 *7, 가두 연락 중 체포되다. 쓰키지에서 급서.

라는 기사가 실립니다. 프롤레타리아 문학의 기수라고 불리던 고바야시 다키지가 살해당한 것이 바로 이때입니다. 당시에는 특별고등경찰(특고)이 맹위를 떨쳤습니다.

정식으로는 2월 24일, 국제연맹은 총회에서 일본군의 만주철수권고안을 42 대 1로 통과시켰습니다. 이때 일본만이 반대표를 던졌습니다. 전권대사인 마쓰오카 요스케는 길게 만 두루마리 종이를 펼쳐 한바탕 연설을 하고, "사요나라"라는 인사를 하고 자리를 뜹니다. 철수권고안이 체결되었을 때 이미 정한 국책에 따라서 일본은 국제연맹에서 탈퇴를 한 것입니다. 마쓰오카 요스케는 이 후에도 종종 나오게 됩니다. 이 당시 그는 상당히 결의에 찬 것처럼 보였지만 실은 그렇지 않았다고 하니 역사란 참 아이러니합니다. 기세 좋게 연설을 한 뒤 수행원들을 총회 회의장에서 모두 데리고 나갔지만 후에,

"마음먹었던 것과 달리 일본에 돌아가도 국민들을 볼 면목이 없었다. 할 수 없이 잠시 미국에 몸을 숨겨 열기가 가라앉는 것을 기다리자고 결심했다."

라고 말했다고 당시 전권단의 수행원이자 참모본부원인 쓰치하시 유이쓰 중좌가 전했습니다. 그는 정말로 홀연히 자취를 감출 생각으로 스위스에서 미국으로 가 그 먼 곳에서 일본의 상황을 잠시 지켜보았습니다. 그런데 놀랍게도 신문은 42 대 1이 멋지다는 칭찬 일색이었고 마쓰오카에 대해서도 기특하다는 듯 '오늘날 일본에 이런 영웅은 없다'며 치켜세웠습니다. 그래서 본인은 매우 기뻐하며 일이 이렇게 되었으니 빨리 돌아가야겠다고 용기를 내어서 귀국했다고 합니다.

이 생각지도 못한 사태를 〈문예춘추〉 5월호에서 익명의 비평가가 비판을 했습니

국제연맹 탈퇴를 선언하는
마쓰오카 요스케(1880~1946).

다. 뉴욕에서 마쓰오카는 "연맹 탈퇴는 우리의 실수다. 귀국 후에는 고향에 내려가 근신할 생각이다."라고 고백했다고 합니다. 확실히 연맹 탈퇴는 일본 외교의 실패라고 썼어야 하는데 신문은 이에 대해서는 일언반구도 보도하지 않았습니다. 심지어 마쓰오카 대표의 그런 고백조차 싣지 않았습니다. 그러자 익명의 비평가는 마쓰오카가 영웅이라니 그 무슨 말인가, 라며 신문을 비판했습니다.

일본 국민은 그런 사태를 알지 못합니다. 신문은 이에 대해 전혀 쓰지 않았고 국제연맹에서 탈퇴하는 것이 이후 일본에 어떤 결과를 가져올 것인가에 대해 아무런 상상도 할 수가 없었습니다. 용감하게도 '영광스러운 고립'을 택했다는 말을 마구 써대니 일본 국민은 일본이 국제적인 피해자임에도 불구하고 마치 가해자처럼 비난을 받고 있다고 믿게 되었고, 이에 따라 점점 고립감과 세계에 대한 배척감이 강해져 전 세계를 적대시하기 시작했습니다. 배외주의적인 양이사상에 압도된 국민적 열광이 시작되었습니다.

가장 큰 문제는 이 이후에는 세계정세의 주요 내용이 일본으로 들어오지 않게 되었다는 것입니다. 미국이 어떤 군비를 갖추고 있는지, 영국은 어떤 일을 하고 있는지에 대해서 전혀 알 수가 없게 되었습니다. 국가가 고립화된다는 것은 정보로부터도 고립화된다는 말인데 당시에는 그 점을 전혀 이해하지 못했습니다. 즉 일본은 이후에도 자만심에 빠져서 자국의 역사를 말도 안 되는 방향으로 끌고 들어갔다고 할 수 있습니다.

쇼와천황은 일본이 국제연맹에서 탈퇴할 방침을 정한 뒤에도 마키노 내대신을 불러서

"탈퇴할 것 까지는 없지 않은가. 계속 남아 있어도 좋으련만."

이라고 말했다고 합니다. 마키노 내대신은,

"폐하의 말씀이 옳습니다. 그런데 정부나 마쓰오카 전권대사도 이미 탈퇴한다는 방침을 정하고 연맹에 통고했습니다. 이제 와서 갑자기 탈퇴 방침을 변경하게 되면 해외 여러 나라들이 우리나라의 태도가 참으로 경박하다고 경멸하게 될 것입니다. 게다가 국내 민심을 흔들어놓기만 할 뿐입니다. 그러니 이제는 이 방침을 정부가 관철할 수밖에 없을 것입니다."

라고 답했습니다. 아마도 5·15사건 이래 기운이 빠진 탓인지 그렇게 말했습니다. 그 말에 천황은,

"그런가. 어쩔 수 없단 말이군."

이라고 말하며 허공을 바라보았다는 이야기가 남아 있습니다.

그 후 고립화된 일본은 점점 군부가 지배하는 국가가 되었고 국민적 열광에 힘입어 전쟁의 길로 돌진하게 됩니다.

*1-〈대학은 나왔지만〉: 오즈 야스지로(1903~63) 감독. 쇼와 4년 개봉한 단편. 주연은 다카다 미노루, 다나카 기누요. 당시 대학 졸업자의 취직률은 12퍼센트였다고 한다.
*2-왕조명(왕자오밍): 1883~1944. 중국의 정치가. 광동성 출신. 왕정위(왕징웨이). 일본의 호세 대학에 유학. 국민당의 손문이 죽은 뒤 당내에서 좌파 지도자로서 장개석과 대립하며 무한정부 주석 자리에 오른다. 그러나 결국은 우파와 타협해서 통일정부의 수뇌가 된다. 중국과 일본이 전면 개전을 할 때 대일 강화론으로 기울어 장개석파와 항쟁했다. 1938년에 일본의 고노에 성명에 답하는 평화선언을 발표했다. 1940년 남경에 신 중앙정부를 수립했지만 나고야에서 객사했다.
*3-부전조약: 1928년 파리에서 서명된 전쟁 포기에 관한 조약. 다음 해인 1929년에 발효됨. 국제적 분쟁 해결이나 국가정책 수단으로서의 전쟁을 포기하고 평화적으로 해결해야 한다고 규정한다.
*4-가와시마 요시코: 1907~1948. 청나라의 왕녀지만 일본인의 양녀가 되어 군복을 입고서 중일전쟁 중에 대륙과 일본을 횡단했다. 전쟁 후 매국 행위를 한 이유로 총살형에 처해졌다.
*5-아이쿄주쿠愛鄕塾: 정식 명칭은 '자영적 농촌근로학교 애향숙'. 농본주의자인 다치바나 고자부로가 1931년 미토 시 교외에 창설한 사숙.
*6-정당내각: 입헌체제에서 수상이 정당 당수이고 각료 전부나 대부분이 정당원으로 구성되며 지도세력이 정당에 있는 내각.
*7-고바야시 다키지: 1903~1933. 소설가. 아키타 현의 농가 출신. 프롤레타리아 문학운동에 참가. 〈게공선〉(1929)으로 혁명적인 리얼리즘 작가의 지위를 확립. 1930년에 상경해서 프롤레타리아 작가동맹 일원이자 공산당원으로 활약하다가 체포되었다. 특별고등경찰에게 고문을 받다가 살해되었다.

4장

군국주의를 향한 길은 이렇게 정비되어갔다

육군의 파벌싸움, 천황기관설

소란스러운 방공대연습

이제 일본이 점점 군사국가화 되어가는 과정에 대해서 이야기하려고 합니다.

일본은 쇼와 6년(1931)의 만주사변에서 시작하여 다음 해인 7년 상해사변, 그러고는 만주 독립, 혈맹단사건, 5·15 테러사건을 거치면서 드디어 만주국을 건국했습니다. 그리고 월가의 주식 대폭락 이래 전 세계로 퍼진 경제 불황을 일본은 전쟁경기 덕분에 하루빨리 벗어날 수 있게 되었습니다. 한편, 매스컴이 만주 벌판에서의 육군의 연전연승을 응원하고 부추긴 탓인지 군부가 갑자기 강경화되어갔다는 것은 지난번에 말씀 드렸습니다.

그때 다행인지 불행인지는 모르겠지만, 쇼와 6년 이누카이 내각이 성립했을 때 아라키 사다오 대장이 육군대신이 되었습니다. 와카야마 현 출신으로 19기라는 상당히 이른 시기에 육군대학교를 수석으로 졸업하고 천보전[*1]을 달아 콧대가 높았습니다. 육군 내에서 화려한 경력을 쌓은 사람인데 이 사람이 참으로 달변가입니다. 머리가 명석한데다, 연설을 아주 잘해서 시류를 능숙하게 잘 탔습니다. 일본 육군은 황군 즉 천황의 군대이고, 일본은 황국 즉 천황의 나라이고, 일본인의 기본적인 정신은 황도 즉 천황을 지키는 길이며, 일본은 세계의 영광스러운 나라라는 말을 빈번히 하고 다녔습니다. 5·15사건으로 이누카이가 살해당한 뒤에도 아라키는 육군대신 자리를 보란 듯이 지키며 떵떵거리며 살았습니다.

만주로 진출하는 데 돈이 드니 국가 예산도 해마다 늘어났습니다. 예를 들어, 쇼와 8년의 22억 3천800엔은 당시로서는 거액이었는데, 신문에서 '일본이 생긴 이래 비상시 대예산'이라고 표현해서 그 이후에도 '비상시'라는 단어를 자주 듣게 되었습니다. 그렇게 되자 바로 달려든 곳이 영화회사였습니다. 쇼와 8년에는 〈비상시 일본〉이라는 홍보영화까지 만들어 떠들썩하게 상영했습니다. 민중들 중에서도 육군의 장단에 맞추어 "이야말로 비상시 대회다."라며 민중대회를 여는 사람도 있어서 점점 군국주의의 분위기가 조장됩니다. 그리고 지난번에 말씀 드렸다시피 마침내 쇼와 8년 3월, 일본은 국제연맹에서 탈퇴하여 세계를 상대하지 않고 자신만의 길을 걸어가겠노라며 영광스러운 고립을 외치기에 이릅니다.

마침 국제연맹을 탈퇴할 때 아라키 육상이 내뱉은 말이 있습니다.

"국제연맹에 계속 머물러 있다간 일본은 마음대로 군사행동을 취할 수가 없다. 지금 열하성(중국의 만주 북쪽과 인접한 곳입니다)은 장학량 무리들의 책모의 기지가 되었다. 여기를 철저하게 무찌르지 않으면 만주국의 안녕을 도모할 수 없다. 열하성 안쪽만 공격한다고 해서 과연 열하를 토벌했다고 할 수 있을까? 어쩌면 베이징, 천진에까지 군대를 보낼 일이 벌어질지도 모른다. 그런 경우 국제연맹의 일원으로 있는 것은 여러 가지로 구속만을 받게 될 뿐 일본에 이익이 되는 점은 하나도 없다. 반드시 탈퇴해야만 한다."

이 말이 라디오와 신문에 대대적으로 보도되어 엄청난 인기를 끌었습니다. 육군은 더욱 강경해져서 현재 일본은 비상시니 국민을 동원해서 육공연습(적기 공습을 예상하여 모든 등불을 끄고 하는 훈련)을 하자는 이야기가 나왔습니다. 이 훈련은 7월 25일에 시작되어 27일, 28일, 8월 2일까지 계속 이어져 드디어 8월 9일에는 대규모로 광동지방 방공대연습이 펼쳐졌습니다.

나가이 가후의 일기에도 그 내용이 있습니다.

8월 10일. 날씨 맑음. 하루 종일 비행기 포성이 들린다. 오늘 밤도 등불을 켤 수가 없어서 땅거미가 질 무렵 집을 나와 긴자의 후게쓰도에 가서 늦은 저녁식사를 하고 콘파루진 길가에 있는 큐펠 찻집에 잠시 들렀다. 방공연습을 보려고 긴자대로의 안팎에 사람들이 많이 나와 있는데 재향군인청년단과 어중이떠중이들까지 많

이 섞여 떠들썩한 풍경이다. 이날 밤 초경 무렵부터 하늘은 맑아서 조금 살이 찐
반달이 조용하게 얼굴을 내밀고 암흑의 거리를 비춘다.

마지막 부분의 달에 대한 묘사는 정말이지 나가이 가후다운 표현입니다. 어쨌든
이렇게 온 도쿄를 깜깜하게 만들며 대연습을 벌였습니다.

〈시나노 마이니치신문〉의 논설위원인 기리유 유유는 '관동지방 방공대연습을 비
웃는다' 라는 제목의 기사를 썼습니다. 이것은 지금 생각해보면 너무나 당연한 이야
기지만 당시에는 엄청난 반향을 일으켰습니다. 육군은 펄쩍펄쩍 뛰면서 당장 발간
을 금지시켰고 기리유에게는 책임을 물었습니다. 그 기사에서 기리유 유유는 '적의
비행기가 일본의 상공에 오는 상태가 만약 온다면 그거야말로 일본군의 대패배일
것이다. 종이와 나무만으로 이루어진 도쿄의 거리는 불꽃을 탁탁 튀기며 당할 수밖
에 없을 것이다' 라고 쓴 뒤,

이런 실전이 앞으로 절대로 있어서는 안 되고 벌어져서도 안 된다는 것을 통감했
을 것이다. 그와 동시에 우리에게 장래 이런 실전은 있을 수 없으며 따라서 이처
럼 가공적인 연습을 한다고 해도 실제로는 그다지 도움이 되지 않을 것이라는 게
상상이 간다.

라고 논설했습니다.

고이즈미 내각에서도 유사 법제가 문제가 되었는데 적이 공격해 올 때 민중을 어
떻게 지킬지 논의를 하고 있었던 셈입니다. 생각하면 가늘고 긴 토지의 정가운데에
산맥이 달리고 있는 이 나라는 어느 지방에 가도 해안선에서 차로 열심히 달리면 한
시간이나 두 시간이면 산에 다다를 정도로 좁습니다. 그러니 적이 온다면 민중에게
뭐라고 말할 여유 따윈 실제로 없습니다. 그런데 그런 걸 정색하고 논의를 하고 있
습니다. 이것이 쇼와 8년의 관동지방 방공대연습의 실체가 아니었을까요? 역사는

반복된다고 할 수 있지만 변함없이 질리지도 않고 되풀이하고 있다는 느낌이 듭니다. 적이 오기 전에 격퇴를 해야 하겠지만 그 전에 먼저 외교적으로 노력하여 그런 사태가 일어나지 않도록 하는 것이 중요한데도 국회에서는 제일 중요한 국가적 정략이나 전략을 논의하고 있는 것 같지 않습니다. 기리유 유유가 적절하게 지적했듯이 당장 일본의 상공에 적기가 와서 폭탄을 떨어뜨리게 되면 일본은 이길 수 없지 않느냐는 것이 타당한 의견이라는 생각입니다. 실제로도 쇼와 19년 말부터 20년에 걸쳐서 일본 본토 상공에 미국의 B29기가 날아와 폭탄이나 소이탄을 펑펑 떨어뜨려서 일본 전토가 거의 폐허가 되다시피 한 것을 지금도 기억하고 있습니다.

그건 그렇다 쳐도 당시에는 실제 전쟁과는 관계없이 국민은 엄청난 소동을 피우며 대방공연습을 하고 있었습니다. 그러는 동안에 방호단, 구호단, 배급반 등이 필요해져 국가는 점점 조직화되어가고 있었습니다. 이렇게 서서히 여차할 때 대비할 수 있는 조직이 국민 생활 속에 만들어지고 강화되면서 일본은 점점 육군의 마음에 드는 군사국가가 될 준비를 하고 있었습니다.

여기서 중요한 이야기를 하나 말씀 드리면 신문지법은 이미 혹독하게 개정되었지만 쇼와 8년 가을 9월 5일에는 출판법까지 개정되었습니다. 출판법은 메이지가 끝날 무렵이 되어서야 조금씩 강화되었을 정도로 거의 방치를 해놓았는데 이때 갑자기 큰 폭으로 개정한 것입니다. 역사적으로 개정이라고는 하지만 실제로는 상당한 개악입니다. 그 덕분에 당국은 신문, 잡지, 라디오를 제대로 통제할 수 있게 되었고 통제의 강도는 점차 세어져갔습니다.

국민 생활 전체가 왠지 군사국가처럼 조직화되고 그와 동시에 뒤에서는 언론을 통제하기 시작하니 일본은 윗사람들로서는 참으로 부려먹기 쉬운 국가가 되어가고 있었습니다. 하지만 그렇다고 해도 육군의 흉포함이 한꺼번에 극에 달해서 국민들의 생활을 혼란시키고 압박했던 것 같지는 않습니다. 육군은 우쭐해하면서 거드름을 피우고 아라키 육상의 지휘 아래 황군과 황국정신을 자주 부르짖긴 했지만 전체적인 흐름으로 볼 때 아직까지는 그다지 강하지는 않았다고 할 수 있습니다. 그 전

형적인 사건을 하나 구체적으로 이야기하려고 합니다.

육군에 대한 최후의 저항

사건은 쇼와 8년(1933) 6월 17일에 일어났습니다.

보통 고스톱사건이라고 부르는데 사전에도 올라와 있습니다. 오사카에서 교통신호등이 만들어진 지 얼마 안 되었기에 오사카부 경찰들이 매우 자랑스러워하고 있었을 때입니다. 빨간색이면 멈추고 녹색이면 건너야 하는데 덴신바시 6초메 교차점에서 육군 보병 제8연대 나카무라 마사카즈 일등병이 빨간 신호일 때 그냥 길을 건넜습니다. 교통계의 도다 다다오 순사가 "거기 서!"라고 소리를 지르자 나카무라 일등병은 "왜 멈춰야 하지? 나는 지금 공무 중이다"라고 하면서 둘 사이에 육탄전이 벌여졌는데 이게 바로 고스톱사건으로 불리며 화제를 불러일으켰습니다.

이 두 사람만의 싸움으로만 끝났으면 별문제가 안 되었겠지만 오사카의 육군 제8연대는 "왜 일개 순사 따위가 그런 말도 안 되는 짓을 하느냐, 건방지다."라며 분노했고 오사카부 경찰부 측에서도 "교통신호를 지키지 않는 건 말도 안 된다. 육군이 되었든 누가 되었든 상관없다. 신호를 지키지 않는 건 육군의 횡포다."라며 아가타 시노부 오사카부 지사와 아와야 센키치 경찰부장이 완강하게 항의를 퍼부었습니다. 마침내는 육군 대 오사카부 경찰부의 큰 싸움으로 발전했습니다. 그리고 안타깝게도 육군 제8연대 위에 있는 제4사단의 이세키 다카마사 참모장이 둘도 없는 고집쟁이 영감이었습니다. 조금만 융통성이 있는 사람이라면 좋았을 텐데 한 발자국도 양보하려고 하지 않습니다. 오사카부 지사와 경찰서장 모두 사과를 하러 와라, 그렇지 않으면 절대로 용서할 수 없다며 고집을 피웁니다. 한편, 아와야 경찰부장은 독실한 크리스천으로 이런 횡포에 대해서는 상당히 꼿꼿한 자세를 가진 사람이어서 사건은 전혀 진정이 되지 않았습니다. 이 두 사람이 나누었던 말을 조금 밝히자면,

아와야: 군인이건 민간인이건 거리에 나왔을 때는 시민의 한 사람으로서 순사의 명령에 따라야 한다.
이세키: 군인은 언제 어디서나 폐하의 군인이니 거리에 나와도 치외법권적인 존재다.
아와야: 그것은 틀린 생각이다. 수정하길 바란다. 그렇지 않으면 앞으로 경찰관인 우리들은 공무를 집행할 수 없게 된다.

즉 아와야는 너희들이 명령을 지키지 않으면 경찰은 치안을 유지할 수가 없으니 무슨 일이 있어도 절대 물러날 수 없다고 완강하게 버텼습니다. 군부는 통수권이나 황군 의식을 마구 남용하여 자신들은 천황의 군대이지 국민의 군대가 아니다, 따라서 천황을 위해서 목숨을 다하는 군대에 대해서 국민이 이러쿵저러쿵 말하는 것은 틀렸다고 주장합니다. 그뿐만 아니라,

"우리는 여기서 눈부신 군대 깃발을 흔들고 황군의 명예를 위해서 담담하게 싸울 것이며 최악의 경우는 명예롭게 깨끗하게 죽으면 그만이다."

라는 말까지 이세키 대좌가 내뱉었다고 합니다. 도저히 결론이 나지 않고 옥신각신하는 와중에 드디어 도쿄에까지 불똥이 튀었는데 이때 등장한 사람이 육군대신 아라키 대장입니다. 이 사람은 흥분을 잘하는 성격이라서 육군의 명예를 걸고 결단코 오사카부 경찰부에게서 사과를 받겠다며 일어섰습니다. 경찰 측에서도 당시 경찰을 지휘하에 두고 있던 내무대신 야마모토 다쓰오와 내무성의 마쓰모토 마나부 경보국장이 아라키 육상과 재향군인회를 상대로 한 발자국도 양보할 수 없다고 하니 정말로 큰 싸움이 벌어지게 되었습니다. 이러지도 저러지도 못하는 상황이 계속 이어졌고 신문은 이런 상황을 재미있다는 듯이 마구 써대고 있었습니다. 국민들 중

에서도 어느 쪽이 이길지 내기를 하는 사람도 많이 있었다고 합니다. 결론이 날 기미기 전혀 보이지 않던 중 10월 23일 후쿠이 현에서 대원수인 천황이 참가한 육군 특별대연습이 이루어졌습니다.

그때 천황은 수행하던 아라키 육상에게 한마디 합니다.

"그런데 오사카 사건은 대체 어떻게 되어가는가?"

황군, 황국이라는 말을 스스럼없이 꺼낸 것을 보면 알 수 있듯이 아라키는 천황에 대해서는 충성심이 있는 군인이므로 "하하하, 반드시 제가 선처를 하겠습니다."라고 말했습니다. 연습이 끝나고 육군성에 돌아가서는 "우리 황군은 폐하께 걱정을 끼치는 일은 절대 해서는 안 된다."라고 말했다고 합니다. 이럴 때는 참으로 변신을 빨리합니다. 이제까지와는 백팔십도 달라져서는 오사카 제4사단의 데라우치 히사이치 사단장에게 전화해서 "언제까지 옥신각신하고 있을 셈인가. 빨리 해결하라."고 꾸짖었습니다. 참고로 데라우치 히사이치라는 사람은 나가이 가후와 도쿄 고등사범부속중학교의 동창입니다. 온건한 성격의 가후는 성격이 강경한 데라우치에게 많이 맞았다고 하는데 데라우치에 대해서는 나중에 또 이야기하겠습니다.

어쨌든 이래서는 안 되겠다, 화해할 방책을 찾아야겠다며 데라우치는 아가타 시노부 오사카 지사에게 어떻게 하면 좋겠냐고 상의를 했는데 서로 위로 치켜든 주먹을 내리기가 뭐했는지 제일 밑의 선에서 해결하자고 결론을 내렸습니다. 그래서 당사자인 나카무라 일등병과 도다 순사를 사이좋게 악수시키고 그 모습을 찍어 신문에 실어 싸움이 무사히 종료되었다고 국민에게 알리는 것으로 일단락 지어졌습니다.

오사카부는 아무런 처분도 내리지 않고 육군에 대항하여 끝까지 바른길을 관철하려고 한 데 비해 반대쪽인 육군에서는 아라키가 천황에게 엄중한 주의를 받아서였는지 제8연대장 마쓰다 시로 대좌가 군복을 벗게 되었으니 결과적으로 육군 쪽에서 죄를 인정한 꼴이 되었습니다. 참고로 마지막까지 육군에 굴하지 않고 대항했던 크리스천인 아와야 경찰부장은 쇼와 18년(1943) 8월에 히로시마 시장이 되었고 2년 후인 1945년 8월 6일에 피폭으로 사망했습니다.

이처럼 일본은 한 번에 군국주의화가 된 것이 아니고 쇼와 8년 정도까지는 적어도 군을 상대로 대항할 수 있을 정도의 정신은 있었다고 할 수 있습니다. 다만 군에 대들어 승리를 하게 된 사건은 이게 마지막입니다. 그 이후에는 눈 깜짝할 사이라고 해야 할지, 서서히라고 해야 할지 애매하지만 매스컴도 전면적으로 군에 굴복했고 군을 지지하는 방향으로 분위기가 조성되어 군이 '노' 라고 말한 일은 절대로 할 수 없는 국가가 되어갔습니다.

군정의 에이스와 작전의 귀신

그럼 이제는 군의 내부에 대해서 이야기하겠습니다.

실은 이 무렵 군 내부에서 통제파와 황도파라는 2개의 파벌이 생겼다는 점에 주목해야 합니다. 일본군은 해군과 육군으로 나뉘어 있는데 지금 이야기를 해드릴 육군은 한마디로 쵸슈(현재 야마구치 현) 출신 사람이 중심이 되어서 도사(현재 고치 현) 및 히젠(현재 사가 현) 그리고 사쓰마(현재 가고시마 현) 출신 사람들을 모아 그룹을 만들었습니다. 예를 들어, 장작림 폭살사건에서 쇼와천황을 화나게 만든 육군 대장 당시 다나카 기이치 총리대신도 야마구치 현 출신의 거물이었습니다.

메이지와 다이쇼 시대 육군에서는 쵸슈의 세력이 너무 강해서 다른 지역 출신의 우수한 인재들은 좀처럼 높은 자리나 요직에 앉을 수 없다는 분위기가 조성되었습니다. 이래 가지고는 전쟁이 일어나도 제대로 싸울 수가 없다, 군 내부를 개혁해야 한다며 다이쇼 말기부터 젊고 우수한 군인들이 몰래 만나서 개혁에 대해 이야기하기 시작했습니다. 이들은 제1차 세계대전에서 여실히 드러났듯이 다음 전쟁은 군뿐만 아니라 온 국민이 참가해서 국력을 전부 쏟아부어 싸워야만 승리할 수 있다, 즉 국가 총력전 태세를 갖춘 일본을 만들어야 한다고 주장했습니다. 그러나 쵸슈 군벌이 군을 장악하고 있는 한 개혁은 일어날 수 없다고 생각했습니다. 그래서 나가타 데쓰잔, 육군사관학교 16기의 동급생인 오바타 도시시로, 오카무라 야스지 그리고 여기에 나가타의 오른팔인 젊은 도조 히데키가 논의에 참가합니다. 이 4명은 군 내부의 개혁에 관해 이야기하고 새로운 육군의 건설을 향해 움직이기 시작했습니다.

그리고 만주사변이 일어난 해인 쇼와 6년, 이 4명이 중심이 된 그룹이 드디어 개혁을 향해 길을 걷기 시작합니다. 만주사변에 대해 이야기할 때는 주로 관동군인 이타가키 세이시로, 이시하라 간지 등을 중심으로 다루었는데 사실 그 당시 도쿄의 육군 중앙(육군성과 참모본부)에서는 나가타, 오바타, 오카무라와 그들을 따르는 젊은 그룹이 큰 세력을 만들어가고 있었습니다.

육군성에는 군사과장인 나가타 데쓰잔, 군사과원인 무라가미 게이사쿠, 스즈키 데이이치, 쓰치하시 유이쓰, 보임과장 오카무라 야스지, 징병과장 마쓰무라 마사카즈가 있었고, 참모본부에는 제1과장(편성동원)인 도조 히데키, 제2과원(작전)인 스즈키 요리미치, 무토 아키라가 있었습니다.

그리고 장작림 폭살사건 무렵 작전과장이었던 오바타 도시시로는 만주사변 무렵에는 육군대학교의 교관이 되었습니다.

이처럼 개혁 그룹의 무리는 요직에 포진하여 육군의 상층부를 압박하고 있었습니다.

그런 상황에 아라키 육군대신이 등장합니다. 앞서 말씀 드렸지만 상당히 우수하고 언변과 수완이 보통이 아닙니다. 게다가 정치력도 갖추어서 총리대신이나 외무대신에 대해서 눈도 깜짝 안 하고, 자기주장이 강해서 절대로 물러서는 법이 없는 사람입니다. 인기도 상당히 많아 이른바 포퓰리즘을 잘 활용했습니다.

그리고 참모본부에는 마자키 진자부로 참모차장이 있었습니다. 총장은 황족인 간인노미야였으니 마자키가 사실상 가장 윗자리에 있는 실력자라고 말할 수 있었습니다. 마자키는 사가 현 출신이며 아라키 육상과는 육군대학교 19기 동기인데 6등으로 졸업했다고 합니다. 육군은 아라키와 마자키 두 사람을 앞세우고 그 뒤에 중견 그룹들이 따랐는데, 그들은 자신들이 꿈꾸었던 육군을 만들자면서 쵸슈 군벌 해소와 내부 개혁을 향해 조용히 움직이기 시작했습니다.

쇼와 7년(1932)의 인사이동으로 나가타 데쓰잔이 주로 정보를 다루는 참모본부 제2부장이 되었습니다. 그리고 오바타 도시시로는 운송통신을 취급하는 참모본부 제3부장이 되었으니 전략전술의 총본산인 참모본부에 두 사람이 나란히 앉게 된 셈입니다. 그리고 도조 히데키는 참모본부 편성동원과장, 스즈키 요리미치는 작전과장이 되었으니 나가타의 부하인 도조와 오바타의 부하인 스즈키가 또 자리를 나란히 했습니다.

오바타와 나가타는 처음에는 육군 개혁을 위해서 협력했지만 성격상으로는 물과 기름과 같았습니다. 스와 시 출신의 나가타는 논리적이고 완고한 나가노 현 사람의 자질을 그대로 물려받은 사람으로 절대로 자신의 뜻을 굽히는 법이 없었습니다. 육군이 생긴 이래 손에 꼽히는 수재로 어렸을 때부터 1등을 놓치지 않았고 육군사관학교나 육군대학교에서도 항상 톱이었습니다. 매우 합리적이고 논리적이어서 논리가 통하지 않는 이야기는 절대로 인정하지 않는 사람이었습니다. 인간 됨됨이도 악하지 않았다고 하며 신망도 매우 두터웠습니다. 나가노 현 사람 특유의 공부벌레로 "나가타 이전과 이후에 나가타 같은 인물은 없다."라는 말을 들을 정도의 인물이었습니다. 상당한 엘리트 관료였습니다.

이에 비해서 오바타는 출신은 도쿄이지만 아버지는 도사 번, 즉 고치 현 출신이라서 사카모토 료마처럼 발상이 풍부하고 행동적입니다. 이 사람 역시 상당한 수재입니다. 당시 육군 군인은 군정, 즉 정치를 하는 타입과 군령, 즉 작전을 짜고 적에게 이기는 것만을 생각하는 타입으로 나눌 수 있었는데, 당시 나가타 데쓰잔이 군정의 권위자라고 하면 오바타 도시시로는 작전의 에이스, 즉 전술의 귀신이었습니다. 오바타는 군인다운 군인이라고 할 수 있습니다.

군정의 천재와 작전의 천재가 팀을 짜고 있으니 처음에는 사이가 좋았지만 점점 부딪치는 일이 많아졌습니다. 한쪽은 풍부한 발상력을 가지고 제안을 하지만 한쪽은 합리주의자이니 그건 말도 안 된다며 내칩니다. 그러면 오바타는 펄쩍펄쩍 화를 내고 둘 사이에는 싸움이 벌어지게 됩니다. 개인적인 감정싸움이라면 아무 문제가 없겠지만 육군의 과장이나 부장 자리는 윗자리이니 일은 그렇게 단순하지 않습니다. 자신을 따르는 사람들이 생기고 파벌도 생깁니다.

이 인사는 아라키 육군대신이 한 것인데 당시 관동군 참모부장으로 부임한 오카무라 야스지는 아라키에게 이렇게 말했습니다.

"이 두 사람을 비슷한 자리에 앉히는 일은 제발 그만두셨으면 합니다. 같은 산에 성격이 다른 두 마리 호랑이를 풀어 놓는 것과 같습니다. 틀림없이 이 둘은 물어뜯고 싸울 것입니다."

그러자 아라키는 "그거 재미있지 않은가. 크게 한판 벌일 수도 있을 텐데 그 편이 활기가 있어 좋지."라고 했답니다. 그런 점이 즉흥적이라고 할지 협잡꾼 같은 아라키의 성격인데, 어쨌든 아라키는 그런 위험한 생각을 가지고 인사를 감행했던 것 같습니다.

이때부터 앞서 말한 통제파와 황도파의 분파가 시작되었습니다. 간단하게 말하면 통제파의 중심에는 나가타 데쓰잔이 있고, 황도파의 중심에는 오바타 도시시로가 있습니다.

두 사람의 정면충돌은 쇼와 7년 정도부터 시작되었습니다. 오카무라 야스지의 일기에 다음과 같은 내용이 있습니다.

쇼와 7년 6월, 귀경해서 보니(관동군에 있었으니 만주에서 일본에 돌아오자), 이미 부장회의에서 나가타와 오바타가 격론을 벌였다는 소문이 있었다.
쇼와 7년 7월 중순, 고이소(이름은 구니아키, 후에 총리대신이 됨) 육군차관은 나에게 넌지시, 제16기는 진정 육군의 중견이긴 하지만 지금 그 분열의 징후가 보이니 너무나 유감스럽다. 이 사태를 조정할 만한 사람은 자네밖에 없다. 노력을 많이 해달라고 말했다.

쇼와 8년 8월, 잇세키카이一夕會*² 의 아랫사람들에게서 나가타와 오바타의 사이 가 드디어 험악해졌다는 이야기가 흘러나왔다.

이 일기가 보여주는 것처럼 쇼와 7년 후반부터 8년에 걸쳐서 나가타와 오바타는 크게 싸움을 벌이기 시작했습니다. 왜 이런 싸움이 벌어지게 되었을까요? 통제파, 황도파라는 단어를 보면 회사에서 좀 더 좋은 자리에 오르려고 상대의 발목을 잡는 파벌싸움이나 권력투쟁을 상상하게 되지만 그건 아니고, 육군의 톱인 두 사람이 충 돌했던 근본적인 원인은 앞으로 일본을 어떻게 이끌어 나갈지에 대한 의견 차이에 있었습니다.

중국일격론이 통하다

한마디로 말하자면 오바타 도시시로는 일본 최대의 위협은 소련이고 무엇보다 일본은 소련에 대해서 철저하게 준비를 해야 한다는 입장이었습니다. 혁명 후 소련 은 5년 계획을 통해 국력을 점점 강대하게 만들고 있으니 소련이 강해지고 나서 싸 우는 것은 유리하다고 할 수 없다, 소련의 힘이 더 커지기 전에 먼저 공격을 하는 것 이 좋다며 예방전쟁론을 주장합니다. 지금의 미국이 이라크에 대해 취하는 예방공 격, 즉 이라크가 대량 파괴병기를 사용하기 전에 먼저 공격을 하자는 것과 같은 논 리입니다.

이에 대해서 나가타 데쓰잔은 소련이 강대해지기 전에 일본 옆에는 반일, 배일 운동을 벌이면서 일본을 적대시하는 중국이 있다, 소련을 상대로 만주의 광야에서 싸우려고 하면 옆에서 중국이 나와 공격할 테니 대소련전을 벌이고 있을 때가 아니다, 우선 중국을 철저하게 공격해야 한다고 주장합니다. 지금 중국은 장개석이 중심이 되어 단결하고 있기는 하지만 여전히 분쟁이 끊이지 않으니 기회가 없는 것은 아니다, 지금이라도 당장 공격하자고 주장하니 이것이 중국일격론입니다.

즉 예방전쟁론 대 중국일격론 사이에 큰 전쟁이 벌어졌습니다.

이건 일반 국민은 알지 못하고 육군 중에서도 가장 내부에서 벌어진 논쟁입니다.

쇼와 8년 6월 전략전술 비밀회의가 열렸습니다. 극소수의 육군 에이스가 모여서 중요한 회의를 했다는 기록이 있습니다. 대략적인 내용은,

오바타: 아직 시간은 있다. 극동 소련군이 너무 강해지기 전에 기회를 봐서 소련군을 격파해두자. 그것은 북방(이것은 만주이겠지요)에 가장 중점을 둔 예방전쟁론이라고 할 수 있다. 그러기 위해서는 아무리 항일의 자세를 보여도 중국과는 싸우지 말고 미국이나 영국과도 싸움을 벌이지 말아야 한다는 것을 명심해야 한다.

나가타: 소련을 건드리면 전면전이 되어버린다. 현재 일본이 가진 국력과 군사력만 가지고는 도저히 소련에 맞설 수 없다. 그것보다는 만주사변의 전과를 확대하고 모략을 써서 먼저 항일, 배일의 방침을 견지하는 중국을 단번에 처리하는 것이 긴요하다. 즉 중국에 일격을 가해 굴복시켜 뒤탈을 없앤 뒤에 중국의 자원을 이용해서 일본의 국력을 증진시켜 소련에 맞서야 할 것이다.

오바타: 소련 한 나라에 대한 자위조차 곤란하다고 예상이 되는데 거기다 중국을 적으로 만든다는 것은 말도 안 되는 소리다. 중국을 굴복시키려고 전면전을 벌이는 것은 우리나라의 국력을 극도로 소모시킬 뿐 아니라 미국, 영국의 권익과 충돌하고(양국은 중국에 많은 권익을 가지고 있으므로), 세계를 상대로 전면전쟁을 벌이게 될 위험이 도사리고 있다. 단시일에 중국을 굴복시켜 전쟁을 종결하는 것은 지극히 어려운 일이다. 같은 동양 민족인 중국과는 실력행사가 아니라 [이야기를 해서] 타협하는 길을 찾아야 할 것이다. 그것보다는 소련이 더 강대해지기 전에 기

회를 보아서 타도해야 할 것이다.

양자는 정면충돌하며 한 걸음도 물러서지 않았습니다. 결국 나가타에게 찬성하는 장교들과 오바타에게 찬성하는 장교들로 나뉘어 어느새인가 나가타파, 오바타파가 만들어졌습니다. 나가타를 따르는 도조 히데키와 오바타를 따르는 스즈키 요리미치는 이제 서로 말도 걸지 않는 사이가 되었습니다. 이런 대논의를 펼쳤을 뿐 아니라 양 파는 서로 험담을 하는 사이가 되었습니다. 예를 들어, 오바타파는 다음과 같이 주장하고 있습니다.

"나가타는 북만철도(만주 북부의 철도입니다)를 터무니없이 높은 금액으로 소련에게서 샀을 뿐 아니라 군수공장을 육성한다는 명목으로 이 돈을 재벌에게 뿌려 재벌들과 손잡고 이윤을 탐하고 있다. 이 돈은 바로 국민의 혈세다. 그런 돈으로 소련의 군사력을 충실하게 만들어주었으며 그 돈으로 만들어진 소련군의 진지는 언젠가는 우리 병사의 피를 희생해 공격해야만 하는 대상이다."

신문에 쓰여 있는 것이 아니라 육군에 몸담고 있는 사람들의 내부문서인데, 나가타라는 남자는 대체 무슨 일을 하고 있는 거냐는 말입니다. 그러자 나가타파도 이렇게 주장합니다.

"오바타는 신격화된 남자로 성급한 대소련주의론자다. 전쟁광이다. 그의 대소 예방전쟁론은 얄팍하며 아무런 근거도 없는 것이다. 소련을 공격하자고 부르짖고 있지만 막상 뚜껑을 열어보면 전략도 없고 전술도 없이 어수룩하기 그지없다."

이처럼 위쪽에서 논의를 해도 아래쪽에서는 서로 다리를 물고 늘어져 욕만 늘어놓고 있으니 두 파로 갈린 육군 내부는 엉망진창이 되었습니다. 그러자 아라키 육군대신은 "이래서는 도저히 안 되겠다. 싸움은 둘 다 패하게 만든다."며 쇼와 8년 8월 나가타 데쓰잔과 오바타 도시시로에게 소장을 달아 육군 중앙에서 멀리 떨어진 지방의 여단장으로 부임시켰습니다.

이때까지는 아라키가 느긋한 태도를 취할 수 있었습니다. 그러나 말만 앞서는 사람은 언젠가 바닥이 드러나고 인기도 떨어지기 마련입니다. 아라키는 "저놈은 입만 살아서 물에 빠지면 입만 동동 떠다닐 것이다."라는 욕을 먹었는데, 쇼와 9년 1월에 병에 걸리기도 하여 드디어 사임하고 육군대신은 하야시 센주로 대장으로 바뀌게 됩니다. 군대도 인간이 만든 조직이라 회사와 똑같습니다. 사람이 바뀌면 정책이 바뀌게 됩니다. 그러면 조직 내 사람들의 마음도 바뀝니다. 하야시 센주로는 나가타파들이 떠받들었던 통제파의 대장 격입니다. 그러니 그가 육상 자리에 오르자마자 지방으로 보냈던 나가타 데쓰잔을 바로 중앙으로 불러들여 육군의 모든 정치를 다루는 군무국장 자리에 앉힙니다.

그러자 나가타는 그 정치력을 가지고 오바타파로 여겨지는 대소련주의자들을 계속해서 자리에서 내쫓고 중국일격론을 주장하는 사람들을 불러 모아 주위를 정리합니다. 나가타파의 승리입니다. 이렇게 해서 황도파인 오바타파는 총퇴진 하게 됩니다.

10년 정도 전에 오노데라 유리코라는 분이 책을 썼습니다[3]. 육군의 스웨덴 주재 무관인 남편이 태평양전쟁 중에 조기 평화를 주창하면서 도쿄에 자세한 정보와 의견을 보내는 등 열심히 일했지만 당시의 도조 내각을 중심으로 한 육군 중앙부는 전혀 이것을 인정하지 않았다고 합니다. 오노데라는 바로 오바타파였습니다. 따라서 파벌로 말하자면 아류, 방류이니 내팽겨진 채 있었고 위에서는 거두려고 하지 않았습니다. 전쟁이 끝날 무렵까지 이 싸움의 영향이 계속되었다는 이야기입니다.

이대로 이야기를 진행시켜가면 2·26사건으로 이어져야겠지만 2·26사건에 대해서는 다음에 이야기하겠습니다. 요컨대 이런 식으로 쇼와 9년 초에 하야시 센주로가 육군대신이 되고 나가타 데쓰잔이 중앙에 돌아와서 군무국장이 됩니다. 이 무렵부터 육군은 점점 하나의 굳건하고 큰 바윗덩어리로 변해갔습니다. 동시에 매우 우수한 군무국장이 중심에 앉으니 그가 지휘하는 육군은 상당히 강력한 조직이 되기 시작했습니다. 즉 육군의 정책은 천황의 군대로서 국가 총력전에서 승리할 수 있는 강력한 통제국가를 만드는 방향으로 통일되었습니다.

천황기관설의 목적은!?

그때 문제가 된 것은 천황의 존재입니다. 뒤에 다시 한 번 자세하게 이야기를 해야 되지만 여기서 간단히 말씀 드리자면 천황이란 천황이면서 동시에 대원수입니다. 천황은 국정을 본다, 외교를 다룬다, 내각이 한 말에 대해서 '노' 라고는 할 수 없는 형태로 국가의 정치 위에 존재합니다. 그리고 대원수의 지위는 육해군의 최고 지휘관이니, 천황과는 별도의 인격체로서 육해군과의 관계로 볼 때 직접 윗자리에 앉아 있는 셈입니다. 상황이 이러하니 군부로서는 대원수의 지위에서 내린 천황의 명령을 당연히 따라야 하지만 국정을 보는 천황의 지위 때문에 곤란한 상황이 벌어지기도 합니다. 천황이 '노' 라고 말할 때 육해군이 하려는 일이 제대로 진행되지 않는 경우가 생기게 됩니다.

지금까지도 장작림 폭살사건이나 만주사변에서 천황을 속이기 위해서 또는 설득하기 위해서 육군은 상당히 고생을 해 왔습니다. 그러니 육군으로서는 천황의 존재를 조금 확실하게 해둘 필요가 있었습니다. 앞으로의 국민의식을 통일하기 위해서도 천황이 어떠한 존재인가를 국민에게 보여주어야 한다며 일종의 책략이 시작되었습니다.

육군만이 책략을 꾸민 것은 아닙니다. 그 무렵에는 이미 육군과 하나가 되어 황도정신을 주장하거나 총력전 태세를 만들기 위해서 국민을 하나로 만들어야 한다고 열심히 외치고 다니는 사람들이 정치나 경제, 문화계에도 많이 있었습니다. 이 점을 이용해서 육군은 천황기관설이라는 문제에 손을 대기 시작합니다.

즉 쇼와 10년(1935) 2월 18일 귀족원 본회의에서 갑자기 기쿠치 다케오라는 우익 의원이 도쿄 대학 교수이자 헌법학자인 미노베 다쓰키치 귀족원 의원이 쓴 《축조헌법정의》와 《헌법촬요》가 건방지기 그지없다, 일본의 국체를 이해하지 못하고 왜곡해서 써놓았으니 발금 처분을 받아야 한다고 말을 꺼냅니다. 그리고 이 사건이 발단이 되어 논의가 크게 발전했습니다.

대체 무슨 목적으로 이런 논의가 있었는지 당시의 〈문예춘추〉가 명확하게 밝혔습니다. 〈문예춘추〉는 조난城南 은사라는 사람의 익명기사를 실었습니다. 요컨대 이 소동의 이면에는 일본을 종단해서 흐르는 2개의 조류의 싸움이 있다, 그중 한쪽은 사이온지 긴모치를 본존으로 하는 마키노 노부아키, 사이토 마코토, 다카하시 고레키요, 스즈키 간타로, 유아사 구라헤이, 이치키 기토쿠로 등 소위 궁정의 천황 측근들인데 이들은 한 치의 틈도 없는 굳건한 온건 그룹이다, 그리고 이들을 적대시하는 그룹은 히라누마 기이치로를 선두로 하여 강경노선을 달리고 있었기에 군부는 이쪽으로 결집하려고 이런 말을 꺼낸 것이라고 간파했습니다. 또, 이런 말도 했습니다. 유감스럽게도 당시에는 검열이 있어서 xx라고 되어 있지만 여기서는 xx에 말을 보완해서 읽어보면,

"xx(군부, 이하 동일)가 이 소동을 일으켰다고는 할 수는 없지만 xx를 중심으로 하는 무리들 사이에서 미노베 규탄이 먼저 일어났다. 의회에서 앞장섰던 기쿠치 다케오(귀족원 의원)는 xx와는 끊으려야 끊을 수 없는 동지 중 하나다. 의회가 시작되기 전부터 미노베의 학설을 공격했던 사람들도 모두 xx와는 한 패거리다."(〈문예춘추〉 쇼와 10년 4월호)

그리고 소동의 이면에 대해서 이런 말도 거침없이 했습니다.

"미노베의 헌법 해석에 의하자면 현존하는 가장 제일 위의 선배는 추부(추밀원)에서 헌법의 열쇠를 쥐고 있는 xx(이치키 기토쿠로)다.……미노베를 공격하고 그 학설을 완전히 쫓아내버리면 제일 나중에 남는 것은 ○○(궁정)이다.……이 운동이 ○○에 영향을 미쳐 만일 xx(이치키)가 어떤 형태로든지 책임을 져야 할 일이 벌어지게 되면 사이온지, 마키노, 사이토, 다카하시 등 xx(이치키)와 연결된 중신 층에서는 일대 파란이 일어난다, 미노베 소동의 xxxx(근본이념)은 바로 여기에 있다."

물론 군부 입장에서는 천황을 지키는 온건 평화분자인 중신그룹이 상당히 거치적거리는 존재일 것입니다. 그자들을 없애려면 어떻게 해야 좋을지 항상 생각하고

있었습니다. 그 작전의 하나가 바로 미노베 다쓰키치라는 헌법 학자에게 총구를 겨누고 그 후에는 궁중의 온건파들에게 메스를 대려고 하는 것이 아니냐는 이야기입니다. 이 견해는 옳다고 생각합니다. 당시 소동이 일어나자마자 바로 이 글을 쓰고 용케도 그걸 지면에 올렸습니다. 이 조난 은사는 바로 미타라이 다쓰오라는 정치평론가입니다.

그렇다면 천황기관설은 대체 무엇인가요? 그건 상당히 어렵고 복잡한 문제인데 여기서 간단히 설명해드리겠습니다.

천황기관설에 대한 견해는 크게 세 가지로 나눌 수 있습니다. 첫 번째는 제국헌법(메이지헌법)에서 말하는 천황의 절대적 권위를 인정한다, 하지만 천황은 그 힘을 구사하지 않고 국가 위에 올라선 기관으로 해야 한다는 견해입니다.

두 번째는 천황이 국가를 통치하거나 육해군을 총지휘하는 것은 일단 인정하지만 오히려 정부가 주체가 되어서 가능한 한 입헌적이며 [헌법의 범위 안에서] 자유주의적으로 국가를 운영해야 된다는 기관설입니다. 즉 천황이 가진 커다란 권위에 대해서 국회나 내각의 권한을 상대적으로 인정하고 서서히 그 권위를 강화시키자는 것인데 이것이 바로 미노베의 설입니다.

세 번째는 천황의 권위나 지위는 그런 것이 아니라 절대적인 것이니 그 힘을 사용해서 국가를 보다 좋은 방향으로 운영해 나가자는 설입니다. 이후의 일본국은 절대적인 천황의 권위와 힘을 이용해서 국가를 운영하게 되었는데 이 설을 주창한 중심인물이 기타 잇키입니다.

결국 세 번째 설이 살아남아서 2·26사건 이후 쇼와의 일본에서는 천황의 이름 아래 모든 것이 결정됩니다. 이처럼 이 무렵부터 궁중의 온건 그룹이 육군이 언젠가는 무너뜨리려고 하는 표적이 되었다는 것은 확실합니다.

《쇼와천황 독백록》에는 '국가를 인체에 비유하자면 천황은 뇌와 척수인데 기관機關이라고 부르는 대신에 기관器官이라는 문자를 사용하면 나와 국가의 관계에 아무런 거리낌이 없을 것 같다(생략)'라는 문장이 있습니다. 즉 천황은 천황기관설도 괜찮고 굳이 말하자면 두 번째 설이 좋다고 생각했던 것 같습니다.

만세일계의 천황의 통치

또 하나 이와 관련한 이야기를 하자면, 의회와 언론계에서 거의 동시에 국체명징國體明徵 문제가 일어납니다. 이것 역시 알기 쉽게 설명하는 것은 어렵습니다. 자세하게 말하자면 이야기가 길어지니 간단하게 말씀 드리면 일본은 대체 어떤 국가인가에 대한 커다란 논의입니다. 요컨대 이 나라의 형태를 정하자는 이야기입니다. 국체명징을 둘러싼 온갖 논의가 분출하고 〈개조〉나 〈문예춘추〉 같은 잡지에 많은 논문이 실리게 됩니다. 그 결과 당시 오카다 게이스케 내각이 쇼와 10년 8월 3일에 정부의 입장을 발표합니다.

> 곰곰이 잘 생각해보면 우리나라의 국체는 천손강림 때*4 하사받은 신의 칙서에
> 의해 명시된 것이고 만세일계의 천황국을 통치하고 보위를 이어가는 것은 천지
> 와 더불어 끝이 없으며……

설명을 하자면 일본국이란 천손강림 때 신이 내려준 계시에 의해 밝혀졌듯이 만세일계의 천황이 국가를 통치하고 그 천황이 베푸는 은혜는 하늘과 땅 모두에 더할 나위가 없으니 일본국은 다른 나라에는 없는 신의 계시에 의해 만들어진 국가다, 천황이 이 국가를 다스리는 것은 신이 살던 옛날부터 정해진 것이다, 그것을 이제 와서 새삼스럽게 말할 필요는 없다는 것입니다.

이렇게 정부가 인정했기에 일본은 그 이후 정말 천황이 통치하는 국가이니 기관

설을 언급하여 천황의 힘을 약화시키려 한다거나 인정하지 않으려 하는 것은 커다란 착각이라고 일축했습니다. 문부성은 전국 학교에 국체명징을 환기시켰고 육군도 상당히 기뻐하여 이것을 빈번하게 말하고 다녔습니다. 반대 의견을 가진 사람을 무조건 공격하는 양상이 정치 표면에 등장하게 된 것은 이때부터입니다.

국체명징운동 때문에 이후 일본은 많이 어수선해지게 됩니다.

먼저 앞서 나온 추밀원 의장인 이치키 기토쿠로가 공격을 당합니다. 하마터면 목숨을 잃을 뻔했지만 살아났어도 그 충격은 상당히 컸습니다. 앞서 조난 은사인 미타라이 다쓰오의 문장 그대로 이치키를 쓰러뜨리면 궁중그룹은 흔들리게 될 것이라는 예상은 적중했습니다. 갑자기 마키노 노부아키 내대신도 사표를 내려고 하고 원로인 사이온지 긴모치도 정치에 혐오감이 들어 시즈오카 현의 오키쓰 사저에 틀어박혀서 나오지 않게 됩니다. 즉 천황 측근에 있던 온건파 자유주의자들이 점점 힘을 쓰지 못하게 된 것입니다.

그러나 남은 스즈키 간타로 시종장과 사이토 마코토는 매우 열심이었습니다. 다카하시 고레키요 대장대신도 군부에 반항하여 예산을 줄였습니다. 그들은 모두 2·26사건에서 처단의 대상이 됩니다.

나가이 가후가 쇼와 10년 7월 6일의 일기에 이렇게 쓰고 있습니다.

공중연습 때문에 시가 점등을 금지한다고 한다. 암흑 속을 걷는 것도 힘들어 문밖에 나가지 않았다. 평소보다 일찍 침상에 누워서 〈문예구락부〉의 고문을 읽는다. 메이지 31년 7월호의 잡지에는 오마치 게이게쓰가 구수노키 마사시게의 자살을 논하는 글이 실려 있다. 오늘날 오마치 게이게쓰 같은 언론인이 있다면 금세 위해가 가해졌을 것이다. 메이지 30년대는 지금에 비하면 언론의 자유가 있었다는 것을 알 수 있다.

천황기관설, 국체명징에 대한 정부 성명 이래 일본의 언론은 상당히 편협해졌습니다. 점점 자유를 잃어버렸습니다. 이후 일본은 만세일계의 천황이 통치하는 신의 나라라는 기본적인 사고방식이 굳건해져서 거기에서 일탈하는 언론은 금방 제재를 받게 되었습니다. 그러니 생각이 있는 사람은 모두 입을 다물게 되었습니다.

요컨대 쇼와 10년 전후의 천황기관설이나 국체명징의 문제는 사상의 문제이긴 했지만 사실은 정해놓은 표적을 무너뜨리기 위한 논의였습니다. 이면에는 육군의 공작이 있었습니다. 이리하여 언론의 자유가 봉쇄된 채 군국주의화가 진행됩니다. 그리고 일본을 근본부터 흔들고 군의 강력해진 힘을 과시하는 2·26사건이 일어나게 됩니다.

---

*1-천보전: 육군대학교 출신을 나타내는 훈장이 에도시대의 천보전과 많이 닮았다.
*2-잇세키카이—夕會: 쇼와 4년(1929) 이시하라 간지, 도조 히데키, 이타가키 등 육군사관학교 장교들이 결성한 그룹으로 쇼와 군벌을 탄생시켰다.
*3-오노데라 유리코의 책 《발트 해 근처에서—무관 부인의 대동아전쟁》(1985년, 교도통신사). 오노데라(1909~98)는 스웨덴 주재무관으로 부임한 남편 오노데라 노부 육군 소장을 도와 암호전보를 작성하기도 했다. 그리고 전후에는 핀란드의 작가 토베 얀손의 무밍시리즈의 번역가로 활동했다.
*4-천손강림: 아마데라스 오미카미의 명령을 받아 아마쓰히코히코호노니니기노미코토가 신이 살던 다카마가하라에서 히나타와 다카치호에 강림했다는 신화.

5장

2 · 26사건의 주안점은 궁성점거계획이었다

전쟁체제로 성큼 내딛다

전쟁은 창조의 아버지, 문화의 어머니

　지난번에는 육군이 통제파와 황도파로 나뉘어 황도파의 에이스인 오바타 도시시로 소장이 먼 곳으로 쫓겨났고, 육군대신이 교체된 뒤 통제파의 나가타 데쓰잔 소장이 군무국장으로 중앙에 돌아오게 되어 통제파가 힘을 얻게 되었다는 이야기를 했습니다.

　그런데 실제로는 그렇게 간단하게 일이 진행된 것은 아닙니다. 군대 안은 어수선해져서 잡음이 끊이지 않았습니다. 여전히 아라키와 마자키 대장을 추종하는 대위, 중위, 소위 등 젊은 청년 장교들이 가이코샤偕行社[*1]나 요정에서 모임을 가졌고 그들보다 윗자리인 소좌, 중좌들도 참가하여 자주 회의를 열었습니다. 그중에서도 상징적인 것을 몇 가지 소개해드리자면, 나중에 나가타 데쓰잔을 찔러 죽인 아이자와 사부로 중좌와 전후에도 살아남았던 통제파 이케다 스미히사 중좌와의 사이에 벌어졌던 논쟁이 있습니다.

　　이케다: 우리가 군대 내의 특정 장군(여기서는 아라키 사다오 대장을 말합니다)
　　을 보필하여 혁신을 펼친다는 생각은 좋은 생각이 아닌 것 같다. 군이라는 조직
　　전체를 활기 있게 만들고 싶고 일사불란한 통제하에서 혁신을 이루고 싶네.

　이런 면에서 통제파라는 명칭이 나온 것인지는 모르겠지만, 군을 통제하여 하나로 만들어 혁신을 하고 싶다는 주장입니다. 이에 대해서

아이자와: 혁신이 조직적으로 이루어질 거라고 생각한다면 그건 오산이다. 독일을 봐라, 히틀러 총통은 오장이 아니었나. 그는 하사관의 몸으로 독일 전체를 움직이고 있다. 즉 혁신은 조직이 아닌 개인의 힘으로 하는 것이다.

한편 다음과 같은 이야기도 있었다고 합니다.

"청년 장교는 함부로 정치운동을 하지 마라. 너희들이 생각하는 국가 개조는 우리들 성부(육군성과 참모본부), 즉 육군 중앙이 중심이 되어 단행할 테니 너희들은 기다리기만 해라."

라고 통제파 사관이 말하자 황도파의 청년 장교가,

"그건 안 될 말이다. 당신네들 육군대학 출신 엘리트들이 어떻게 현재 일본 농어촌이 직면한 극도의 궁핍함을 알겠는가. 그것은 우리처럼 농어촌 출신의 병사들과 더불어 밤낮으로 훈련하고 있는 자들만 알 수 있다."

라고 일축합니다. 그러자 육군대학 출신의 엘리트가 말합니다.

"앞으로 중앙의 방침에 따르지 않는다면 우리는 자네들을 처벌할 수밖에 없네. 알겠나? 정치활동을 하려거든 군복을 벗고 나서 하라고."

이것은 위에서 가해지는 압력입니다. 이런 식의 논의는 많이 있었습니다. 만몽의 위기를 통해서 군을 쇄신하여 근대국가 총력전에 걸맞은 일본을 만들고 싶다는 점에서는 육군 전체의 생각과 일치하지만 그 방법 면에서 통제파와 황도파로 나뉘게 됩니다. 그 근본에 있는 것은 지난번에도 말씀 드렸다시피 전략적인 대소련주의론(예방전쟁론)과 대중국일격론이지만 그 밑에서는 이처럼 국가를 혁신하고 총력전 태세를 갖추기 위한 방법론에서 의견이 갈리고 있습니다.

여기서 특히 문제시되는 것은 기타 잇키의 《일본개조법안 대망》입니다. 황도파의 청년 장교들은 이 책을 가지고 공부했습니다. 그리고 천황이 전 일본 국민과 함께 국가 개조의 근본을 굳건히 하기 위해서 천황대권을 발동하여 3년간 헌법을 정지하고, 중의원과 귀족원의 양원을 해산하고, 전국에 계엄령을 내려서 대대적인 개조를 해야 한다는 생각을 서서히 가지게 되었습니다. '개조 없이는 번영 없다' 는 생각을 가지고 일본의 궁핍한 상황을 구제하기 위해서는 천황을 받들어 헌법에서 정해놓은 대권을 발동시키고 군부가 정치와 경제를 꽉 쥐고 있어야 한다고 진지하게 고려하기 시작했습니다.

그런데 통제파의 엘리트 장교들은 "그런 바보 같은 짓을 한들 국민들은 따라오지 않는다. 우리들에게 맡겨라. 반드시 일본을 총력전에 걸맞은 강건한 군사체제를 가진 국가로 만들어줄 테니."라고 일축합니다. 그러나 말만 주고받으면 결론이 나지 않으니 어떻게 해야 국가를 개조할 수 있는가를 문서로 남겼습니다. 이것이 육팜이라고 불리는 육군 팸플릿인데 정식 용어는 〈국방의 본의와 그 강화의 제창〉입니다. 그리고 이걸 육군성의 신문반에서 공표합니다. 이 글을 쓴 사람들은 앞서 등장한 육군성 군무국 군사과원인 이케다 스미히사 중좌를 중심으로 한 통제파 중견들입니다. 이 글은 매우 유명한 말로 시작합니다.

전쟁은 창조의 아버지, 문화의 어머니다.

전쟁은 모든 것을 만들어내는 아버지이고, 문화의 어머니이므로 전쟁에 언제든지 대응할 수 있는 일본을 만들어야만 한다는 이야기입니다. 지금 읽어보면 무시무시한 문장입니다. 오로지 국방, 국방을 외치고 있으며 일본인은 더욱 강해져야 한다고 격려하는 글인데, 글의 전편에 농후하게 흐르는 것은 호전적인 군국주의 사상입니다. 다만 그 점을 분식하기 위해서 짙은 화장을 한 것처럼 화려한 문장으로 써놓았습니다.

'국방은 국가 생성 발전의 기본적인 활력작용이다', '국민은 필승의 신념과 국가주의 정신을 배양해야 하는데 그러기 위해서는 국민 생활의 안정을 도모할 필요가 있다' 등 매우 엄숙한 어투로 적혀 있습니다. 그리고 현재 일본의 자본주의는 잘못되어 있다, 수정을 해야만 한다면서,

一. 국가 관념의 강조—천황제 국가임을 강조합니다.

二. 사회정책의 진흥—자본주의를 다시 한 번 제대로 인식해야 한다는 것입니다.

三. 통제경제(주*2)의 제창—후에 전쟁에 돌입하면 통제경제가 중심이 되는데 이때부터 이런 생각을 했던 것 같습니다.

요컨대 일본이 국가총력전 태세를 갖추고 고도의 국방국가가 되기 위해서는 자유주의는 안 된다, 나치 독일처럼 자본주의 경제체제를 부수고 통제경제로 만들어야만 한다고 설득하고 있습니다. 이것은 군이 통제하는 국가입니다.

이 〈육군 팸플릿〉이 나오자 신문을 비롯한 매스컴이 놀랐고, 경제계는 "뭐? 우리들이 하고 있는 것을 전부 부정한다는 말인가?"라면서 가장 놀랐습니다. 그런데 육군 내부에서는 황도파 청년 장교들이 이 문서를 굉장히 환영했는데, 이것이 그대로만 실행된다면 자신들이 생각하는 국가 개조를 무리하게 강행하지 않아도 될 것 같다, 통제파의 엘리트 사관들이 이 일을 전부 해준다면 그들에게 맡겨두는 것도 괜찮지 않겠느냐고 생각했던 것 같습니다.

그런데 〈육군 팸플릿〉이 나온 쇼와 9년(1934) 10월 1일이 얼마 지나지 않아 중의원이 놀라서 회의를 엽니다. 그때 신문반장인 통제파 네모토 히로시 대좌를 불러서 사정을 청취하자 대좌는 이렇게 말했다고 합니다.

"근대국방을 논하려면 어느 정도 언급할 필요가 있다고 생각해서 만든 문서이지 그 외에는 아무런 목적이 없다. 이 글이 문제가 되어서 신문반은 매우 곤란해하고 있다. 따라서 이것을 실행에 옮길 의지는 없다."

그리고 11월의 특별회의에서는 민정당이나 정우회가 펄쩍펄쩍 뛰면서 육군에 불평을 쏟아부었습니다. 이에 육군대신인 하야시 센주로 대장은 "이것은 군의 의견 중 하나이긴 하지만 반드시 실행하려는 것은 아니다."라고 변명했습니다. 〈육군 팸플릿〉이라는 멋진 불꽃은 쏘아 올려지긴 했지만 흐지부지해져서 좀 과장되게 말하자면 산산이 흩어졌다는 느낌을 부정할 수가 없습니다. 이에 황도파 청년 장교들은 기가 막혀하면서 "더 이상 통제파의 엘리트들은 신용할 수 없다. 그들에게 맡겨두어서는 근대전쟁을 할 국방국가 일본을 만들 수가 없다."라며 이면에서 바쁘게 움직이기 시작했습니다.

용감한 부인들

쇼와 10년(1935)이 밝을 무렵부터 황도파에서 부대에 소속된 청년 장교, 즉 중앙 관청이 아니라 실제로 연대에서 매일 부하들을 훈련시키고 있던 장교들이 서서히, 그러나 확실한 움직임을 보여줍니다. 그들은 이미 통제파가 장악한 육군 중앙을 믿을 수가 없었습니다. 그런 동향을 가장 구체적으로 보여준 사건이 8월 12일에 일어났습니다. 현재 미야케자카의 국립극장 부근에 있던 육군성의 군무국장실에 황도파인 아이자와 사부로 중좌가 들이닥쳐서는 갑자기 군도를 끄집어내어 나가타 데쓰잔 소장을 베어버렸습니다. 발표는 그날 저녁이 되어서야 하게 되었지만 나가타는 즉사했습니다. 게다가 "너 대체 무슨 짓을 하는 거냐."라고 말하는 상관에게 아이자와는 "국가를 위태하게 만드는 장본인을 베려고 왔습니다. 그리고 저는 대만으로 부임하겠습니다."라고 태연하게 말했다는 이야기를 남겼는데, 어찌 되었든 통제파의 중심에 있는 나가타 데쓰잔이 백주대낮에 참혹하게 죽음을 당했습니다. 당연히 아이자와 중좌는 군사법정에 세워져 재판을 받게 됩니다. 이를 일명 '아이자와 재판'이라고 합니다.(다음 해 6월 30일 사형 판결, 7월 3일 집행)

이것을 계기로 아이자와의 뜻을 계승하자는 생각이 청년 장교들의 가슴에 피가 끓듯 용솟음쳤습니다. 중앙의 엘리트들은 농어촌의 궁핍함을 진정으로 알지 못하는 놈들이다, 그런 놈들은 국가를 개조할 수 없다, 그렇다면 우리들의 손으로 해야 할 것이다, 라는 청년장교운동이 급회전해 확대되어 나갔습니다.

지금부터는 확증이 없는 이야기가 몇 개 나옵니다. 청년 장교 중 아주 젊은 사람들은 순수한 마음으로 국가 개조를 생각하고 있었었지만 그들보다 윗자리인 대위나 소좌의 지위에 있던 사람들은 그렇게 순수하지는 않았고 통제파로부터 권력을 탈환하기 위해서 일어선 것 같다는 설도 있습니다.

한편, 아이자와 재판은 계속되었는데, 청년 장교가 왜 과잉 행동을 취했는가에 대해 논의가 계속 이루어졌습니다. 그리고 이 재판의 그늘 속에서 비밀리에 쿠데타 계획이 세워졌고 그 계획은 점점 구체화되어갔습니다. 자세히 그 이야기를 하자면 하루 온종일이 걸리겠지만 어쨌든 쇼와 11년(1936) 2월 26일에 2·26사건이라는 대대적인 혁명운동이 일어나게 됩니다.

그날의 사건을 이해하기 쉽도록 시간에 따라 이야기해보겠습니다.

2월 26일 오전 5시 결기부대가 각각 미리 정해진 습격 목표를 향해 나아갔습니다. 이 결기부대는 후에 1천483명이나 되는 반란부대가 되는데, 5·15사건이나 지금까지 일어났던 사건들이 비교적 소수에 의한 것인 데 비해서 이 사건은 대대적으로 벌어졌고 병사들까지 참가했습니다.

이들은 기관총, 중기관총, 경기관총, 소총, 권총 등 약 10만 발이 넘는 탄약을 가지고 있었고 추운 2월이니 외투를 착용하고 배낭도 짊어졌습니다. 그뿐만 아니라 방독마스크까지 준비했으니 완전무장을 했다고 할 수 있습니다.

보병 제1연대, 이 부대는 지금의 아카사카 9초메 부근에 있었는데, 이 부대의 구리하라 야스히데 중위, 쓰시마 가쓰오 중위, 하야시 하치로 소위, 이케다 도시히코 소위 등이 지휘하는 약 300명의 군인들이 수상관저에서 오카다 게이스케 수상을 습격.

마찬가지로 니우 요시타다 중위, 고다 기요마사 대위, 다케시마 쓰기오 중위, 그리고 군인 출신의 민간인인 야마모토 마타, 이소베 아사이치, 무라나카 다카지 등 약 150명이 육군대신 관저를 점거.

현재 롯본기의 일본학술회의 부근에 있던 보병 제3연대 약 150명이 안도 대위의 지휘 아래 스즈키 간타로 시종장 관저를 습격.

마찬가지로 사카이 다다시 중위, 다카하시 다로, 무기야 기요스미, 야스다 유타카 소위 등 약 150명이 사이토 마코토 내대신의 사저를 습격.

그중 다카하시와 야스다의 소대 약 30명이 분파해서 와타나베 조타로 교육총감 사저를 습격.

그리고 노나카 시로 대위, 도키와 미노루, 기요하라 야스히라, 스즈키 긴지로 소위 등 약 400명이 경시청을 점거.

근위보병 제3연대, 나카하시 모토아키 중위, 나카지마 간지 소위 등 약 100명이 다카하시 고레키요 대장대신의 사저 습격.

그리고 구리하라, 나카하시, 이케다 이외에도 다나카 마사루 중위도 참가하여 아사히신문사를 습격하고 일본전보통신사, 도쿄니치니치신문사 등에 결기서를 교부.

별도로 움직인 고노 히사시 대위가 지휘하는 임시 편성 대원 8명이 유가와라의 이토야 여관 별관에 있는 전 내대신 마키노 노부아키의 숙소를 습격.

이처럼 오카다 수상, 스즈키 간타로 시종장, 사이토 마코토 내대신, 다카하시 고레키요 장상(대장대신), 마키노 노부아키 전 내대신이 습격을 당했는데 이중 내대신 사이토 마코토와 대장대신인 다카하시 고레키요와 교육총감 와타나베 조타로, 이 세 사람이 죽음을 당했습니다. 스즈키 간타로 시종장은 중상을 입었고, 오카다 게이스케 수상은 군인들이 다른 사람으로 착각하여 목숨을 구했으며 마키노는 겨우 탈출했습니다. 이처럼 천황 측근에 있는 요인들이 차례차례 습격을 당하고 살해를 당했습니다.

이때 상당히 용감한 태도를 보인 사람들은 표적이 되었던 사람들의 부인들이었습니다. 사이토 내대신의 부인 하루코는 총구에 맞서서 "남편을 죽일 테면 나부터 먼저 죽이고 죽여라."라고 자기 몸을 던져 남편을 감쌌는데 그런 부인을 군인들이 무리하게 떼어내고 40발이 넘는 탄환을 발사하여 내대신은 즉사했습니다. 다카하시 고레키요 장상은 총격을 입은데다, 왼쪽 팔도 부러져 죽었는데 부인인 시나는 방문한 신문기자를 향해 "청년 장교들은 비겁합니다."라고 외쳤습니다. 그리고 와타나베 조타로 부인의 태도도 용감했습니다. 갑자기 쳐들어 온 청년 장교들에게 "제국 군인이 흙 묻은 신발로 집 안에 들어오는 것은 참으로 무례한 일입니다. 그래 가지고 일본의 군인이라고 할 수 있습니까?"라고 말하며 총검 앞에서 당당하게 맞섰다는 이야기가 있습니다. 그리고 스즈키 간타로의 부인인 다카는 남편이 네 발의 총알을 맞고 쓰러졌을 때 마지막 숨통을 끊으려고 하는 장교를 "무사의 마지막 길입니다. 마지막 숨통만큼은 내게 맡겨주세요."라면서 막았습니다. 이때 지휘를 하고 있던 안도 대위는 "각하에 대해 경례."라고 예를 올리고 총을 손에 쥔 채 그 자리를 떠났습니다.

이처럼 부인들이 위급 시에도 용감했었다는 이야기가 이 살벌한 2·26사건에 그나마 빛을 비추어주는 것 같습니다.

문제는 젊은 장교들이 대체 무슨 생각으로 이런 사건을 일으켰는가 입니다. 총리대신 오카다 게이스케, 시종장 스즈키 간타로, 내대신 사이토 마코토, 이들은 해군 출신으로 쇼와천황에게 직접 상주할 수 있는 몇 안 되는 사람들입니다. 이 사람들을 천황에게서 떼어 놓으면 이제 천황과 직접적인 교류를 할 수 있는 인물은 육군 중에서는 육군대신 가와시마 요시유키와 참모총장인 간인노미야 고토히토 정도밖에 없습니다. 이 두 사람은 굳이 말하자면 황도파라고 할 수 있습니다. 이렇게 천황을 고립시켜 황도파가 활개 치기에 좋은 상태로 만들려고 했던 속셈이 불 보듯 뻔히 보입니다. 그래서 황도파의 대장들, 즉 아라키 사다오, 마자키 진자부로, 혼조 시게루가 꾸민 음모가 아닌가, 라는 설이 나오고 있습니다.

그러나 그런 바보 같은 이야기는 있을 수 없다는 의견도 있습니다. 실제로 후에 반란군 장교가 군사재판을 받을 때 황도파 우두머리가 꾸몄다는 설에 대해 부정한 바 있습니다. 자신들은 오직 빈곤한 사람들을 위해서 일어섰다고 하는데 그런 면도 있는 것 같긴 합니다.

한편, 참모총장 자리에는 쇼와 6년부터 쇼와 15년까지 간인노미야가 앉았습니

근대일본 역사상 최대의 쿠데타인 2 · 26 사건은 추위로 얼어붙은 도쿄를 불온한 공기로 뒤덮었다.

2 · 26사건 관련 지도.

다. 이것과 보조를 맞추듯 군령부총장은 이미 몇 번인가 등장했던 후시미노미야 히로야스 왕이 쇼와 7년부터 쇼와 16년 4월까지 맡았습니다. 황족을 통수부 자리에 앉히는 것은 부담스럽게 보일 수도 있는데 실은 황족을 윗자리에 앉히고는 로봇처럼 만들었으니 하극상 풍조가 크게 조장되기도 했습니다.

천황을 제압한다는 의미

이 사건의 발발에 대해 천황이 들은 것은 오전 5시 반경입니다. 궁성에 있던 간로지 오사나가 시중이 보고를 했습니다. 간로지가 그 사건을 알고 있었던 이유는 스즈키 시종장의 부인 다카가 습격을 받은 남편을 구하고자 의사를 부르려고 궁중에 전화를 해서였습니다. 이것이 바로 첫 번째 통보였습니다. 이 보고를 들은 간로지 시종장이 큰일이 벌어졌다며 천황에게 보고를 하게 되었습니다.

이건 제가 세운 가설이지만, 다카는 천황이 어렸을 때 키워준 유모였습니다. 황태자는 어릴 때부터 양친과 떨어져서 혼자 살도록 정해져 있는데 그때 옆에 있던, 즉 엄마의 역할을 대신 해주었던 사람이 다카입니다. 한편 스즈키 시종장은 쇼와 초기부터 계속 천황의 곁에 있었으니 아버지와 같은 존재였습니다. 말하자면 쇼와천황에게 가장 친근한 존재가 이 부부였습니다. 그런 다카가 제일 처음 전한 소식이 천황에게 전달되었습니다. 아버지와 같은 사람이 육군 군인의 습격을 받아 탄환 4발을 맞고 빈사상태에 빠졌으며, 그 소식을 어머니와 같은 존재에게서 들은 쇼와천황은 정신이 아득해짐과 동시에 뭐라 말할 수 없는 분노를 느꼈을 것입니다. 따라서 천황은 사건에 대해서 엄중한 입장을 취하게 됩니다.

오전 6시가 지나서 급히 궁중으로 나온 사람은 혼조 시게루 시종무관장입니다.

이 사람도 천황의 측근에서 진상을 할 수 있는 위치에 있었습니다. 만주사변을 총지휘하여 본디대로라면 할복을 해야 마땅하지만 오히려 칭찬을 받고 시종무관장이 되었으며, 게다가 남작이라는 지위를 받은 황도파의 중진입니다. 그가 즉시 천황을 배알하니 항상 양복을 입고 있던 쇼와천황이 이날은 아침부터 대원수의 군복을 갖추어 입고 나왔습니다. 이걸 보면 천황은 이 사건을 접한 순간부터 '이건 육군의 반란이다. 따라서 군사문제이지 내정문제가 아니다. 대원수의 위치에서 대처해야 한다'라고 생각했던 것이 틀림없습니다. 즉 사건은 군 통제에 대한 문제라는 것입니다.

그리고 이런 사건이 일어났다고 혼조 시게루가 보고하기도 전에 "아무튼 빨리 사건을 종식시켜라. 전화위복으로 삼자."라고 말했다고 합니다. 즉 잘했다, 라는 말은 당연히 할 수 없었겠지만 대원수로서 이 사건을 빨리 수습하라고 명령을 내린 것입니다. 이 천황의 마지막 한마디로 인해 이 사건은 청년 장교들이 생각했던 방향으로는 움직이지 않게 되었습니다.

게다가 혼조 시게루 시종무관장이 궁중에 들어왔을 무렵에 궁내대신 유아사 구라헤이, 시종차장인 히로하타 다다타카, 내대신 비서관장인 기도 고이치 세 사람이 궁중에 모여서 협의를 했습니다. "반란군을 신속하게 진압하라는 명령을 폐하께서 내리셨다. 이 방향으로 사건을 진압하자. 오카다 수상이 당했으니 내각이 총사직하여 바로 잠정내각이 설치되어야 하지만 이것은 내정문제가 아니라 군사문제다. 대원수 명령이 있으니 임시 내각은 절대로 설치해서는 안 된다."라고 정했습니다. 이 세 사람이 왜 잠정내각을 설치하지 않겠다는 견해를 취했는지는 흥미로운 문제인데 어쨌든 의견의 일치를 보아서 오전 7시에 유아사 궁내대신이 천황에게 상주하자 천황은 "나 역시 그렇게 생각했다."며 동의했습니다.

두 가지 점, 즉 천황이 빨리 사건을 종식시키라고 말할 정도로 화가 났다는 것, 그리고 잠정내각은 만들지 않고 어쨌든 천황의 명령에 따라 사건을 처리한다는 방침으로 인해 2·26사건은 청년 장교들이 예상했던 계획, 즉 마자키 진자부로를 수반으로 하는 잠정내각을 만들어 군부가 국가 개조를 주도하는 방향으로는 진행되지 않게 되었습니다. 다시 말해 사건이 일어난 지 몇 시간도 안 지나서 이미 실패한 결기라고 결정이 나버렸습니다.

청년 장교들이 원했던 바는 앞서도 이야기했지만 천황의 최측근에 있는 오카다, 스즈키, 사이토, 이 3명의 간신들을 습격해서 죽이는 것이었습니다. 역사에 만약이란 없지만 생각해보면 칠십이 넘은 다 늙은 할아버지들을 죽일 필요까지는 없었다고 생각합니다. 사건 후에 열린 군사재판의 결과 청년 장교들은 거의 총살을 당했습니다. 그중 살아남은 젊은 소위 4명을 전후도 훨씬 지나서 제가 만날 기회가 있었습니다. 그 사람들을 만나서 "죽일 필요는 없지 않았습니까?"라고 물어보았더니 4명 모두 "그건 그렇지."라고 말했는데 매우 후회하고 있는 것처럼 보였습니다. 하지만 반역을 꾸밀 마음이 들면 인간의 마음은 거칠게 변하는 것 같습니다.

그것과는 별도로 그들이 노린 것은 천황이라는 존재를 자신들 손으로 제압하려는 것이었습니다. 메이지유신 때 천황을 제압한 사쓰마와 쵸슈, 도사의 무사들이 메이지 천황을 윗자리에 앉힌 뒤 멋대로 명령을 내리는 등 눈 깜짝할 사이에 그들이 관군이 되어버린 역사적 사실을 보고, 쇼와천황을 배후에 두면 자신들도 관군이 되고 자신들에게 반대하는 자들은 적군이 될 것이라는 방식으로 생각한 것입니다. 그렇다면 궁성을 장악해야 한다는 데 생각이 미쳤는데 여기에서 미묘한 움직임이 포착되었습니다.

결기한 것은 3개 연대로 보병 제1연대, 제3연대, 근위보병 제3연대입니다. 그중 보병 제1연대에 야마구치 이치타로라는 대위가 있었는데 혼조 시게루의 사위입니다. 즉 장인인 황도파의 거물, 혼조 시게루를 통해서 천황에게 직접 청년 장교들의 염원을 말하고자 했습니다. 야마구치 대위는 사건에 직접적으로는 가담하지는 않았지만 황도파 청년 장교들을 이해하는 사람이면서 형님과 같은 존재입니다. 이 사람이 보병 제1연대의 구리하라 야스히데 중위와 그 무리들에게 "천황폐하는 너희들 청년 장교들의 기분을 잘 알고 계시는 것 같다. 사건이 일어나면 장인어른인 혼조 대장에게 알려드릴 것이고 혼조 대장이 천황폐하께 말씀드리면 폐하는 너희들 편이 되어주실 것이다."라는 말을 자주 해 왔던 것 같습니다. 전후의 4명의 청년 장교들의 이야기를 들어보면, 천황이 "군인은 충의가 중요하다."라고 말했다고 들었기에 "우리들은 충의를 위해 일어선 것이므로 천황폐하가 알아주실 것이다."라고 이해하고 있었다고 합니다.

그런데 군인은 충의가 중요하다는 말이 나온 경위는 다음과 같습니다. 야마구치 대위가 국가 혁신을 위한 대연설을 언젠가 한 적이 있는데 그것이 신문에 실려서 기사를 본 천황이 혼조 시게루 시종무관장에게 "이런 말을 하는 사람은 좋지 않다. 특히 군인 되는 자는 정치에 머리를 들이밀려고 해서는 안 된다. 충의가 중요하다."라고 말했던 것이라고 하니 실제로는 정반대 상황에서 나온 말이었습니다. 하지만 그런 천황의 말을 제대로 이해한 사람은 아무도 없었습니다. 모두들 천황이 자신들의 편이 되어줄 거라고 굳게 믿고 있었습니다.

그리고 또 하나 재미있는 것은 봉기한 청년 장교들 중 니우 요시타다 중위와 이케다 도시히코 소위는 사쓰마 출신, 구리하라 야스히데 중위, 고다 기요마사 대위, 나카하시 모토아키 중위는 사가 출신, 이소베 아사이치와 다나카 마사루 중위는 쵸슈 출신입니다. 출신지를 살펴보면 그야말로 메이지유신 때와 같다고 할 수 있습니다. 그래서인지 그들은 이 사건을 쇼와유신이라고 부르고 자신들은 천황을 존경하여 의리를 위해서 봉기한 '존왕의군'이라고 칭했습니다. 분명히 그들의 마음속에는 천황을 위해서 일어선다, 그리고 폐하는 그 점을 알고 계신다, 라는 확신이 있었던 것 같습니다.

삼전우표는 동료라는 부호

지금부터는 좀 무시무시한 이야기가 될 것 같습니다. 그때 그들이 했던 생각은 앞서도 말씀 드렸다시피 궁성을 완전히 점거하는 일이었습니다. 그렇다면 어떻게 해야 할 것인가. 자신들이 성안에 들어와서는 몇 개 안 되는 문을 굳게 닫아놓으면 될 것입니다. 다만 보병 제1, 제3연대는 무슨 일이 있어도 궁성 안으로 들어올 수 없습니다. 들어올 수 있는 부대는 근위보병 연대뿐입니다. 여기서 근위보병 제3연대가 중요한 역할을 맡게 됩니다.

이 부대를 이끌던 사람은 나카하시 모토아키 중위입니다. 나카하시가 이끄는 중대는 그날 지원중대를 맡았기에 무슨 일이 일어나면 궁성 안으로 자동으로 들어올 수 있었습니다. 나카하시의 중대원 약 100명은 먼저 궁성으로 들어와 그 안에서 수비를 맡고 있던 근위연대의 1중대를 설득해서 자신들 편으로 끌어들여 궁성을 점거한다는 계획을 세웠습니다. 그리고 궁성을 점거한 뒤에는 혼조 시종무관장에게 부탁을 하려고 했을 것입니다.

실제로 나카하시 중위가 이끄는 중대는 한조몬에서 궁성으로 들어갔습니다. 그런데 허술하기 짝이 없는 계획이었습니다. 이 중대가 궁성으로 들어가려면 다카하시 고레키요의 저택을 지나야 합니다. 현재 도라야 양갱 가게에서 시부야 쪽으로 가면 왼쪽에 있는 공원이 대장대신의 사저가 있던 곳입니다. "그렇다면 가는 길에 대장대신도 해치우자."라는 말을 했는지 어떤지는 알 수 없지만 앞서 말씀 드렸다시피 나카하시 중대는 그곳을 습격해서 다카하시 고레키요를 참살했습니다.

사람을 죽이는 큰 사건을 벌이는 것은 상당히 굳은 결심을 요하는 일입니다. 그런 일을 벌인 뒤에 다시 궁성을 점거하려고 한 것입니다. 큰일을 앞두고 있는데 내친김에 다른 큰일을 벌인다는 것은 말도 안 되는 이야기입니다. 참고로 대장대신을 습격한 이유는 앞에서 잠시 다루긴 했지만 바로 예산 문제 때문입니다. 다카하시 장상은 증대되는 군부의 군사비 증액에 대한 요구를 전혀 인정하지 않고 군대가 화를 내며 펄쩍 뛸 정도로 예산을 줄였습니다. 그러니 앞서의 오카다, 스즈키, 사이토와는 달리 다카하시는 증오심 때문에 공격을 당했다고 할 수 있습니다.

그리고 중대가 한조몬에 도착하고 사건이 발발했다고 하니 중대는 어쨌든 지원중대 자격으로 궁성 안에 들어왔습니다. 안을 지키는 근위사단은 동지가 아니었으니 합의를 해줄지가 문제가 되는데 이 부분도 상당히 안이하게 생각했던 것 같습니다. 자신들에게 협조할 것이라 생각하고 들이닥쳤지만 그곳에 있던 이들이 호락호락하게 넘어와주지 않았습니다. 이들은 처음부터 나카하시를 위험인물로 보고 있었던 것입니다.

역사에 또 만약이 나오는 것은 우습지만 만약 이때 나카하시 모토아키 중위가 비록 사람을 죽여서 한풀 기운이 꺾였을지라도 진지하게 이 사건에 임했다면 어떻게 되었을까요. 어쨌든 수위대사령부로 궁성 안을 지키고 있던 오다카 소위는 나카하시 중위와 정면으로 맞서며 "당신들이 하는 말은 듣지 않겠다. 지금 당장 나가달라."고 말했습니다. 두 사람 모두 권총을 빼어 들고 서로의 얼굴을 마주한 긴박한 상황이 벌어졌는데 나카하시 중위가 먼저 권총을 내렸다고 합니다.

재미있는 것은 경시청을 점거한, 노나카 시로 대위가 이끄는 보병 제3연대는 무려 400명이나 되는 대부대였다는 것입니다. 당시 경시청에는 신센구미新撰組(격동하는 막부 말 유신기 교토를 중심으로 활동하던 무사집단—옮긴이)라고 불릴 정도로 용맹한 사람들이 모여 있었다고는 하지만 지금보다 규모가 작았을 테니 400명이나 되는 군인들이 몰려갈 필요는 없었을 것입니다. 노나카 대위는 결기 성명을 낸 사람이니 용서를 받지 못했지만 도키와 미노루, 기요하라 야스히라, 스즈키 긴지로 같은 소위들은 점거만 했을 뿐 한 사람도 죽이지 않아서 재판에서 사형을 면했습니다. 이들은 전후에도 이 사건에 대한 이야기를 자주 들려주었습니다. "400명이나 경시청에 몰려가서 대체 뭘 하신 겁니까?"라고 물어보자 기요하라 소위는 바로 옥상에 올라가 망원경으로 궁성 쪽을 계속 바라보고 있었다고 합니다. 왜냐하면 나카하시와

"이야기는 끝났다. 사쿠라다몬에서 들어와라."라는 신호를 기다렸다 우르르 궁성 안으로 몰려들어 한 번에 궁성을 진압하자는 계획을 세웠기 때문입니다. 즉 모든 문을 진압하기 위해서 400명이나 동원한 것입니다.

그리고 점거한 뒤에 뜻을 같이하겠다는 사람은 삼전우표를 미리 손에 붙여 놓으라고 말해두었다고 합니다. 삼전三錢우표가 동지라는 표시입니다. 그런 사람만 궁성 안에 들여보낼 거라는 이야기까지 진행되었습니다.

노나카 대위와 부하들은 경시청 옥상에서 이제나저제나 신호를 기다리면서 궁성을 바라보고 있었지만 쥐 죽은 듯 조용할 뿐 신호는 보내지지 않았습니다. 점심시간이 다 되어서 어쩔 수 없이 모두 밥을 먹으며 궁성 안 상황이 어떻게 되었을까 궁금해하다가 도키와 소위에게 한번 보고 오라고 하여 소위는 사카시타몬까지 보러 갔다고 합니다. 궁성에 가보니 수비를 하던 근위연대 병사들이 한가하게 있어서 이상하게 생각하던 차에 마차가 한 대 지나가는 것입니다. 그래서 마차를 멈추게 하고 그 안을 들여다보자 궁인이 타고 있어서 그냥 들여보냈다는 이야기까지 들려주었습니다. 요컨대 궁성 안은 평소와 마찬가지로 문을 활짝 열어 둔 평온한 분위기였다고 합니다. 도키와 소위는 일이 잘 안 된 것을 느끼고 경시청으로 돌아와 노나카 대위에게 "아무래도 궁 안은 실패한 것 같습니다."라고 보고했다고 합니다.

우리는 성공했다

어쨌든 2·26사건의 가장 중요하면서도 기본이 되는 일은 궁성점거계획이었습니다. 그런데 오다카 소위와 나카하시 중위가 권총을 서로 빼어 들고 상대방을 노려본 장면에서 끝나버리고 말았습니다. 그리고 어느새인가 나카하시 중위는 궁성에서 빠져나와 반란군의 장교들과 합류했지만 중대장이 없어진 나카하시 중대의 병사들 약 100명은 처음부터 궁성을 지키고 있던 부대와 섞여 사카시타몬을 지키라는 명령을 받게 되었다는 것입니다. 이마이즈미 요시키치 소위는 "우리들이 반란군이 되었는지 알지도 못하는 사이에 사건이 흘러갔다."라고 이야기했습니다.

즉 최대의 목표였던 궁성 점거는 성공하지 못하고 게다가 이해해줄 것이라고 철썩같이 믿고 있었던 천황은 자신들에 대해 동정적이지 않다는 것을 금세 알게 되었습니다.

만약 궁성 점거에 성공했다면 사태는 크게 바뀌었을 거라고 생각합니다. 기대를 한 몸에 받던 황도파의 마자키 진자부로, 아라키 사다오 대장이 삼전우표를 손에 붙이고 궁성에 들어옵니다. 천황의 최측근인 혼조 시게루 시종무관장도 같은 편이고 군사조사부장인 야마시타 도모유키 소장도 들어올 것입니다. 육군차관 후루쇼 모토오, 육군대학 교장 오바타 도시시로, 군사과장 무라카미 게이사쿠, 그리고 야마구치 대위도 입성했을 것입니다. 형세를 관망하고 있던 무리들도 달려올 것입니다. 그리고 쿠데타는 성공하여 마자키를 총리대신으로 한 군사정권이 만들어지고 일본 개조 계획이 잘 진행되었을 텐데 사태는 그렇게 흘러가지 않고 뒤죽박죽 상태가 되고 말았습니다.

경시청을 점거하고 있던 400명은 멍하니 하루를 보내게 되었고 그중 장교들은 수상관저에 모이라는 명령을 받고 집합하게 됩니다. 그들은 낮에 벌어진 사건은 실패라고 확정 짓고 이 이후 어떻게 수습해야 할지에 대해 논의했습니다.

육군성에는 점점 주요 인물들이 모여들어서 앞으로 어떻게 해야 될 것인가, 그리고 이 결기부대를 조용히 처리할 수 있는 방법은 없는가에 대해 논의했습니다. 그리고 오카다 수상은 죽은 것 같은데 그럼 내각은 어떻게 될 것인가에 대해서도 논의를 하는 등 어수선한 상황이었습니다. 사건의 배후 인물이라고 여겨져 차가운 시선을 받고 있던 마자키 진자부로 대장과 아라키 사다오 대장이 이 회의에서 많은 말을 내뱉었는데 육군은 고육지책으로 이 말들을 토대로 하여 육군대신 고시를 만든 것 같습니다. 그러나 실은 그런 고시가 정식으로 만들어진 것이 아니라는 설도 있습니다.

결기의 취지는 폐하께서도 들으셨다. 너희들의 행동은 국체현현의 사정에 기한
것임을 인정한다.

이런 취지의 육군대신 고시가 결기부대에 전해진 것은 오후 3시 무렵이었습니
다. 육군 중앙이 매우 혼란스러워했다는 것을 알 수 있는 글인데 어쨌든 결기부대는
이 고시를 받고 매우 기뻐했습니다. 결기의 취지가 천황의 귀에 들어갔다, 우리들의
의도를 천황은 깊이 이해하고 계시며 우리가 했던 행동이 일본의 국체를 제대로 지
키고 굳건하게 만들기 위한 열정에 기인한 것임을 인정했다고 하니 '우리는 성공했
다', 즉 자신들이 벌인 일들이 모두 인정을 받았다며 기뻐했습니다. 그와 동시에 제1
사단 명령이 나왔습니다. 결기부대는 모두 제1사단의 산하에 있으므로 제1사단장
이 "너희들은 현 상태에서 쓸데없는 행동을 벌이지 마라. 언젠가 내가 지시를 내리
겠다."라고 어찌 되었든 부드럽게 수습하려고 했습니다.

그런데 이건 모두 작문에 지나지 않습니다. 대원수가 그들의 행동을 허가했을 리
가 없음에도 불구하고 결기부대는 기뻐서 어쩔 줄 모르니 그날은 정말 뭐가 뭔지 알
수 없는 상태로 저물고 말았습니다. 부대는 일찍이 관군의 위치에서 수상관저와 아
카사카, 나가타쵸 일대를 점거해서 쉬고 있는데 허둥지둥하는 것은 육군 중앙뿐입
니다. 그래서 육군의 높은 사람들이 육군대신의 관저에 모였고 여기에 고다, 나카무
라, 이소베, 쓰시마, 구리하라 등 청년 장교 간부들도 와서 함께 회담을 합니다.

이 회담은 단지 빨리 무기를 거두고 돌아가라는 말을 하기 위해 열린 것입니다.
아라키 대장은 "폐하께서 얼마나 걱정을 하실지 생각해보게."라는 말밖에 하지 않
습니다. 장교들은 "무슨 말을 하시는 겁니까. 우리들은 관군으로서 궁성 일대를 지
키고 있습니다."라는 말만 합니다. 그러나 실제로 천황은 이 하루 동안 열두 번이나
혼조 시종무관장을 불러들여서 빨리 진압하라고 독촉했습니다. 그런 상황을 알 리

가 없는 장교들은 "천황폐하는 우리들의 마음을 잘 알고 계신다. 혁명은 성공했다. 새로운 시대가 틀림없이 올 것이다."라고 믿었다고 합니다.

이것이 사건의 첫째 날 이야기입니다.

이야기는 이걸로 끝이 납니다. 남은 문제는 어떤 식으로 그들을 결기부대로 돌려보내는가 입니다.

지금이라도 늦지 않다

27일 아침이 밝았습니다. 천황은 시종무관장 혼조 대장에게 몇 번씩이나 같은 말을 합니다. 혼조 시종무관장이 그 상황을 꼼꼼하게 일기로 남겨놓았습니다.

짐이 가장 믿는 신하를 살육했다. 그처럼 흉포한 장교들은 도저히 용서할 수가 없다.
짐이 가장 신뢰하는 노신을 모조리 해한 것은 짐을 목매다는 것과 다름없는 행위다.

그리고 육군 중앙이 결기부대의 진압을 놓고 쩔쩔매는 것에 화를 내며,

짐이 직접 근위사단을 이끌고 이들을 진압하겠다.

라고까지 말합니다.

대원수는 엄한 목소리를 내고 있고, 시종무관장은 어쩔 줄 몰라 그저 안절부절못하고 있습니다. 계속 질척거리고만 있으니 사건은 결론을 맺을 수가 없습니다. 그런데 사실은 그날 밤부터 미묘한 움직임이 시작되었습니다. 처음에는 결기부대에 대

해 어느 정도 동정적이었던 참모본부 작전부장인 이시하라 간지 일당이 천황에게 결기부대를 진압할 의향이 분명하게 있다는 것을 알게 되었습니다. 드디어 통제파의 중견들이 진압을 향해 움직이기 시작합니다.

그리고 결과적으로는 28일 오전 5시 정식으로 결기부대, 지금의 아카사카를 점거하고 있던 점거부대에 대해 대원수 명령이 나오게 됩니다.

계엄사령관은 미야케자카 부근을 점거하고 있는 장교와 부하들을 신속하게 해산시키고 각 소속 부대의 예하에 복귀시킨다.

요컨대 결기부대의 점거를 인정하지 않는다, 당장 원대로 복귀하라는 명령입니다. 이런 명령이 떨어졌으니 만약 검거를 계속한다면 이제는 대원수의 명령에 반항하는 역적이 됩니다. 그때까지는 결기부대 또는 점거부대라고 했지만 이제는 역적, 반란군이 되므로 승패는 이미 결정이 났다고 할 수 있습니다.

오전 6시 반 무렵 야마구치 이치타로 대위는 결기부대의 장교를 방문하여 머리를 깊이 숙이고 "머지않아 원대에 복귀하라는 봉칙명령이 내려질 것이다(실제로는 이미 내려졌지만). 있는 힘을 다했지만 미력에도 미치지 못했고 이제 더 이상 방법이 없다."라고 알렸습니다. 저간의 사정을 조금도 알지 못하는 장교들은 "농담이 심하다."며 웃거나, "그럴 리가 없다. 우리들의 행동은 육군대신 고시에 의해 인정을 받지 않았는가. 우리는 반란군이 아니다."라며 봉칙명령을 믿지 않았을 정도로 결기부대는 아무것도 알지 못했습니다.

대원수 명령이 나온 뒤 육군 중앙은 온갖 수단을 써서 명령을 철저히 따르게 하려고 했습니다. 아시히신문사에서 비행기를 빌려 하늘에서 전단을 뿌리고 애드벌룬을 띄우고 라디오로 방송을 합니다. 2·26사건을 말할 때 반드시 나오는 '하사관병에게 고한다'는 전단이 이때 뿌려졌습니다.

一. 지금도 늦지 않았으니 원대로 복귀하라.

二. 저항하는 자는 전부 역적으로 간주하고 사살한다.

三. 너희들의 부모형제는 역적이 되어 모두 울고 있다.

겁을 주는 문장이 적힌 전단을 실은 비행기가 상공을 날며 아카사카미쓰케 일대에 전단을 뿌렸습니다. 반란군 중에는 라쿠고落語(무대 위에 앉아서 청중들을 대상으로 이야기를 풀어가는 형식의 일본의 전통예술. 혼자서 여러 사람의 목소리를 높낮이 등을 조절하면서 연기한다.—옮긴이)를 하던 야나기 야코의 스승이 있었습니다. 지금의 국립극장에서 내려와 경찰청을 마주 보는 언덕 부근에서 "그럼 우리는 이곳을 지키자."라고 기관총을 들고 공격을 하는 흉내를 내다가, "아니, 사실 그럴 마음은 없습니다."라고 말했다고 합니다. 어쨌든 모두들 열심히 싸우려고 했던 것은 사실인 것 같습니다.

그와 동시에 라디오에서도 그 유명한 〈병사에게 고한다〉라는 방송이 흘러나왔습니다.

"칙령이 나왔다. 이미 천황폐하의 명령이 내려졌다. 너희들은 상관의 명령이 옳다고 믿고서 절대 복종하여 성실하게 일을 수행했겠지만 이제는 폐하의 명령에 따라 모두 원대로 복귀해야 한다……."

이를 보면 알 수 있듯이 반란군 장교가 아닌 하사관 병사들을 향해 "너희들은 상관에게 속았으니 바로 돌아와라."라고 말한 것입니다.

일이 여기까지 오게 되자 장교들은 "부하들을 모두 원대에 복귀시키고 우리들은 여기서 할복하자."는 것으로 의견을 정리했습니다. 그리고 천황이 자신들의 취지를 알리기 위한 칙사를 보내준다면 군인으로서 마지막 영광을 누릴 수 있을 것이라 생각했던 것입니다. 가와시마 요시유키 육상과 야마시타 도모유키 소장 등 육군 중앙의 황도파들이 상의를 했고 이를 혼조 시종무관장에게 전했습니다. 혼조는 썩 마음이 내키지 않았지만 천황에게 전하니 천황은 엄청나게 화난 얼굴로 이렇게 말했다고 합니다.

"자살하려면 마음대로 하라고 그래. 그런 놈들에게 칙사를 보내주는 것도 아깝다."

여기서 진정이 되었으면 괜찮았을 텐데 반란군 장교들은 오히려 "이렇게 된 바에야 그냥 일을 해치우자.", "깨끗하게 죽는 길밖에 없다."라고 말하니 28일 밤은 어수선한 공기에 휩싸이게 되었습니다. 이렇게 되니 육군 중앙도 반란군을 공격할 수밖에 없다며 반란군 진압부대를 편성하여 고후 연대와 사쿠라 연대 등 군사를 계속 도쿄로 보냅니다. 그러곤 아카사카미쓰케를 둘러싸고 공격 준비를 했습니다. 이대로 가면 도쿄의 한복판에서 일본군이 적과 아군으로 나뉘어 10만 발의 총알을 서로 쏘아대는 일대 참극이 벌어질 것입니다. 그렇지만 그건 바보 같은 짓이고 병사들을 죽일 필요는 전혀 없었습니다. 그러므로 진압부대가 전차 소리를 내면서 공격 준비를 하는 상황에까지 이르렀지만 2월 29일 아침이 밝아오자 이쯤 해두자며 반란군은 전투행위를 그만두고 차례로 원대로 돌아와 사건은 종결되었습니다.

히로타 내각이 남긴 것

이 사건이 남긴 것은 과연 무엇일까요? 답은 간단합니다. 마쓰모토 세이초의 《2·26사건》[3]이라는 작품 속 결론이 가장 정확한 답이라고 생각합니다.

[이 이후의 일본은] 군부가 끊임없이 2·26의 재발(테러를 말함)을 들먹이면서 정계와 언론계를 협박했다. 이렇게 군수산업을 중심으로 한 중공업 재벌을 [군이] 비호하고 국민을 이끌면서 전쟁체제를 향해 길을 나서게 했다. [일본이라는 국가가

여기서 갑자기 바뀌게 되는데] 이런 변화는 태평양전쟁이 갑자기 현실로 되기까지 국민의 눈에는 보이지 않았지만 상부에서는 조용히, 그러나 확실하게 진행되고 있었다.

세이초가 말한 대로 이 사건 이후 일본에서는 테러 위협이 일종의 지렛대 역할을 하여 군이 생각한 바대로 거의 모든 체제가 움직여지게 됩니다. 그리고 여기서 황도파가 완전히 무너집니다. 뒤의 쇼와사에 나오는 황도파 사람은 야마시타 도모유키 중장, 무타구치 렌야 중위, 네모토 히로시 중장 정도입니다. 그리고 겨우 오바타 도시시로 같은 중심인물만이 황도파와 친분이 있는 고노에 후미마로 내각에서 얼굴을 보이기는 하지만 그 외 황도파 군인들은 거의 퇴역했습니다. 그리고 육군은 통제파가 제압을 해서 통제파가 생각한 대로 움직이기 시작합니다.

사건이 진정된 뒤 오카다 내각은 총사직하고 히로타 고키 내각이 발족합니다. 여기서 잠시 설명을 드려야 할 것은 히로타 내각이 한 일입니다. 시로야마 사부로가 소설 《지는 해가 불타다》*4에서 비상시에 등장한 상당히 훌륭한 사람이라고 히로타를 묘사하고 있지만 2·26사건 후 새로운 체제를 정비해야 하는 가장 중요한 시점에서 히로타 내각이 한 일은 전부 말도 안 되는 일들뿐이었습니다. 내각이 출범할 때 '정치가 잘못되었기에 이런 사건이 일어났다. 정치를 혁신하라'는 군부의 요구를 받아들여서 종래의 비정秕政을 일신한다는 방침에 동조하는 내각을 구성했습니다. 비정이란 잘못된 정치라는 의미입니다. 이는 군부 독주의 길을 열었다는 것을 의미합니다.

히로타 내각이 한 일은 우선 첫 번째로 다이쇼 2년(1913) 이래 20년 만에 '군부대신현역무관제'를 부활시켰습니다. 이것은 현역 군인이 아니면 육군대신, 해군대신이 될 수 없는 제도입니다. 현역 군인이란 지금 군에 있는 장교이니 군에서 나온 예비역, 후비역인 사람은 대신이 될 수 없습니다. 즉 아라키나 마자키의 부활을 용납하지 않겠다는 통제파 육군의 강한 요구를 받아들인 것입니다. 결과적으로 외부 인물 중에서 고를 수는 없으므로 육군이나 해군이 '노'라고 말하면 대신이 될 수 없고 육군대신과 해군대신이 없는 내각은 있을 수 없으니 내각 자체를 조직할 수 없습니다. 즉 이후 육군이나 해군의 뜻에 따르지 않는 내각에는 대신을 내보내지 않거나 사직을 시키겠다는 말이니 그리되면 내각은 바로 붕괴가 될 것입니다. 따라서 군의 생각 여하에 따라 내각을 무너뜨릴 수도, 만들 수도 있습니다. 정치에 개입하기 위해 군이 칼날을 쥐고 있는 셈입니다. 이것은 상당히 중대한 문제로 이후에도 큰 영향을 끼치게 됩니다.

두 번째는 일본과 독일이 방공협정을 체결한 일입니다. 당시 독일에서는 히틀러가 급속하게 힘을 불리고 있었습니다. 독일도 국제연맹을 탈퇴해서 고립화되고 있었으니 고립된 동지들끼리 손을 잡았다는 것은 어찌 보면 자연스러운 현상이라고 할 수도 있습니다. 하지만 이 시점에서 독일과 협정을 체결할 필요는 전혀 없었다고 봅니다. 그런데 독일파인 히로타는 너무 생각 없이 히틀러의 손을 덥석 잡았고 결국 이것이 나중에는 독일, 이탈리아, 일본의 삼국동맹으로 이어지게 됩니다. 원로인 사이온지 긴모치는 "대체 무슨 일을 하고 있는 건가. 이래서는 독일에 이용만 당하고 아무런 이득이 없을 것이다."라며 탄식했는데, 만주의 광야에 소련이 남진할까봐 두려워하던 통제파는 소련의 진출을 억제하기 위해서는 우선 소련을 구적으로 삼고 있는 독일과 협정을 맺어 소련을 견제해야 한다고 생각했습니다.

그리고 세 번째는 육군의 통제파 엘리트 막료그룹이 해군의 군령부와 상의해서 국책의 기본 방향을 정한 일입니다. 이것이 이후 일본의 진로를 정하는 운명적인 일이 됩니다. 그 기본 방향이란 아시아 대륙에서 일본의 힘을 확보하는 것과 동시에 남쪽으로 진출한다, 즉 소련의 진출에 대비하여 북방을 지키면서 남쪽으로 진출한다는 '북수남진北守南進' 정책입니다. 왜 이런 때에 그런 정책을 채택했을까, 라는 생각이 들지만 이후 일본의 눈은 남쪽을 주시하게 됩니다. 그것은 다름 아닌 미국, 영국과의 충돌을 의미합니다.

히로타 내각은 이런 중요한 일을 3개나 벌인 뒤에 '불온문서취급법' 같은 법률을 만들어 온갖 방법으로 언론을 탄압하게 됩니다. 선동적이고 말도 안 되는 전단이나 멀쩡한 사람을 죄인으로 만드는 문서가 많이 나와 모두가 이에 놀았습니다. 2·26 사건이 벌어진 데 대해 반성하는 마음도 있으니 이해 못 하는 바는 아니지만 이 법률이 만들어진 결과 조금이라도 반정부적이거나 반군부적인 태도를 보이면 즉각 처벌을 받는 상황이 되었습니다.

이처럼 이 무렵부터 일본은 마쓰모토 세이초가 말했던 것처럼 국민이 모르는 곳에서 군부가 재벌가와 정치가와 결탁해서 계속 전쟁체제를 만들어갔고 남진정책에 매진해 나갔습니다.

덧붙여서 말씀 드리자면 2·26사건의 판결은 7월 5일에 나와서 7일에 신문에 발표되었고 곧이어 12일에는 제1회 사형이 집행되었습니다. 고다 기요마사, 안도 데루조, 구리하라 야스히데 이하 17명이 요요기의 현재 NHK가 있는 광장에서 사형을 당하게 됩니다. 당시 29세인 구리하라 중위가 남긴 마지막 말은,

"천황폐하 만세. 영혼은 영구히 존재한다. 구리하라는 죽어도 유신은 죽지 않는다."

였습니다. 육군의 처단은 정말로 재빠르게 진행이 되었습니다. 사형은 호외로 보도되어 국민들도 알게 되었습니다. 시인인 사이토 모키치(1882~1953)는 이 일을 시로 읊었습니다.

호외는 사형을 보도하고 있지만 지나가는 사람들은 모두 눈을 피한다네
호외를 보면서 일반 민중들은 모두가 침묵했던 것입니다.
한 사람 한 사람 총구 앞에 섰고 이내 눈앞에서 가라앉는다

청년 장교 한 사람 한 사람이 총을 앞에 두고 조용히 죽어갔다는 식으로 묘사하고 있는데 이것은 기타하라 하쿠슈(1885~1942)의 노래입니다. 그리고 다음과 같은

우가키파 (우가키 가즈시게를 우두머리로 삼은 육군 주류) *까만 점은 통제파에 속한다	가와이 미사오/스즈키 소로쿠/시라카와 요시노리/가나야 한조/미나미 지로(●)/히야시 야사키치/아베 노부유키(●)/마쓰이 이와네/니노미야 하루시게/고이소 구니아키/스기야마 하지메(●)/다테카와 요시쓰구(●)/하타 슌로쿠/하야시 게이
황도파 (2·26사건으로 거의 궤멸) *까만 세모는 나중에 통제파로 바꾼 사람	아라키 사다오/마자키 진자부로/혼조 시게루/가시 고헤이/호리 다케오/야나가와 헤이스케/야마오카 시게아쓰/마쓰우라 준로쿠로(▲) 하타 신지/이소가이 렌스케(▲)/오바타 도시시로/모치나가 아사지/야마시타 도모유키/고후지 메구미/스즈키 요리미치/스즈키 데이이치 무라카미 게이사쿠/무타구치 렌야/ 네모토 히로시/미쓰이 사키치
통제파 육군 중견층	나가타 데쓰잔/ 도조 히데키/ 무토 아키라/가게사 사다아키/이케다 스미히사/다나카 기요시/가타쿠라 다다시/이마이 기요시/사나다 조이치로/나가이 야쓰지/핫토리 다쿠시로/니시우라 스스무/쓰지 마사노부

육군의 파벌 멤버 표

시도 읊었습니다.

총살형은 끝났고 말을 잊은 채 저녁밥을 먹는 우리들

총살이 다 끝나고 저녁때가 되어서 단지 아무 말 없이 저녁밥을 먹는다고 했습니다.
후에 도쿄대 총장이 된 난바라 시게루 법학부 교수 (1889~1974)도 시를 읊었습니다.

17명의 사형을 보도한 기사를 입에 담는 이 아무도 없고 밥만 담아 간다.

도쿄 대학의 식당에서는 아무도 사형을 보도한 신문기사에 대해 이야기하지 않고 무서운 시대가 도래했다고만 생각한다는 것을 묘사하려 한 것 같습니다.
또 하나를 말씀 드리자면 위에서 무겁게 압박을 당한 우울한 시대가 도래했던 이해의 5월 18일, 그 유명한 아베 사다 사건[*5]이 일어납니다. 온 일본이 잿빛 세계를 보며 우울해하던 때 남성의 성기를 싹둑 잘라버린 이 사건은 당시 상당히 커다란 화제가 되었고 사람들은 만나면 오직 그 이야기만 하고 다녔습니다.

마침 그때 채플린과 프랑스의 시인 장 콕토가 일본에 왔지만 정말이지 너무나 소란스러울 정도로 나라는 아베 사다 사건으로 들끓었습니다.

그런 시대입니다. 앞쪽에 펼쳐진 암흑이라고 할지 불길한 기운을 국민들이 본 것은 아니었을까요? 제 기억을 말하자면 눈이 내린 추운 날 밖에서 햇볕을 쬐면서 "너 잘못하면 죽어.", "나는 그렇게 훌륭하지 않단다."라는 농담을 친구와 나눌 정도로 훌륭한 사람이 많이 죽어갔다는 인상이 지금도 뇌리에 또렷하게 남아 있습니다.

---

*1-가이코샤偕行社: 일본 육군의 장교 클럽. 메이지 10년(1877) 창립. 쇼와 27년(1952), 구군인들 사이에서 친목 모임으로서 다시 발족했고 기관지 〈개행〉을 발행했다.
*2-통제경제: 전시에 국가가 산업과 경제를 직접 통제하는 것.
*3-마쓰모토 세이초 《2·26사건》: 전 3권, 〈문예춘추〉, 1986년.
*4-시로야마 사부로 《지는 해가 불타다》: 〈신조사〉, 1974년.
*5-아베 사다 사건: 창녀 출신으로 당시 30세이던 아베 사다가 일하던 요정의 경영자와 도쿄 시내를 전전하다 그 남자를 교살하고 그 성기를 잘라서 도망친 사건.

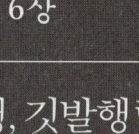

6장

중일전쟁, 깃발행렬과
제등행렬의 파도는 계속되는데…

노구교사건, 남경사건

중시되지 않았던 서안사건

오늘은 쇼와 12년(1937)에 일어난 노구교사건을 중심으로 이야기하려고 합니다. 먼저 쇼와 11년으로 잠시 돌아가봅시다. 사실 해군은 쇼와 11년, 그해의 12월 31일 자로 군축조약을 모두 폐기했습니다. naval holiday(해군의 휴일), 즉 미국이나 영국 모두 군함을 만들지 않는 평온한 시대가 끝나고 건함경쟁=군함을 만드는 경쟁이 시작되었습니다. 즉 이해는 미국과 영국에 대한 일본의 적대의식이 커지기 시작하여 전쟁으로 내닫기 시작한 중요한 해이기도 합니다. 다만 오늘은 그 이야기는 잠시 접어두고 다음번에 해군에 대해 정리할 때 이야기하겠습니다.

쇼와 11년에 큰 사건이 중국에서 일어납니다. 몇 번 말씀 드렸지만 중국에서는 장개석의 국민정부군과 연안에 있던 모택동의 중국공산당군, 이른바 홍군이 권력투쟁을 계속하고 있었습니다. 쇼와 11년 말 무렵 모택동, 주은래(저우언라이)가 중심이 되어 "이렇게 내전을 계속하는 것은 일본 제국주의자들이 바라는 바일 것이다. 오히려 항일민족통일전선을 결성하여 하나로 뭉쳐 일본에 맞서야 한다."는 방침을 정했습니다. 그래서 공산당이 국민정부군의 우두머리 중 하나인 장학량(장쉐량)에게 접근해 옵니다. 장학량은 앞서도 나왔지만 장작림의 아들로 만주의 대군벌이었습니다. 일본에 쫓기어 중국 본토로 도망쳤는데, 장개석의 국민정부군에 들어가 부대를 지휘하면서 일본군에 대항하려고 준비하고 있었습니다. 그런 때 공산당이 먼저 그런 이야기를 꺼내자 "중국을 위해서 상당히 좋은 일이다."라고 찬성하고 국민당 정부를 배신하는 행위를 합니다. 배신행위란 바로 중국공산당과의 싸움을 중지한 것입니다. 그 사실을 알고 분노한 국민당 위원장 장개석이 12월 장학량의 군대가 있던 시안으로 따끔하게 혼을 내겠다며 날아갔습니다. 그러나 이런 장개석을 반대로 장학량이 습격하여 산 위로 몰고는 연금을 하게 됩니다. 이것을 서안(시안)사건이라고 합니다.

서안이란 당나라(618~907) 때 세계적인 대도시였던 장안을 말하는데, 시황제의 무덤이나 병마용, 삼장법사가 불교의 경전을 가지고 와서 보관해 두었다는 대안탑 등이 있습니다. 그 거리에서 벗어난 온천 별궁인 화청지에서 현종황제와 양귀비가 로맨스를 나누었다는 이야기도 있는데 지금은 환락지로 변했습니다. 저도 여행을 하면서 양귀비가 들어갔다는 목욕탕에 들어가 낮잠을 잔 적이 있습니다. 그 화청지의 뒷산에 장개석이 연금되었던 동굴이 남아 있습니다. 저는 현종황제와 양귀비에게 관심이 있었는데 관광을 안내한 중국인은 줄곧 이 서안사건에 대해서만 설명을 해줍니다. 장개석이 여기서 잠이 드는 바람에 습격을 당해 도망쳤다는 이야기까지 자세히 들려주면서 산 위에 있는 동굴로 안내하고 지도까지 나누어 주었습니다.

장학량이 장개석을 연금했다고 중국공산당에게 전하니 당장 총살형에 처해야 한다는 의견도 강했지만 주은래가 "국민당을 대표하는 카리스마적인 존재를 죽이게 되면 항일민족통일전선을 결성할 수 없다."고 말합니다. 어쨌든 공산당은 장개석(장제스)에게 목숨을 살려주는 대신에 자신들을 공격하는 일을 중지하라고 했습니다. 결국 이 사건을 계기로 이들은 일본에 대항하기 위해 손을 잡자고 약속합니다.

12월 26일, 목숨을 구한 장개석이 무사히 남경으로 돌아오자 중국 민중은 커다랗게 환호하며 맞이했습니다. 청나라가 무너진 이래 서로 항쟁을 계속했고 분열에 분열을 거듭했으며 내전이 끊이지 않았으니 이 순간 새로운 중국이 탄생했다고 말할 수 있습니다. 서안사건은 중국에 내셔널리즘을 탄생시켜 비로소 대일 항전을 가능하게 만든 역사의 전환점이었습니다.

그러나 일본은 이 정보를 접했음에도 불구하고 중국이 하나가 되려고 한다는 의미를 전혀 이해하지 못하고 있었습니다. 서안사건을 상당히 오만한 군벌의 두령인 장학량(장쉐량)이 중국인들의 특기인 하극상, 즉 권력투쟁을 벌인 사건 정도로만 생각하고 강 건너 불구경하듯 했습니다. 이즈음에 일본의 군부뿐만 아니라 외교성도 기본적으로 중국을 멸시하여 바보처럼 여기고 있었고 게다가 통제파가 천하를 쥐었으니 육군에서는 대중국일격론이 자리를 굳히게 되었습니다.

이상이 쇼와 11년 말 무렵의 중국의 대략적인 상황입니다.

7월 7일 오전 10시 넘어

그리고 문제의 쇼와 12년이 되었습니다.

작가인 노가미 야에코(1885~1985)가 연두의 신문에 이렇게 썼습니다.

……다만 한 가지 부탁하고 싶습니다. 올해는 풍년일까요, 흉년일까요. 아니, 어느 쪽이 되든 상관없습니다. 홍수가 일어나든, 대지진이 일어나든, 폭풍우가 몰아치든,……콜레라와 페스트가 함께 유행해도 좋습니다. 제발 부탁이니 전쟁만은 일어나지 않게 되길…….

노가미 야에코가 이런 글을 쓴 것은 전쟁대망론, 즉 쇼와 12년으로 해가 바뀐 단계에서 일본이 중국에 일격을 가해야 한다는 분위기가 상당히 만연해 있었기 때문입니다.

그리고 그 전해인 쇼와 11년 2월 14일의 나가이 가후의 일기를 보면,

현대 일본의 화근은 정당의 부패와 군인의 과격한 사상과 국민의 무자각, 이 세 가지다. 정당의 부패나 군인의 폭행은 일반 국민의 자각이 부족하다는 점에 기인한다. 개인이 각성을 하지 않아서 벌어진 일이다. 그러나 앞으로도 개인이 각성을

하리라고는 도저히 기대할 수 없다.

　가후는 날카로운 관찰력으로 정당이 제 기능을 못하게 된 것, 군인들의 과격한 중국일격론 사상, 국민이 위에서 말하는 대로만 행동하는 것, 이 세 가지의 근본 원인이 국민의 자각성 부족이라고 본 것 같습니다. 아무래도 이 시대의 분위기를 읽어보면 일본 국민은 상당히 멋도 모르고 우쭐해하고 있었던 것 같습니다.

　〈문예춘추〉가 쇼와 12년 말에, 가후를 따라 한 건 아니지만, 현재의 문제, 현재를 상징하는 단어를 3개 골라보라는 앙케트를 실시했습니다. 그리고 연두 호에 발표합니다. 작가인 고지마 마사지로(1894~1994)는 '군부, 세금, 난폭함'을 꼽았습니다. 난폭함이란 것은 가후가 말한 과격사상을 가리키는 것 같습니다. 화가인 나카가와 기겐(1892~1972)은 '첫째도 군, 둘째도 군, 셋째도 군, 점점 군이 막무가내로 구는 것'이라고 했습니다. 이는 군부가 얼마나 오만해져 있는지 말해줍니다. 작가인 후지모리 세이키치(1892~1977)는 '반동, 반대, 발전. 그게 정말 이루어질지는 모르겠지만'이라고 했습니다. 마지막 부분은 국가 발전을 의심하는 말입니다. 평론가인 아오노 스에키치(1882~1961)는 '불안, 체념, 인고.' 자신의 마음을 그대로 말한 것 같습니다. 시인인 노구치 우조(1882~1945)는 '비상시. 명랑, 정치 일신.', 여성운동가인 가미치카 이치코(1888~1981)는 '불안, 암흑, 광조狂嘲. 광조란 난폭함과 비슷하다고 생각합니다. 이 단어들을 보면 알 수 있듯이 당시의 국가는 왠지 전쟁을 예감하게 만드는 세상이었다는 생각이 듭니다. 나카가와 기겐의 말을 좀 따라 하자면 첫째도 군, 둘째도 군, 셋째도 군, 점점 군의 뜻대로 되는 시대였습니다.

　조금 벗어나는 이야기지만 그때까지 일본은 일본제국, 일본국, 대일본제국으로 불렸고, 천황도 국제적으로는 황제, 천황 등 여러 가지 명칭으로 불려 용어가 통일되지 않았습니다. 그런데 쇼와 11년 4월 18일 외무성이 일본을 '대일본제국'이라고 부르기로 결정했습니다. 이 단어 그 자체는 문제가 되지 않지만 그렇게 결정을 하니 국민들은 일본이 마치 커다란 나라가 된 듯 착각하게 된 것 같습니다. 일본은 쇼와 8

중일전쟁 관련도.

년에 국제연맹을 탈퇴하여 국제적으로 고립되어 있었는데, 이때 대일본제국이라고 칭한 것은 아무래도 폐쇄적인 현 상황을 타파하고 싶어한 국가의 상황을 말해준 것이라고 생각합니다.

이런 대전제와 상황하에서 쇼와 12년 7월 7일 이른바 노구교사건이 일어나게 됩니다. 베이징 교외의 노구교에서 총격이 벌어져 일본과 지나(당시에는 중국을 지나라고 불렀습니다) 양군이 총을 쏘았다는 제1보가 도착했을 때 당시 총리대신 고노에 후미마로는 "설마 또 육군의 계획적인 행동은 아니겠지?"라고 말했으며 해군차관 야마모토 이소로쿠 중장은 "육군 놈들은 무슨 짓을 할지 알 수가 없으니 절대로 방심해서는 안 된다."라고 말했다 합니다. 즉 위쪽에서는 사건의 제1보를 들었을 때 육군의 음모다, 또 만주사변과 같은 일을 저질렀다고 생각했던 것 같습니다.

실은 현재도 노구교사건의 진상은 제대로 밝혀지지 않았습니다. 일본 측은 틀림없이 중국군이 공격했다고 말하고, 중국 측, 즉 지금의 공산당은 틀림없이 일본군이 공격했다고 합니다. 그리고 당시 장개석군은 나중에 공산당이 가담했다고 주장했으니 진상은 여전히 알 수가 없습니다. 완전히 우발적이고 의도하지 않은 형태로 전쟁은 일어나고 말았습니다. 그렇게 견해가 분분하니 밝혀진 부분만을 말씀 드리자면, 보통 '운명의 한 발'이라고 말하지만 실은 결코 한 발이 아니었습니다.

당시 천진에는 일본 주둔군이 있었습니다. 1901년 의화단사건(북청사변)이 일어났을 때 청나라가 열강에 도움을 요청했는데 일본, 영국, 미국, 그 외의 국가가 의화단에 대항한다는 명목으로 북경에서 농성을 했고, 그 결과 각국은 중국에 있는 자국민을 보호하기 위해 군을 주둔시킬 것을 조약으로 정했습니다. 일본은 많은 숫자는 아니지만 천진에 주둔군을 배치하기로 했습니다. 그 후 청나라는 무너졌지만 중국에 통일국가가 생기지 않아서 군대는 그대로 눌러앉았습니다. 보통 주둔군은 1연대(2천 명) 정도인데 어수선한 틈을 타서 일본은 군인 수를 점점 늘려 사건 당시에는 주둔군이 아닌 천진군이라고 불러도 좋을 정도가 되었습니다. 1여단이 있었는데 1여단은 1사단의 절반 정도이므로 거의 6, 7천 명입니다. 어느 정도 변동은 있어서 정확한 숫자는 알 수 없지만 말입니다.

쇼와 12년 7월 7일 오후 10시가 지나 노구교 부근에서 일본의 천진 주둔군 제1여단 제1연대 제3대대가 훈련을 하고 있었습니다. 제3대대를 지휘한 사람은 이치키 기요나오 소좌입니다. 참고로 그는 후에 태평양전쟁에서 가장 최초로 과달카날에 상륙해서 전멸한 부대의 부대장입니다. 쇼와사에서는 여러 장면에서 같은 인물이 얼굴을 내밉니다. 천진의 서쪽에 있는 북경쪽에서도 마찬가지로 중국군이 야간연습을 하고 있었는데 그 방향에서 제3대대로 몇 발의 실탄이 날아들어 왔습니다. 이어서 또 수십 발이 날아들어 왔습니다. 운명의 한 발은커녕 상당한 숫자입니다.

이때 제3대대 제8중대원 135명의 병사 중 한 사람의 모습이 보이지 않았습니다. 혹시 총알을 맞고 전사한 건 아닌지 하는 의심이 들었습니다. 연습은 공포탄으로 하므로 거기에 실탄이 박혀 있어서 사람이 전사한다는 건 매우 큰일입니다. 중대장인 시미즈 세쓰로 대위는 이건 문제가 심각해질 수 있다며 행방불명된 그 한 명을 찾으라고 했습니다. 그런데 이 병사는 사실 소변을 보러 잠시 자리를 비운 것이어서 15분인가 20분 후에 부대로 복귀했다고 합니다. 그러므로 아무 문제가 될 것도 없는데 밤 11시가 넘은 깜깜한 밤에 그 병사도 함께 모든 대원들이 행방불명된 그 한 사람을 찾으러 같이 돌아다니는 바보 같은 짓을 했습니다.

실탄이 날아온 것에 대해서는 시미즈 중대장이 바로 이치키 대대장에게 보고했지만 병사를 찾느라 정신이 없어서 이치키 대대장이 연대 사령부에 좀 늦게 보고를 했습니다. 그런데 오전 3시 반 무렵 서쪽에서 다시 탄환이 날아들어 왔습니다. 그러자 이치키 대대장도 부하에게 수색 중지를 명령하고 중국 측이 적대행동을 하는 것이 확실하다고 제1연대 사령부에 보고했습니다. 두 번이나 실탄이 날아들어 왔기에 그렇게 생각했을 것입니다. 이 총격 보고가 행방불명된 병사가 무사한 것을 알고 난 뒤에 한 건지 아니면 한창 찾고 있던 중에 한 건지는 확실하지 않지만 제1보를 받아든 연대장 무타구치 렌야 대좌는 바로 명령을 내립니다. 참고로 이 사람도 태평양전쟁에서 여러 번 나오는데 싱가포르 공략전에서 맹위를 떨치고 임팔작전(제13장 참조)에서 강경 작전을 펼친 문제인물입니다.

"적에게 공격을 받았으면 공격하라. 단호하게 전투를 펼쳐라."

그야말로 항전 명령입니다. 이런 명령은 원래는 그 위에 있는 여단장에게 제대로 전하는 형식을 취해야 하고 천황의 명령은 없더라도 적어도 참모본부 명령은 떨어져야만 합니다. 그러나 무타구치 연대장은 이치키 대장에게 단독으로 명령을 내렸습니다. 이것이 오전 4시 20분 무렵입니다.

참으로 아쉬운 점, 일반적으로 이렇게 바로 전쟁이 일어나버렸다고 편하게 써버린다는 것입니다. 즉 운명의 한 발로 중일전쟁이 시작되어버렸다고 말입니다. 그러나 그런 무모한 일은 절대로 벌어지지 않는 법입니다.

연대장이 독단전행으로 내린 명령

마침 그때 시찰을 하느라 현지를 떠나 있었던 여단장 가와베 마사카즈 소장이 천진으로 돌아옵니다. 7월 8일 오후가 되어서 무타구치 연대장이 의기양양하게 이런 상태여서 항전을 명령했다고 보고하자 가와베 여단장은 화를 내기는커녕 연대장의 말에 수긍했다고 합니다. 이것은 틀린 말은 아닌 것 같습니다. 전후 제가 무타구치와 만나서 이야기를 했을 때 그도 그런 말을 들려주었고 남겨진 기록을 살펴보아도 알 수 있습니다. 무타구치는 이렇게 말했습니다.

"노구교사건 때 나의 연대가 단독으로 적을 공격했지만 당시 가와베 여단장은 나의 단독 행동을 허락하여 여단 명령으로 공격했다는 식으로 꾸미라고 했다. 나는 당시 여단장의 결단에 상당히 감격했다."

그러나 가와베 여단장은 전후에 그런 일을 허락한 기억이 없다고 반박했습니다. 어쨌든 무타구치가 멋대로 명령을 내린 것은 사실인 것 같습니다. 그러나 앞서서 말씀 드린 것처럼 전쟁이 바로 일어난 것은 아니고 어떻게든 전쟁이 벌어지지 않게 하려는 움직임이 양쪽에서 있었습니다. 북경에 있던 특무기관이 사이에 개입했는데 이 기관은 부대와는 달리 외교적이고 절충적인 안을 제시했습니다. 중국 측도 여기서 큰 전쟁이라도 벌어지면 좋을 게 없으니 교섭에 응했습니다. 그리고 훈련을 하던 중국군은 한 발자국 뒤로 물러나고 일본군 역시 뒤로 물러서는 식으로 충돌을 회피하려고 노력했습니다. 일단 이 교섭안은 성공하여 9일 오전 2시 중일 양국 사이에 정전협정이 성립됩니다. 일시적으로 양쪽 군대 사이에 긴장감은 흘렀지만 일단은 이렇게 마무리가 지어졌습니다.

그런데 어째서 노구교사건이 일어나게 된 것일까요? 그 점이 참 이해하기가 힘듭니다.

처음의 탄환 여러 발, 그 후의 10발에 대해서는 현재 조사한 범위 내에서 의도적이었는지 실수였는지 알 수 없지만 중국군 측이 쏜 것은 틀림없는 것 같습니다. 국민정부군이 가까이에서 연습을 하던 중이었는데 일본군이 있는 쪽으로 발사를 하려는 의도는 없었고 다른 목표를 향해 쏜 것이 우연히 날아들어 왔던 것 같습니다. 어쨌든 별다른 손해도 없었고 단지 부대 방향으로 총알이 슉슉 날아왔다는 정도이므로 정전협정이 성립되면 끝날 문제입니다.

그런데 문제는 무타구치 연대장입니다. 단독 명령을 내릴 정도의 인물이니 정전협정이 된 것을 알고 있음에도 불구하고 "중국 측이 협정을 지킬 리 없다. 이건 상당히 위험하다. 때를 놓쳐서는 안 된다."라며 부대에 전진명령을 내린 것입니다.

그래서 10일 아침, 이치키 소좌의 제3대대에 기하라 요시오 소좌가 지휘하는 제1대대가 합세하여 중국군 주력군이 배치되었다고 여겨진 완평현(완핑쉬안)성을 향해 전진하기 시작했습니다. 비록 한 걸음 후퇴하긴 했지만 다시 앞으로 전진하려는 것입니다.

그러자 오후 4시 무렵, 이번엔 다가오는 일본군을 향해 명백하게 여러 발의 소총탄이 날아왔습니다. 지휘소에서 보고를 받은 무타구치 연대장은 "역시 적은 협정을 지킬 생각이 없다."라며 제1대대, 제3대대에 단호하게 공격명령을 내렸습니다. 조금의 주저함도 없었습니다. 그때 가와베 여단장이 와서 "또 단독 명령인가!"라고 말했는지는 알 수 없지만 상당히 험악한 얼굴로 무타구치 연대장을 노려보았습니다. 무타구치 또한 성격이 만만치 않은 사람이라서 그 역시도 연대장을 노려보았습니다. 여기서 다시 한 번, 역사에 만약이라는 건 없지만 그때 만약 "대체 무슨 짓을 하는 거냐. 바로 명령을 취소하라!"라고 가와베 여단장이 말했다면 무타구치는 따를 수밖에 없었을 텐데 어찌된 일인지 가와베 여단장은 아무 말도 하지 않았다고 합니다. 단지 노려보기만 했다고 합니다.

당시 연대의 부관인 고노 마타시로가 전후에 이때의 상황을 수기로 써놓았습니다.

여단장은 얼굴이 창백해져서 지금이라도 한 소리를 지를 듯했다. 두 사람의 거리는 겨우 3미터. 공포스럽고 험악한 분위기에 나는 압도되었다. 무서운 일이 벌어졌다는 생각이 들었다. 둘의 생각은 정반대다. 하나는 전투를 하고 싶어하고 다른 하나는 전투를 피하고 싶어한다. 이래서는 앞으로 어떻게 될 것인지 너무나 막막한 마음이 들었다. 두 사람이 서로 노려본 것은 겨우 2, 3분이었지만 나에게는 헤아릴 수 없을 만큼 길고도 긴 시간이었다. 여단장은 드디어 한마디도 하지 못했고 발길을 돌려서 여단 사령부로 돌아갔다. 하늘은 매우 맑았다.

무타구치 연대장의 단독 명령에 대해 가와베 여단장은 아무 말도 하지 않았으니 허락을 해준 셈입니다. 부대는 명령에 따라서 공격을 개시했습니다. 이 순간에 중일전쟁은 기정사실이 되기 시작했고 일본군은 계속 공격하여 결국 완평현성을 탈취하고 중국군을 완전히 격파했습니다.

여담이지만 왜 무타구치는 이처럼 무모하다고 할 만큼 독단적이고 야심적이었을까요? 이 사람은 술이나 여자에는 꿈쩍도 하지 않는 군인다운 군인으로 상당히 유명했는데 성향을 보면 황도파로 분류되는 사람이었습니다. 무타구치는 육군 중앙에서 당연한 듯 출세가도를 달릴 수도 있었는데 2·26사건 후의 인사쇄신으로 인해 중국 천진으로 보내졌습니다. 전쟁이 일어나지 않는 평온한 곳에 보내진 것은 그로서는 좌천이며 상당히 불만스러운 일이었습니다. 당시 나이 48세. 어떻게든 수훈을 세워서 그동안의 한을 떨쳐버리고 비상하고 싶다고 생각한 것은 아니었을까요? 어쨌든 이런 사람이 연대장이었다는 것이 불행이면 불행이라고 할 수 있습니다.

제3자의 음모가 있었다

　노구교사건은 당연히 도쿄재판에서 담당했습니다. 검찰 측은 주로 일본군의 무모한 공격, 책략적인 전술에 대해서 살벌하게 규탄했습니다. 당시 북경 주재무관이었던 미국의 바레트 대령도 다음과 같이 증언했습니다.

　"중국군에 대한 일본군의 태도는 오만하고 공격적이었다. 그들의 행동은 중국의 주권에 대한 모욕이자 중국인에 대한 모독이라는 생각이 든다. 그리고 7월 첫 주에 완평현성 부근에서 행한 일본군의 야간연습은 도발적이었다."

　일본 측은 무타구치를 비롯하여 당시 살아남았던 관계자가 이 사건에 대해 최초의 일발은 중국이 잘못해서 쏘았을 가능성이 있다고 해도 두 번째는 항일운동을 하는 중국의 학생이나 공산분자가 한 짓이 분명하다면서,

　"이것은 중국 학생이나 공산분자 짓이라는 풍문을 들었다. 어쨌든 중일 양군의 충돌을 유발하려는 제3의 음모가 있었다는 생각이 든다."

　라고 항변했습니다. 실제로도 현재 많은 일본인들은 공산당원과 북경대학 학생들이 몰래 짜고 중국공산당의 지휘 아래 일본과 국민당 양쪽에 탄환을 쏘아서 전쟁을 일으켰다고 믿고 있는 것 같습니다. 당시 북경에 있었던 사람의 말에 의하면, 이날 밤 학생들이 폭죽을 터뜨리거나 데모를 하려는 등 사건을 벌이려고 했던 것은 확실한 것 같습니다.

　여기서 재미있는 이야기가 하나 있습니다. 상해사변에서 애인인 가와시마 요시코를 시켜 중국인에게 돈을 건네고 일본인 승려를 죽인 전 육군 소장 다나카 류키치를 기억하고 계실 겁니다. 도쿄재판에서는 육군의 배신자로 규탄을 받기도 했는데 그가 전후에 쓴 수기 《심판받는 역사》에서 이상한 이야기를 했습니다. 그의 동료인 시게카와 히데카즈 소좌가 노구교사건 다음 날인 7월 8일 천진의 부용관이라는 곳에서 이런 이야기를 했다고 합니다.

오송 크리크 전투

"발포를 한 것은 공산당과 연결된 학생입니다. 마침 그날 밤 노구교를 사이에 두고 일본군 1개 대대와 중국 측 군인들이 각각 야간연습을 하고 있었는데, 이 소식을 들은 공산주의자 학생이 쌍방을 향해 발포해서 일본과 중국의 양쪽 군인 사이에 충돌을 일으킨 것입니다."

이 말을 들은 다나카 중좌는 시게카와 소좌가 평소에도 북경의 공산주의자 학생과 친분이 있다는 생각이 나서 설마 하면서도,

"그렇게 만든 원흉은 너지?"

라고 묻자 시게카와 소좌는 얼굴을 빨갛게 물들이며 고개를 끄덕거렸다고 합니다. 그게 사실이라면 그야말로 이것은 일본 육군이 꾸민 모략이 되는데 문제는 다나카 류키치라는 군인이 신용을 할 수 없는 사람이라는 점입니다. 게다가 그 시게카와 소좌가 전후에 이루어진 인터뷰에서 답하길 "그땐 귀찮아서 그렇다고 말했을 뿐이다."라고 부정했습니다.

사건의 이면에는 대체 무슨 일이 있었던 걸까요? 무엇이 이런 사태를 불러왔을까요? 정말로 운명의 일발이라고 불릴 만한 일일까요? 정확한 것은 밝혀지지 않았지

만 아마도 여러 모략이나 악감정, 서로를 불신하는 감정이 어우러져서 뭔가 하나 터뜨리자는 심리상태였던 것 같습니다. 일본 내지도 앞서 이야기했듯이 부디 전쟁이 일어나지 않기를 작가가 기원한 것처럼 불안하고 위태로워 만약 불을 붙이면 금세 확 타오를 분위기였습니다.

어쨌든 중일전쟁은 이렇게 시작되었습니다. 먼저 상해를 중심으로 격렬한 전투가 벌어졌습니다. 후에 히비노 시로라는 작가가 《오송 크리크》[*1]라는 작품 속에 그때의 상황을 적어놓았습니다. 중국군 병력은 강력하고 병사 수가 얼마 안 되는 일본군은 고전했습니다. 일본 본토의 지도층은 응원을 해야 한다, 아니 전쟁을 확대해서는 안 된다며 격론을 벌였습니다.

그러나 상해나 북경에는 일본의 거류민이 많이 있으므로 당연히 그 사람들을 보호하는 일이 일본정부의 대명제가 되었습니다. 논의는 있었지만 7월 10일 아침이 되자 본격적으로 전투가 시작되어 다음 날인 11일 총리대신 고노에 후미마로는 조선과 만주에서 2개 사단, 그리고 내지에서 3개 사단을 보내기로 결정합니다. 굉장히 빠른 결단입니다. 중국을 무시하는 일본의 태도에다 대중국일격론에 명문가 도련님이라 불리던 고노에 총리가 편승하여 금세 임전태세를 갖추게 된 것입니다.

11일에 발표된 고노에의 성명입니다.

이번 사건은 지나 측의 계획적인 무력 항일이라는 것이 명백하며 더 이상 의심할
여지가 없다.

그렇게 간단하게 의심할 여지가 없다고 말할 만한 상황은 아닌데 이렇게 단언하고 있습니다.

당시 지나사변이라고 말한 것은 선전포고를 하지 않아서 사변이라고 한 것입니다. 전쟁이 된 것은 훨씬 뒤의 일입니다. 태평양전쟁이 시작되었을 때 일본이 중국에 선전포고를 하여 중일전쟁이 됩니다. 일본은 중국 뒤에서 방패막이가 되어준 미

국과 영국에서 많은 물품을 수입했기에 본격적인 '전쟁'이 되어버리면 금세 대영미 무역에서 커다란 지장을 입게 됩니다. 그러니 가능한 한 자그마한 싸움으로 끝내려고 하는 속셈도 있었습니다.

다만 고노에가 처음부터 대중국일격론을 지지하는 태도를 취했으므로 사태는 확대일로를 걷게 됩니다. 상해에서 전투가 시작되어 일본이 대군을 보내서 격파하면 중국군은 당시의 수도 남경으로 후퇴하고 일본군은 추격에 추격을 거듭합니다. 그리고 북부에서는 중국공산당과 일본군이 전면전을 벌입니다. 일본은 수도를 함락시키면 승리라는 고전적인 전쟁론에 입각하여 어쨌든 남경을 목표로 진격해 갑니다.

거기서 문제의 남경사건이 일어납니다. 어째서 일어났는지 규명하는 것은 상당히 어려운 문제이지만 어쨌든 일본군은 마음이 급해서 서두르고 있었습니다. 근저에는 대중국일격론이 깔려 있었으며 재빨리 수도를 함락시켜 일을 마무리하자, 공격하기만 하면 중국은 금세 두 손 두 발 다 들게 될 것이라는 생각을 가지고 있었습니다.

남경학살은 있긴 했지만…

드디어 일본군은 남경에 다가갑니다. 남경을 공략할 때 일본군은 몇 갈래로 나뉘어 일직선으로 나아갔는데, 그중 남쪽에서 온 군대는 너무나 빨리 앞서 간 나머지 중국군이 아직 진을 치지 않은 곳까지 추격하는 상황이 벌어지기도 했습니다. 절대 지지 않겠다, 남경성에 제일 먼저 오르자는 생각을 가지고 중국군을 덮어놓고 공격했습니다. 그리고 일본군의 계속되는 추격으로 중국 측은 더 이상 게릴라인지 민중인지 정규군인지 알 수 없는 뒤죽박죽인 상태가 되었다고 합니다.

그래도 질서를 지키며 싸운 부대도 있습니다. 남경대학살에 관해 나중에 참가자에게서 들은 바로는, 남쪽에서 온 군대의 경우 전혀 학살을 하지 않았다고 했고 실제로도 그런 것 같습니다. 그러나 동쪽에서 양자(양쯔)강을 따라온 부대는 난폭한 군인들이 많았던지 상당히 격렬하게 추적했던 것 같습니다. 이들은 남경성에 도달하기까지 서로 얽히고 뒤섞이는 전투를 벌여 상당한 수의 중국 병사와 민간인을 죽이고 남경에 돌입한 뒤 남경을 다시 초토화시켰습니다. 비록 최근에 와서는 남경학살은 없었다고 큰 소리로 주장하는 사람도 나오긴 했지만 말입니다.

솔직히 말해서 지금으로서는 남경학살에 대한 정확한 피해 통계를 내는 것은 이론상으로 어렵고 실제로도 불가능에 가깝습니다. 굳이 말하자면 신만이 알고 있는 일입니다. 그런 와중에 헤이세이 원년(1989)에 구일본 육군의 모임인 가이코샤가 《남경전사》를 출판했는데, 그 책은 일본 육군에 불리한 기록이나 수기도 숨기지 않았습니다. 이 책은 중국 측의 공식 기록인 《남경위술군 전투상보》에다 꼼꼼히 덧붙여서 다음과 같은 결론을 내렸습니다. 현재 가장 공평한 기록이라고 생각되므로 소개하겠습니다.

통상의 전투에 의한 중국군 장병의 전사자(전상 병사를 포함한다) 약 3만 명

이것은 전투 행위에 의한 것이므로 문제가 되지는 않습니다.

중국군 장병의 생존자(도강, 석방, 수용, 도망 등) 약 3만 명

이것은 무사하게 남경성에서 도망칠 수 있었다는 말이니 빼도 됩니다. 그리고

중국군 포로, 편의병(스스로 무장해제 하고 민간복으로 갈아입고서 도망하거나 잠복하려 한 병사, 게릴라—옮긴이) 등을 격멸 또는 처단하여 생긴 사망자 약 1만 6천 명. 일

반 시민 중 사망자 약 1만 5천760 명

참고로 이 격멸, 처단이란 패잔병에 대한 공격, 시민들과 섞인 중국 병사들의 소탕, 나아가서는 포로 폭동의 진압 등을 가리킵니다. 이 숫자와 일반 시민의 사망자 수를 합한 것이 바로 문제의 숫자가 됩니다. 하지만 《남경전사》에는 이 숫자 중 얼마가 전투 행위에 따른 사망, 학살인지 그에 대한 기록이 없습니다. 하지만 만약 이 전부가 불법적인 행동에 따른 살해라고 한다면 3만 명이 넘는 숫자가 될 것입니다. 점점 자기혐오에 빠질 수밖에 없는데, 어쨌든 군에는 버젓이 법무관이 있는데 재판도 하지 않고 포로를 대량으로 처형할 수는 없을 것입니다. 남경에서 일본군에 의해 대량학살과 각종의 비행사건이 일어난 것은 너무나도 명백한 사실이라 저는 일본인의 한 사람으로서 중국 국민에게 마음속 깊이 사죄하고 싶습니다.

하지만 중국이 도쿄재판에서 말했던 것처럼 30만 명을 죽였다는 것은 있을 수 없는 이야기입니다. 당시 남경 시민을 소개疏開한 상태라 시민이 30만 명이나 남아 있지 않았고, 군대도 그렇게 많이 있을 수가 없습니다.

쇼와 13년 1월 작가인 이시카와 다쓰조가 〈중앙공론〉의 남경 특파원으로 파견되었습니다. 전년도 12월에 일어난 남경사건 자체는 끝이 났지만 여전히 상당수의 학살이 벌어지고 있는 것을 그는 직접 목격했습니다. 그 내용을 소설 《살아 있는 병사》[2]로 써냈는데, 이 소설은 발표되자마자 바로 발금이 되었고 이시카와는 비록 집행유예로 풀려나긴 했지만 징역형을 선고받았습니다. 그 소설을 읽어보면 남경에서 일본군이 상당히 잔악한 행위를 했다는 것을 알 수 있습니다.

그런 일도 모두 포함해서 일본군은 칭찬을 받을 만한 군대가 아닙니다. 좀 나중의 이야기이긴 하지만 쇼와 14년 2월에 일본 육군성이 몰래 만든 〈비밀문서 제404호〉라는 것이 남아 있습니다. 거기에 '사변지에서 귀환한 군대와 군인의 상황'이라고 하는, 중국에서 귀국한 군인들에게서 전해 듣고서 적어놓은 기록이 있습니다.

전투를 할 때 가장 재미있는 것은 약탈인데, 상관도 제일선에서는 보고도 못 본 척하니 마음 내키는 대로 약탈을 하는 자도 있었다.

어느 중대장은 "볼일이 다 끝났으면 문제가 일어나지 않도록 돈을 쥐어 주든지 아니면 귀찮은 일이 벌어질지도 모르니 그냥 죽이도록 해라."라며 몰래 강간을 한 뒤의 처리방식까지 가르쳐주었다.

전쟁에 참가한 군인을 하나하나 조사했더니 모두 강도 살인, 강도 강간의 범죄자 들뿐이다.

이것은 남경사건뿐만 아니라 그 후의 전투에서도 마찬가지였는데 당시 일본군의 군기가 상당히 풀려 있었던 것 같다는 생각이 듭니다. 매우 평판이 좋지 않은 전진 훈戰陣訓[3]이 쇼와 16년에 만들어졌는데, 이것은 정말이지 너무나 문란해진 군기를 벌하기 위해서 만들어진 것입니다.

이처럼 중국대륙에서 비판받아 마땅한 행동을 일본군이 저지른 것은 사실입니다. 그런데 자주 듣는 말이지만 중국대륙의 '점과 선'을 점령했을 때 주위에는 모두 적들뿐이었습니다. 그리고 공산당군은 철저히 도망치는 전술을 썼습니다. 유명한 제18집단군 총사령관인 주덕(주더) 장군이 발안한 3원칙은 적진아퇴敵進我退(적이 공격하면 도망가라), 적주아소敵駐我騷(적이 주둔하면 주위에서 소동을 피워라), 적퇴아추敵退我追(적이 후퇴하면 쫓아가라)입니다. 이러니 제대로 된 전투는 할 수 없었을 것입니다. 공격을 하러 갔는데 아무도 없고, 주둔하면 주위에서 이상한 낌새가 보이더니 보초가 죽음을 당하거나, 후퇴하면 금세 적의 진지가 되어버립니다. 점과 선이라는 말은 이런 상황을 잘 표현했습니다. 넓은 면을 확보하는 일은 좀처럼 생각대로 되지 않았습니다.

게다가 중공군은 공실청야空室淸野(집을 비우고 식량을 감춘다), 양평삼공兩平三空(사람과 식량과 음료, 이 세 가지를 감춘다)이라는 2대 전략을 민중에게 철저하게 교육시켰으니 일본군이 들어와도 집 안은 텅 비어 있고 먹을 것은 아무것도 없습니다.

계속 전진을 해본들 젊은 여자도 없고 먹을 것도 마실 것도 없습니다. 공격을 해서 겨우 점령했지만 마을은 텅텅 비어 있으니 할 수 없이 물러나면 그때 우르르 중국군이나 중국 민중이 들어옵니다. 이것은 유명한 이야기인데, 장개석이 합동 군사회의에서 중공군 장군에게 "팔로군(공산군)은 놀기만 하고 공격을 하지 않는 것 같다. 연안延安에는 부상자도 한 명 없었다는 것이 정말인가?"라고 공격했다고 합니다.

이런 상황하에서 일본군은 싸웠습니다. 다른 나라에서 전쟁을 했기에 당연한 일이겠지만 게릴라나 테러 때문에 고생은 했을 것 같습니다.

수렁에 빠져버린 전쟁

그런데 좋은 이야기도 몇 가지 남아 있습니다. 쇼와 15년(1940), 하북성(허베이) 무극(우지)의 교외에 동양촌(둥양춘)이라는 마을이 있었는데 그 마을 사람들은 자경단을 만들어 중국군과 일본군 어느 쪽에도 가담하지 않고 자신들의 힘만으로 마을을 지켜 나가려고 했습니다. 그곳에 일본군 중대가 진격을 했는데 자경단 단장과 이야기가 통했고 일본군이 불법적인 행동을 하지 않아서 상당히 사이가 좋아졌다고 합니다. 그래서 중공군이 공격해 왔을 때 일본군과 합세해서 중공군을 쫓아냈다는 이야기가 남아 있습니다. 이 마을과 인근 마을은 일본군 중대와 상당히 화기애애하고 좋은 관계를 유지하고 있었는데 교체되어 후임으로 온 중대는 규율이 좋지 않은 중대였습니다. 이들이 바로 자경단을 배신했기에 이번에는 반대로 자경단이 중국군과 손을 잡고서 일본군을 쫓아냈다는 사실이 남아 있습니다. 작가인 이토 게이치가 이에 관한 이야기를 자세히 적어놓았습니다.[4]

이걸 보면 부대에 성품이 좋은 중대장과 소대장이 있으면 척박한 상황 속에서도 중국 민중과 사이가 좋아졌던 것은 사실인 것 같습니다.

우스운 이야기를 하나 해드릴게요. 제가 기억하길, 아이였을 무렵 도시의 길모퉁이에서는 애국부인회, 국방부인회라고 쓴 다스키(일을 할 때 긴 소매가 걸리지 않도록 X자 모양으로 묶는 천—옮긴이)를 묶은 아주머니들이 길을 지나다니는 사람들에게 "부탁합니다."라며 천인침千人針을 내밀었습니다. 빨간 점들로 그림을 본뜬 명주수건을 천 명의 여성들이 붉은 실로 자수를 놓아주면 호랑이 그림이 완성되는데, 호랑이는 천 리를 가서 다시 천 리를 돌아온다고 하므로 무사하게 돌아올 수 있게 되길 비는 마음에서 바느질을 부탁한 것입니다. 사선死線(일본어로 4전四錢과 발음이 같다.—옮긴이)을 넘으라는 의미로 5전짜리 동전이나, 고전苦戰(일본어로 9전九錢과 발음이 같다.—옮긴이)을 극복하라고 10전짜리 동전을 자수한 천인침도 전투지로 보내졌습니다. 그러나 전후에 이에 관해 이야기를 했더니 천인침 때문에 고생했다고 하는 사람이 많았습니다. 그 이유는 천인침에 이가 들끓었다는 것입니다. 천인침만큼 이가 살기에 안성맞춤인 곳이 없습니다. 그 말엔 정말 공감이 갔습니다.

그런데 팔로군은 이것을 이미 다 파악하고 있었습니다. 〈일본 군대적 정치 특성〉이라는 극비문서가 팔로군에 의해 남아 있는데 그 내용 중에 천인침이야말로 일본 군대가 겁쟁이이고 의지가 약한 것을 나타낸다고 지적한 부분이 있습니다. 일본군은 모두 부적이나 천인침을 몸에 지니고 있는데 그래야 총알이 몸에 맞지 않는다고 믿고 있다는 것입니다.

일본군은 겉으로 보면 상당히 강한 것처럼 보이고 멋있게 보인다. 누구도 그들이 현대 군사기술을 가진 부대라는 것을 부인할 수가 없을 것이다. 그러나 그 이면을 살펴보면 이런 종류의 군대에 오히려 봉건적인 사상이 남아 있어서 마치 영혼이 없는 것처럼 부적에 의지하여 자신을 부지하려고 한다.

그리고 이 엄청난 모순이 갈등을 빚어 일본 군대는 어떻게 보면 상당히 완강하게

거리에서 천인침을 놓는 모습, 쇼와 12년(1937).

결의를 하고 있는 것 같지만 그 이면을 보면 무척 겁이 많고 항상 목숨을 잃을까 전 전긍긍하고 있다고 적어놓았습니다. 즉 일본군이 정신적으로 매우 강한 것처럼 보 이지만 사실은 매우 겁쟁이이고 의지가 박약하며, 죽음을 무척이나 두려워하는 약 한 존재라고 날카로운 관찰력으로 꿰뚫어 보고 있었던 것 같습니다.

어쨌든 전쟁은 전쟁이니 빨리 끝내는 것이 가장 좋을 것입니다. 이시하라 간지 일당은 전쟁을 빨리 종결하기 위해서 열심히 노력했습니다. 그러나 "당신이 만주사 변에서 저지른 일을 우리는 중국에서 하고 있을 뿐이다."라고 반박을 당했다는 어처 구니없는 이야기도 들렸습니다. 이시하라를 비롯한 비확대파, 평화파인 인사들은 점점 중앙부에서 설 자리가 없어지게 되고 전쟁은 늪 속으로 빠져 들어갔습니다. 그 리고 11월에는 대본영이 설치되었습니다. 그때부터 일본은 전시국가가 됩니다.

쇼와 12년 말에 남경은 함락당했지만 수도가 함락당했다고 해도 전쟁은 끝나지 않습니다. 장개석 이하 중국의 주력부대는 '무한삼진武漢三鎭'이라고 해서 양자강 을 따라 모여 있는 3개의 마을, 즉 무창(우창), 한구(한커우), 한양에 있었습니다. 그래 서 한구로 수도를 옮겨서 전쟁을 계속했고 공산당군도 북부에서 쓸데없이 간섭하면 서 '싸우지 않고 도망친다. 하지만 뒤에서 점령한다'는 방식을 반복하고 있었습니다.

일본 정부와 군부도 언제까지나 이런 싸움을 계속할 수가 없어서 화평이나 전투를 중지하려는 공작을 표면에 드러내지는 않은 채 몰래 꾸미고 있었습니다. 그런 공작은 몇 십 개나 되었다고 합니다. 그런 수많은 평화공작 중에서 가장 클라이맥스는 재중국 독일대사인 트라우트만이 장개석과 일본군 사이에 적절한 조건을 내놓은 일입니다. 이걸로 정말 화평에 이를 수도 있겠다는 기대감을 안게 되었습니다. 참모본부도 이 조건을 긍정적으로 생각했지만 문제는 총리대신인 고노에 후미마로가 말을 듣지 않았습니다. 고노에 후미마로는 강경함으로 치자면 군에 뒤지지 않는 인물로 중국에 "우리가 이겼으니 배상을 하라."는 말을 꺼낸 것입니다. 당연히 국민정부가 그런 요구를 받아들일 리 없습니다. 중국 입장에서는 마음대로 자신들의 나라로 쳐들어와서 황폐하게 만들어놓고는 너희들이 전쟁에 졌으니까 돈을 내라니 기가 막혔을 것입니다. 오히려 중국은 손해배상을 받아내고 싶었을 겁니다. 고노에 후미마로의 방침은,

'어중간하게 타협하면 작년 이래 생겼던 희생을 모두 무의미하게 만들고 말 것이다.'

'우리 쪽에서 먼저 조건을 제시하고 강화를 재촉하는 것은 오히려 그들의 멸시를 사고 그들의 전의를 부활시켜 장래에 큰 피해를 부를 수가 있다.'

는 것입니다. 따라서

'정부로서는 군부(참모본부)가 그런 졸책을 내어서 [어설프게] 강화를 서두르고 있는 진의가 이해되지 않는다.'

라며 화평공작을 딱 잘라 거절했습니다. 이에 대해 당시의 참모차장 다다 하야오 중장의 수기가 남아 있습니다.

보통은 강경해야 할 통수부(참모본부)가 오히려 겁을 먹었고 소극적이어야 할 정부가 강경한 것은 정말 기괴하게 느껴진다. 그러나 이것은 진실이다. 이렇게 된 바에야 하루라도 빨리 싸움을 중지하고 싶은데 정부는 지나를 가볍게 보고, 만주국의 외형만을 보고 낙관적으로 생각한다.

참모차장이라는 사람이 이렇게 개탄할 정도입니다. 이렇게 해서 트라우트만의 모처럼의 화평공작도 쇼와 13년 1월 15일쯤에 결렬되었습니다.

장개석을 상대하지 않은 치명타

다음 날인 1월 16일, 고노에는 성명을 발표합니다. 이것이 그 유명한 '국민정부를 상대로 하지 않겠다' 는 글입니다. 즉 국민정부를 정부로서 인정하지 않겠다, 이제 더 이상 화평 따위는 구하지 않겠다는 말인데 이렇게 되면 싸우고 있는 당사자는 끝까지 싸울 수밖에 없게 됩니다. 정말 너무나 바보 같은 이야기입니다. 모처럼 참모본부가 긍정적으로 나왔는데 정부가 강경하게 버티고 말았습니다.

이런 기록이 남아 있습니다. 성명 후 고노에와 정우회의 거물인 오가와 헤이키치가 나눈 대화입니다.

고노에: 그들을 상대하지 않겠다고 선언했지만 장개석이 화평을 하자고 하면 어떻게 해야 되나?
오가와: 그건 문제 될 것 없네.
고노에: 그렇겠지? 그때는 다시 방침을 바꾸면 되겠지.
오가와: 맞아, 그러면 되지.

이런 바보 같은 이야기를 들으면 일본의 정치가란 사람이 대체 전쟁을 뭐라고 생각한 것인지, 수많은 일본인이 죽어가고 있다는 사실을 어떻게 생각하고 있었는지, 정말 한번 물어보고 싶기까지 합니다. 고노에는 전후에 《잃어버린 정치》라는 책을 썼는데, 그중에 이런 내용이 적혀 있습니다.

이것은 일본제국 정부가 국민정부를 상대하지 않고 일본제국과 제휴하기에 걸
맞은 신흥 정권의 수립, 발전을 기대하고 있었다는 것이고, 그런 후에 양국 국교
를 조정하자는 성명이다. 이 성명은 식자층에게 비판을 당한 것은 물론이고 매우
큰 실패였다. 마음속 깊이 내가 실패했다는 것을 인정한다.

국민정부를 상대하지 않고 중국에 새로운 정권을 세워서 그 정권과 국교를 조정
하자는 말입니다. 더 자세히 말씀 드리면 장개석과 반목하고 있는 왕조명이라는 인
물을 세워서 국민정부를 대신하는 괴뢰정권을 만들고 그 정권과 대화를 나누자는
것이었는데 정말이지 너무나 어리석기 짝이 없습니다. 일본은 결국 전쟁에서 발을
빼내지 못하고 점점 수렁에 빠지게 되었습니다. 이후에도 다른 경로로 화평을 모색
했다고는 하나 중국이 더 이상 상대를 해주지 않아 전쟁은 계속해서 벌어지게 됩니
다.

그럴 때 우리들 소시민들은 '병사들은 목숨을 걸고, 우리들은 다스키를 묶고' 라
는 심정으로 열심히 깃발을 흔들었고, "이겼다. 이겼다."라고 외치며 제등행렬을 했
습니다. 쇼와 13년 10월 27일 드디어 일본군은 한구를 함락시킵니다. 장개석은 그
뒤쪽에 있는 중경(충칭)으로 도망갑니다. 그러나 아무리 일본군이 강력하다고 해도
보급 문제가 있습니다. 점과 선밖에 얻지 못했으니 잠시 방심을 하면 금방 선이 끊
어지게 됩니다. 중국대륙은 안쪽으로 깊숙하게 펼쳐져 있으니 보급 문제는 쉬운 일
이 아닙니다. 한구를 겨우 진압했지만 이것은 공격의 종말점, 즉 더 이상 공격을 계
속하면 불리하게 되는 한계점인 것입니다. 중국 군대나 민중의 저항은 걷잡을 수가
없었고 거리를 점령했다고 해도 경로를 점령할 수 없으니 게릴라전이 끊임없이 일
어났습니다. 모택동의 지구전 전략으로 인해 커다란 중국 지도 위에 일장기를 아무
리 많이 세워도 자세히 보면 일본이 점령한 것은 주요 도시밖에 없고 그 사이에 있

는 것은 완전히 적지입니다.

쇼와 14년에 발표된 사법성(지금의 법무성)의 조사에 의하면 일본 국민은 상당히 분통을 터뜨리고 있었습니다.

전쟁은 대체 언제까지 이어질 것인가. 천황은 무엇을 위해서 그렇게 많은 사람의 목숨을 희생하고 큰돈을 들이면서까지 전쟁을 하려는 것인가. 나로서는 도저히 이해가 되지 않는다.

소중한 남의 자식을 끌고 가서 몇 년씩이나 쓸데없는 일을 시켜서는 안 된다. 태양이 불타오르는 것처럼 뜨거운 곳에서 마실 물도 없이 배를 곯아가면서 전쟁을 하고 있다.

한구는 날아가는 참새도 더위로 쓰러진다고 할 정도로 더운 곳입니다.

우리 군은 한구에서 계속 전진을 해야만 하는가. 넓은 국가를 계속 전진해서 점령해도 뒤가 걱정이다.

전사하면 전사해서 잘되었다고 축사를 장황하게 퍼붓는 사람들이 있지만 부모로서는 전혀 축하할 일이 아니다.

일본 민중 속에서 수렁에 빠져버린 전쟁에 대한 불만, 정부에 대한 비판이 서서히 나오기 시작합니다. 정부나 군은 이래서는 곤란하다고 여겨 쇼와 15년에 마음을 다시 가다듬자는 뜻에서 '일본의 전쟁 목적'을 주창했습니다.

지금 사변은 이상을 가지고 있다. 일본의 조국정신肇國精神인 팔굉일우八紘一宇 (일본제국이 세계 정복을 위한 제국주의 침략 전쟁을 합리화시키기 위해 내세운 구호로 온 세계가 하나의 집이라는 뜻이다.-옮긴이)라는 황도皇道를 사해에 선포하는 과정에서

우선 동아시아에 일본, 만주, 지나를 일체로 하는 왕도낙토王道樂土를 건설하려고
한다. 궁극적으로는 세계 인류의 행복이 목적이고 당면한 동양평화의 항구적인
확립을 목표로 한다는 것은 정부의 성명을 기다릴 필요 없이 자명한 일이다.

여기에는 현재 65세 이상의 사람이라면 기억을 하고 있을 말들, 즉 조국정신, 팔
굉일우, 왕도낙토가 나오고 있습니다. 그러고 보니 '동양평화를 위해서라면 어찌 목
숨을 아까워하겠는가' 라는 노래가 있습니다. 그만큼 국가 자체도 전쟁 목적이 애매
해졌고 국민들의 마음속에는 언제까지 이렇게 전쟁이 계속될 것인가 하는 불안이
커져갔습니다.

10월 27일 한구를 함락했다고 하여 일본 전체가 제등행렬을 했습니다. 그 제등행
렬의 불줄기를 미야케자카 위에서 보면서 참모본부의 고급 과원인 호리바 가즈오
소좌가 수기를 남겼습니다.

한구 함락으로 국민이 뛸 듯이 기뻐하고 축하 행렬은 궁성 앞에서 미야케자카에
걸쳐 밤낮으로 충만하다. 환호와 만세 소리도 전쟁을 지도하는 당국의 귀에는 닿
지 않는다. 오히려 애조를 띠고 있으니 제등행렬이 어디로 갈 것인지 위험하다.

참모본부의 고급 참모가 한구를 함락했다고 하여 번진 만세 소리를 듣고 있자니
도리어 애절해진다, 제등행렬을 벌이며 기뻐하지만 대체 일본제국은 어디로 가려고
하는 것인가, 그것이 너무 위태롭게 보인다고 했습니다. 호리바 소좌는 후에 전쟁
확대를 맹렬히 반대해서 전선에서 제외되고 맙니다. 그런 양심적인 군인도 많이 있
었지만 대부분은 더 이상 제어를 할 수 없는 상태였습니다. 장개석를 상대하지 않겠
다고 하니 말입니다. 그리고 이 중일전쟁을 어떻게든 해결하기 위해서 다음 단계로
나아가려고 했습니다. 다음 단계란 바로 중국을 후방에서 원조하고 있는 미국과 영
국을 상대로 전쟁을 하는 것입니다.

오늘은 정말 한심하기 그지없는 이야기를 해드렸네요.

*1- 〈오송 크리크〉: 쇼와 14년(1939), 히비노 시로(1903~1975)가 중일전쟁 초기의 상해전선을 무대로 늪에 빠져버린 전쟁을 치르며 부상을 입어 야전전쟁에 입원하기까지의 체험을 그린 작품. 현재 〈중앙문고〉에서 발행.

*2- 〈살아 있는 병사〉: 제1회 아쿠타가와 상을 받은 작가 이시카와 다쓰조(1905~1985)가 쓴 남경 공략전의 르포르타주. 쇼와 13년(1938)에 〈중앙공론〉 특파원으로서 당시의 상황을 취재해 썼지만 언론통제 때문에 발간이 금지되었다. 이시카와는 당국으로부터 기소를 받아 유죄판결을 받았다. 현재는 〈중앙문고〉에서 발행.

*3- 전진훈戰陣訓: 쇼와 16년(1941), 도조 히데키 육군대신이 전 육군에게 통달한 훈유. 황군으로서의 단결과 공격정신, 필승의 신념 등을 이야기했으며, 중일전쟁의 장기화로 흐트러진 군대의 기강을 바로잡고 사기를 고양시키고자 했다. '살아서 포로가 되는 치욕을 겪지 마라'는 유명한 말은 여기에서 나왔다.

*4- 이토 게이치가 쓴 하북성(허베이) 무극 동양촌에 관한 이야기. 〈병사들의 육군사〉: 〈번정서방〉, 1969년.

7장

정부와 군부는 모두 강경 노선만을 고집,
그리고 노몬한

군축 탈퇴, 국가총동원법

해군 중견 클래스의 강경론

이번에는 잠시 앞으로 돌아갑시다. 지금까지 육군을 중심으로 이야기했는데 해군에 대한 이야기를 알지 못하면 쇼와기 격동의 전체적인 모습을 알 수가 없습니다.

쇼와 5년(1930)에 런던 해군군축조약을 맺으려고 했을 때 해군 내부에서는 분열이 일어나고 있었습니다. 즉 국제협력을 위해서 조약을 체결하는 것이 좋다는 온건 그룹인 조약파와 국방을 위해서는 미국과 영국이 시키는 대로 하지 말고 함대를 정비해서 실력 본위로 나가야 한다는 강경 그룹인 함대파로 나뉘어 다투고 있었던 것입니다. 그건 앞에서 말씀 드린 바입니다(제1장 참조). 그리고 함대파 사람들은 도고 헤이하치로 원수, 후시미노미야 히로야스 원수를 등에 업고 조약파를 쓰러뜨리는 일에 성공했습니다. 그 결과 야마나시 가쓰노신 대장은 쇼와 8년 3월, 다니구치 나오미 대장은 동년 9월, 사콘지 세이조 중장은 쇼와 9년 3월, 데라시마 겐 중장은 동년 4월, 호리 데이키치 소장은 동년 12월, 사카노 쓰네요시 중장도 동년 12월에 해군을 떠나갔습니다. 이들은 해군의 다음 세대를 짊어질 군정가들이었습니다.

야마나시 가쓰노신 대장(당시는 중장)은 다음 해인 쇼와 9년에 당시 상황을 물어보는 후배에게 이렇게 말했다고 합니다.

"해군의 인사란 일단 해군대신이 정했으면 어떻게 할 수가 없다. 오스미 미네오 해상의 등 뒤에도 이런저런 강한 신호와 압박이 가해지고 있었다. 구체적으로 말하면 후시미노미야 전하와 도고다. 도고가 해군의 최고 인사에 개입한 것은 도고의 만년을 생각해볼 때 상당히 애석한 일이다."

그의 말대로 당시의 해군은 함대파, 즉 대미영 강경파인 사람들이 중심을 이루고 있었습니다. 그리고 몇 년 후인 쇼와 16년(1941), 대미 전쟁에 돌입해야 할지 회피해야 할지 선택의 기로에 서 있을 때 해군 중앙의 수뇌부에 해군성 출신자가 거의 없었다는 사실을 어떻게 받아들여야 할까요?

해군대신 오스미 미네오, 해군차관 하세가와 기요시, 군령부총장 후시미노미야, 군령부차장 다카하시 산키치와 후임인 가토 다카요시, 연합함대 장관 스에쓰구 노부마사와 후임인 다카하시 산키치, 참모장 요시다 젠고와 후임인 도요다 소에무, 요코스카의 진수부 장관 나가노 오사미와 후임인 스에쓰구 노부마사, 해군대학교 교장 이노우에 쓰기마쓰, 이들이 쇼와 8년에서 19년 무렵까지 활약한 해군의 중진들입니다. 모두 대영미 강경파 또는 팔방미인과 같은 제독들인데 그중 특히 후시미노미야의 입김이 가장 컸습니다. 후시미노미야는 따르는 이가 많았고, 그에게 잘보이면 출세한다는 말까지 있었습니다. 그런 함대파가 중심 구성원이 되었으니 윗자리뿐만 아니라 중견 클래스까지 모두 대영미 강경론으로 굳어져갑니다.

쇼와 9년 7월 2일 조간에 다음과 같은 기사가 실렸습니다.

연합함대 간부들이 연서한 상신서 제출
목하 구주 방면의 해상에서 연습 중인 연합함대에서는 내외의 시국을 거울삼아, 특히 내년에 있을 군축회의에 대비해서 각 함장급 이상 60명이 연서하여 전 해군의 의지를 대표하는 중대한 의미를 가지는 상신서를 제출했다. 먼저 스에쓰구 사령장관을 통해 하루 이틀 전에 후시미노미야 군령부총장 전하에게 처음으로 올렸고 오스미 해상, 최고참 군사참의관인 가토 히로하루 대장에게도 제출했다.

나구모 주이치 대좌가 선두에 서고 연합함대의 사령관과 참모 클래스의 간부 전원이 서명해서 함대파의 수뇌부에게 상신서를 제출했다는 것입니다. 참고로 나구모 주이치 대좌는 진주만 공격 시 기동부대를 지휘한 인물입니다. 상신서를 제출한 배경에는 워싱턴 군축회의 유효기간이 마감되는 쇼와 11년에 조약을 연장할 것인지,

개정할 것인지, 아니면 폐기할 것인지를 정해야 되는 사정이 있었습니다.

一. 다음 해의 군축회의에 당면한 우리나라는 하루라도 빨리 기존 조약에서 이탈하기 위해 기회를 보아서 워싱턴 조약의 파기를 통고해야 할 것이고, 다음 해의 군축회의에서 국방 자주권의 확보, 군비권의 평등 원칙을 수립하기 위해서라도 신속하게 통일된 대책이 확립되기 바란다.

二. 이 중대 시국에 선처하기 위해서는 한시라도 빨리 국내의 정국 불안을 일소하고 조속하게 국민의 전폭적인 신뢰를 받아 공명하고 강한 정치를 할 수 있는 내각이 출현되기 바라는 바다.

주목할 만한 점을 하나 말씀 드리자면 一은 비율이 5 대 5 대 3인 군축회의에서 탈퇴해서 대등한 군비를 정비하자고 말하고 있고, 二는 해군 군인이 정치에 참견하고 있는 것을 보여주고 있습니다. 이런 것을 아무렇지도 않게 써서 제출한 것입니다. 2·26사건을 일으킨 청년 장교들의 심정과 그리 달라 보이지 않습니다.

해군을 실제로 움직이고 있는 중견 클래스가 강경론을 펼쳤으니 워싱턴 군축조약은 풍전등화가 따로 없고, 실제로 쇼와 9년 12월 3일 정부는 조약을 단독으로 폐기할 것을 결정합니다. 이 조약은 군비가 미국 5, 영국 5, 일본 3이라는 비율인데, 생각하기에 따라서는 그 범위 내에서 서로 병력의 안정을 조율한다는 것으로 군함 건조를 경쟁할 필요가 없으니 평화 유지를 위해서 정말 바람직한 조약이라고 할 수 있습니다. 그러나 이 비율을 해군 군인들은 인정할 수가 없었습니다.

조약 폐기를 미국, 영국 등에 통고한 날 가토 히로하루 대장은 그해 5월에 죽은 도고 헤이하치로 원수의 산소에 성묘를 했습니다. 그 후에 측근의 집에 들렀는데 마침 주인이 자리를 비운 탓에 놓고 돌아갔다는 명함에 이렇게 써놓았다고 합니다.

제국해군 갱생의 여명을 맞이하여 지금 도고 원수의 묘를 찾아뵙다. 어느 정도 영혼을 위로해드렸다.

과연 이것이 일본 해군의 여명, 새로운 출발의 날이었는지는 의문스럽기 그지없습니다.

워싱턴 조약을 지키고 있는 상태를 'naval holiday(해군의 휴일)'라며 휴일이라는 표현을 쓸 정도로 전 세계의 해군이 조용한 날들을 보내고 있었는데, 일본이 군축회의에서 탈퇴할 것을 결정하자 서로를 묶고 있던 속박이 없어졌으니 미국과 영국도 군함을 다시 만들어 나가기 시작합니다. 그렇다면 일본 해군은 그 평화로운 상태를 박차고서 대체 무엇을 하려던 생각이었을까요?

초대전함을 건조해야 한다

이후에도 종종 나오게 되는 해군 군인, 이시카와 신고 중좌가 군축조약을 지키고 있던 쇼와 8년 10월 〈차기 군축대책 사견〉이라는 장문의 의견서를 제출했습니다. 간단하게 말씀 드리자면, '만주사변으로 인해 일본의 아시아 정책은 정면충돌했고 미국은 동양진공작전에 필요한 제반 준비를 착착 진행하고 있다. 그뿐만 아니라 영국, 소련도 음으로 양으로 미국을 계속 지원하고 있다. 이런 때에 이들에 대항해서 침략 의도를 불가능하게 만들기 위해서는 군축조약에서 탈피하여 병력을 균등하게 만드는 것이 절대적인 조건이다'라는 내용입니다.

군축조약에서 탈피할 것을 강력하게 호소하며 탈퇴를 해도 괜찮다고 단언하고 있습니다. 일본의 산업과 문화도 장족의 발전을 이루고 있고 만주 경영도 제대로 이루어지고 있으므로 무조약 시대에 들어가도 걱정할 게 없다, 이것을 기회로 삼아 파나마 운하를 통과할 수 없는 초대전함을 5척 건조하고 전함을 중심으로 일본의 상황에 맞는 고효율적인 군비를 충실하게 갖춘다면 미국에 대해 확실히 승산이 있을 거라고 설득합니다.

해군 중견 클래스의 대영미 강경론의 대표적인 의견서라고 할 수 있는데 이 의견에는 누구나 할 것 없이 동의했습니다. 그 배경에는 '워싱턴 회의는 결국 미국의 승리, 일본의 패배이고, 루스벨트 이래 미국이 펼친 아시아 전략정책이 성공했음을 보여주는 것이다. 그리고 런던 군축회의는 미국에 관한 한 군축이 아닌 군확이자 일본을 굴복시켜 만든 미국의 평화 유지다'라는 생각이 깔려 있었던 것입니다. 다시 말해 일본은 국제 협조라고 말하면서 자랑스러워하고 있지만 실제로는 미국이 생각하는 대로 조종을 당하는 대패배라는 것입니다. 그러니 naval holiday는 일본에는 완전한 굴욕이라는 것입니다.

이제는 군축회의에서 탈피할 수밖에 없지 않느냐는 분위기가 만들어진 쇼와 9년 10월, 군함의 건조와 수리 등 군함의 전반을 통괄하는 해군함정본부에 군령부가 무리한 요구를 해왔습니다.

'46센티미터 주포主砲 8문 이상, 속도 30노트, 파나마 운하를 통과할 수 없는 초대전함을 건조해야 한다.'

46센티미터 주포라는 것은 말로는 이미지화하기 어려운데 일반적인 군함의 주포는 40이나 42센티미터입니다. 그런 주포도 탄환이 3만 5천 미터나 날아가는데 46센티미터면 4만 미터는 날아갑니다. 상당히 큰 탄알을 쌓아야 하므로 전함의 길이와 폭도 필연적으로 커지게 될 것이고 전함이 그토록 커지면 파나마 운하를 통과할 수 없습니다. 그 말은 미국도 지지 않으려고 똑같은 것을 만들 경우 태평양과 대서양 사이를 왔다 갔다 할 수가 없다는 말입니다. 대서양에 있던 것을 태평양으로 가져오는 데 남미대륙을 죽 돌아서 올 수밖에 없으므로 어마어마한 시간을 소비할 수밖에 없습니다. 미국에는 상당히 불리한 일입니다. 그러니 일본군은 절대로 미국에 질 수가 없고 반드시 우승할 것이라고 생각합니다.

이렇게 군축조약을 탈퇴하고 그와 동시에 초대전함을 건조하기 시작합니다. 그 전함은 이후 전함 야마토, 전함 무사시가 됩니다.

이들 전함은 극비리에 만들어졌는데 설령 완성 직전에 미국에 발각되어 아무리 급히 대항한다 해도 1년 이상이나 일본은 미국의 우위에 설 수 있다고 흥분했습니다. 해군은 미국과 일본의 전함이 충돌하면 미국의 전함을 격침할 수 있을 거라면서 러일전쟁 때의 해전을 마음속으로 그리고 있었습니다. 적의 대포는 사정거리가 짧아 일본 전함을 공격할 수 없지만 일본 전함의 대포는 충분히 사정거리를 확보하여 포탄을 날려 보낼 수 있으니 적을 눌러버릴 수 있다는, 정말로 화려하고 꿈만 같은 이야기입니다. 군인은 항상 과거의 전쟁을 싸운다는 말을 자주 듣는데 일본 군대는 그 말 그대로 과거의 전쟁만을 표본으로 삼을 뿐 병기의 진보나 세계정세의 변화를 예측하여 싸움에 임하는 일은 거의 없는 것 같습니다.

하지만 누가 뭐라 해도 일본이 메이지 시대부터 발전할 수 있었던 건 영국과 동맹을 맺었기 때문일 것입니다. 러일전쟁에 이길 수 있었던 것 역시 영국과 동맹을 맺었기 때문이고 러일전쟁에서 승리했다고 인정받은 것도 미국의 시어도어 루스벨트 대통령이 중재를 해준 덕분입니다. 따라서 일본은 앵글로색슨과 협력을 하거나 적어도 적대 관계에 있지 않아야 효과적으로 국가 발전을 도모할 수 있습니다. 그럼에도 불구하고 일본은 그런 미국과 영국이 사이좋게 지내자면서 정한 군축조약이 너무나 불만스럽기 짝이 없었습니다. 2개의 군축조약을 맺었을 무렵부터 특히 영국에 대해서 감정의 변화가 보이기 시작했습니다.

워싱턴 조약을 맺을 때 미국은 영일동맹의 폐기를 요구했습니다. 만일 미국과 일본이 전쟁을 벌일 경우 일본과 동맹을 맺고 있는 영국까지 상대하게 되면 비율이 5 대 8이 될 것입니다. 미국으로서는 당연한 요구라 할 수 있습니다. 그러나 이 동맹을 폐기할 무렵부터, 일본 해군은 사이가 좋았던 영국을 오히려 적대시하기 시작합니다.

일찍이 제1차 세계대전 때 그런 싹이 보이긴 했습니다. 이때의 영일동맹에 기초해서 일본 해군은 지중해까지 와서 영국 해군을 응원했는데 이 무렵부터 조금씩 '혹시 영국의 생각에 조종당하고 있는 것은 아닌가'라는 의구심이 싹트기 시작합니다. 하지만 아직까진 그리 강한 것은 아니었습니다. 그런데 영일동맹을 폐기하고 쇼와에 들어오고 나서 영국, 나아가서는 미국에 대한 감정이 악화되어갔습니다. 그 이유를 정리한 문서가 있습니다. 조금 이른 이야기가 될지 모르겠지만 쇼와 13년(1938) 9월에 해군 군령부가 정리한 〈대영 감정은 왜 악화되었는가?〉라는 글에서 일본 해군이 나름대로 독자적인 분석을 해놓았습니다. 내용이 매우 길어서 우선 간접적인 원인을 간단하고 알기 쉽게 정리하면,

一. 제1차 세계대전 때 영국은 일본을 마음껏 이용하고 종전 후에 강화를 할 때는 빵 부스러기조차 주지 않았다. 그리고 최근에 와서는 일본의 무역에 대해 전면적인 박해를 가하기 시작했다.

二. 영국은 일본 민족이 발전해 나가는 것이 마음에 들지 않는지 모든 면에서 압박을 해온다(그에 관한 예를 많이 들었다). 영국이 정치적, 경제적으로 지배하고 있는 아시아에서는 더욱 그러하다. 근래 중국이 배일정책을 취하고 있는 것, 네덜란드령 동인도(현재의 인도네시아), 그 밖의 국가들이 실로 오만불손한 태도를 취하는 것도 전부 영국이 배후에서 지원을 해주면서 부채질을 하고 있기 때문이라는 걸 확신한다.

三. 자국의 과거 식민지정책은 완전히 잊은 채 일본이 하고 있는 것을 하나하나 침략, 부정행위라고 부르고 로이터와 그 밖의 신문들을 총동원해서 세계의 여론이 반일로 향하도록 만들고 있다. 영국이 각국을 유인하여 대일 포위망을 만들어가고 있다.

라며 실제 예를 들어 세 가지 이유를 제시하고 어째서 이런 국가와 일본이 사이가 좋았던 걸까, 라며 푸념까지 했습니다.

그리고 '최근에는, 특히 지나사건 때의 영국의 태도는 일본에 대한 적의를 완전히 드러내고 있다고 단언할 수 있다'며 16페이지에 걸쳐서 그 이유를 나열하고 있습니다. 그리고 중일전쟁이 일본 뜻대로 되지 않았던 것은 영국이 뒤에서 여러모로

중국을 응원해주고 있었기 때문이라고 했습니다. 그리고 직접적인 원인으로는 일본에 대한 영국의 태도가 오만불손했다는 것을 들고 있습니다. 일본을 삼등국 취급 하고 있는 것은 메이지유신 때의 파크스 공사의 동갈(恫喝)*¹과 다를 바가 없으며 일본을 국가로서 인정하지 않는 불손한 태도를 용서할 수 없다는 것입니다.

해군 군령부 자체의 분석이므로 해군 모두가 그렇게 생각했다고 할 수 있을 것입니다. 결론적으로 〈영일 국교 회복의 열쇠〉에서는 이렇게 말하고 있습니다.

> 영국은 자국의 번영을 위해 아시아에서 일본의 생존권을 희생시킨 것에 대해 반성조차 하지 않는다. 지나의 배일, 반일 정부를 조장, 육성한 결과가 오늘날의 중일분쟁이다. 따라서 영국이 일본을 압박하고 아시아에서 번영을 기도하고자 하는 근본 방침을 바꾸지 않는 한 영국과 일본의 국교 조절은 상당히 곤란하다고 말할 수밖에 없다.

간단하게 말하면 결국 영국은 자국의 번영을 위해서 일본의 모든 권익을 인정하지 않는다, 중국을 부추겨 배일, 반일 운동을 하게 만들고 있다, 이런 태도를 고치지 않는 한 일본은 영국과 앞으로 잘해 나갈 수 없다, 영국은 이미 적이라고 결론을 내리고 있습니다. 그리고 당연하게 영국의 뒤에는 같은 앵글로색슨인 미국이 있으므로 영국을 가상 적국으로 만드는 것은 미국과의 충돌을 각오하고 있다는 셈이 됩니다.

그렇지만 해군에 그런 생각을 하는 사람들만 있었던 것은 아닙니다. 요나이 미쓰마사나 야마모토 이소로쿠나 이노우에 시게요시와 그를 따르는 사람들은 일본 해군의 위험한 사고방식과 정책은 일본을 위험한 방향으로 이끌 거라며 상당히 견제했습니다. 그러나 해군 중앙은 쓸데없는 소리 하지 말라며 미국과 영국에 대한 적개심을 강화해 나갑니다. 사정이 이러하니 세계로부터 고립되고 있는 히틀러가 이끄는 독일이 동지로 부상하게 된 것은 필연적이라 할 수 있습니다.

쇼와 11년 3월, 제3함대 참모장인 이와무라 세이치 소장은 위험하기 그지없는 해군 중앙의 사고방식에 대해서 자신의 의견을 말했습니다.

제국은 아직까지는 신이 나서 영미와의 충돌을 유인하는 것 같지만 시기가 맞지 않다. 제국의 외교를 정상적인 궤도에 올려 일정한 때와 순서를 통해서 장차 국가가 진전할 수 있도록 노력해야 한다. 단지 기세만을 올려 전쟁을 벌이려고 안달이 난 나머지 자신을 모르고 적도 모르고 준비도 하지 않은 채 군사를 일으키는 것은 가장 경계해야 할 일이다.

강경하게 밀어붙이지만 일본의 국력을 보면 영미와 충돌한다는 것은 말도 안 되는 이야기다, 외교를 통해서 서서히 국가를 발전시키는 편이 좋다, 기세만 가지고 제대로 준비도 안 되어 있고 정의도 없는 전쟁을 일으키려 덤빈다면 말도 안 되는 사태가 초래될 거라고 경고하고 있습니다. 확실히 이런 사람도 있긴 있었습니다. 하지만 유감스럽게도 극히 소수였고 너무나 힘이 약했습니다.

이상이 당시 해군의 대체적인 상황입니다. 육군에서 2·26사건에 의해 통제파가 천하를 쥐게 되고 대중국일격론이 중일전쟁으로 구체화되어갈 무렵, 해군에서도 대영미 강경론이 점차 지배적이 되었다는 것을 지적해둘 필요가 있습니다.

이처럼 육해군의 기세를 등에 업은 일본은 비상시라는 말을 자주 외치며 점점 강고한 총력전 태세를 만들어야만 하는 상황에 빠졌고 국민은 종종거리며 그 뒤를 쫓아갑니다.

국가총동원상 필요가 있을 때

당시 일본정부는 앞서 말씀 드렸듯이 장개석을 상대하지 않겠다며 유아독존적인 말을 내뱉은 고노에 후미마로 내각이었습니다. 국민정부를 상대하지 않았기에 중일 전쟁은 화평할 기회를 얻지 못하고 철저하게 상대를 타도할 때까지 계속해야만 했습니다. 그런 중국에는 뒤에 영국과 미국이 버티고 있으므로 언젠가 그들과 정면충돌해서 세계전쟁이 벌어질 위험에 항상 노출되어 있었습니다.

그때 고노에 내각은 육군 통제파가 앞서 말씀 드린 〈육군 팸플릿〉(쇼와 9년)에서 제창한 국가총동원체제를 빨리 만들어야 한다는 의견에 동조했습니다. 그리고 그 체제의 완성을 목표로 하여 쇼와 13년(1938) 1월 회의에 국가총동원법을 제출합니다. 이 체제가 완성된 것은 쇼와 13년, 즉 지나사변이 시작되고 일본 정부가 장개석를 상대하지 않겠다고 밝힌 직후이지만, 정말로 심각해진 것은 다음 해인 쇼와 14년 정도부터입니다.

그 내용은 국민을 마음대로 징용할 수 있다, 임금을 통제할 수 있다. 물자의 생산, 배급, 소비 등을 통제할 수 있다, 회사의 이익을 제한할 수 있다, 무역을 제한할 수 있다고 하는 것이니 전쟁을 위해서 비상시에는 국민이 기득권을 전면적으로 정부에 양도해야 된다는 것입니다. 군수품을 충분히 만들어 군대에 보내고 육해군에 끊임없이 전투력을 공급하며 생필품을 보급해서 경제의 안정을 확보한다는 명목하에 총력전을 펼칠 수 있는 국방국가를 만들기에 급급했는데 국방국가를 건설하는데 이 법률은 필수 불가결했습니다.

이에 대해서는 기성 정당인 정우회나 민정당이 맹렬히 반대했습니다, 당연한 이야기입니다. 예를 들어, 조문의 제4조에 있는 내용입니다.

정부는 전시 중 국가총동원상 필요할 때는 칙령이 정하는 바에 따라 xxx할 수 있다.

이 xxx에는 문구가 들어 있지 않습니다. 그러므로 상황에 맞추어서 1만 명을 징용한다, 일본제철을 철야로 작업시킨다 등, 아무 말이나 들어갈 수 있습니다. 즉 칙령이라고 하는 것은 천황의 명령이므로 정부는 전쟁을 수행하기 위해서 무슨 일이든 할 수 있다고 말하고 있는 것입니다. 이것은 말도 안 되는 이야기로 위헌적이라고 할 수 있습니다.

회의가 열리자 이 법안을 둘러싸고 격론이 벌어졌습니다. 쇼와 13년 2월 24일, 맨 처음에 질문한 사람은 민정당의 사이토 다카오 중의원이었습니다. 이 사람의 이름은 뒤에도 또 나옵니다.

그 연설의 내용은 '중일전쟁이 예상 외로 확대되었다. 이렇게 되면 어떻게 해서든 국방을 강화해야만 한다는 것은 알고 있다. 하지만 이 정도로 광범위하게 정부에 모든 것을 위임하는 법률은 인정할 수 없다. 이것은 거꾸로 말하면 정부가 마음대로 천황의 비상대권을 제한하는 것이다. 이건 대권간섭이 아닌가. 헌법에는 국민의 권리·의무를 제한하려면 의회의 협조가 필요하다고 되어 있는데 이 법안이 통과되면 의회주의를 무시하고 정부가 모든 것을 결정할 수 있게 되고 만다'라는 반대 의견이었습니다.

그 후 매일같이 민정당과 정우회의 언변이 좋은 중의원들이 나와 논의를 가열시킵니다. 한심한 것은 고노에였는데 대답하기가 곤란했던지 몸 상태가 좋지 않다며 회의에 자주 나오지 않았습니다. 그런 어수선한 상황 속에서 유명한 이야기가 2개 나옵니다.

3월 3일, 총동원법을 논의하는 위원회에서 끈질기게 질문을 하는 사람이 있었는데, 그 질문에 육군성 군무국원인 사토 겐료 중좌가 일일이 대답했습니다. 육군은 대체 무슨 생각을 하고 있냐는 극단적인 질문에 대해 사토 중좌는 길고 똑같은 답변을 몇 번이나 했습니다. 그 모습에 화가 난 정우회의 미야와키 조기치 중의원이 "이제 그만하라!"면서 야유를 마구 퍼붓자 사토 중좌도 참지 못하고 마침내 "입 다물어!"라고 큰 소리로 외쳤습니다. 참고로 미야와키 조기치 중의원은 기행작가로 유명하며 최근에 사망한 미야와키 슌조의 아버지입니다. 어쨌든, 설명을 해야 할 의무가 있는 자가 국회의원을 향해서 위협을 하다니 대체 어찌 된 일이냐며 분규가 일어나 위원회에서는 큰 소동이 벌어졌습니다. 결국에는 다음 날 스기야마 하지메 육군대신이 큰 사죄를 하는 사태가 벌어졌습니다. 하지만 이걸로 일단은 정리가 되었습니다. 이걸 보면 육군의 횡포가 심했다고는 해도 쇼와 13년 3월에는 아직 회의를 통해 육군의 기를 꺾을 힘은 있었다고 할 수 있습니다.

이런 어처구니없는 사건도 있었지만 정우회나 민정당은 어떻게든 조금이라도 법안을 제한할 장치를 마련하려고 노력했습니다. 그런데 놀랍게도 좌익이 이 법안에 대찬성을 했습니다. 당시 유일한 혁신 정당이라고 할 수 있는 사회대중당은 몇 번이나 찬성론을 펼쳤습니다. 현대적인 시각에서 보자면 좌익세력은 계급투쟁을 통해서 자본주의를 개혁, 타도하려는 생각을 가지고 있는데 이런 식으로 국가사회주의적인 논의를 주장하다 보면 자본주의도 타도할 수 있지 않을까 생각했던 것 같습니다. 모순되고 엉터리 논리이지만 그렇게 하다 보면 혁신으로 이어질 수 있을 거라고 착각한 것입니다. 그래서 여기서 또 하나의 사건이 일어나게 됩니다.

스탈린처럼 대담하게

3월 16일은 바로 국가총동원법안이 통과되어 성립한 날이기도 한데, 사회대중당의 웅변가인 니시오 스에히로 중의원이 단상에서 대연설을 했습니다. 재미가 있으니 한번 인용해보겠습니다. 니시오 스에히로 중원은,

"3월 14일은 〈5개조의 맹세문〉*²이 탄생한 지 70년째가 됩니다. 맹세문의 모두는 '일본에 일찍이 없던 변혁을 이루고자' 라는 문장으로 시작합니다. 정말이지 오늘날

에도 일본은 이전에는 볼 수 없는 변혁을 하고 있습니다. 맹세문 속에는 구래의 인습을 타파하고 천지의 공도에 기초해야 한다는 취지의 문장도 들어 있습니다. 고노에 수상은 이런 정신을 높이 사서 일본이 나아가야 할 길은 이것이라고 더욱 대담하고 솔직하게 말합니다. 히틀러처럼, 무솔리니처럼, 아니면 스탈린처럼 대담하게 일본이 나아가야 할 길을 걸어가야 한다고 생각하고 있습니다. 오늘날 일본이 원하고 있는 것은 확신에 찬 정치지도자입니다."

라고 말했습니다. 일본은 독재정권은 아니므로 히틀러는 너무하긴 했지만, 어쨌든 히틀러처럼, 무솔리니처럼까지는 그렇다고 해도 마지막에 스탈린처럼이라고 말한 순간 회의장은 완전히 뒤집어졌습니다. 화가 난 민정당과 정우회는 대체 무슨 생각을 하고 있느냐며 펄쩍펄쩍 뛰면서 심한 야유를 퍼부었는데 니시오는 별로 개의치 않아 했습니다.

"지금은 세계가 개인주의에서 상호주의로, 자유주의에서 통제주의로 진전을 하고 있다."

"지금 약진을 하고 있는 일본으로서는 역사적인 사명을 이루기 위해서 충실한 국방력이 절대적으로 필요하다."

"노동자는 노동을 하여 국가에 보답하고, 재력이 있는 자는 재력을 가지고 국가에 보답하는 것이 애국심의 구체적 표현인데 이것을 조직화하고 총동원법에 기초한다면 앞으로의 전쟁에서 승리할 수 있다."

라고 마지막까지 하고 싶은 말을 다했습니다. 그리고 자리로 돌아갔는데 주위가 시끌벅적한 것을 보고는 그제야 자신의 연설이 큰 문제가 되고 있다는 것을 눈치 채게 됩니다. 그래서 변명을 하려고 다시 단 위로 올라가 '히틀러처럼, 무솔리니처럼, 아니면 스탈린처럼'이라는 문장을 모두 삭제하고 싶다고 말했지만 정우회와 민정당 의원은 승복하지 않고 회의는 대혼란에 빠졌습니다. 어쩔 수 없이 의장이 니시오 의원을 징벌하는 것으로 수습했습니다.

그런데 재미있게도 니시오 의원이 열심히 변명을 하고 있는데도 불구하고 의원

중에는 여기에 찬성하는 사람도 있었습니다. 오자키 유키오가 니시오 의원의 뒤에 등장해서는,

"나도 한마디 하겠다. 고노에 수상은 자신감을 가지고 히틀러처럼, 무솔리니처럼, 아니면 스탈린처럼 대담하게 일본이 나아가야 할 길을 국민에게 보여주었으면 한다. 니시오 의원은 비록 이 말을 취소했지만 나는 취소하지 않겠다. 니시오 의원을 제명하기 전에 나를 제명하라."

라고 응원연설을 한 것입니다. 지금 보면 그렇게 중요한 국가의 일을 정하는데 대체 무슨 짓들을 하고 있는 건지 한심한 생각이 듭니다. 결과적으로는 니시오 중의원만이 제명되었습니다.

그런 소란을 거쳐 3월 17일에 법안은 통과되었습니다. 국가총동원법이 완성되고 드디어 여러 과정을 밟아 일본의 군국주의화는 진행됩니다.

그리고 또 하나, 쇼와 13년 11월의 회의에서 고노에 내각이 어떤 성명을 발표합니다. 이른바 〈동아신질서성명〉입니다.

장개석을 상대하지 않겠다고 한 뒤 중일전쟁은 이제 교섭할 상대가 없어져버렸습니다. 그래서 일본이 생각해낸 것이 국민정부 시대에 장개석과 겨루었던 또 다른 우두머리 왕조명으로, 그를 내세워 새로운 정권을 구축하게 하고 그 새로운 정부와 교섭해서 어떻게든 전쟁을 해결하고자 했습니다. 그렇게 되면 장개석의 국민정부는 일개 지방정권에 지나지 않게 되니 중앙정권인 왕조명 정부와 일본이 협력해서 아시아(당시에는 동아라고 했습니다)의 평화를 회복할 수 있을 거라고 생각했습니다. 그러기 위해서는 슬로건이 필요했는데 그때 〈동아신질서성명〉이 나오게 됩니다. 지금까지 해 왔던 것처럼 중국은 건방지니 무찔러야 한다고 말해서는 세계적으로 인정받을 수가 없을 것입니다. 그래서 중일전쟁은 아시아의 안정을 확보하기 위한 전쟁이며, 일본과 만주국과 왕조명 정권의 중국이 손잡고 아시아에 새로운 질서를 부여하기 위한 것이라는 대명목을 만들어서 역사적으로 의의가 있는 전쟁이라고 주장합니다.

그 이면을 살펴보면, 당시 히틀러의 나치 독일이 급속하게 힘을 키워 유럽에 신질서를 만들 필요가 있다고 외치고 있었는데, 이와 맥락을 같이하듯 일본도 아시아에서 동아신질서를 만들자고 슬로건을 만든 것입니다.

이 구상은 점점 커져서 서구 열강의 식민지인 아시아 국가들의 해방이라는 사상으로까지 발전하게 됩니다. 그때까지 일본은 메이지, 다이쇼, 쇼와에 걸쳐서 현실적으로는 친구미 노선과 유럽의 국제질서를 따라왔습니다. 예를 들어, 유럽 중심의 국제법을 지킨다는 형태로 일본은 워싱턴 체제에 참가했습니다. 그런데 여기서 동아신질서를 발표했다는 것은 새로운 질서를 만들려고 한다는 것을 세계에 표명하는 것과 마찬가지입니다. 일본이 지도자가 되어 아시아에 새로운 질서를 만들어가고 있으니 유럽제국이나 미국은 쓸데없는 참견을 하지 말라는 태도이기도 합니다.

그러므로 이 성명을 발표함으로써 일본은 장개석을 무시한 것과 마찬가지로, 미국을 포함한 서구 열강과도 인연을 끊겠다는 것을 세계에 표명한 것이 됩니다. 이즈음부터 잡지 저널리즘의 세계는 동아신질서 일색이 됩니다. 미영 협조주의, 국제법 준수주의를 주장하는 사람들이 논단에서 서서히 퇴장하게 되었으며 남은 사람들은 일본이 아시아 신질서를 만들어야 한다고 써대기 시작합니다. 이렇게 일본은 점점 세계 속에서 고립되어갑니다.

그리고 미국은 이 성명을 듣고 완전히 경직되었습니다.

노몬한의 비극

이상이 쇼와 13년 말까지의 일본의 정세입니다. 쇼와 14년(1939)에 들어서면 국가총동원법이 강화되어 영미와 종종 충돌하게 됩니다. 한편, 유럽에서는 히틀러가 신질서를 만들겠다는 대방침하에 체코슬로바키아, 폴란드 등 동쪽으로 세력을 넓혀 가고 있었습니다. 이처럼 급속하고 격렬한 세계 변동 속에서 일어난 것이 노몬한사건입니다. 쇼와 14년 5월 중순에서 8월 말까지 만주 서북부의 노몬한을 중심으로 하는 광대한 호롱바일 초원에서 관동군, 만주국군과 극동 소련군, 몽고군이 대격전을 펼치게 됩니다.

사건은 일본이 만주국을 만들어서 국방의 생명선으로 만들고 관동군이 그 뒤를 막아준다, 즉 만주국에 손을 뻗으면 관동군이 나서겠다는 태도를 확실하게 보여준 직후에 일어났습니다. 이걸 전쟁이라고 하지 않고 사건이라고 한 것은, 서로 선전포고를 한 것이 아니고 상대방이 국경선을 넘어서 영역 내로 침략해 온 단순한 국경분쟁으로 본래대로라면 금방 끝나버릴 이야기이기 때문입니다. 그러나 양쪽 모두가 대군을 이끌고 나와서 전쟁이 벌어지게 된 것은 무슨 이유일까요?

만주의 방위를 담당하고 있던 관동군의 입장에서 볼 때 만주국이 만들어진 뒤에 기껏 해보았자 게릴라 부대(당시는 비적이라고 불렀습니다)와의 자잘한 싸움 정도밖에 없었고, 대부대 단위로 훈련연습을 하거나 훈장을 받을 만한 전투는 벌어진 적이 없습니다. 그런데 군인들은 전쟁을 해서 훈장을 받지 않는 한 좀처럼 출세하기가 힘듭니다. 중국대륙 쪽에서는 전쟁이 벌어져 연전연승하며 훈장도 받고 진급도 하는 영예를 얻는 등 위세가 당당한데 일본의 생명선을 지키고 있는 무적 관동군이 어정쩡한 상태로 있는 것은 참을 수가 없었을 겁니다. 하지만 육군 중앙으로서는 관동군이 쓸데없는 일을 벌여서 소련과의 국경선에서 대전쟁이라도 일으키면 큰일이므로 당분간 조용히 있으라고, 가능한 한 분쟁을 일으키지 말라고 정밀명령을 내렸습니다.

그런데 관동군은 이 명령을 받자, 공격을 받아도 되받아칠 수가 없다면 그냥 앉아서 당하라는 말이냐며 불만이 매우 커졌습니다. 그래서 국경분쟁이 생길 경우에는 이런 식으로 하자며 독자적인 방침을 정해버렸습니다. 그 사실이 도쿄의 육군 중앙에 발각될 수 있는 아슬아슬한 상황에 바로 노몬한에서 국경분쟁이 일어난 것입

노몬한 주변도.

니다.

당시 만주국과 소련 몽고가 마주하고 있던 국경선은 4천 킬로미터에 달했으므로 그런 분쟁은 이전에도 곳곳에서 일어나곤 했습니다. 원래 소련군은 만주국을 인정하지 않았으므로 새롭게 만주국과 교섭해서 국경선을 정할 필요는 없었기에 이전에 청나라와 정해놓은 곳을 중국과 소련의 국경으로 삼았습니다. 그러므로 만주 측의 주장과 어긋나는 곳이 상당히 있었습니다. 노몬한의 경우 소련은 집락이 있는 곳까지를 몽골 영역이라 보았고 일본(만주)은 집락에서 서쪽에 있는 하루하 강을 국경선으로 생각했습니다. 그런데 호롱바일 초원은 양의 먹이가 되는 풀의 질이 상당히 좋습니다. 그러니 몽골 사람들은 국경 같은 것은 별로 의식하지 않고 예전과 마찬가지로 강을 건너서 초원으로 들어가곤 했습니다. 그러나 일본 입장에서는 하루하 강을 건너오는 것은 바로 국경침범이 됩니다.

이런 식으로 4천 킬로미터에 이르는 애매한 국경을 둘러싸고 우발적인 분쟁은 몇 번이나 일어났습니다. 예를 들어, 쇼와 11년 152회, 쇼와 12년 113회, 쇼와 13년에 166회, 특히 13년에서 14년에 걸쳐서는 그 숫자를 셀 수가 없을 정도로 빈번하게 발생했습니다. 그래도 육군 중앙은 무슨 일이 있어도 큰 전쟁이 벌어지지 않도록 억제하라고 명령을 하니 관동군으로서는 화가 치밀기도 하고 훈장 욕심도 생겨 만약 명백하게 침범해 오면 앞으로는 철저하게 싸우자고 계획을 세우고 있었습니다. 나름대로 독자적인 방침을 만들어 국경선을 지킬 부대를 배치하자마자 일어난 것이 노몬한 분쟁입니다. 일이 벌어지자 이제는 정해놓은 방침대로 하자며 제23사단이 전력으로 달려들었습니다.

노몬한 사건. 소연방의 감시하에 있는 일본군 포로(소연방 촬영)

모스크바에서 그 소식을 들은 스탈린은 펄쩍 뛸 듯이 놀랐지만 그와 동시에 이것
을 기회로 생각했습니다. 당시 나치 독일이 폴란드에 손을 뻗어 독일 땅으로 만들
가능성이 커져가고 있었습니다. 폴란드가 독일령이 되면 소련은 독일과 국경선을
접하게 됩니다. 히틀러는 저서 《나의 전쟁》에서도 써놓았듯이 공산주의는 박멸해야
된다고 항상 호탕하게 말하고 다닐 정도였으므로 독일이 바로 눈앞에 있다는 건 스
탈린에게는 상당한 위협이 됩니다. 독일이 주장하는 유럽신질서에 대처하려면 소련
역시 모든 힘을 쏟아부어야만 할 겁니다. 그런데 그때 저 멀리 북동의 만주에서 작
은 규모의 싸움이 일어나 관동군이 공격을 시작했다는 이야기를 듣자 스탈린은 '아
직 시간은 있다. 이 기회에 일본군을 무찔러서 아시아를 안정시킨 뒤 유럽에 전력을
쏟아붓자'라고 생각하게 됩니다.
　　그리고 명장인 주코프 장군을 총지휘관으로 하여 최신예의 전차부대, 중포부대

를 투입해서 일본군을 쳐부술 작전을 세웠습니다. 그러자 관동군도 제23사단 이하 다른 사단도 가세하여 전력을 다해 칼날을 세웠으니 단순한 국경분쟁이 대규모 전쟁으로 이어지게 된 것입니다.

《쇼와천황 독백록》에는 이렇게 쓰여 있습니다.

노몬한 방면의 소련과 만주(정확히는 만몽입니다) 국경은 명료하지 않아 불법침입 이라며 싸움이 시작되었다.

당시 관동군 사령관 야마다 오토조(정확히는 우에다 겐키치입니다)에게는 만주 국경을 엄수하라는 대명령이 내려졌으니 관동군이 침입해 온 소련병과 교전한 것은 이유가 있는 것이다. 그리고 공동방위협정에 따라 만주국 군인이 여기에 참가한 것도 정당하다.

그리고 국경선을 이대로 둘 수는 없다며 다음과 같은 말을 했습니다.

이 사건을 거울삼아 이후 명령을 변경해서 국경이 불명확한 지방과 벽지에서는 국경선을 엄수하지 않아도 될 것이다.

기술된 것은 이것뿐입니다. 이걸 보면 일본의 제23사단 약 2만 명 중 약 70퍼센트가 사상을 당해 사단이 소멸했을 정도로 대전쟁이 일어난 것을 아무래도 쇼와천황은 알지 못했던 것 같습니다. 생각해보면 정말로 우스운 일이 아닐 수 없는데, 그렇게밖에 생각할 수 없고 달리 해석할 방법이 없습니다.

전쟁은 의지가 강한 쪽이 이긴다

전투는 날이 갈수록 크게 벌어졌습니다. 육군 중앙이 말리는 것도 듣지 않고 관동군은 마음대로 공격을 해 나갑니다. 소련은 전차나 대구경포를 쏟아붓습니다. 말 그대로 처참한 전쟁이 되었습니다. 결과적으로는 일본 측은 5만 8천925명이 출동해서 전사 7천720명, 전상 8천664명, 그 외를 포함하여 합계 1만 9천768명이니 33퍼센트, 즉 3분의 1이 사상을 입었습니다. 보통 군대의 30퍼센트가 당하면 궤멸이라고 할 수 있습니다. 그 정도로 큰 손해를 입었습니다. 소련군도 몽고군을 포함하면 상당한 수의 사상자가 나왔는데, 2만 4천992명이라고 하므로 일본보다도 많습니다. 그리고 근래에는 경솔하게도 평론가 중에서 "노모한 전투는 일본이 이겼다."라고 말하는 사람도 적지 않게 있습니다. 물론 사상자 수만을 보면 일본 병사가 잘 싸웠다고 할 수 있지만 결과적으로 국경선은 상대방이 원하는 대로 되었습니다. 하루하 강이 아니라 노모한의 튀어나온 곳, 호롱바일 초원까지가 전부 몽고의 영토가 되었으니 일본군이 이겼다고는 할 수 없을 것 같습니다. 주코프의 지휘 아래 최신예의 전차, 중포, 비행기를 계속해서 투입해오는 소련군에 대해서 일본군은 총검과 맨몸을 사용한 백병공격으로 응전했으므로 그야말로 참담한 결과가 나왔습니다.

수색 제23연대장 이오키 중좌 자결, 제8국경수비대장 하세베 중위 자결, 보병 64연대장 야마가타 대좌 고립되어 자결, 야포 13연대장 이세 대위 고립되어 자결, 보병 62연대장 사카이 대좌 부상을 입고 후송 후 자결, 전 보병 71연대장 오카모토 대좌 입원 중 칼로 자결.

이처럼 일본군을 지휘해서 최전선에서 싸운 연대장은 거의 전사하거나 자결했습니다. 사카이 대좌처럼 전투상황을 심문당한 뒤 심문관이 권총을 두고 나가자 책임감에 자결한 비극도 있었습니다.

이 전투를 지휘한 관동군 작전참모는 핫토리 다쿠시로 중좌와 쓰지 마사노부 소

좌입니다. 핫토리가 말하길,

"실패의 근본 원인은 중앙과 현지 부대와의 의견의 불일치에 있었다고 생각한다. 양쪽은 각각 자신들 입장에 서서 판단한 것이니 어느 쪽이든 이유는 존재한다. 요컨대 의지가 통일되지 않은 채 계속 확대만 해 나갔다는 점에 최대의 과오가 있다."

라고 했습니다. 그리고 쓰지는 "전쟁은 지도자 상호의 의지와 의지의 싸움이다. 조금 더 일본이 힘을 냈다면 아마도 소련이 정전 신청을 했을지도 모른다. 어쨌든 전쟁이란 의지가 강한 쪽이 이긴다."

라고 했습니다. 두 사람 모두 나름대로 분석하고 있지만 그들의 말 속에서는 책임감이라는 걸 도저히 읽어낼 수가 없습니다. 정말로 한심한 이야기가 아닐 수 없습니다.

전쟁이 끝나고 나서 노모한사건 연구원회가 설치되어 군에서 반성할 기회를 가졌습니다.

전투의 실상은 우리 군의 필승의 신념 및 왕성한 공격정신과 소련의 우수한 비행기, 전차, 포병, 기계화된 각 기관, 보급의 윤택함이 백열적으로 충돌한 것이다. 일본군은 군국 전통의 정신위력을 발휘했고 소련군 역시 근대 화력전의 효과를 발휘했다.

일본은 필승에 대한 신념 및 왕성한 공격정신을 가졌고 상대방은 전차, 포병, 기계화된 각 기관, 충분히 윤택한 보급망을 가졌는데 이 둘이 충돌하여 상당히 불꽃 튀는 싸움을 벌였다는 결론입니다. 따라서

노몬한사건의 최대 교훈은 군국 전통의 정신위력을 점점 확충하는 동시에 저수준인 화력전 능력을 빠르게 향상시켜야 한다는 것이다.

라고 말하고 있습니다. 요컨대 지금부터는 더욱 정신력을 단련시킬 필요가 있다, 그리고 또 하나 수준 낮은 화력전 능력을 향상시키는 것이 좋다는 것을 알았다는 것입니다.

만약 이 전쟁이 승리전이었다면 화력전의 능력 향상에 대해서 말할 필요가 없었을 것입니다. 변명처럼 들립니다.

쇼와 14년 8월 전쟁이 끝난 지 2년 반도 지나지 않았는데 태평양전쟁이 시작됩니다. 저수준인 화력전 능력이 겨우 2년 반 만에 향상되었을 리가 없습니다. 노몬한사건의 진짜 교훈은 전혀 살펴보지 않았다고 말할 수 있을 정도입니다. 노몬한사건을 반성했다는 그림자는 어디에서도 찾아볼 수가 없습니다. 다만 핫토리 다쿠시로와 쓰지 마사노부의 마음속에만 남아 있었습니다.

'앞으로는 북쪽에 손을 내밀지 마라. 이번에는 남쪽이다.'

두 사람은 그렇게 확신한 것입니다. 그렇게밖에 생각할 수가 없습니다.

사건 후 군사령관과 사단장은 군을 떠나지만 참모들은 좌천이 되었을 뿐 죄는 묻지 않았습니다. 핫토리 다쿠시로는 쇼와 15년 10월에는 참모본부로 돌아와 작전반장이 되었고 다음 해인 16년 7월에는 작전과장이 됩니다. 그리고 쓰지 마사노부는 쇼와 16년 7월에 작전과로 돌아와 전력반장이 됩니다. 즉 노몬한사건으로 방대한 피해를 입힌 두 사람이 다시 참모본부의 작전과로 돌아와 이번엔 남쪽으로 눈을 돌리고는 아무 문제될 게 없다며 남진정책을 추진한 것입니다. 그러나 남진정책은 영국, 미국과의 정면충돌을 의미합니다. 참모를 징계하지 않는 것은 육군의 전통인가 봅니다.

뒤에 나올 이야기이지만 알고 계신 것처럼 태평양전쟁에서 일본은 처참하게 공격을 받고 무너집니다. 쇼와 19년(1944) 7월에 사이판 섬이 함락되어 더 이상 태평양전쟁에서의 승리는 없다는 것이 확실시되었을 때 작전과장이었던 핫토리 다쿠시로 대좌는 이렇게 말했다고 합니다.

"사이판 전투에서 우리 육군의 장비가 나쁘다는 것을 절실하게 알게 되었지만 지금부터 덤벼들어도 시간이 없다."

대체 무슨 말이냐, 노몬한 때 이미 알고 있었던 사실이 아닌가, 라고 말하고 싶은 마음이 굴뚝같습니다. 어쨌든 일본 육군은 그 정도로 많은 사람을 호롱바일 초원에서 희생시켰는데도 배운 것이 아무것도 없습니다. 쇼와사의 흐름 속에서 노몬한사건 그 자체는 전환점과 같은 큰 의미가 있는 것은 아니지만, 단지 이 결과를 조금 진지하게 생각해서 반성했다면 패배할 것이 뻔하다고 평가되는 대미영 전쟁에 바보처럼 돌입하는 일은 일어나지 않았을 수도 있었을 겁니다. 하지만 유감스럽게도 일본인은 역사에서 아무것도 배우지 못했다, 아니, 아무것도 배우려고 하지 않았다고 할 수 있습니다.

*1-파크스 공사의 동갈洞喝: 영국의 주일공사 해리 파크스(1828~1885)는 게이오 원년(1865)부터 메이지 16년(1883)까지 부임해 있는 동안 고압적인 태도로 근대일본의 형성에 큰 영향을 주고 일본에서 영국의 지위를 향상시켰다.
*2-〈5개조의 맹세문〉: 메이지 신정부가 메이지 원년(1868), 구습을 타파하는 것과 동시에 천황이 국가의 중심이라는 새로운 정치이념과 방침을 국내에 알린 것.

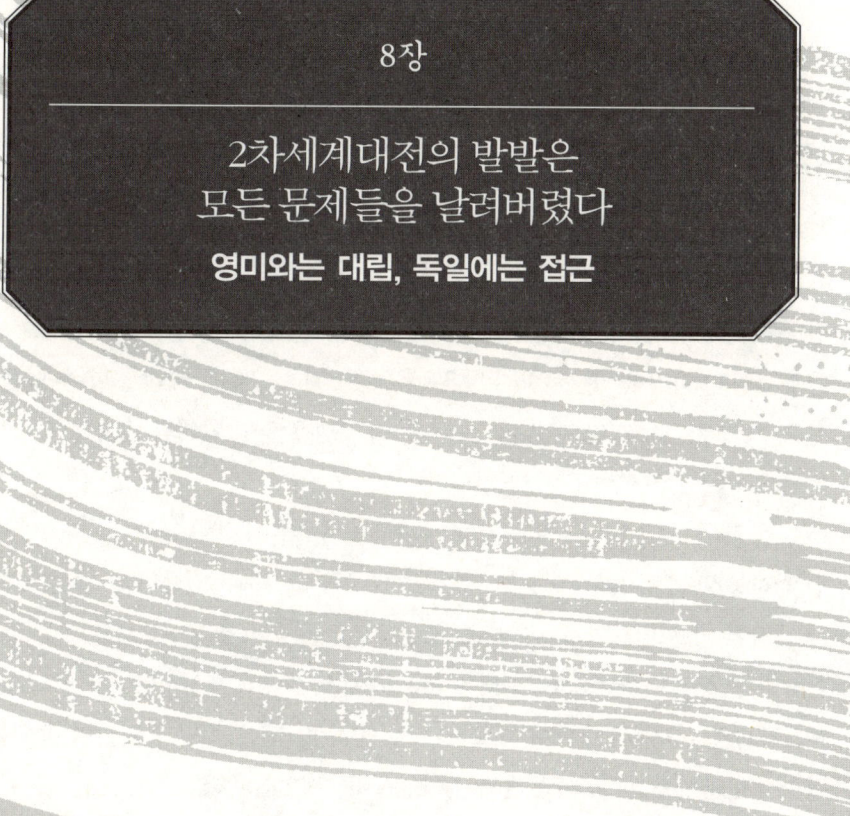

8장

2차세계대전의 발발은
모든 문제들을 날려버렸다

영미와는 대립, 독일에는 접근

양식 있는 해군 3인방의 고군분투

　지난번에는 노몬한사건에 대해서 단숨에 이야기해드렸는데 실은 그 이면에 외교와 국정에서 커다란 문제들이 있었으니 이번에는 그 이야기를 하려고 합니다.

　고노에 내각이 옴짝달싹 못한 것은 정우회나 민정당 또는 사회주의 정당 등 비판정당이 제대로 기능을 하고 있었기 때문입니다. 결과적으로는 조직력이 없는 인기, 단지 대중적 인기만 있는 총리대신은 아무래도 정계 운영을 제대로 할 수 없을 것입니다. 그래서 금세 그만두었다고 합니다. 이 사람은 금방 자리를 내팽개쳤지만 내각은 쇼와 13년(1938) 말에 총사직합니다.

　다음 해인 쇼와 14년 1월 5일, 히라누마 기이치로 내각이 발족합니다. 이 사람은 전 검사총장으로 기본적으로는 우익적 성향이라고 할 수 있습니다. 그런데 히라누마 내각이 막을 열자마자, 아니 그 바로 전부터 히틀러 총통이 이끄는 나치 독일이 이탈리아, 독일, 일본이 삼국동맹을 맺는 게 어떻겠냐고 제안하여 외교적으로 큰 문제가 되었습니다. 이 동맹은 히로타 고키 내각 때 맺은 독일과 일본의 방공협정을 강화시켜 군사동맹으로까지 발전시키자는 내용이었습니다.

　그런데 여기에 제동을 건 사람이 해군대신인 요나이 미쓰마사, 해군차관인 야마모토 이소로쿠, 그보다 조금 늦게 군무국장이 된 이노우에 시게요시였습니다. 이 3인방이 정면에서 삼국동맹에 반대했기에 히라누마 내각은 계속해서 각료회의를 열었습니다. 그뿐만 아니라 그 문제를 주로 다루는 5명의 각료, 즉 총리대신, 외무대신, 대장대신, 해군대신, 육군대신이 모인 오상회의를 실제 70회 이상 열었습니다.

　'오늘도 오상(5되와 발음이 같다.—옮긴이), 내일도 오상, 결국 한 말[斗]도 못 사는 내각'이라고 풍자되었지만 해군은 완고하게 승낙을 해주지 않아 옥신각신하고만 있었습니다.

한편, 육군은 대일 강경정책을 취하고 있는 영미에 대항하기 위해서, 나아가서는 소련이라는 오랜 적과 대항하기 위해서 독일과 동맹을 맺는 일을 찬성했습니다. 육군이 당시 무슨 생각을 하고 있었는지 잘 알 수 있는 문서가 남아 있습니다. 간인노미야 참모총장이 쇼와천황에게 이름도 긴 〈독이일 협정 체결에 관한 대본영 육군부의 의견〉이라는 글을 제출했습니다. 조금 길지만 인용하겠습니다.

본 협정은 원래 차기 세계대전에 대비하려는 데 안목을 두고 그에 적합한 규모와 분야에 대한 필연적인 운명을 통찰하여 미리 상대국과 방책을 준비하려는 것입니다. 이에 따른 효과를 자주적으로 이용해야 할 것입니다. 협정을 맺으면 우리의 방책도 성공할 수 있고 독일과 이탈리아의 대처 능력 또한 증대할 것입니다. 협정은 극동의 부담을 경감해줄 것이고 독일이 실력행사를 하면 우리의 대북방전 승리를 결정적으로 만들 것이며 이탈리아의 존재는 우리의 대남방 조치를 쉽게 해결해줄 것입니다. 전략상 가장 유리한 형태는 이탈리아가 영국을 억류시키고 독일과 협력해서 우선 소련을 각처에서 격파하는 것인데, 협정을 더욱 발전시켜 나간다면 삼국의 제휴와 국력 강화가 함께 이루어질 것이며, 이와 더불어 싸우지 않고도 좋은 효과를 거둘 수 있을 것입니다.
이런 정치 전략상, 소련과 영미를 격파하는 것은 차기 대전의 근본 방침임과 동시에 동아신질서 건설에 부과된 문제입니다. 이렇게 보면 제국이 참가를 해야만 비로소 우리의 방책이 성립할 수 있다고 생각합니다.

즉 육군은 필연적, 운명적으로 다음 세계대전이 일어날 것이라고 보고 있고 동맹 체결은 그에 대비하는 것이니 미리 동맹국과 어떻게 대처할 것인가 준비해야 한다,

나치 독일이 맹렬한 기세로 힘을 키우고 있으므로 유럽에서의 독일의 힘을 이용한 다면 일본으로서는 북방전력 즉 소비에트에 대한 전략이 유리해질 수 있다, 그리고 여기에 이탈리아도 가세한다면 아시아 방면의 전략도 상당히 유리하게 된다, 요컨 대 일본은 힘센 독일의 그늘에서 별 수고 없이 이익을 얻으려고 했던 셈입니다. 일 본 한 나라만으로는 소련을 상대하는 것도 힘이 벅찬데 영국과 미국까지 합세하면 도저히 당해낼 수가 없다, 그래서 독일, 이탈리아와 동맹을 맺고 그들의 힘을 빌려 일본의 전략을 유리하게 발전시키고 싶다, 그러기 위해서는 반드시 이 동맹을 맺을 필요가 있다는 것이 육군의 주장이었습니다.

그런데 동맹의 내용을 보면 대소련전에 대해서는 확실합니다. 만약 독일과 소련 이 전쟁을 할 경우 일본은 당장이라도 참전을 한다고 합니다. 그러나 독일이 만약 영국이나 미국과 전쟁을 하게 되는 경우에는 어떻게 할 것인가가 문제입니다. 그때 는 일반 정세를 종합적으로 생각한 뒤 정한다는 식이니 소련이 포함되지 않은 전쟁 에 대한 일본의 태도는 상당히 애매합니다. 무력 원조를 해줄지 어떨지도 확실히 하 지 않은 채, 즉 가장 중요한 점을 애매하게 둔 채 어떻게든 동맹을 맺으려고 한 것입 니다. 독일은 그 점을 용서할 수가 없었습니다. 군사동맹이므로 내가 전쟁을 하면 너도 당장 참전해야 한다, 상대가 미국이든, 영국이든 관계없다고 합니다. 일본은 소련이라면 몰라도 가능하다면 앵글로색슨과는 싸우고 싶지 않아 구렁이 담 넘어가 듯 대충 어물거리고 대답을 자꾸 지연시켜 외교적으로 독일의 불신을 사게 되었습 니다.

한편, 국내에서는 왜 동맹을 빨리 맺지 않느냐며 소란스러웠고 해군 중에도 친독 파, 대영미 강경파가 많이 있었습니다. 앞서도 말씀 드렸지만 해군은 런던 군축회의 에서의 통수권 간범 소동을 경계로 이른바 함대파라고 칭해지는 대미 강경파가 권 력을 잡았습니다. 앵글로색슨과 타협을 하려던 사람들은 거의 쫓겨나 남은 자들은 소수파가 되었습니다. 따라서 해군 내부에서도 삼국동맹을 추진하자는 의견이 상당히 강했습니다.

여기에 완강하게 맞선 것이 요나이, 야마모토, 이노우에 3인방입니다. 이 세 사람에 대해서 작가인 아가와 히로유가 《삼부작》*¹으로 썼습니다. 이 3명을 상당히 칭찬했기에 해군은 정말로 양식적이며 개명하여 전쟁을 어떻게든 막으려고 노력했는데 바보 같은 육군 때문에 전쟁에 돌입했다고 하는 육군 악당설, 해군 선인설이 전후에 유행했습니다. 그런데 실은 해군 내부는 그렇지 않았습니다.

군령부총장 후시미노미야를 대장으로 하는 이른바 반영미파인 함대파가 해군 중앙에 있었습니다. 군무국 제1과장 오카다 가즈미 대좌를 필두로, 작전과 가미 시게노리 중좌, 시바 가쓰오 중좌 그리고 군령부 제1부(작전부) 직속부원인 요코이 다다오 대좌, 주독일 무관인 고지마 히데오 대좌 등은 방공협정이 아닌 삼국동맹을 확대하고 강화하자고 주장합니다.

그래도 요나이, 야마모토, 이노우에 3인방은 외부에 대해서뿐만 아니라 내부에 대해서도 완강했습니다. 완고하게 삼국동맹에는 반대하고 하극상을 철저하게 막는, 이른바 해군 본래의 대미영 협조라는 방침을 관철했습니다.

야마모토 차관은 강경파에 대해서 제대로 된 문서로 의문을 드러내고 대답을 구했습니다.

一. 독이와의 관계의 강화는 대중국 문제 처리상 오히려 대영미 교섭 시 불리하게 될 것이다.

즉 중국과의 전쟁을 어떻게든 평화적인 방법으로 해결하려고 노력하고 있을 때 독일이나 이탈리아와 동맹을 맺으면 더욱 화평공작이 불가능해지지 않는가.

二. 독이일 블록에 대해서 미영불이 경제적 압력을 가했을 때의 대항책.

일본이 독일이나 이탈리아와 동맹을 맺으면 필연적으로 미국, 영국, 프랑스가 일본에 대해서 경제적인 압력을 가할 것임에 틀림없다. 그때 일본은 어떻게 대항할 것인가.

三. 소일전의 경우, 독일로부터 실질적 원조를 기대해야 한다. 실질이 없는 것은 결국 의미가 없다.

소련과 전쟁을 할 경우 독일로부터 실질적인 원조를 기대할 수 있겠는가. 독일이 싫다고 말할 가능성이 많다. 이런 실질이 없는 조약은 무의미하지 않은가.

四. 본 조약을 체결하려고 하면 독이에 중국의 권익을 주지 않으면 안 될 것이다.

동맹을 체결하면 독일, 이탈리아는 중국에 대한 권익의 일부를 넘겨 달라고 말할 것이 틀림없다. 동맹이므로 당연한 이야기다. 그래도 괜찮은가.

생각해보면 해군 3인방이 반대했을 때까지는 쇼와사가 상식을 가지고서 현명하게 처신하려고 했고 그나마 정상적인 생각을 가졌던 것 같습니다. 이 이후 일본은 미쳐가기 시작합니다.

유서를 쓴 야마모토 이소로쿠

일본 해군은 원래 영국에서 많은 것을 배워 왔습니다. 예를 들어, 러일전쟁은 영일동맹이 배경에 있었기에 상당히 유리하게 싸울 수 있었습니다. 그리고 군함도 전부 영국 제품을 사거나 영국의 기술을 배웠습니다. 그랬던 관계가 왜 껄끄러워졌는지는 앞서도 이야기했듯 제1차 세계대전 이후 여러 사정이 있었기 때문입니다. 그런데 그 대신에 독일이 갑자기 나온 것은 무슨 이유일까요?

독일은 영국, 프랑스 등과 달리 신흥국가입니다. 물론 프로이센 시대가 있었으니 오래된 국가라고 할 순 있지만 나치 독일은 말할 것도 없이 독일이 통일된 것은 상당히 최근의 일이라고 할 수 있습니다. 일본의 헌법은 프로이센 헌법을 본받은 것입니다. 의학에서도 베르츠 의사의 도움을 받아 독일 의학을 많이 받아들였으며 군사학에서도 육군의 메켈 소령에게 많은 은혜를 입기도 했습니다. 그 외에도 철학, 문학, 교육은 피히테, 케벨, 붓세의 영향을 받았습니다. 쇼와에 들어와서 독일의 경향은 더욱 커졌는데 헤겔, 쇼펜하우어, 아인슈타인, 코흐 등이 대표적인 예입니다. 그리고 일본의 의학자, 군인, 사상가, 음악가, 법률가 등은 거의 독일에 유학해서 수준이 많이 향상되었습니다. 이처럼 일본의 친독 감정은 참으로 뿌리가 강하고 깊다고 할 수 있습니다.

그리고 나치 독일의 영향도 큽니다. 히틀러 총통에 의해서 독일은 군사화를 지향하고, 제1차 세계대전으로 엉망진창이 되고도 그 굴욕을 떨치고 당당한 국가가 되기는커녕 유럽의 신질서를 만들어 유럽의 맹주가 되려고 합니다. 쇼와 10년 전후에 베를린을 방문한 일본의 육해군과 외교관들은 마치 높이뛰기를 하는 것처럼 급속도로 발전한 독일의 모습에 눈이 휘둥그레졌습니다.

그리고 덧붙여 말씀 드리자면 독일인은 일본인과 성격상으로 많이 닮았습니다. 견실하고 근면하며 꼼꼼한데다, 조직애를 중시하는 긍정적인 면은 물론 무뚝뚝하고 (이는 그다지 외교적이지 않다는 말이지만) 형식을 중시하는 부정적인 측면까지도 닮았습니다. 게다가 모두 단일민족국가(독일은 게르만 민족)입니다. 단체행동을 잘하고 규율을 중시하고 준법정신이 강하며 애국심이 강합니다. 그와 더불어 교육수준이 높고 머리가 좋고 경쟁심이 강하고 일을 하는 것을 삶의 보람으로 여깁니다. 이처럼 일본인이 독일인에게 친근감을 가질 만한 요인은 많이 있습니다. 그러나 그에 비해서 영국인의 쌀쌀맞음이나 냉정함, 프랑스인의 외교적인 경박함이나 사기꾼 같은 태도, 미국인의 자신들만이 세계경찰관이라는 오만하고 건방진 의식은 일본인과는 맞지 않습니다. 이런 이유로 일본에서는 반영미 감정과 반대로 친독 경향이 점점 강해져갔습니다. 그러니 삼국동맹이야말로 괜찮은 이야기가 아니냐는 분위기가 조성되었습니다.

그러나 동맹 추진파들이 아무리 협박장을 보내도 해군 3인방은 한 발자국도 물러서지 않았습니다. 성격이 종잡을 수 없고 그다지 정면에 나서지 않았던 요나이와 달리 신문 등에 자기 하고 싶은 말을 다하고 다니는 야마모토 이소로쿠는 벌써 테러리스트의 표적이 되었고 나아가 해군 전체를 불안하게 만들었습니다. 그런데 이상하게도 너무 불안해진 나머지 친독파인 해군의 중견 클래스도 자신들의 대장이 살해를 당하면 큰일이라고 생각하여 현 상태에서는 동맹을 반대하는 것도 좋다는 분위기가 점점 만들어졌습니다.

한편 갈수록 심해지는 외부의 협박에 야마모토 이소로쿠는 5월 31일자로 유서를 썼습니다. 그가 쓴 유서는 〈술지述志〉라고 하는데 매우 유명합니다. 숨겨 두려고 책상 서랍에 넣어 두고 있었다고 합니다. 언제 죽어도 좋지만 그 대신에 한 발자국도 물러설 수 없다는 결의를 보여주고 있는 내용입니다.

죽음으로 국가에 보답하는 것은 원래 무인의 자랑이다. 결코 전장인지 총구 앞인지 묻지 않는다.
용전분투하는 전장에서 화려하게 지는 것이 쉽다.
일관되게 성실하며 속론俗論을 배척하고 쓰러지는 일이 힘들다는 걸 알고 있다.
고원한 임금의 은혜, 유구한 황국,
군국 백 년의 계획을 생각해야 한다.
일신의 영욕생사를 논할 만큼 한가하지 않다.
붉은빛은 윤을 내야지 색을 빼앗으면 안 되고 난은 돌보아야지 향기를 빼앗으면 안 된다.
내 몸은 죽일 수 있지만 내 의지를 빼앗을 수는 없다.

전장에서 죽는 것이나 내지에서 총을 맞고 죽는 것이나 마찬가지다, 오히려 전장에서 총에 맞아 죽는 것이 쉽다, 자신의 생각을 관철하고 어떤 세속적인 논리에 지지 않고 쓰러져서 죽는 것이 더욱 어렵다, 이 몸은 쓰러져도 좋다, 그러나 나의 뜻은

아무도 빼앗을 수가 없다는 내
용입니다.

　이 정도로 야마모토 이소로
쿠는 각오를 하고 있었고 요나
이 미쓰마사, 이노우에 시게요
시도 완강히 뜻을 굽히지 않아
결국 육군은 3명을 없애라고
협박하듯 해군성 앞에서 부대
연습을 했습니다. 해군도 이런
육군에 질 수 없어서 해군성
안에 병기, 탄약, 식량을 비롯
하여 정전에 대비한 자가발전
장치까지 갖추어 놓았고 지구
전에 대비해서 우물까지 팠다
고 합니다. "잘 들어라. 물과

요나이 미쓰마사 해상(왼쪽. 1880~1948)과 야마모토
이소로쿠 해군차관(1884~1943).

전기가 끊기면 해군성에서 농성할 3천 명이 수세 변소를 사용할 수 없으니 이에 대
비해야 할 것이다."라고 말하면서 3천 명이 성 안에 들어가 육군과 전투를 벌일 준
비까지 다 마쳤다고 합니다.

　이노우에 시게요시가 전후에 《추억의 기록》에서 그때를 회상했습니다.

　쇼와 12년, 13년, 14년, 이 3년에 걸친 나의 군무국장 시절은 정력과 시간의 대부
　분을 삼국동맹 문제에 바쳤다. 그것도 적극적으로 노력했다. 다만 육군의 전군 일
　치된 강력한 주장과 이에 동조하는 젊은 해군의 공격을 방어하는 데만 모든 걸 쏟
　아부었다는 느낌이 든다.

이상이 쇼와 14년의 일인데 만주에서는 한창 노몬한사건이 일어나던 중이었습니다. 이런 열정적인 끈기가 이어지지 않게 된 것은 유럽에서 제2차 세계대전이 일어났기 때문입니다. 그 전에 또 하나 당시 일본이 얼마나 안티 영국(물론 그 뒤에 있는 미국을 포함하지만)이 되었는가를 말해주는 사건이 일어납니다.

강경해지기 시작한 미국

도쿄에서 매일같이 오상회의가 열리고 있을 무렵입니다. 아직 노몬한사건은 일어나지 않았지만 4월 9일, 중국에서 천진사건이 일어납니다. 영국의 조계지 안에서 일본 측 편의를 보아주었던 관세위원이 4명의 중국인에게 살해를 당하게 됩니다. 일본은 이들을 재판에 부치기 위해서 영국으로 도망간 용의자를 인도해달라고 신청했지만 영국 영사관은 이 요구를 거절해서 분쟁이 생겼습니다.

천진에 주재하고 있는 육군부대 제27사단장 혼마 마사하루 중장[후에 태평양전쟁의 필리핀 공략전에서 바탄 죽음의 행진(태평양전쟁 초기 일본군이 7만 명의 미군과 필리핀군 전쟁포로를 88킬로미터나 되는 거리를 강제로 행진시킨 일을 지칭—옮긴이)을 시켜 총살형에 처해지게 되었는데 육군 내에서 흔치 않게 그림과 글쓰기에 능해 시인 장군이라 불린 사람입니다]은 영국에 대해서 그렇게 강경하게 나오지는 않았고 어떻게 해서든 대화를 나누려고 노력했지만 영국이 받아들이지 않아 교섭은 이루어지지 않았습니다. 제27사단의 위에 있는 것이 북지나방면군인데 참모장이 야마시타 도모유키 중장[2·26사건에서도 이름이 나왔지만 나중에 태평양전쟁 때 말레이반도·싱가포르 공략전에서 지휘를 한 사람입니다]이고 참모부장은 무토 아키라 소장이었습니다. 이 사람은 상당히 머리가 좋은 정치적 군인으로 육군 중에서 가장 언변과 수단이 뛰어났다고 합니다. 이런 두 사람이 미적거리기만 하는 혼마에게 외교 교섭을 맡겨둘 수 없다며 공격을 명령하여 싸움이 벌어졌다는 이야기가 있습니다.

드디어 일본은 '6월 4일 낮까지 용의자를 인도하라'고 최후통첩을 보냈는데 이 것을 영국이 거부했습니다. 그러자 6월 14일, 북지나방면군은 혼마 사단장에게 지령을 내립니다. 지령을 받자 혼마 사단장은 각오를 단단히 하고 영불 조계지를 격리시켰습니다. 이것이 무엇을 의미하냐면, 조계지의 경계에는 육군부대가 있고 전류가 통하는 철조망이 쳐져 있는데 군인들이 일일이 검문을 하고 출입하는 사람들을 때로는 군중들 앞에서 발가벗긴 채 조사를 하겠다는 강경한 행동입니다. 다만 아직 싸움을 피하고 싶은 미국인에게만은 가능한 한 손을 대지 말라는 지시가 있었던 것 같습니다.

북지나방면군 사령부는 성명을 발표했습니다.

"화살은 이미 시위를 떠났다. 이제는 용의자를 인도해서 끝날 문제가 아니다. 이 문제를 통해서 제국육군은 영국이 원장援蔣정책(장개석의 군대가 의연히 저항을 계속해 온 것은 영국이 탄약 같은 병기를 포함해서 원호물자를 보내 주었기 때문이라는 것)을 재검토할 것을 요구한다. 영국의 조계관헌이 '일본과 함께 동아신질서 건설에 협력한다'라고 새로운 정책을 큰 소리로 외치기 전까지 우리가 무기를 버리는 일은 없을 것이다."

이미 싸움은 벌어졌습니다. 이것이 일본의 신문에서 크게 다루어지니 반영 분위기가 고조되었습니다. 국민들은 수렁과 같은 중일전쟁의 뒤에는 영국(실은 미국인데) 이 있는 것이다, 정말로 괘씸하다, 이참에 영국의 원장정책을 포기시켜 아시아에서 쫓아내자는 강경론을 쏟아내어 국내 전체가 벌집을 쑤신 것처럼 들끓고 있었습니다. 한편에서는 친독 감정에서 나온, 독이일 삼국동맹을 빨리 체결하고 싶다는 구호들이 어지러울 정도로 쏟아져 나왔습니다.

이 사태를 매우 우려한 쇼와천황은 7월 6일 히라누마 수상을 불러서,

"반영운동을 어떻게 진정시킬 수는 없는가?"

라고 물어보았지만 히라누마가 "그건 어려울 것 같습니다."라고 대답하니 다시금 천황이,

"배영론에 대한 반대 논리를 국민에게 널리 들려줄 수는 없는 건가?"

즉 일방적인 배영, 반영의 논리뿐만 아니라 조금은 다른 논리를 국민들에게 들려주는 것이 좋지 않겠느냐고 말하자 히라누마는,

"그건 내대신인 기도 고이치와 상의해보겠습니다."

라고 우선 대답했습니다. 그런데 히라누마가 기도에게 그 말을 전하자 기도는 말도 안 되는 소리다, 친영파는 하루라도 빨리 제일선에서 쫓아내야 한다고 말했다 합니다. 영국과 일본이 어떻게 지내야 하는가는 논할 필요도 없고, 어중간하게 반영 감정을 억누르거나 하면 오히려 좋지 않은 쪽으로 폭발할 것이다, 일단은 느슨하게 풀어주어 반영 감정을 분출하고 싶은 만큼 분출하게 한 뒤 때를 보아서 철저하게 탄압하라고 말했다고 합니다.

기도가 이런 무책임한 발언을 한 것은 어설프게 억누르면 2·26사건과 같은 육군 쿠데타가 일어날지도 모른다는 환영에 사로잡혀 있었기 때문인 것 같습니다. 그리고 이 반영운동 뒤에는 어디선가 돈이 나오고 있는데 그건 아마 육군인 것 같다는 소문도 돌고 있었습니다. 이 말을 들은 야마모토 이소로쿠는 "만약 그 말이 사실이라면 육군을 혼쭐내야 한다."고 말했다고 합니다. 7월이 되자 노몬한에서는 일본군이 소련군의 맹반격을 받고 흔들리기 시작합니다. 그 무렵 국내에서는 이런 내용들이 신문에 실려 물의를 빚게 되자 심상치 않은 분위기가 조성되었습니다.

게다가 요인 암살 용의자들이 계속 체포되고 있었습니다. 전 육군 대장 우가키 가즈시게의 7월 7일의 일기에는,

오늘 요쓰야와 신바시 사이의 도로변에서 배영 문구가 적힌 입간판이 그림자를 감추었다. 정부의 요구에 영국이 넘어온 것인가, 선동을 당한 우경단이 납득을 한 것인가.

이제까지 도로변에는 '영국은 아시아에서 물러나라' 라고 쓰인 간판이 죽 세워져 있었는데 갑자기 사라져버린 것입니다. 그리고 11일이 되자,

오늘 요쓰야와 신바시의 교차로에는 배영 간판들이 숲 속 나무들처럼 죽 늘어서 있다. 지나치지 않으면 좋으련만!

이라고 쓰여 있습니다.

이처럼 정부가 어떤 정책을 펼치면서 마음대로 입간판을 세우거나 없애거나 하는 등 국민을 선동하고 있었던 것은 확실합니다.

그럼 신문은 어떠했을까요. 7월 15일에 신문사들이 공동성명을 발표합니다. 호치신문, 도쿄니치니치신문(현재의 마이니치신문), 도쿄 아사히신문, 도메이 통신사, 츄가이상업신문사, 오사카 마이니치신문사, 오사카 아사히신문사, 요미우리신문사, 고쿠민신문사, 미야코신문사가 모였다고 하니 거의 모든 신문이 참가한 셈입니다. 이 공동성명의 내용은 다음과 같습니다.

영국은 지나사변이 발발한 이래 제국의 공정한 의도를 곡해해서 원장의 책동을 부렸다. 지금도 변함없이 여러 가지 불상사가 발생하고 있는데 이것은 우리에게 하염없는 유감을 안겨준다. 우리는 성전을 완수하는 목적을 가지고 있고 그 과정에 만나게 되는 일체의 방해에 대해서 단연히 배격하리라는 강한 신념을 가지고 있다. 그러니 이번에 도쿄회담을 개최할 때 영국이 도쿄에 대한 인식을 시정하고 새로운 사태를 직시하여 허심탄회하게 현실에 기초한 신질서 건설에 협력하고 세계평화에 기여할 것을 바란다.

요컨대 '영국이여, 일본이 하는 말을 들어라' 라는 선언입니다.

이걸 보니 영국도 어쩔 수가 없어서 7월 17일 크레기 주일대사가 도쿄에서 아리

타 하치로 외무대신과 회담을 합니다. 결과적으로 영국은 일본이 하는 말을 전부 받아들여 한발 물러서서 협정을 맺게 됩니다. 일본은 이걸로 주장이 받아들여졌다고 매우 기뻐했습니다. 바로 그때입니다. 7월 27일, 영국의 양보에 매우 기뻐하고 있던 일본에 미국이 미일 통상항해조약을 폐기한다고 통고해온 것입니다. 이것은 정말이지 영국의 양보와 바꾼 강경정책입니다. 미국의 코델 헐 국무장관이 다음과 같은 성명을 발표합니다.

'중국에 있는 미국의 권익을 일본은 자신들 마음대로 주무르고 있다. 왜 미국은 통상조약을 유지해야만 하는가. 일본의 대변인이 동아신질서, 서태평양의 지배권, 영국은 일본에 항복했다, 일본은 철저하게 외교적 승리를 거두었다, 라는 말들을 외치고 다닌다. 지금이야말로 미국이 아시아 문제에 대한 태도를 재성명 할 기회인 것이다. 우리의 행동은 중국, 영국, 그 외의 국가들을 격려하고 일본, 독일, 이탈리아에 실망을 안겨줄 것이다.'

즉 미국은 앞으로 일본에 대해서 적대행위를 취할 것이라는 것을 표명하고 있습니다. 실제 조약이 폐기된 것은 성명이 나온 지 반년 후인 쇼와 15년 1월인데 미국은 이 통고 이후 일본의 위협에 전혀 개의치 않고, 건방진 행동은 절대로 인정하지 않겠다며 완전하게 강경노선을 유지했습니다. 즉 지금까지 일본은 영국만을 상대했는데 미국이 기어코 그 속을 비집고 들어온 것입니다. 이것은 대충 얼버무리며 끌고온 대미 정책의 파탄입니다. 사실 그 후 미일 교섭이 이 문제를 둘러싸고 시작되었는데 지금까지 그다지 강경한 말을 하지 않았던 미국이 확실하게 적대의식을 드러냈습니다.

이상이 노몬한사건이 한창이던 중의 일본 국내와 외교 사정입니다. 그야말로 역사는 쇼와 14년 여름에 크게 전환되었습니다. 저는 이때를 배경으로 《노몬한의 여름》*2이라는 책을 썼는데, 반영의 기운과 친독의 움직임을 배경으로 우리들의 생활 또한 변화하게 됩니다.

파마를 금지시키다

먼저 이 쇼와 14년은 이후에도 다양한 의미에서 영향을 끼치게 됩니다.

그 직전인 쇼와 13년 12월 17일, 독일의 물리학자인 오토 한 박사가 한 가지 실험을 했습니다. 우라늄235를 우라늄 원석에서 분리하면 그곳에서 중성자가 방출되어 그 중성자가 다시 우라늄235를 파괴합니다. 그러면 다시 중성자가 나와서……이런 분열을 하나하나 거듭하다 보면 상상을 초월하는 2억 전자볼트의 에너지가 방출됩니다. 즉 중성자 방출에 따른 우라늄 핵분열에 성공했다고 발표한 것입니다. 원자력이라는 것이 인류 앞에 등장한 것입니다. 이 소식을 접한 아인슈타인 박사는 루스벨트 미 대통령에게 만약 이 우라늄235의 핵분열을 병기에 사용한다고 하면 겨우 성냥갑 하나 정도의 폭탄으로 전함 한 척을 침몰시킬 수 있다, 미국도 이 문제를 심각하게 받아들여 당장 연구할 필요가 있다고 편지를 썼습니다. 이것이 쇼와 14년 8월 2일의 일입니다. 아인슈타인 박사는 독일이 원자폭탄 제조에 성공하면 인류는 상당히 위험한 상황에 놓이게 될 거라는 위기감에서 편지를 썼지만 루스벨트 대통령은 당장 반응하지는 않았습니다. 결국 이렇게 원자폭탄 제조라는 길이 열리게 되었습니다.

한편, 일본에서는 쇼와 14년 3월 17일, 제로기(정식으로는 영식零式 함상전투기라고 하는데 항공모함에서 발진할 수 있어야 하니 너무 무거우면 안 되지만 무기는 충분해야 합니다. 직경 20밀리미터인 기관총을 싣고서 공격할 수 있는 전투기이니 개발을 하는 데 상당히 고생을 한 것 같습니다)가 탄생되었습니다. 이것은 다음 해인 쇼와 15년에 정식으로 전투기로 채용됩니다. 지금은 전혀 사용하지 않지만 이전에 일본은 연호로서 기원이라는 것을 사용했습니다. 진무천황이 즉위한 때를 원년으로 삼았는데 마침 쇼와 15년이 기원 2600년에 해당하므로 그 마지막의 0을 따서 제로기라고 이름 붙였습니다. 그 전에 나온 비행기는 예를 들어 기원 2599년에 만들어진 것은 99함

국민정신총동원의 일환으로 절약이 장려되었다. 이에 도쿄 시는 샌드위치맨을 고용하여 정말로 필요한 것 이외에는 사지 말라고 사람들에게 호소했다.

폭(99식 함상폭격기)이라 불렸고, 기원 2597년이라면 97함공(97식 함상공격기)이라고 불렸습니다.

즉 한쪽은 원자폭탄으로, 또 한쪽은 영식 전투기로 싸웠습니다.

그리고 6세부터 19세의 청소년을 만주에 보내 관동군을 측면에서 응원하는 〈만몽개척 청소년 의용군 계획〉이 4월 29일에 발표됩니다.

그리고 5월 22일 〈청소년 학도에게 보내는 칙어〉가 발표되었습니다. '너희들 생도의 양 어깨에 있다', 즉 국가의 운명은 너희들 학생들의 양 어깨에 걸려 있다. 학생들이여, 정신을 차리라고 고무하는 것입니다. 수많은 청소년을 선동하는 시대는 정말 바람직하지 못합니다. 그러나 이때부터 그런 일들이 자주 벌어져 전시체제로 가는 길을 닦아놓게 됩니다.

그리고 12월 26일 일본정부는 합병 이래 조선인이 써 오던 본래 이름을 일본 이름으로 바꾸어, 즉 창씨개명을 하여 일본인으로 살도록 강요했습니다. 그래서 조선 호적령 개정을 강제로 추진합니다. 유교를 믿는 조선인에게 자신들의 이름은 선조 대대로 내려온, 상당히 중요한 가치를 지닌 것입니다. 그런 이름을 버리고 일본 이름으로 바꾸라고 하는 것은 조선의 문화 그 자체를 정면에서 파괴하려고 하는 말도 안 되는 정책이었습니다.

이처럼 쇼와 14년부터 일본 전체는 상당한 기세를 타고 황국화 되어갑니다. 그리고 국민들의 일상생활에는 고노에 수상이 제창한 '국민정신총동원'이 점점 강화되어 구체적인 전시체제가 만들어집니다.

3월 28일 그 언변과 수완이 좋기로 유명한 아라키 사다오를 위원장으로 세워 국민정신총동원위원회라는 것이 설치됩니다. 6월 16일에는 지금까지의 한심한 생활을 철저하게 개선해야만 한다는 방침을 세우고 생활 쇄신안으로 구체화시킵니다. 네온사인의 점등 금지, 추석이나 설날 때의 선물 교환은 사치스러워서 폐지, 남자의 장발 금지, 즉 모두 빡빡이 머리를 하라고 하고 여자는 파마도 금지합니다.

이때 저는 아홉 살이었습니다. 장난꾸러기들이 모여서 파마를 한 젊은 아가씨나 아줌마가 지나가면 "빠마에 불이 붙으면 금방 대머리, 대머리는 털이 세 가닥, 아이 창피해, 아이 창피해. 빠마는 안 돼요."라는 노래를 부르며 주위를 빙글빙글 돌며 놀려대어서 어른들을 옴짝달싹 못하게 했습니다.

그때까지도 전시체제였긴 했지만 그 경향이 더욱 강해져 사치는 금지되었고, 모두가 빡빡이 중처럼 머리를 깎으라고 하는 등 생활 그 자체가 상당히 군사적으로 변해갔습니다.

나가이 가후의 6월 21일의 일기입니다.

이 무렵 소문에 의하면 군부와 정부는 부녀자는 구불구불한 머리를 금지하고 남학생은 두발을 정가운데로 가르마를 타라는 법령을 발했다. 하야시 센주로나 아라키 사다오의 괴상하게 보이는 수염은 어떻게 처리해야 될지 우습다.

마치 남의 말을 하고 있는 것 같지만 가후 자신을 비웃는 것입니다.

그리고 비상시에 징발하기 위해 7월 1일 국민이 가지고 있는 돈을 조사하기 시작했습니다. 또 가후의 일기입니다.

6월 28일. 흐림. 이날 아사쿠사 부근에서 사람들이 하는 이야기를 들으니 순금을 강제로 사들이기 위해서 고용된 공무원들이 23일 전부터 호별조사에 착수했다고 한다. 이리야마치 부근도 마찬가지라고 한다. 금박의 크기가 1촌 8분(55.2미터—옮긴이)이나 되는 아사쿠사 관음상은 어떻게 될 것인가. 그리고 나고야 성의 긴샤치(몸은 물고기, 머리는 호랑이, 꼬리는 하늘을 향한 상상 속의 동물로 나고야 성을 대표하는 거대한 금박 장식물—옮긴이)는 어떻게 해야 하나.

그의 평소 태도처럼 매우 염증을 느낀 듯이 쓰고 있는데 그 조사는 가후도 받게 되어 6월 30일,

이날 오전 이치베 마을회에서 남자가 와 금품 신고서를 두고 갔다.

고 썼습니다.

어떻게 해야 하나 하고 주위를 살펴보니 마침 담뱃대 하나와 담배통이 있었다고 합니다. 하지만 전쟁 수행을 위해 이것을 신고, 공출할 마음이 전혀 없던 가후는,

아사쿠사 가는 길에 이것을 가지고 가다가 아즈마 다리 위에 서서 물속으로 던져 버렸다. 이것들은 물에 떠서 강물과 함께 흘러갔다.

고 쓰고 있습니다.

자신의 집 뜰에 묻으면 되는 것을 일부러 아즈마 다리까지 가서 스미다 강에다 던졌다고 합니다. 그런데 집에 돌아오니 담배통에 '지나간 봄의 찻집을 잊지 못해서. 가후'라는 글자를 새겼던 것이 생각나서, 만약 배를 타고 강을 지나던 사람이 줍거나 해서 자신의 비국민적 성향이 들키는 것은 아닐까 하고 떨었다는 이야기도 적혀 있습니다. 시대는 그처럼 급박함을 알렸습니다. 군화 소리는 더욱 높아졌다고 할 수 있습니다.

스탈린의 악마적인 결단

이처럼 일본이 외교적으로는 삼국동맹이나 천진사건으로 어수선하고 국민 생활에서는 자유를 빼앗겼다는 긴장감이 조성된 상황이었을 때 소련에는 후에 수상이 된 스탈린이 출현했습니다.

아이작 도이처라는 연구자의 책에는,

스탈린이 더 이상 미간을 찌푸리면서 조르지 않겠다고 정한 시간은 아주 정확하게 맞힐 수 있다. 그것은 8월 19일 오후 3시 15분 무렵이다.

라고 되어 있습니다.

노몬한에서는 아직 대격전이 이어지고 있었고 상당히 궁지에 몰린 일본군이 참호를 파고 겨울을 어떻게 대비해야 할지 고심하고 있을 때 스탈린은 더욱 강력한 부대를 재편성해서 일본군을 총공격하라는 명령을 내립니다. 또, 스탈린은 지금이 절호의 기회라면서 히틀러의 독일과 협정을 맺겠다는 대결단을 내리게 됩니다. 이 시간이 8월 19일 오후 3시 15분입니다.

전년도에 히틀러는 강제로 체코슬로바키아를 진공했습니다. 영국의 체임벌린 수상이 뮌헨회담에서 이 정책을 인정한 것은 다름 아닌 평화 유지를 위한 양보였는데 히틀러는 여기에 맛을 들였습니다. 그래서 다음은 폴란드에 눈독을 들이고 있었습니다. 이에 상당한 위험을 느끼고 있던 폴란드는 이미 영국, 프랑스와 동맹을 맺어 만약 폴란드가 공격을 받거나 하면 독일에 선전포고 해야 한다는 의무를 양국에 부과했습니다. 히틀러는 폴란드를 얻으려면 영국, 프랑스와의 전쟁을 각오해야만 했습니다. 그때 소련이 어떻게 나올 것인가가 문제였습니다. 만약 소련이 영불에 붙으면 히틀러는 동서 양면전을 벌여야 하므로 가능하면 스탈린을 자기편으로 끌어들여야 했습니다. 즉 소련과 동맹을 맺어 동쪽에서 소련이 공격해 오는 일이 없도록 대비책을 만든 뒤 폴란드를 공격해서 영불과 전쟁할 준비를 갖추고 싶었던 것입니다. 그래서 빈번하게 스탈린에게 달콤한 유혹의 편지를 보냈습니다. 그러나 소련으로부터는 좀처럼 마음에 드는 대답이 오지 않았습니다.

그런데 역사는 갑자기 크게 요동치기 시작했습니다. 8월 21일 오후 6시, 스탈린이 갑자기 히틀러 앞으로 답장을 보내왔습니다.

독일의 총통 아돌프 히틀러 각하
각하의 편지에 감사를 올립니다. 저는 독소불가침조약이 우리 양국 간 정치관계의 개선에 결정적인 전기가 될 수 있기 바랍니다.
저는 여기서 리벤트로프(독일의 외무장관)가 8월 23일에 모스크바를 방문하는 일에 대해 소비에트 정부가 동의한다는 취지를 소비에트 정부로부터 권한을 위임받아 각하에게 통지하는 바입니다.
이오시프 스탈린

즉 독소불가침조약을 맺기 위해 독일의 외무장관이 모스크바에 와서 조인하는 것을 승인한다는 내용입니다. 스탈린은 정말로 히틀러의 유혹에 넘어왔는데 그 대신에 자신에게도 몫을 달라며 폴란드를 이분한다는 조건을 붙였습니다. 히틀러도 그 정도는 각오하고 있었으므로 이 편지를 받아 든 때에 이렇게 외쳤다고 합니다.

"됐다! 드디어 전 세계가 내 손안에 들어온다!"

폴란드에는 심한 이야기가 되겠지만 이건 일본에도 심한 이야기라고 할 수 있습니다. 지금까지 살펴보았듯이, 대소련전에서 유리한 전략을 쥐기 위해서 독일과 군사동맹을 맺어야 하는지를 둘러싸고 한창 논의를 하고 있는 중에 히틀러와 스탈린이 손을 잡았다고 하니 일본은 무엇을 위해서 70회가 넘는 오상회의를 해 왔는지 알 수가 없어졌습니다. 세계의 이면에서 수뇌들이 무엇을 생각하고 어떤 방법을 모색하고 있고 무슨 일이 일어나고 있는지 전혀 알지 못한 채 일본은 그저 열심히 논의만을 해 온 것입니다. 정말이지 더 이상 바보 같을 수는 없을 겁니다.

21일 밤 독일의 리벤트로프 외무장관이 주독 일본대사인 오시마 히로시를 불러서 이런 말을 했습니다.

"실은 소련이 영불에 접근할 가능성이 있어서 독일로서는 이렇게 할 수밖에 없었소. 게다가 삼국동맹의 조기 체결이라는 우리의 요구에 일본은 반년이나 침묵한 채 있지 않았는가? 그래서 독일은 어쩔 수 없이 다른 길을 모색할 수밖에 없었소."

오시마는 기가 막혀 아무 소리도 내지 못하고 꿈속에서 말을 듣고 있는 기분이었다고 후에 이야기했습니다.

"독일의 이번 행동은 독일과 일본의 방공협정 위반이다. 엄중히 항의하는 바다."

라는 말만 겨우 했습니다. 독일의 국영방송은 이날 오후 11시가 넘어 음악방송을 중단하고 전 세계에 독소불가침조약이 체결되었다고 방송했습니다. 도쿄 시간으로는 22일 오전 7시입니다. 아침 일찍이 이 소식을 들은 일본의 지도자들은 깜짝 놀랐습니다. 가장 놀란 것은 삼국동맹을 필사적으로 추진해 왔던 참모본부 작전과였습니다. 다시 우가키 가즈시게의 일기를 보면,

독소불가침조약 체결 소식은 아무래도 가스미가세키(외무성)나 미야케자카(참모본부)에는 청천벽력이었던 것 같다. 놀라움, 당황스러움, 분하고 원통함 등 다양한 모습들을 보이고 있는데 나로서는 전혀 놀랄 일이 아니다. 올 것이 당연히 온 것 뿐이라고 생각했다. 우쭐해하면서 들떠 있는 무리들은 마음이 안정되지 못해서 인지 그동안 보이지도 않고 들리지도 않았던 것 같다.

라고 되어 있습니다.

확실히 독일과 소련이 접근하고 있다는 건 보이는 사람에게는 보였을 것입니다. 독일 군대가 폴란드의 국경을 향해서 점점 결집하고 있다는 정보는 신문에 나왔기

에 언젠가 폴란드를 진공할 거라는 건 예상할 수 있는 일입니다. 그렇게 되면 프랑스와 영국은 선전포고를 하게 될 것입니다. 그럼 그때 소련이 어떻게 나올 것인가가 큰 문제가 될 것이므로 제대로 살펴보고 있었다면 앞으로의 사태를 예상할 수 있었을지 모릅니다. 그러나 일본은 전혀 그렇지 못했으니 단지 놀랍기만 했을 겁니다.

요나이 미쓰마사가 가장 신뢰하는 부하이기도 한 다카키 소키치 해군대신은 다음과 같이 썼습니다.

> 정부나 육해군은 각각 다른 의미에서 열린 입이 다물어지지 않는 꼴이다. 내각의 입장이란 건 완전히 없어졌다. 그러나 생각해보면,······영국도 영일동맹을 미국에 팔았는데 독일이 방공협정을 소련에 팔았다고 해서 그렇게 놀랄 일은 아닐 것이다. 소련도 다시 독소불가침조약을 영미에 팔지 않는다고는 보증할 수가 없다. 오늘날의 국제 신뢰는 요컨대 국가적 이해에 종속된 것에 지나지 않는다고 보아야 한다.

이것이 냉정한 견해라고 생각합니다. 조약이라는 것은 언제든지 형편이 좋지 않으면 팔아버린다는 말인데 이것은 현대에 와서도 변함이 없는 것 같습니다. 국제 신뢰란 어쩌면 국가적인 이해를 위해서만 존재하고 있는 것일지도 모릅니다.

그렇다고 해도 정부나 군부에 이 모든 것이 보이지도, 들리지도 않았다는 것은 너무나 한심스러운 일입니다. 그런데 이렇게 쇼와사를 보고 있자니 모든 일이 다 한심한 일투성이입니다. 아무래도 쇼와의 일본인에게는, 특히 쇼와 10년대의 일본인에게는 세계뿐만 아니라 일본의 움직임 역시 전혀 보이지 않았던 것 같습니다. 그런 생각이 들 수밖에 없습니다. 즉 시대의 소용돌이 속에 있던 사람들에겐 시대의 실상을 이해하는 일이 불가능한 것은 아닐까, 라는 탄식이 나올 정도입니다. 특히 소시민들은 질풍노도의 시기인 만큼 현실에 적응해서 열심히 살아가는 데만 급급했고 국가가 전쟁으로 향한 비탈길로 굴러떨어지고 있는 것에 대해서는 거의 생각하지 못했습니다.

　이것은 그 시대에만 한정된 이야기는 아닌 것 같습니다. 지금도 그렇지 않습니까? 신문이나 텔레비전, 잡지는 지나치게 풍부한 정보를 주므로 사람들은 일본의 현재를 제대로 파악하고 있고, 국가가 맹렬한 힘과 속도로 변화하고 있는 것을 리얼타임으로 실감하고 있다고 생각하기 쉽습니다. 그렇지만 그것은 그렇게 생각만 들 뿐이고 실제론 아무것도 바뀌지 않았고, 아무것도 볼 수 없게 된 것은 아닐까요? 시대의 이면에는 무언가 좀 더 무섭고 커다란 어떤 것이 움직이고 있습니다. 하지만 지금은 보려고 해도 보이지 않고 앞으로 몇 십 년이 지나야 그 불명확했던 것이 확실해집니다. 저로서는 역사가 이런 불쾌함을 숨기고 있다고밖에 생각이 들지 않습니다. 그러므로 역사를 배워서 역사를 보는 눈을 갈고닦아야 할 것입니다. 아니, 이것은 너무 당연해서 말할 필요가 없는 이야기일지도 모릅니다.

이제부터는 일개 병사로서 싸운다

　이제 히라누마 내각은 총사직을 할 수밖에 없어졌습니다. 히라누마는 '유럽의 천지는 복잡기괴한 새로운 정보를 만들어낸다'는 명문장을 남기고 8월 28일에 퇴진했습니다. 그러나 이건 복잡기괴한 게 아니라, 일본이 보지 않고 듣지 않고 너무나 자신들만의 세계 속에서 살아서 진짜 세계를 볼 수 없게 되었기 때문일 것입니다. 그리고 그 후임으로는 육군 대장 아베 노부유키가 임명되었습니다.

　천황은 엄하게 주문을 내렸습니다.

　一. 영미에 대해서는 협조해야만 한다.

　천황이 마지막까지 영국, 미국과 협조해야 한다고 주장했다는 것을 알 수 있습니다.

一. 육군대신은 내가 지명한다. 3명의 장관(육군대신을 내부에서 정하는 육군대신, 참모총장, 교육총감을 말한다)이 어떻게 결정을 내리든 이에 개의치 말고 우메즈 요시지로나 하타 슌로쿠 중 하나를 선임하라.

이건 굉장한 일입니다. 이렇게까지 천황이 인사에 개입하는 것은 헌법위반(기관설 위반?)입니다. 어디까지나 정부의 보필에 대해서 판단을 내리는 것이 천황의 역할인 것입니다. 그런 천황이 스스로 판단하고 주장하는 것은 위반임에도 불구하고 엄연하게 이런 말을 한 것은 육군을 질책한 것이라고 생각합니다. 삼국동맹 문제를 둘러싼 육군의 강인함, 흉포함을 용서할 수 없다고 느낀 것은 아니었을까요? 참고로 이때 그만두게 된 육군대신은 그 만주사변 때 나왔던 이타가키 세이시로였습니다. 그리고 또 다음과 같이 주문합니다.

一. 내무, 사법(대신)은 치안과 관계가 있으니 선임을 함에 있어 특히 주의하라.

국내에 무슨 일이 일어날지 모른다는 말입니다. 분명히 동맹체결 때문에 벌떡 일어난 사람들은 여전히 주먹을 쥔 채 있습니다. 어디다 분풀이를 할지 모르는 상황이었습니다.

8월 30일에 아베 내각이 성립하고 다음 날인 31일에 신구 대신이 교대했습니다. 육군대신으로는 천황이 말한 대로 하타가 뽑히고, 요나이 미쓰마사가 해군 대신에서 내려왔습니다. 요나이 미쓰마사 후임으로 야마모토 이소로쿠가 괜찮을 것 같다는 말도 있었지만 "야마모토를 해군대신에 앉히면 목숨이 위험한 사태도 일어날 수 있다. 연합함대 사령장관에 앉혀 바다로 내보내라."라는 요나이의 말에 따라 요시다 젠고 중장이 해군대신이 됩니다. "누가 해군대신이 되든 해군은 변함없다."라는 말을 야마모토가 신문기자에게 했다고 합니다.

그 야마모토 이소로쿠는 8월 31일 오후 1시 특급 카모메호를 타고 도쿄를 출발했습니다. 베를린 시간으로는 31일 오전 5시입니다. 열차가 오사카에 다다를 무렵 히틀러 총통은 제1호 명령서에 사인했습니다.

독일 동부 국경의 참기 힘든 상황을 평화리에 해결할 수 있는 일체의 정치적 가능성이 없어졌으므로 나는 힘에 의해 해결하기로 결의했다. 폴란드 진격은 정해진 계획에 따라서 이루어진다.……공격 개시일 1939년 9월 1일. 공격 개시 시각 4시 45분…….

이를 기해서 9월 1일 새벽 폰 보크, 폰 룬트슈테트 두 원수가 지휘하는 150만의 독일군 부대가 일제히 폴란드 국경을 넘어 진격을 개시했습니다. 제2차 세계대전이 이 순간에 시작되었습니다. 오전 10시 전 히틀러가 국회에서 연설했는데, 이것이 라디오를 통해 전 세계로 흘러나왔습니다.

"폴란드 정규군이 어젯밤 우리 국토를 공격했다. 오늘 아침 5시 45분부터 우리도 반격했다. 폭탄에 대해서 폭탄을 가지고 보복하는 것이다."

폴란드가 먼저 공격했다고 사자후를 토하며 지금부터 독일의 일개 병사로서 싸우는 것 외에는 아무것도 바라지 않는다는 말을 두 번씩 반복했습니다. 그리고

"그래서 나는 가장 신성하고 귀중한 병사의 제복을 갖춰 입었다. 나는 승리의 날까지 이 제복을 벗지 않을 것이다."

라고 말했습니다. 옆에 있던 공군사령관 괴링이 선서연설을 했습니다.

"총통은 명을 내린다. 우리는 다만 복종하고 충성할 뿐이다."

이렇게 제2차 세계대전이 시작되었습니다. 이것이 어떻게 전개될 것인지는 나가 이 가후의 일기를 읽으면 알 수 있을 것입니다.

9월 2일.……이날 신문은 독일과 폴란드 양국의 개전 기사를 실었다. 쇼팽과 시 엔키에비치(작가)의 조국에 승리의 영광이 있기를

폴란드여, 부디 싸워서 이기기 바란다는 말입니다.

10월 18일.……석간신문은 영불 연합군전에 이득이 없을 거라고 보도한다. 염려

를 금할 수 없다.

11월 10일.……독일군이 네덜란드 국경을 침범하다.

독일의 맹진격이 이어져 폴란드는 눈 깜짝할 사이에 항복했고 독일군은 이번에
는 북부전선에서 네덜란드령으로 진격했습니다.

이렇게 제2차 세계대전이 발발하고 지금까지 있었던 모든 일들이 깨끗이 사라져
버렸습니다. 일본에는 삼국동맹과 천진사건 문제가 한꺼번에 공중분해가 되었고 남
겨진 것은 미국이 보낸 미일 통상항해조약 폐기 통고뿐이었습니다. 이렇게 쇼와 15
년, 기원 2600년을 맞이하게 됩니다. 지금부터는 이야기도 세계적으로 되어갈 것입
니다.

*1-아가와 히로유키의 《삼부작》: 《야마모토 이소로쿠》 1965년, 《요나이 미쓰마사》(상, 하) 1978년, 《이노우에 시게요시》 1986년, 모두 《신
조사》
*2-《노몬한의 여름》: 《문예춘추》(현재, 《문춘문고》), 1998년.

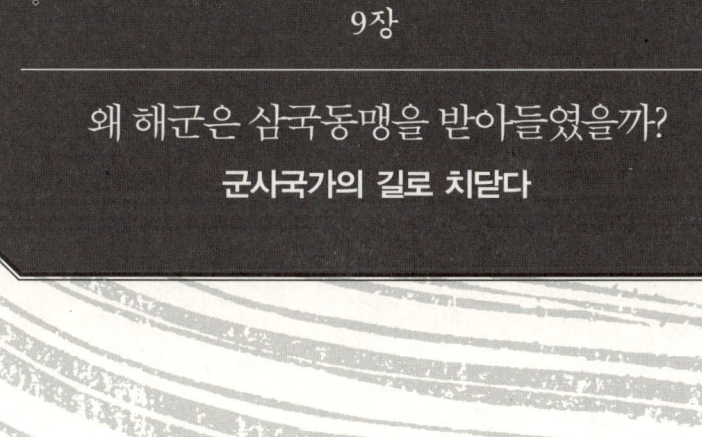

9장

왜 해군은 삼국동맹을 받아들였을까?
군사국가의 길로 치닫다

사치는 가장 큰 적

쇼와 14년(1939) 9월 제2차 세계대전이 시작되었습니다. 영국, 프랑스의 동맹군에 벨기에와 네덜란드가 나중에 합류하여 대연합군을 이루어 독일에 선전포고를 했는데 묘하게도 전쟁은 벌어지지 않았습니다. phony war라고 불린 전투 없는 전쟁입니다. 서로 선전포고를 했지만 총알은 튀지 않고 오로지 서로 노려보기만 하는 상태가 이어졌습니다. 그렇다고는 해도 냉전은 아닙니다. 군데군데서 약간 옥신각신하기는 했어도 본래라면 큰 전쟁으로 이어졌을 상황이 실제로는 그렇게 되지 않았을 뿐입니다.

그리고 쇼와 15년이 밝았습니다. 아무런 대책이 없었던 아베 노부유키 내각이 쓰러지고 1월에 성립한 요나이 미쓰마사 내각은 세상의 흐름에 반한다는 이유로 처음부터 불평을 많이 받았습니다. 이 내각 역시 제대로 일도 하지 못한 채 계속해서 싸움에 휘말리게 되었습니다. 물론 육군의 폭압이 점점 더 심해진 이유도 있습니다. 2월 2일 제75 회의에서 민정당의 사이토 다카오 중의원이 육군에 대든 것은 그 사실을 잘 보여줍니다. 사이토 의원은,

"무슨 장난이나 하는 것처럼 성전이라는 미명하에 국민적 희생을 가져왔으며 소위 국제 정의, 소위 도외 외교, 소위 공존공영, 소위 세계평화, 이렇게 뜬구름 잡는 말만 늘어놓고……."

이렇게 처음에 내각의 정책을 비판한 뒤에 육군을 향해 핏대를 올려 비판합니다.

"지나사변이 시작된 지 벌써 2년 반이 되었는데, 십만의 영혼을 바쳤음에도 불구

하고 해결이 되지 않고 있다. 어떻게 전쟁을 해결할 것인지 처리안을 보여달라."

육군은 성전을 비판했다고 화를 내면서 오히려 사이토 의원을 몰아붙였지만 사이토 의원이,

"나는 의원직을 사임하지 않는다. 불만이 있으면 제명하라."

라며 단호한 태도를 취하자 육군은 정말로 사이토 의원을 제명하고 말았습니다. 육군의 흉포함은 그만큼 심해져갔습니다. 이것이 의회가 한 마지막 저항이었을 것입니다. 이건 정당이 유효성을 잃어버린 상징적인 사건이었다고 생각합니다.

그리고 7월에는 육군의 책략으로 요나이 내각이 타도됩니다. 하타 슌로쿠 육상이 관료로서 맡은 바 책임을 다할 수 없다며 사표를 제출했기 때문입니다. 대안을 내보라고 요나이가 부탁해도 육군은 협력할 만한 사람이 없다며 거부합니다. 2·26사건 이후 히로타 내각이 '군부대신현역무관제'를 부활시켰기에 당시에는 각료가 사임하면 내각이 붕괴되어버렸습니다. 그러니 육군이 대신을 새로 뽑아주지 않는 이상 요나이 내각은 사직할 수밖에 없었습니다. 요나이 내각의 붕괴를 천황은 너무나 유감스럽게 생각했지만 어쩔 도리가 없었습니다.

그리고 후임으로 임명된 사람은 어처구니없게도 바로 고노에 후미마로 수상이었습니다.

그런데 이 쇼와 15년이 어떤 해였는지 잠시 여담으로 들려드리겠습니다.

3월, 정부는 영화와 레코드 제작사에 예명이 천박하거나, 불경스럽거나, 영어가 들어갔을 경우 개명하라고 명령을 내렸습니다. 철저한 국수주의를 고수하려고 했던 것 같습니다. 재담가인 미스 와카나, 가수인 딕 미네, 도호 영화사의 후지와라 가마타리, 닛카쓰 영화사의 아마 리리스 같은 이름이 그 대상이 되었습니다. 딕 미네는 미네 고이치라고 개명했을 겁니다. 구로사와 아키라 감독의 〈7인의 사무라이〉 등에 출연한 후지와라 가마타리도 나중에는 원래 이름으로 돌아왔지만 전쟁 중에는 후지와라 게이타로라고 개명했습니다.

그리고 전쟁을 하지도 않는데 적성 단어의 사용을 금지시켰습니다. 플랫폼은 승

차랑, 삐라는 전단, 럭비는 투구, 파마는 전발電髮, 페니실린은 벽소碧素로 바꾸었는데 페니실린 같은 경우 아마 곰팡이 색깔 때문에 이렇게 붙인 것 같습니다. 그리고 미식축구는 개구鎧球, 스키는 설정雪艇, 야구의 용병 선수인 스타르핀 투수는 스다히로시라고 바꾸었습니다. 스트라이크는 잘했어, 볼은 안 됨, 이라고 바꾼 것은 매우 유명한 이야기입니다. 실제로도 그렇게까지 했는지는 확실하지 않지만 적어도 가로로 쓰는 글자는 완전히 금지와 질타의 대상이 되었던 기억이 납니다. 어쨌든 모든 것은 국수주의로 통할 수밖에 없던 시절이었습니다.

그리고 시국에 맞지 않는 시시껄렁한 유희를 허락하지 않겠다는 명령이 내려졌습니다. 그래서 재미있는 이야기를 들려주는 전통 예술인 라쿠고는 협회까지 나서서 자숙하게 되었습니다. 유곽, 첩, 불의, 호색 등 53개의 이야기를 연기하지 않기로 하고 아사쿠사 혼포지라는 절에 이야기 무덤이라는 걸 만들어 묻어버리는 이야기의 장사를 치렀습니다. 정말이지 조잡한 이야기가 아닐 수 없습니다.

그리고 '7·7금령'이라고 해서 7월 7일에 사치를 부려서는 안 된다고 법률로 정했습니다. 전전의 일본인이라면 누구나 기억하고 있을 '사치는 적이다'라는 표어가 만들어졌고, 거리의 곳곳에 '사치품이여 안녕. 내일부터 닫히는 허영의 문' 같은 문장이 적힌 입간판이 세워졌습니다. 그 입간판에 장난질을 하는, 용감하고 왕성한 반골정신을 자랑하는 사람도 있었는데 만약 헌병에게 발각되면 큰일이 날 것입니다. 반지, 넥타이 핀, 보석류, 화려하고 고가인 기모노와 장식품, 양복 등이 금지되었고, '여름 양복은 100엔, 시계는 50엔, 손수건은 1엔, 나막신은 7엔, 구두는 35엔, 향수는 5엔까지, 그 이상은 금지'라고 했습니다. 당시 그것 때문에 가장 당황해한 것은 상류계급뿐으로 서민이나 빈민들은 사치를 했던 기억이 없습니다.

한편 '낳자, 길러내자'라며 아이를 많이 낳을 것을 권장했습니다. 10월 19일, 후생성이 만 6세 이상의 아이 10명 이상을 기르고 있는 전국의 1만 336개 다산가정의 명부를 발표하고 표창장을 수여했는데, 일본에서 1위를 한 가정은 나가사키 현청 총무부장인 시라토 한지로 집으로 자그마치 사내아이가 10명, 여자아이가 6명이었습니다. 지역별 순위를 보면 홋카이도 978, 가고시마 현 541, 시즈오카 현 444가정이고, 가장 적은 곳은 돗토리 현으로 39개 가정이었다고 합니다. 참고로 저희 집은 당시 아이가 저와 남동생 둘뿐이었으므로(그 사이에 있던 3명은 사망했습니다), 표창장을 받을 대상은 될 수가 없었습니다.

그리고 10월 31일에는 전국에 있는 댄스홀이 완전히 폐쇄되었습니다. 마지막에 〈반딧불〉이 연주되자 홀의 여기저기서 흐느끼는 소리가 들렸다고 합니다.

이렇게 육군의 주도하에 온 나라에 전시색이 점점 강해지고 국가는 드디어 군국주의 양상을 드러내고 있었는데, 국민은 틀림없이 오게 될 대영미 전쟁에 대비하느라 더 심각한 내빈생활로 들어갔습니다.

떠나는 버스를 놓치지 마라

그리고 나치 독일은 드디어 가짜 전쟁에 종지부를 찍고, 5월 1일 서부전선을 대규모로 공격했습니다. 눈을 휘둥그렇게 할 만한 전격작전으로 그때까지 세계사에서 예가 없을 정도로 영국, 프랑스, 네덜란드 연합군을 무찌릅니다. 그동안 서로 노려보거나 옥신각신하는 정도의 다툼만 있었지만 이때 비로소 본격적으로 제2차 세계대전이 시작되었습니다.

5월 4일에는 네덜란드가 항복하고, 17일에는 벨기에의 수도 브뤼셀이 함락되었습니다. 그리고 프랑스의 최대 방위선을 돌파한 독일이 영불 연합군을 도버해협까지 몰아넣자 영국군은 가까스로 후퇴하여 본국으로 도망치듯이 돌아갔습니다. 그런데 웬일인지 독일군은 맹공격을 그만 멈추어 그 덕분에 '단케르크의 기적'[*1]이 일어났습니다. 6월 14일에는 파리를 무혈점령하여 프랑스는 22일 제1차 세계대전 승리의 추억의 장소인 콩피에뉴 숲에서 항복 문서에 조인했습니다. 이렇게 해서 유럽은 완전히 독일이 석권하게 되었습니다.

나가이 가후의 일기입니다.

5월 10일. 독일군이 네덜란드, 벨기에 국경을 침범하다.

5월 16일. 나는 일본 신문이 유럽전쟁에 관해 보도한 것 중에서 영불 측 전보기사만 읽고 독일이 발표한 보도문이나 일본의 여론에는 전혀 눈길도 주지 않는다. 열국의 흥망과 세계의 추세에 대해 설령 알게 된다고 해도 아무런 이익을 얻을 것이 없고 도움이 되지도 않는다. 나는 다만 밤낮으로 마음속 깊이 프랑스군의 승리만을 기원할 뿐이다. 잔 다르크는 의외의 순간 갑자기 나타나는 법이니.

그러나 기대하던 잔 다르크는 결국 나타나지 않았습니다.

5월 18일. 유럽전쟁의 독군대첩을 호외로 보도하다. 프랑스 파리가 함락될 날도 머지않다고 한다. 나는 나 자신을 위로하려고 해도 그럴 수가 없다. 저녁식사도 그 때문인지 전혀 맛이 없다. 가로등도 꺼지고 조용해져 집에 돌아왔다.

6월 14일. 파리가 함락되었다는 호외가 나왔다.

6월 19일. 신문기자들은 전패한 프랑스에 동정하지 않고 대부분은 조소하거나 개의치 않는 모습이다. 그들의 문장은 야비하고 저열해서 도저히 읽을 수가 없다.

프랑스를 좋아하는 가후는 끝도 없는 비탄에 가라앉아 있는 것 같습니다.

이렇게 되면 군부에는 유럽전쟁에 관여하지 않겠다는 방침을 세운 요나이 내각이 매우 거추장스러운 존재가 될 것입니다. 친독노선의 성향이 강해지고 일본 역시 나치 독일의 강력한 일원정치처럼 하나의 조직이 리드해 나가야 한다는 소리에도 요나이는 전혀 귀 기울이지 않습니다. 독이일 삼국동맹 체결을 향한 기세가 다시 불타올라도 눈길도 주지 않고 어떻게든 미국과의 관계를 개선하고 싶다고만 말합니다. 연전연승하는 독일을 배워서 일본도 아시아의 신질서를 만들어야만 한다, 지금이야말로 버스를 놓쳐서는 안 된다고 온 일본이 들썩거립니다. 앞서 말씀 드렸듯이 드디어 하타 육군대신이 아무 이유 없이 사임하고 육군은 후임 육상을 뽑지 않습니다. 결국 요나이 내각은 쓰러졌고 7월 22일에 고노에 내각이 탄생했습니다. 그런데 여기서부터가 문제입니다.

고노에는 소위 반영미주의자로 앵글로색슨의 세계 제패에 대해 강한 우려감을 가지고 있던 사람이었습니다. 게다가 타인의 의견을 듣는 척하면서 자신의 의견만을 고집스럽게 밀어붙이고 상황이 좋지 않으면 도망치려고 하는, 정말이지 믿음이 가지 않는 사람입니다. 당시 내각 서기관장을 지냈던 도미타 겐지의 회상록이 있습니다.

내각을 만들었을 때부터 고노에 수상의 생각을 지배하던 문제는 삼국동맹과 정치 신체제 문제뿐이고 그 외에는 쇠귀에 경 읽기다. 그리고 고노에 수상은 독이 문제를 단순한 정치협정이 아닌 군사동맹으로까지 발전시키려 생각하고 있었다.

고노에는 독이일 군사동맹으로 삼국동맹을 맺는 것과 정당을 해산해서 일원적이고 강력한 신체제(이후 대정익찬회로 이어지는 것을 말합니다)를 만드는 것만 생각하고 있었던 겁니다. 이때 고노에 수상의 주위에 있던 사람은 후에 주독대사가 된 오시마 히로시, 후에 주이대사가 된 시라토리 도시오, 도쿠토미 소호, 나카노 세이고, 스에쓰구 노부마사, 구하라 후사노스케였는데 모두들 그렇고 그런 추축파, 즉 반영미파의 거물들입니다. 그들은 한 달에 한 번 호시가오카 사료에 모여서 삼국동맹을 어떻게 맺을 건가, 신체제를 어떤 조직으로 만들 것인가에 대해서 이야기를 나누었습니다.

그리고 외무대신에는 유아독존적이며 강경한 반영미파 마쓰오카 요스케가 취임

합니다. 그는 미국의 세계전략에 일본은 휘둘리고 있다, 미국과 대등한 입장에서 외교력을 넓히기 위해서는 독이일 삼국동맹은 물론이고 더 나아가서 독이소일의 4국이 추축이 되어 협정을 체결해야 한다, 이렇게 해야 일본의 국제적인 지위가 향상되고 의연하게 행동할 수 있다, 독소불가침조약이 맺어진 지금이 기회다, 라고 확신에 찬 목소리로 말했습니다. 요컨대 독이소일의 4국이 전투에 임하면 영미와 대등하게 겨룰 수 있다는 의견을 가진 사람이었습니다.

생각해보면 일본은 메이지 이래 러시아, 소련을 계속 가상 적국으로 여겨 왔습니다. 그 때문에 만주를 강력하게 만들고자 했고 육군은 소련과의 전쟁에 대비하여 병사를 훈련시켜 왔는데 이 사국동맹 구상이 갑자기 마음에 들기 시작합니다. 잘만 하면 이걸로 북방이 안전해질 것이라고 생각했던 것 같습니다. 노몬한에서 처참하게 당해서 자라 보고 놀란 가슴 솥뚜껑 보고 놀라는 식이라고 말하기엔 뭐하지만 아무래도 일본의 상층부나 육군에는 노몬한 증후군이라는 것이 있었던 것 같다는 생각이 듭니다.

마쓰오카의 꼬드김에 넘어간 탓인지 몽상만 하고 있다가 실제로 그걸 행동에 옮길 마음이 솟구친 고노에는, 활자로 읽어보면 진심이라고는 도저히 생각할 수 없고 마치 공포영화와도 같은 성명을 발표합니다.

'미국이 독이일 각각의 입장과 지위를 인정하면 독이일 삼국도 미국대륙에서의 미국의 주도적 지위를 인정한다.'

미국이 독이일의 지위와 힘을 인정한다면 이쪽도 남북 미대륙에서의 미국의 지위를 인정해주어도 좋을 것이라는 이야기입니다.

'미국은 일본의 진의를 제대로 이해하고 세계 신질서 건설이라는 대사업에 적극적으로 협력해야 한다고 생각한다.'

세계 신질서란 유럽의 경우는 독일이 만든 유럽 신질서, 아시아의 경우는 일본이 주도하는 아시아 신질서가 있으니 미국은 미대륙만을 지배하라는 것입니다.

'미국이 독이일 삼국의 입장과 진의를 이해하지 못하고 오히려 동맹을 맺어 적대

행위로써 대전하니 싸움이 벌어지는 것은 당연하다.'

아직도 어떻게든 전쟁을 피하려고 하는 사람도 있는데 이미 미국과 전쟁을 하고 있다는 기세로 이런 성명을 발표하다니요.

게다가 당시에는 주일 독일대사 오토를 비롯하여 독일의 첩보기관이 대대적인 선전을 벌이고 있었고, 조금이라도 독일을 험담하는 사람이 있으면 당장 외무성으로 달려와서 항의하고 강압적인 요구를 하는 상태였습니다. 7월 22일에 고노에 내각이 성립된 그해 여름은 버스를 놓치지 말라는 대합창 그대로 육군성이나 외무성에서도 친독 동맹론자들이 계속 늘어만 갔습니다.

최후의 방파제가 무너졌을 때

그리고 9월 7일 독일 본국에서 리벤트로프 외무장관의(정확히는 히틀러의) 특사 자격으로 슈타머가 일본에 왔습니다. 다시 협의를 하여 독이일 삼국동맹을 맺기 위해서였습니다. 슈타머는 9일, 10일 마쓰오카 외상과 친밀하게 회담을 했습니다. 서로 독일의 유럽 신질서, 일본의 아시아 신질서의 세력권을 확인하고 승인한다, 미국이 유럽전쟁에 참가하지 않도록 일본과 확실한 군사동맹을 맺자고 약속했습니다. 그렇게 군사동맹을 맺어놓으면 미국은 유럽에 참전할 경우 아시아에서도 일본과 싸워야만 합니다. 그리고 마쓰오카가 꿈꾸던 정책인 독이소일의 사국동맹, 만약 동맹이 안 되면 협상이라도 맺자고 의견의 일치를 보았습니다.

일본은 이번에야말로 독이일 삼국동맹을 맺으려고 했는데 이유는 그렇게 동맹을 맺어야 미국이 유럽에 참전하는 것을 억지할 수 있고 그와 동시에 일본과의 전쟁도 억지할 수 있게 되기 때문입니다. 사정이 이러하니 매우 매력적인 안이라며 갑자기 체결무드가 달아오르게 되었습니다. 마쓰오카, 슈타머가 벌인 회담에 대해서 9월 12일 고노에, 마쓰오카, 도조 히데키 육군대신, 오이카와 고시로 해군대신, 이렇게 4명이 모여서 회의를 했습니다. 이때 오이카와 해상만 미적거리면서 태도를 보류했습니다.

그리고 14일 오전 중에 대본영 정부연락회의(이 회의에 대해서는 나중에 자세히 설명하겠습니다), 16일에 임시각료회의, 19일에 어전회의가 열렸습니다. 정말이지 눈 깜짝할 사이에 독이일 삼국동맹이 국책으로 결정되고 맙니다. 졸속이라고 하면 졸속이지만 그만큼 엉터리인 국책이 왜 그토록 맹렬한 속도로 결정이 되었을까요? 그건 바로 12일까지 태도를 보류했던 해군이 13일에 갑자기 태도를 바꾸었기 때문입니다. 해군은 현재 국면을 타파하는 데 다른 명안이 없으니 정부에 일임하겠다고 입장을 확실히 했습니다.

이전에 요나이 미쓰마사, 야마모토 이소로쿠, 이노우에 시게요시 3인방이 맹렬히 반대했고, 당시의 해군 중견급도 육군과 전쟁을 벌이겠다는 각오로 반대했던 삼국동맹을 1년이 채 지나기도 전에 해군이 찬성하게 된 것은 무슨 영문일까요? 바로 이런 것이 쇼와사의 커다란 문제점입니다. 이런 동맹은 영국은 물론이고 영국을 응원하고 있는 미국을 완전한 적으로 명시하는 매우 중요한 결정입니다. 이 부분을 여기서 좀 자세하게 살펴보겠습니다.

독소불가침조약의 보도에 놀라서 복잡기괴라는 말과 함께 히라누마 기이치로 내각이 사직했는데 이때 다음 내각의 해군대신의 물망에 오르던 야마모토 이소로쿠 해군차관은 암살당할 위험 때문에 연합함대 사령장관의 직위를 달고 바다로 내보내졌습니다. 이때 "이걸로 문제가 해결된 것은 아닙니다. 앞으로 어떻게 될 것 같습니까?"라는 기자의 물음에, 야마모토 이소로쿠 해군차관은 "해군대신이 누가 되든 삼국동맹을 반대할 것이니 안심해도 된다."라고 말했다 합니다. 그리고 결과적으로 요시다 젠고가 해상이 되었다는 것은 앞서 이야기한 바 있습니다.

요시다 해상의 주위에 있던 사람은 다음과 같습니다. 해군차관에 스미야마 도쿠타로 중장, 군령부총장에는 변함없이 후시미노미야, 군령부차장에는 곤도 노부타케 중장, 작전제1부장에는 우가키 마토메 소장, 작전제1과장에 나카자와 다스쿠 대좌, 선임부원에 가와이 이와오 중좌, 차석부원에 가미 시게노리 중좌가 있었습니다. 나카자와를 빼고, 이도저도 아닌 스미야마도 제쳐두면 나머지는 모두 친독파이자 대미 강경파였습니다.

해군의 방침은 요시다가 해상이 되기 전부터 정해져 있었습니다.

一. 육해 군비 대등의 원칙을 견지하고 건함 계획을 전개한다. ―이는 예산상 육해군이 평등해야 된다는 것을 의미합니다.

二. 미국을 명확하게 가상 적국으로 삼는다. ―이것은 메이지 40년(1907) 이래의 방침입니다.

三. 영미, 네덜란드와 충돌할 것을 각오하면서 남진한다.

그런데 독일이 연전연승하는 것을 보자 일본 역시 승리할 수 있다며 군은 강경하게 변했습니다. 이런 점이 군의 특성인 것 같습니다. 미국은 빈슨 안(제1차~제3차 세계대전 확장 계획)을 토대로 태평양함대와 대서양함대용 군함을 계속 만들어 급속하게 군비를 확장하고 있었습니다. 그러니 언젠가는 미일 함대 비율이 비교가 안 될 만큼 미국이 우위에 서게 될 것인데 일본으로서는 그것만은 어떡하든 피하고 싶어 고민하고 있었습니다. 마침 그때 미국이 쇼와 15년 1월 미일 통상항해조약을 완전 폐기했을 뿐 아니라, 루스벨트 대통령은 석유나 고철 등을 일본에 수출하는 것을 정부의 허가제로 바꾸었습니다. 이것은 일본 해군에는 충격이었습니다. 아무리 군함이 있어도 연료가 없으면 움직일 수조차 없으니 만일에 대비해서 철이나 석유 같은 것을 얻을 수 있는 동남아시아의 자바, 수마트라, 보르네오 같은 자원지대에 진출해서 자원을 확보할 필요가 있다, 그 자원지대를 확보하려면 어떻게 해서든 인도차이나(프랑스령 식민지인 베트남, 라오스, 캄보디아 삼국, 특히 현재의 베트남)까지 병력을 진출시켜 둘 필요가 있다고 생각했습니다. 여차하면 그곳을 기지로 삼아 미국의 근거지인 필리핀을 공격하려고 했기 때문입니다. 그러나 남진을 드러내놓고 하면 미국은 화를 내고 일본 수출을 전면적으로 금지할 것입니다. 그렇다면 더욱더 개전에 대비하여 유전을 획득해야 하는데 그러려면 네덜란드령 동인도(현재의 인도네시아)를 점령할 수밖에 없다고 생각했습니다. 그렇게 되면 대미 전쟁을 치르게 될 것이 더욱 확실해질 것이라며 계속 머리를 굴렸고 그 결과 현재의 베트남으로 진출할 필요성이 제기되었습니다.

미국의 수출 허가제 같은 조치는 확실히 일본에 대한 전쟁을 전제로 한 협박행위입니다. 그렇기 때문에 점점 삼국동맹의 필요성이 강조되어가고 있었는데 요나이, 야마모토, 이노우에 3인방과 뜻을 같이한 요시다 해상은 "독일과 동맹을 맺는 것은 영국, 나아가서는 미국을 적으로 만드는 일이자 망국으로 가는 길이다."라면서 좀처럼 허락하려고 하지 않았습니다.

그래서 해군의 대미 강경파는 미국을 견제하면서 베트남에 기지를 설치할 필요가 있다고 주장하기 시작합니다. 부서에서 따돌림을 당하는 요시다 해상에게는 잠들 수 없는 날들이 이어지게 됩니다. 요시다가 전후에 쓴 수기가 남아 있습니다.

8월 하순에는 연일 설사가 지속되었다. 정력 감퇴도 적지 않게 느끼고 있다. 때때로 두통이 생기고 한밤중에는 땀을 흘리면서 자는 일도 종종 있다…….

노이로제 증상입니다. 결국 9월 1일 해군에서 제일 정치적인 군인으로 알려져 있고, 마쓰오카 외상과는 같은 쵸슈 출신이라 사이가 좋은 이시카와 신고 대좌가 요시다 해상에게 와서는 강인하게 담판을 요구합니다.

"이렇게 되면 이제는 논리로 따질 것이 아니라 예스나 노 둘 중 하나입니다. 결심의 문제입니다. 대신의 배짱에 달려 있습니다."

하극상 그 자체입니다. 요시다 해상은 그 다음 날 자신을 방문한 곤도 중장의 멱살을 잡고 떨리는 목소리로

"네놈들은 이 일본을 어떻게 할 셈이냐?"

라고 화를 냈다고 비서관이 전했습니다. 완전히 고립되었다고 느꼈을 때에 대해서 수기에는 이렇게 적혀 있습니다.

> 심신이 쇠약해져 실행력도 다 소모된 것 같다……. 이 중대한 때에 몸이 이렇다니. 건강을 지키려고는 하지만 유감스럽기 그지없고, 분통이 터져 자결하리라 마음먹은 적도 있지만 결국 그대로 쓰러지고…….

자살까지 생각했지만 그 기회를 얻지 못하고 힘이 다 소진되어 쓰러져버리고 말았다는 이야기입니다. 하지만 독약을 마셨는데 발견되어서 다행히 목숨은 구했지만 몸을 더 이상 쓸 수가 없게 되었다는 이야기도 있습니다. 《쇼와천황 독백록》에는 '……걱정을 한 나머지 고도의 신경쇠약에 걸려 자살을 기도했지만 저지를 당해 이룰 수 없었고 후에 사직했다'라고 기록되어 있습니다. 그리고 당시 신문은 '요시다가 격무로 인해 피로감이 생겨서 이제 회복을 기할 수밖에 없다. 요 며칠 전부터는 협심증이 발작하기도 했다'라고 발표했습니다. 어찌 되었든 요시다는 임무를 다 마치지 못하고 얼마 지나지 않아 사임했습니다.

돈 때문에 영혼을 판다?

요시다의 후임은 앞서 말한 오이카와 고시로 대장이었습니다. 그리고 성품이 그다지 모나진 않지만 똑 부러진 맛이 없고 부하가 말하는 대로만 행동한다는 말을 들었던 스미야마 차관도 사임하여 도요다 데이지로로 차관이 바뀌었습니다. 오이카와는 해군에서 제일가는 한학자라고 불릴 정도로 한학에 밝았고 책상에 앉아 매일 논어나 맹자를 읽는다는 학자적 기질을 가진 사람이었습니다. 한편 도요다는 상당한 수완가이자 정치적인 군인이었고 책사기질이 강했습니다. 독일의 슈타머가 일본에 온 것은 이 사람들이 새로 뽑힌 뒤에 바로 닥친 일입니다. 그리고 슈타머가 마쓰오카 외상과 단 이틀 만났을 뿐인데 대신회의에서 삼국동맹이 논의되었습니다. 도조 육상은 물론 대찬성 했고 고노에 수상도 이 일을 자신의 사명이라고 생각하고 있었으므로 찬성했습니다. 그리고 맨 처음에는 혼자서 갈팡질팡하던 오이카와도 그 다음 날 갑자기 찬성으로 돌아섰습니다. 즉 해군이 방침을 크게 바꾼 것입니다.

그 운명적인 해군 내부 회의는 앞서도 말씀 드렸다시피 9월 13일에 열렸습니다. 미신을 믿는 것은 아니지만 이날은 금요일이었습니다. 출석자는 오이카와 해군대신, 도요다 차관, 아베 가쓰오 군무국장, 곤도 차장, 우가키 작전부장, 이 5명입니다. 여기서 문제가 된 것은 만약 독일, 일본, 이탈리아가 삼국 군사동맹을 맺게 될 경우 유럽전쟁에 미국이 참가하여 독일과 싸우게 되었을 때 일본도 자동적으로 미국과 전쟁을 벌여야 되는가 였습니다. 마쓰오카 외상은 "그런 것을 조항에 적을 필요는 없다. 자동적으로 참전이라고 쓰지 말고 자주적 결정에 맡긴다, 상황을 보고 일본은 자주적으로 판단한다는 식으로 쓰면 될 것이다."라고 설명했습니다. 오늘 텔레비전에서 국회의 예산위원회를 볼 때 이라크에 자위대를 파견하는 문제에 대해서 고이즈미 수상이 "그건 그때의 정세를 봐서 자주적으로 정한다."라고 대답했는데 그것과 마찬가지입니다. 즉 군사동맹이라고 해도 '자주적' 이라는 조건이 붙었기에 안심이라는 설명을 해군은 이상할 정도로 철석같이 믿어버리고 맙니다.

도요다나 곤도는 원래 군사동맹 찬성파이니 바로 승인할 분위기였습니다. 이 기회를 놓치면 앞으로 동맹은 불가능해진다, 동맹을 체결하지 않으면 고노에 내각은 붕괴될 거라고 말했습니다. 생각해보면 이 시점에 고노에 외에 수상으로 적당한 사람은 없었나 하는 의문이 들긴 하지만 고노에는 외모도 나쁘지 않고 게다가 언변이 뛰어나 매우 인기가 있었습니다. 그러니 그 사람이 제일 적당하다고 생각했던 것 같습니다. 해군은 인기 있는 내각을 무너뜨리는 원인을 해군이 제공했다는 책임을 지기 싫어서 머리를 짜낸 것입니다.

그래서 별다른 의논도 하지 않고 동맹을 맺는 것이 좋겠다는 분위기가 만들어졌습니다.

그러나 우가키 마토메 작전부장(이 사람은 나중에 연합함대 참모장으로서 야마모토 이소로쿠와 더불어 태평양전쟁을 지휘한 사람입니다)은 미국과 전쟁할 경우를 생각하면 대범하게 찬성할 수 없다는 생각을 확실히 가졌습니다. 그래서 약간 머뭇거리면서도 "한다고 하겠다면 어쩔 수 없지만 미국이 참전할 경우 일본이 자주적으로 행동할 수 있어야 합니다. 이건 절대적으로 필요합니다. 이것만은 강력하게 말씀 드리고 싶습니다."라는 말을 덧붙였습니다. 하지만 나머지가 "괜찮다. 자동 참전할 의무는 없다."라고 밀어붙였습니다. 이처럼 너무나도 단순한 경위를 거쳐 반대할 이유도 없으니 찬성한다는 식이 되어버렸습니다. 그리고 다음과 같은 조문이 만들어졌습니다.

삼국은 모든 정치적, 경제적, 군사적인 방법으로 상호 원조할 것을 약속한다.

분명히 자동적으로 참전한다고는 쓰여 있지 않지만 자세히 읽어보면 모든 군사적 방법으로 상호 원조를 한다고 적어놓았으니 참전 의무가 생기게 된다고 생각이 드는 것이 당연합니다. 그리고 우가키의 일기 〈전조록戰藻錄〉을 자세히 보면,

조약체결의 이면에 있던 목적은 해군으로서, 아니 나 자신이 원하는 것을 달성하는 것이다.

라고 쓰여 있습니다. 이것은 어찌 된 일입니까? 이면의 목적이란 무엇일까요? 해군의 전비를 살펴보면 당시 막대한 예산을 사용하여 야마토와 무사시 같은 초대함을 만들고 있었습니다. 해군은 그것이 미국과 전쟁을 하기 위한 것이 아니냐며 육군에게서 추궁을 받았습니다. 그러니, 사태가 벌어져도 전쟁은 할 수 없다, 이렇게는

절대로 말하지 못할 것입니다. 만약 그렇게 말한다면 예산을 못 받을 테니 그건 참을 수 없는 일일 겁니다. 우가키는 삼국동맹을 맺으면 결과적으로 보다 많은 예산을 획득할 수 있는 조건을 육군에 들이밀어서 약속을 받아낼 수 있다, 즉 이면 거래를 할 수 있다고 생각했습니다. 즉 군비예산을 획득하는 것이 조약체결의 이면에 있던 목적이었던 것입니다. 한심하게도 돈을 위해서 몸을 팔았다, 아니 혼을 팔았다(이렇게 말하긴 잔혹하지만)고 해야 할 것 같습니다.

이렇게 13일에 열린 해군 수뇌회의는 조건을 달고서 독이일 삼국동맹을 맺는 것에 찬성했습니다. 그리고 14일의 대본영 정부연락회의에서, 다른 안이 없으니 찬성한다고 해군대신이 공식적으로 말했는데 이후에 해군은 예산을 얻기 위해서 육군과 회합할 때마다 이 이야기를 꺼냈습니다. 14일의 연락회의에서는 곤도 군령부차관이 당당히 의견을 밝혔습니다.

"해군은 미국과의 개전 준비를 아직 완전히 정비하지 못했다. 그러나 내년 4월이 되면 완벽하게 될 것이다. 준비만 된다면 대미전도 즉전즉결 되어 승리를 얻을 가능성이 있다. 다만 이것이 장기전이 되면 상당히 곤란해질 것이라는 것을 알아두었으면 한다."

장기전이 되면 곤란하니 장기전이 되지 않기 위해서라도 군비 강화 촉진에 협력하라는 이야기입니다.

"미국은 오늘날 점점 군함에 힘을 쏟아붓고 있다. 일본과의 비율 차이는 앞으로 더욱 커져갈 것이다. 해군의 전비 강화를 위해서 강력하게 협력을 요망하는 바이며 그런 의미에서 만약 싸운다면 지금이 가장 유리한 때라고 할 수 있다."

이 곤도 차장의 연설에 이어서 오이카와 해군대신도 이렇게 말합니다.

"남겨진 길은 독일과 이탈리아와 제휴하는 것밖에 없다는 점에 해군도 찬성한다. 그리고 군령부차장이 말한 것처럼 해군 전비를 촉진하는 일에 대해서 정부, 특히 육군당국이 충분히 생각해주었으면 한다."

이 오이카와의 변심에 고노에 수상까지도 상당히 놀랐다고 합니다.

이렇게 해군은 가장 중요한 때에 자신들이 맡아야 할 사명을 포기하고 만 것입니다.

피와 고생과 눈물, 그리고 땀

이렇게 찬성이라고 명확하게 밝힌 뒤인 9월 15일 저녁, 해군은 도쿄에 간부들을 모두 모아 놓고 수뇌회의를 엽니다. 각 군사참의관, 즉 은퇴한 해군 대장들과 야마모토 이소로쿠 연합함대 사령장관을 필두로 하는 각 함대 사령장관, 그리고 현장의 수뇌인 각 진수부 사령장관들이 한자리에 모였습니다. 사회는 도요다 해군차관이 맡았고, 지금까지의 경과를 아베 군무국장이 설명한 뒤 오이카와 대신이 말했습니다.

"만약 해군이 끝까지 삼국동맹을 반대한다면 고노에 내각은 총사직할 수밖에 없고, 해군으로서는 내각 붕괴에 대한 책임을 지고 싶지 않으니 동맹조약에 찬성했으면 한다."

그러자 군령부총장인 후시미노미야가 바로 입을 열었습니다.

"일이 여기까지 왔으면 어쩔 수가 없겠지."

이것도 너무한 이야기입니다. 어쩔 수가 없다는 판단으로만 끝낼 문제가 아닌데 이 후시미노미야의 강압적인 발언으로 이 회의는 더 이상 삼국동맹을 맺어도 좋은지 논의하는 회의가 아니게 되었습니다. 이 이후에는 입을 맞추었던 대로 가장 연장자인 군사참의관 오스미 미네오가 이렇게 말하고 말았습니다.

"군사참의관들은 찬성한다."

사전에 참의관 전원이 의견을 맞추었다는 이야기는 없었지만 연장자가 전원 찬성한다고 정했습니다. 지금까지 아무 말이 없던 야마모토 이소로쿠가 조용히 일어서서 한마디 했습니다.

"저는 해군대신이 해군부 내를 통제하면 절대로 복종해야 할 몸입니다. 다만 너무나도 걱정스러운 것이 있으니 부탁을 드리고 싶습니다. 이 조약이 성립한다면 미국과 충돌하게 될 위험성은 상당히 증대합니다. 현 상태로는 항공 병력이 부족하고 특히 전투기나 육상 공격기는 2배로 만들어야만 합니다. 그러나 조약을 맺으면 영미 세력권의 자원을 필연적으로 잃게 됩니다. 산업 증산에 제동이 걸리게 됩니다. 그렇다면 이 부족함을 메우기 위해 어떤 계획 변경을 마련했는지 그 점을 들려주었으면 합니다. 연합함대 장관으로서 그 말을 듣지 않고서는 안심하고 임무를 수행할 수가 없습니다."

이 발언을 도요다 차관은 완전히 무시하고 이렇게 말했습니다.

"여러 의견이 있었지만 대체로 찬성을 하는 의견이 많은 것 같으니."

그리고 지명된 오이카와 해상이 매듭을 짓습니다.

"삼국동맹 체결에 동의를 함으로써 일본은……."

정말이지 해군의 제일 윗자리에 앉은 사람들이 연 회의라고는 생각할 수 없습니다. 해군 선인설은커녕 엉터리로 이야기가 진행되고 결정까지 되었습니다. 반복해서 말씀 드리지만 그때는 너무나 독일이 강하니 독일과 손을 잡는 것이 유리하다는 논리까지 전개되었습니다. 그도 그럴 것이 벨기에와 네덜란드가 항복했고 파리가 함락당해서 프랑스도 손을 들었으므로 남은 것은 영국뿐이었습니다. 영국 본토도 7월경부터 폭격을 받고 있었습니다. 일본이 볼 때는 내일이라도 당장 독일군이 영국 본토 상륙작전을 벌일 것 같았던 것 같습니다.

그런데 역사는 아이러니하게도 일본 해군의 수뇌부가 삼국동맹을 정한 바로 그날 독일 공군이 런던 상공에서 큰 타격을 받게 됩니다.

5월 1일에 독일이 서부전선으로 성난 파도처럼 진격을 개시하고 얼마 지나지 않은 5월 10일, 영국은 윈스턴 처칠을 수상으로 선출했습니다. 처칠이 13일 하원에서

한 취임연설은 20세기를 대표하는 명연설이 됩니다.

"나는 피와 고생과 눈물과 땀 이외에 내세울 만한 것은 아무것도 가지고 있지 않다.……제군이 정책이 무엇이냐고 물어볼 것이다. 나는 답한다. 바로 바다에서, 육지에서, 그리고 하늘에서 신이 우리에게 부여한 모든 힘을 다해서 싸우는 것뿐이다.……우리의 목적은 무엇이냐고 물어보고 싶을 것이다. 나는 한마디로 말할 수 있다. 승리, 그것뿐이다."

영국은 이런 처칠 수상 아래 단결하고 무서운 기세로 항전하기 시작합니다. 그리고 그 기세는 Battle Of Briton이라고 칭해지는 9월 15일의 영국 본토방위전에서 최대의 전과를 낳게 됩니다.

아무래도 히틀러는 뭔가 커다란 착각을 하고 있었던 것 같습니다. 일본에서 해군이 삼국 군사동맹에 대해 찬성을 표명한 9월 14일, 히틀러는 베를린 군사회의에서 영국 본토 상륙작전의 결정을 17일까지 연기한다고 말을 꺼냈습니다. 국방군의 수뇌부는 놀랐습니다. 왜냐하면 준비하는 데 전력을 다해도 열흘은 걸리므로 17일이 되어서 공격하라고 명령을 내려도 상륙작전 개시는 27일에나 할 수 있습니다. 정확히 말하자면 도버 해협의 조수 간만의 문제 때문에 9월 27일은 무리고 10월 18일까지 연기될 수밖에 없습니다. 그때가 지나면 가을 안개와 폭풍우 때문에 상륙은 불가능해집니다. 그래서 하루라도 빨리 정했으면 한다고 부탁 했지만 히틀러는 아무런 반응을 보이지 않습니다. 히틀러의 머릿속은 공군 총사령관 괴링의 의견, 즉 '하늘에서 본토 폭격을 계속하면 그 사이에 영국은 비명을 지르며 화평을 구하러 올 것이 틀림없다'는 의견에 완전히 점령당해 있었고, 게다가 이번 달은 자신에게 행운을 주는 별이 있는 달이므로 승리를 확신하고 있었다고 합니다. 그리고 빨리 영국이 비명을 지르도록 만들게 하고 싶어서 14일에 런던 대공습작전을 감행할 계획을 세웠습니다. 그러나 적은 처칠을 중심으로 조국 방위를 위해 목숨을 불태울 각오가 되어 있는 전사들입니다. 항복이란 없다며 투지를 불태우고 있었으니 히틀러가 큰 오산을 하고 있었던 것입니다.

15일, 독일은 전투기 700기, 폭격기 400기를 가지고 전력으로 런던 총공격에 나섭니다. 영국은 가동할 수 있는 모든 전투기 약 300기를 모아서 반격에 나서게 됩니다. 수는 독일의 절반이지만 왕복을 해야만 하는 독일군에 비해 영국은 자국의 상공에서 전투를 하게 되니 이륙과 하강만 반복하면 되어 300기는 약 3배의 힘을 가지게 됩니다. 이 대반격 덕분에 영국 공군은 완벽하게 독일의 공군을 무찔렀습니다. 영국은 '적기 195기 격추, 아군의 손해는 26기'라고 발표했습니다. 그러나 실제 독일이 입은 손해는 60기가 넘지 않았지만 상당한 타격을 입은 것은 틀림없습니다. 떨어진 것은 60기가 약간 안 되지만 탄환에 맞아서 손해를 입은 것을 포함하면 거의 궤멸상태였습니다. 그러니 이날 하루의 대격전은 히틀러가 생각했던 영국의 평화 요구는커녕 오히려 영국 공군을 비롯한 영국 국민의 질 수 없다는 의지만 활활 불타오르게 만들었습니다.

공군 총사령관인 괴링은 화가 나서 미칠 지경이었을 겁니다. 독일 공군에서 인기가 높은 파일럿인 갈랜드 소령을 불러서 문책하자 갈랜드는 전쟁의 실태라며 그 경과를 설명했습니다. 괴링이,

"알겠다. 그렇다면 어떤 전투기가 있어야 이길 수 있다는 말인가?"

라고 물어보자 격추 왕인 갈랜드는 이렇게 말했다고 합니다.

"영국군처럼 스핏 파이어가 있어야 됩니다."

독일 전투기와 영국 전투기의 능력이 확연히 달랐던 것 같습니다. 한편 영국 수상 처칠은,

"이처럼 많은 국민이 이처럼 적은 사람에게서 엄청난 은혜를 입은 전투는 전대미문의 일이다."

라며 영국을 구한 300명의 전투기 조종사에게 감사를 표했습니다. 결국 이 승리는 본토 상륙작전을 통해 영국을 점령하겠다는 히틀러의 커다란 야망을 완전히 꺾어놓았습니다.

일본 해군은 그런 일이 일어나고 있는 줄 전혀 몰랐습니다. 시차가 있긴 하지만 같은 날에 그 이면에서는 삼국 군사동맹 체결에 대해 의견의 일치를 보고 있었으므로 역사라는 것은 때론 너무나 아이러니하게 느껴집니다.

대본영 정부연락회의의 결정 이후 9월 16일에는 각료회의에서 내각이 일치하여 동맹을 체결할 것을 결정했고 고노에 수상이 이 사실을 쇼와천황에게 보고했습니다. 천황은 고노에에게 말했습니다.

"이 조약은 상당히 중요한 조약이다. 이 조약 때문에 미국은 일본에 대해서 지금 당장이라도 석유나 철의 수출을 중지할지도 모른다. 그렇게 되면 일본은 어찌 될 것인가. 이 이후 앞으로 오랜 시간 동안 엄청난 고난과 암흑 속에 놓이게 될지도 모른다. 너는 그럴 각오가 되어 있느냐?"

쇼와천황은 앞을 내다보고 있었던 것 같습니다. 그리고 또 이렇게도 말했습니다.

"미국에 대해서 더 이상 손을 쓸 수가 없다면 해결책이 있을 리 없다. 그렇지만 만일이라도 미국과 전쟁을 해야 할 경우에 해군은 어떠한가. 해군대학교에서 도상연습을 할 때 미일 해전에서 썩 좋지 않은 성적이 나왔다고 들었는데 괜찮겠는가?"

해군대학교에서는 도상연습 규칙에 기초하여 미국과 싸울 경우에 대비해서 그림으로 연습을 하곤 했는데 몇 십 회를 했지만 일본 해군이 이긴 적은 한 번도 없었습니다. 항상 패배하여 일본 함대가 고치 현에 있는 도사 앞바다에까지 몰리게 되니 연습이 중지되었습니다. 그건 비밀로 해두었는데 어느새인가 천황의 귀에까지 들어간 것 같습니다.

다만 고노에는 마쓰오카 외상에게 꼬드김을 당한 터라 "앞으로는 독이소일 사국동맹이 될 것인데 그것은 미일 전쟁 방지에 상당히 도움이 되니 괜찮습니다. 동맹을 체결하지 않는 것이 오히려 미일 간에 전투가 벌어질 위험을 키웁니다."라고 대답했습니다. 가만히 그 말을 듣고 있던 천황이 또 말합니다.

"그렇지만 독일이나 이탈리아 같은 국가와 이런 긴밀한 동맹을 맺어야만 한다니 이 나라의 앞날이 걱정스럽다. 내 대에서는 그렇다 쳐도 나의 자손 대가 걱정이다.

독일의 삼국 군사동맹 체결. 오른쪽에서 두 번째가 마쓰오카 요스케, 군복 차림은 도조 히데키.

정말로 괜찮은가?"

이 물음에 고노에가 이토 히로부미의 이야기를 생각해내서 대답했습니다.

"러일전쟁 개전이 어전회의에서 정해졌을 때 메이지 천황은 이토 공(이토 히로부미를 말함.—옮긴이)을 별실로 불러서 만약 졌을 때는 어쩔 생각인가, 라고 물어보았습니다. 이토 공은 만일 패할 경우 신은 작위, 훈장, 그 외 모든 것을 내려놓고 단신으로 전장에 나가서 전사할 각오가 되어 있다고 아뢰었다고 합니다. 저 역시 같은 각오를 하고 있습니다."

천황은 고개를 끄덕이며 말했습니다.

"미일 전쟁이 일어나는 만일의 사태가 발생했을 때는 너는 나와 근심을 같이 나누자. 삼국동맹에 대해서는 이제 어쩔 수 없을 것 같다."

《쇼와천황 독백록》에 삼국동맹에 관해서 찬성은 하지 않았다고 쓰여 있는 것은 바로 이걸 말합니다.

그리고 그날 야마모토 이소로쿠는 실망해서 도쿄를 떠났습니다. 떠나기 전에 오이카와 해군대신에게 면회를 청해 해군 중앙으로서 장래의 전망을 어떻게 보는지 물어보았습니다. 오이카와는 대답했습니다.

"독일한테 주려고 불 속에 있는 밤을 줍는 격이니 위험이 없다고는 할 수 없네. 그렇지만 미국에게는 도저히 이길 수가 없다네. 뭐, 그럭저럭 괜찮을 것 같긴 하지만 말이야."

또, 후시미노미야와도 만났습니다. 돌아온 대답은,

"이렇게 된 이상 할 수 있는 데까지 해볼 수밖에 없지 않겠나."

였습니다. 야마모토는 아연실색할 수밖에 없었습니다. 내각 타도에 대한 책임을 지고 싶지 않다거나, 육군과 더 이상 머리를 맞대고 싸우고 싶지 않다거나, 돈이 필요하다는 한심한 이유로 이렇게 국가를 망국으로 이끄는 동맹을 맺는다니 대체 이런 일이 있을 수 있는가, 하고 답답한 마음이 들었을 것입니다. 야마모토는 도쿄 역까지 전송하러 온 친구, 호리 데이키치 중장에게 다음과 같은 말을 남겼다고 합니다.

"내란으로는 국가가 멸망하지 않는다. 전쟁 때문에 국가가 망한다. 내란을 피하기 위해서 전쟁을 내건다는 건 심하기 짝이 없는 주객전도다."

어쨌든 바보 같은 동맹을 맺긴 맺었습니다. 이를 계기로 미국은 일본을 확실하게 적대시하게 되었는데, 당시의 주일 미대사 그루는 비록 틀린 이야기까지 적긴 했지만 흥미로운 일을 일기로 남겼습니다.

매우 신빙성 있는 이야기를 들었는데 천황과 고노에 공은 모두 삼국동맹에 절대적으로 반대했다(이 내용은 와전된 것입니다. 고노에는 찬성했습니다). 그러나 천황이 거절할 경우 천황의 목숨이 위험하게 될지도 모른다고 말하는 사람이 있자, 천황은 고노에 공에게 "죽게 되면 같이 죽자."라고 말했다고 한다. 이 이야기는 황족 중 누군가에게서 간접적으로 들은 것이다.

즉 천황이 "죽게 되면 같이 죽자."라고 말한 배경에는 거절했을 경우에 벌어질 일에 대한 생각이 있었던 것 같습니다. 그런 근심은 《독백록》에 이렇게 쓰여 있습니다.

삼국동맹에 대해서 나는 치치부노미야와 싸움을 해서 끝냈다.
내가 만약 개전을 하자는 결정에 대해서 거절했다고 치자. 국내는 반드시 큰 내란
이 벌어지고 내가 신뢰하는 신하들은 죽음을 당하고 나의 생명도 보증할 수가 없
을 것이다. 그건 그렇다 쳐도 결국 광폭한 전쟁은 전개되어……

천황의 마음속에는 만약 내란이 일어나 자신이 제거되고 자신을 대신하는 자가 천황이 될 경우 군부가 그를 조종해서 자신들 마음대로 강경정책을 펴 나갈 것이라는 공포심이 있었던 것은 아니었을까요? 삼국동맹 이야기를 했더니 마지막에 천황이 어쩔 수 없다며 승낙한 것은 그런 공포가 배경에 있었기 때문인 것 같다는 생각이 듭니다. 이것도 2·26사건의 대규모적인 테러가 가져다준 공포인 것 같습니다.

하나 더 덧붙이자면 9월 19일에 일본에서는 의식적인 어전회의가 열려 삼국동맹을 국책으로 정하게 됩니다. 그 이틀 전인 9월 17일에는 독일에서도 히틀러가 중대 결정을 합니다. 바로 B군단을 그날부로 동쪽으로 이동하겠다는 것입니다. B군단이란 영국 본토 상륙작전에서 선진에 서기로 한 기간병력, 즉 최강력 부대입니다. 이 명령이 내려졌다는 것은 영국 본토 상륙작전을 완전히 포기하고 다음 목표인 동쪽, 즉 소비에트를 진공하겠다는 말입니다. 이 또한 너무나 아이러니하다고밖에 말할 수 없습니다. 일본이 꿈꾸었던 독이소일의 사국협정으로 영미에 대항할 수 있다는 생각은 지나친 망상이라는 것이 이 순간에 확실해졌습니다. 독일은 독소불가침조약 따위는 집어던지고 동방진격을 개시할 것이라고 이때 정했으니 말입니다.

완전히 다른 장소에서 완전히 다른 식으로 일은 진행되고 있는데 일본은 여전히

독일의 영국 본토 상륙, 영국의 항복, 그리고 사국협정까지 맺자 일본에 손도 대지 못하고 당황해하는 미국……이라는 상상의 도식에 푹 잠겨 있었습니다. 일본이 독이일 삼국동맹을 결정했을 때 히틀러는 숙명의 소비에트 진공을 위해서 동으로 향하라는 명령을 내렸습니다. 정말 비참하다고 탄식할 수밖에 없습니다.

*1·단케르크의 기적: 1940년 5월 27일부터 6월 4일에 걸쳐 독일군은 프랑스의 단케르크 해안에서 포위된 영불 연합군에 맹공격을 가했다. 그런데 갑자기 짙은 안개가 끼어 연합군 33만 8천 명(그중 11만 2천 명은 프랑스 병사)은 도버 해협을 건너 무사히 영국 본토로 후퇴할 수 있었다.

10장

독소의 정략에 휘둘리는 와중에
남진론을 제창

독일의 소련 진공

북부 인도차이나에 감행한 무력 진주는 부끄럽기 짝이 없는 일

일본은 유럽에서 대전쟁을 일으키고 있는 독일과 군사동맹을 맺어 영미를 가상이 아닌 진정한 적으로 삼자는 대담한 결단을 했습니다. 그것은 지난번에도 이야기한 바 있습니다. 이와 박자를 맞추듯 육군은 만일에 대비하여 남쪽에 군대를 진출시켜 둘 필요가 있다며 쇼와 15년(1940) 9월 26일, 북부 인도차이나(현재의 베트남)에 진주하겠다는 큰 계획을 세웁니다. 그곳에는 당시 독일에 항복한 프랑스가 괴뢰정부를 세웠는데 페튼 원수가 이 괴뢰정부의 총독부를 이끌고 있었습니다. 그러나 본국은 어수선했으니 그걸 기회 삼아 독일이 마음대로 주무르고 있어 실제 이 정부에는 힘이 없었습니다. 일본 역시 이걸 기회로 여겨 이 임시정부와 교섭하여 북부 인도차이나의 [현재의] 하노이 주변에 군대를 보내기로 했습니다.

우리들이 아이였을 때 〈모험 단키치〉나 〈나는 라바 추장의 딸〉*1이라는 노래도 있긴 했지만 남방이라고 하면 마셜제도나 마리아나제도 같은 내남양에 대해서밖에 알지 못했습니다. 그런데 동남아시아의 이미지가 갑자기 남십자성, 망고, 고무농장, 대유전 등 남방이라는 모습으로 다가오게 된 것입니다.

일본으로서는 만일의 경우에 대비하여 인도차이나를 통해서 미영의 군수물자가 계속 중국으로 들어가는 것을 차단하는 의미에서도 이곳을 진압할 필요가 있었습니다. 그렇지만 한 번에 인도차이나 남부까지 군대를 내보내면 문제가 커지게 되므로 우선 북부에만 군대를 두기로 하고 군과 정부가 하나가 되어 인도차이나 총독과 교섭하기 시작했습니다. 프랑스는 당시 전쟁에서 패하고 있었으니 총독은 눈물을 머금고 승낙을 할 수밖에 없었습니다.

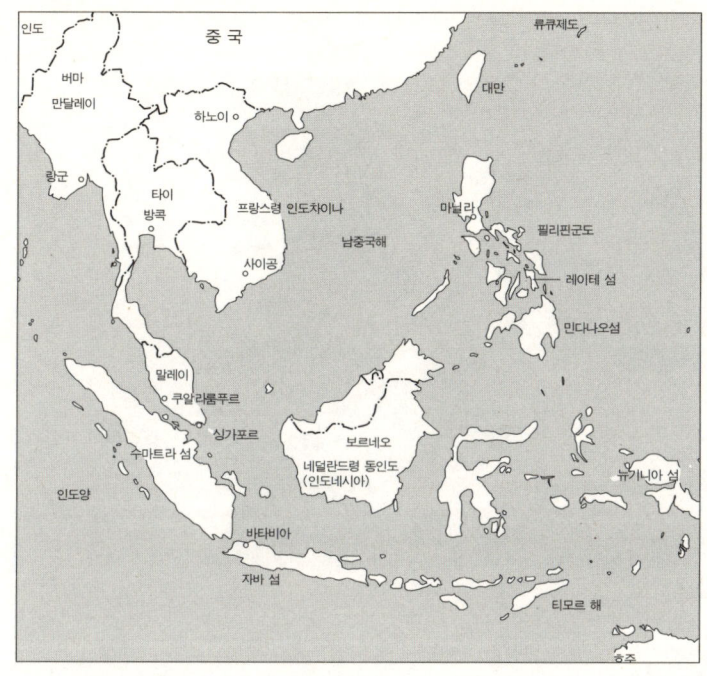

남양지도

　군대를 진주시킨다는 것은 어디까지나 회담의 결과 나온 것이니 평화롭게 진행
이 되었을 것입니다. 그런데 절차의 문제로 의견이 어긋나서 9월 23일 진주해 온 일
본군은 수비를 맡고 있던 인도차이나군과 총구를 겨누고 말았습니다. "무사가 적지
로 뛰어 들어가는데 비겁하게 칼날을 감추고 현관으로 들어가겠습니까?"라며 당시
의 육군의 젊은 참모가 돌진했다고 합니다. 이야기가 원활하게 진행되지 않는 것에
좀이 쑤신 나머지 한 번에 인도차이나군을 격파해서 해치우자며 돌진했는데 이것이
쓸모없는 유혈사태를 불러오게 된 결과를 낳았습니다. 평화롭게 진주할 생각이었는
데 침략이라는 형태가 되어버려 이 때문에 일본은 전면적으로 세계적인 비난을 받
게 되었습니다. 평화적인 진주를 위해 고심하면서 교섭을 이어 온 현지의 책임자들
은 기가 막혀서 26일에 도쿄로 타전을 했습니다. '통사가 문란하니 안팎으로 신뢰
를 잃다.' 이 문구는 역사에 남을 명언이 되어버렸습니다.

연합함대의 기함 나가토.

    일본군은 어쨌든 이걸로 우선 원장 루트, 즉 장개석을 돕기 위한 수송로가 진압되었다는 것에 만족하기는 했지만, 이 총알을 동반한 상륙은 정말이지 군뿐만 아니라 일본이 세계적인 신용을 잃게 된 불미스러운 사건이었습니다.

    이렇게 일본은 삼국동맹을 맺고 북부 인도차이나에 진주하여 만일에 대비한 태세를 갖추게 됩니다. 어느 정도 전쟁을 준비한 상황이던 10월 14일, 도쿄에 왔던 야마모토 이소로쿠 연합함대 사령장관은 사이온지의 비서인 하라다 구마오에게 우려와 분노를 터트렸습니다.

    "이건 심각한 언어도단이다.……내 생각에는 미국과 전쟁을 한다는 것은 전 세계를 상대로 할 각오를 해야 되는 일이다. 그러나 여기까지 온 이상은 최선을 다해서 분투할 수밖에 없다. 그리고 나는 전함 나가토(연합함대의 기함)의 함상에서 최후를 맞을 것이다. 그동안에 도쿄 부근이 세 번 정도는 완전히 불타버리는 상당히 처참한 일이 생길 것이다. 정말로 안타까운 일이지만 이렇게 된 이상 어쩔 수가 없다."

삼국동맹이나 일본군의 무모한 인도차이나 진주는 어떤 장애가 있을지라도 단호하게 돌파하겠다는 일본군의 전투의식을 전 세계가 느끼도록 만든 사건이라고 할 수 있습니다.

앞에서도 언급했지만 전년인 쇼와 14년, 일본은 미국으로부터 미일 통상항해조약의 폐기를 통보받았으며 다음 해인 쇼와 15년 1월, 미국은 실제로 이 조약을 폐기했습니다. 일본에는 상당히 강경한 경제통제정책이었는데 미국의 처치에 대한 분노와 반발, 공포는 국민들에게 영향을 미치게 됩니다. 그리고 9월에는 그 첫 번째 행동으로서 미국은 폐철(재생해서 철재를 만든다)의 일본 수출을 전면적으로 금지시킵니다. 이렇게 되면 누가 생각해도 다음 차례는 석유가 될 것입니다.

석유의 경우 일본은 전면적으로 미국으로부터 수입하고 있었으니 금수조치 때문에 석유 공급이 끊긴다면, 생각만 해도 전율적인 공포심이 들 정도입니다. 군함이나 비행기가 아무리 많아도 가동을 할 수 없게 됩니다. 만약 석유 수입을 전면적으로 금지당한다면 4, 5개월 이내에 남방의 자원지대를 점령하지 않을 경우 국가 방위가 불가능해질 것입니다. 그 사실을 육해군과 정부는 통감하고 있었습니다. 그래서 만일에 대비하여, 남방에서 작전을 전개하기 쉬운 지점까지는 군대를 보내야만 한다며 북부 인도차이나에 진주했습니다. 그런데 보다 더 남쪽으로 발을 옮기면 고무, 사탕수수, 텅스텐처럼 미국과 영국에서는 생산할 수 없는 자원을 확보할 수 있으니 자원 면에서 영미와 대등해진다는 계산도 나왔습니다. 그런데 남방에 손을 대면 영미와의 전면전쟁은 필연이라고 각오해야만 합니다. 그러나 당시 상황을 보면 도저히 그럴 만한 준비가 되어 있지 않았습니다. 만약 전쟁이 벌어지면 있는 힘을 다해 싸워도 1년 반, 넉넉히 잡는다고 해도 2년을 견디지 못합니다. 도저히 장기전은 불가능한 상태입니다. 그러나 전쟁이 일단 시작되면 장기전이 될 가능성이 상당히 높다, 그렇게 되면 자원이 필요하고……이런 연쇄적인 공상은 지난번에 이야기했던 것과 같은 양태를 보입니다.

이 딜레마에 가장 공포를 느낀 것은 해군입니다. 육군과 달리 군함이나 비행기 같은 커다란 물건을 움직여야 하니까 반드시 석유가 필요합니다. 비축해 둔 석유로는 버티지 못합니다. 그러므로 쇼와 15년 가을 무렵부터, 해군 중앙(해군성과 군령부)의 중견급인 야마모토 이소로쿠의 말을 빌리자면, '버스를 놓치지 말고 시류에 올라타라. 지금이 남방작전을 시행할 절호의 기회라는 걸 장담하는 패거리들'이 점점 모여들었습니다. 대미 강경파가 천하를 쥔 시대의 조류가 만든 결과입니다. 대미 협조파는 현장의 함대에 보내집니다. 그러니 야마모토 같은 대미 협조파들은 이른바 공장장과 같은 역할을 맡게 되는 반면, 본사에는 대미 강경파 수재들이 모여들게 됩니다.

전쟁으로 내달리기 시작한 해군 중앙

쇼와 15년 10월 15일, 오카다 가즈미 소장이 군무국장이 되고 도미오카 사다토시 대좌가 작전을 담당하는 군령부 제1과장이 됩니다. 그리고 11월 15일, 다카다 도시타네 대좌가 군무 제1과장에, 이시카와 신고 대좌가 군무 제2과장에 취임합니다. 이시카와는 전에 미국과 전쟁을 하려면 초대전함을 만들어야 한다는 의견서를 제출한 사람입니다. 그래서 바로 야마토를 건조하게 되었습니다. 달변가이며 수완이 좋은 정치적인 군인으로 뒤 공작을 하는 데도 뛰어납니다. 그뿐만 아니라 쵸슈 출신이니 육군의 쵸슈 군벌들이나 같은 쵸슈 출신인 마쓰오카 요스케 외상과도 사이가 좋습니다. 어디로 튈지 알 수 없는 총알 같은 사람으로 해군에서는 보기 드문 성격을 가졌습니다. 군의 통제에 잘 따르지 않고 자신이 생각한 것은 거침없이 추진하는 사람이었습니다.

그리고 11월 15일, 이들 강경파의 추진으로 해군은 출사 준비를 합니다. 해군은 전쟁이 시작되기 전에 군함을 전장에 가까운 장소까지 옮겨 두어야만 했습니다. 예

를 들어, 이후 태평양전쟁은 하와이 진주만 군항에 대한 기습으로 시작되었는데 그
것은 공격이 가능한 하와이 근해까지 미리 항공모함을 옮겨 두었기에 가능했습니
다. 그리고 그 전 단계로 군함을 정비하고 탄약과 식량을 실어 둘 필요도 있습니다.
그 준비는 상당히 일찍이 시작해야 했기에 오이카와 해상은 여차하면 바로 출동할
수 있는 준비, 즉 출사 준비를 실시할 것을 천황에게 상주했습니다. 그리하여 천황
의 허가를 받고 천황의 이름으로 이날 모든 군대에 발동 준비를 하라고 명령을 내렸
습니다.

실은 다음 해인 쇼와 16년 4월 10일을 기해서 연합함대 등 외전부대의 전비를 미
국의 모든 병력의 75퍼센트 정도는 갖추고 싶다는 목적이 있었습니다. 이것은 당시
일본 해군의 거의 모든 전력이라고 말해도 좋습니다. 이 출사 준비 발령은 러일전쟁
이래 처음 내려진 것입니다. 어떤 종류일지는 몰라도 어쨌든 전쟁을 결의했다고 할
수 있습니다.

그 후 10월 28일, 과격한 대미 강경파인 군령부 작전과 선임부원 가미 시게노리
중좌는 육군참모본부 작전과의 오카무라 노부유키 소좌에게 이렇게 말했다고 합니
다.

"해군은 내년(쇼와 16년) 4월 이후 남방작전을 실행하지 않으면 내부 통제상 좋지
않은 상황이 벌어질 수 있다. 게다가 4월이 되면 대미전에 자신감이 생길 것이다. 대
미 병력 비가 7할 5푼이 되기 때문이다."

그리고 참모본부 작전과장인 다나카 신이치 소좌에게도 이렇게 말했습니다.

"설령 네덜란드령 동인도(현재의 인도네시아. 여기에 석유나 고무, 사탕수수 같은 자
원이 잠들어 있습니다)를 공격하여 영미를 적으로 만들어도 쇼와 16년 4월 이후라면
아무 지장이 없다. 외전부대의 7할의 전비가 쇼와 15년 12월에는 거의 갖춰지게 되
고 쇼와 16년 1월 중순이면 완전히 정비될 수 있다. 네덜란드령 동인도뿐이라면 이
전력으로도 충분하다. 4월 중순이 되면 대미의 7할 5푼으로 전비가 정리될 것이다.
쇼와 16년 4, 5월쯤에는 해군 입장에서도 대미 전쟁을 해야만 할 것이다. 쇼와 16년

말이 되면 오히려 수리를 요하는 함정이 많아질 테니 작전을 하기가 힘들어진다."

해군 작전과의 중요인물이 육군의 작전과장에 이렇게 큰소리를 칩니다. 언제나 허세를 떨던 그 대단한 육군도 이 말에 상당히 놀랐던 것 같습니다. 해군은 이 출사 준비를 발동하면 70퍼센트 이상의 전력을 확보할 수 있다며 대미 전쟁에 대한 자신 감을 의연하게 마음속에 품고 있었던 것입니다.

이런 중앙의 움직임을 가장 우려했던 사람이 많이 말씀 드렸던 야마모토 이소로 쿠입니다. 중앙이 무슨 생각을 하고 있는지는 알 수 없지만 어쨌든 일본을 계속 전 쟁으로 끌고 들어가려고 한다며 11월 하순에 오이카와 해상을 만나 엄중하게 자신 의 의견을 전했습니다.

"예를 들어, 군무국 제2과장인 이시카와 신고 대좌는 남부 인도차이나 진주라는 중대한 문제를 도요다 데이지로 차관에게 진언했다고 합니다. 이대로 방치해두면 큰일이 벌어질 것입니다."

빨리 모가지를 자르는 것이 좋다고까지는 말하지 않았던 것 같습니다. 그리고 이 렇게도 진언합니다.

"삼국동맹을 체결하기 전과 사정이 완전히 달라졌습니다. 대미영 전쟁의 위기를 확실하게 방지하기 위해서는 어설프게 주의를 주는 것에 그치지 말고 제일 윗분, 즉 당신의 결심이 필요합니다. 작전부장이나 군령부차장을 다른 사람으로 바꾸는 것만 으로는 아무 소용이 없습니다. 그건 철저한 조치가 아닙니다. 개인적인 의견을 굳이 말씀 드린다면 이렇습니다. 군령부총장에 [후시미노미야를 그만두게 하고] 요나이 대장을 앉히고 만약 그게 무리라면 요시다 젠고 대장이나 고가 미네이치 대장이 좋 을 것 같습니다. 그리고 후쿠토메 시게루 중장을 군령부차장에 앉혀서 보좌하게 만 듭니다. 그리고 해군차관으로는 이노우에 시게요시 중장 외에는 마땅한 사람이 없 습니다. 모두 무리한 인사가 될 수 있긴 하지만 그 정도쯤은 마음 굳게 먹고 실행해 야 할 것입니다. 그렇지 않으면 지금과 같은 상태가 계속 이어지다가 끝내는 전쟁으 로 돌입하게 될 뿐입니다. 지금은 그 일이 어렵겠지만 부디 감행하여 미리 광란을 제압해야 합니다. 이렇게만 해주신다면 연합함대로서는 아무리 힘들어도 참고 희생을 하겠습니다."

이 인사 구상에는 중요한 해군대신이 빠져 있습니다. 그건 자신이 맡겠다는 말이겠지요. 그런데 오이카와의 주위에는 이미 대미 강경파가 빽빽하게 에워싸고 있으니 이런 인사가 가능할 리 없습니다. 평소에 야마모토는 히로시마 만의 하시라지마(연합함대의 근거지입니다)에 있었고 마침 상경했을 때 자신의 의견을 말했지만 바로 하시라지마로 돌아가야 하니 아무리 하소연한다 한들 중앙에서는 들을 턱이 없습니다.

12월 12일, 오이카와 해상의 허가하에 해군 중앙에 해군국방정책위원회가 만들어졌습니다. 이 위원회는 뒤에 이노우에 시게요시 중장이 백해무익하다고 말했을 정도로 도움이 되지 않았습니다. 여기에는 4개의 위원회가 있는데 제1위원회는 정책, 제2위원회는 군비, 제3위원회는 국민지도, 제4위원회는 정보를 담당합니다. 그중 제1위원회가 국방정책이나 전쟁지도 방침을 담당하는데 해군성에서는 다카다 도시타네 군무1과장과 이시카와 신고 군무2과장, 군령부에서는 도미오카 사다토시 1과장, 오노 다케지 전쟁지도부원, 이 4명의 대좌가 위원이 됩니다. 그리고 간사에는 후지이 시게루, 시바 가쓰오, 오노다 스테지로, 이 3명의 중좌가 배속되었습니다. 모두들 대미 강경파입니다. 그중 한 사람인 다카다 도시타네는 후에 이런 말을 했습니다.

"이 위원회가 발족한 뒤 해군의 정책은 거의 이 위원회에 의해서 움직여졌다고 봐도 좋을 것이다. 해군성 안에서도 중요한 서류가 돌게 되면 상사는 이 서류가 제1위원회를 거쳤는지 여부를 묻고 만약 거쳤다고 하면 아무 말 없이 날인을 했을 정도니 상당히 권위가 있었다."

상당히 권위가 있는 정도가 아닙니다. 이 위원회는 앞으로 남방으로의 진출 등 해군 국방정책의 모든 것을 쥐게 됩니다.

이렇게 12월이 끝날 무렵 해군 중앙부는 오카, 다카다, 이시카와, 도미오카가 중심이 되어 남진론의 선구자라고 불리는 나카하라 요시마사 소장을 인사국장 자리에 앉혀 놓고 인사에 대해 서로 상의합니다. 정보를 담당하는 군령부 제3부장에 마에다 미노루 소장, 전쟁지도부원에 오노 다케지 대좌, 군령부 제1과장에 가미 시게노리 중좌, 야마모토 유지 중좌, 군무국 제2과에 시바 가쓰오 중좌, 후지이 시게루 중좌, 기사카 요시타네 중좌, 그리고 군무국 제1과에 오노다 스테지로 중좌를 앉혔습니다. 모두 대미 강경파인데 실은 이들은 모두 사쓰마와 쵸슈 출신으로 마음이 잘 맞는 패거리들입니다. 그뿐만 아니라 히틀러를 너무나 좋아하는 독일 찬미자들입니다. 이시카와 대좌는 이렇게 말했습니다.

"나치는 정말 몇 안 되는 소수의 동지들이 결속해 발족했다. 우리들 역시 지향하는 바가 같으니 단결한다면 천하에 못 이룰 일이 무엇이 있겠는가."

그러자 후지이 중좌는 의기양양해져서 입버릇처럼 이런 말을 하고 다녔습니다.

"돈과 사람(예산과 인사)을 쥐고 있으면 무슨 일이든 할 수 있다. 예산을 쥔 군무국이 방침을 정해서 밀어붙이면 인사국이 다 알아서 해준다. 내가 어떤 일을 하려고 할 때 정책에 걸맞은 동지를 필요한 자리에 앉힐 수 있다."

그리고 이전에 이노우에 시게요시 중장에게서 삼국동맹의 원흉이라고 질책 받은 시바 중좌는 이렇게 말했습니다.

"일을 정하는 것은 논리나 이성이 아니다. 힘이다. 힘이야말로 세상을 움직인다."

이런 식으로 쇼와 15년 봄, 해군 중앙은 대미 강경노선을 향해 힘차게 달려 나갑니다.

머나먼 히로시마 만의 야마모토 이소로쿠 연합함대 사령장관이 '대미영 전쟁은 이제 피할 수 없단 말인가. 어쩔 수 없군. 여차하면 진주만을 공격하자'라고 생각하게 된 것은 이때였습니다. 바꾸어 말하면 전쟁이 벌어질 경우 전통적인 전술 따윈 깡그리 버리자, 그리고 모든 것을 하늘에 맡겨 단판 승부를 짓는 건곤일척乾坤一擲 전법으로 나가자고 마음먹었습니다. 전쟁으로 가는 길을 향해 힘차게 전진하는 해군 중앙을 저지할 수 있는 수단이 전혀 없다고 본 그가 고민 끝에 내린 선택이 아니었나, 라는 생각이 들기도 합니다.

기원 2600년⋯

그 무렵 국민은 일상생활에서 매우 쪼들리고 있었고 자유를 통제받아 상당한 불만을 품고 있었습니다. 다만 매스컴이 요란을 떨면서 중국에서 승리전이 벌어지고 있다, 이 전쟁은 정의로운 전쟁이며 결코 잘못을 저지르고 있지 않다고 보도하고 있었기에 그나마 불만을 억누르고 지낼 수 있었습니다. 그러나 마치 수렁에 빠진 것처럼 전쟁이 끊임없이 이어졌습니다. 그뿐만 아니라 보도에 따르면 미국과 영국이 장개석에게 원조물자를 계속 보내고 있고 일본에는 강경하게 경제압박을 가해오고 있습니다. ABCD 포위진[A는 미국, B는 영국, C는 중국, D는 네덜란드(Dutch)를 의미한다]이라는 용어가 신문지상에 마구 떠돌고 있었고 영국과 미국을 무찔러야 한다는 목소리도 들려오기 시작했습니다. 그래서인지 마음속으로는 뭔가 하나라도 터지면 모든 것이 해결될 것 같다, 즉 빨리 다음 전쟁이 일어났으면 하는 호전적인 풍조가 국민들의 마음속에서 자라나고 있었던 것 같습니다. 일본의 미래를 위협하는 적이 바로 거기에 있다, 그곳을 쳐부수지 않으면 이런 미적지근한 상태가 언제까지나 지겹게 이어질 것이라는 생각이 국민의 마음을 이리저리 쥐고 흔들었다고 봅니다.

그때는 앞서 말했던 '기원 2600년'에 해당하는 해였습니다. 도쿄에서 올림픽과 만국박람회를 개최한다는 계획이 있었고 그 때문에 스미다 강 하구에 가치도키 다리가 만들어졌습니다. 이 다리는 정가운데가 둘로 나뉘어 여닫을 수 있는 구조로 되어 있습니다. 열렸을 때의 모습이 마치 만세를 부르고 있는 것 같아 가치도키(일본어로 가치는 승리를 의미한다. ─옮긴이)라는 이름이 붙여진 게 아닌가 생각했었는데 원

궁성 앞 광장에서 거행된 기원 2600년 기념 식전에 출석한 천황 부부.

래 그곳에는 가치도키 나루터가 있어서 단순히 그렇게 이름을 붙인 것 같습니다.

그러나 유럽에서는 대전이 벌어지고 아시아에서는 일본과 중국이 전쟁을 하고 있었으니 전 세계가 어수선한 탓에 올림픽과 만국박람회는 중지가 되었습니다. 그렇지만 국민들 마음속에는 여전히 울적함이 남아 있어 기원 2600년의 축하만은 성대하게 치러서 경기를 활발하게 진작시키고자 11월 10일 궁성 앞 광장에서 대대적인 식전행사가 개최되었습니다.

이때 '금치金鵄(금빛 솔개. 진무천황이 나가스네히코를 정벌할 때 금빛 솔개가 활 끝에 앉아 반짝거려 적군의 눈을 부시게 만듦으로써 전쟁을 승리로 이끌었다는 일본 신화에서 유래-옮긴이)가 빛나는 일본은 번영의 빛을 받아서' 라는 노래가 유행했습니다. 그 노래에 답하듯 국민들은 '금치는 올라서 15전, 반짝이는 빛은 30전, 붕익은 비싸게도 50전, 기원은 2600년, 아 1억은 너무 힘들다' 라는 노래를 불렀습니다. 금치, 빛, 붕익 모두 담배 이름인데 그 가격을 딴 노래가 유행하고 있었던 것입니다.

이면에서는 국민들이 그런 식으로 당시 상황을 비꼬는 노래를 부르고 있었습니다. 하지만 겉으로는 성대한 축제에 천황과 황후가 얼굴을 보여주니 궁성 앞 광장에 5만 명이나 되는 시민이 모여서 기미가요를 제창하고 총리대신 고노에 후미마로가 요고토(축사)를 올립니다. 그리고 이 모든 것은 라디오 중계로 전국적으로 방송이 되었습니다. 그리고 꽃이나 전구로 장식된 전차가 달렸고 제등행렬도 물론 화려하게 벌어졌습니다. 신문도 대대적으로 보도했습니다.

> 오늘 성전聖典을 축복이라도 하는 듯 가을 하늘은 상쾌하고 맑게 개었고, 넉넉하며 고풍스럽기 그지없는 궁전 양식에는 상서로운 기운이 가득 차고…….

뭐 쉽게 말하면 경사스럽고 화려하다는 것을 신문기자가 아주 정성스럽게 쓰고 있는 것입니다. 사람들이 이해하기 쉽도록 화려한 단어를 많이 섞어가면서 말입니다.

그리고 다카마쓰노미야 노부히토 친왕 전하(쇼와천황의 동생—옮긴이)가 앞에 나와서 천황에게 봉축사를 올릴 때 "신, 노부히토"라고 말한 것이 라디오로 흘러나왔는데 그때 아이였던 저는 '어, 이분도 황족이었구나'라고 생각했던 기억이 납니다.

어쨌든 이것은 태평양전쟁이 시작되기 전, 쇼와 일본의 가장 빛나는 날이었다고 생각합니다. 그리고 행사가 다 끝나자 일제히 가두에 포스터가 붙여졌습니다.

"축제는 끝났다. 자, 일을 하자."

정부는 이렇게 이해타산적입니다. 축제가 끝나자마자 바로 국민의 등을 두드리며 일을 하라고 재촉합니다.

고노에 수상 역시 이때가 가장 영광스러웠을 겁니다. 참고로 고노에는 이 바로 한 달 전인 10월 12일 대정익찬회를 발족시켰습니다. 그가 총리대신이 되었을 때부터 말하고 다녔던 신체제운동을 실천한 셈인데 민정당이나 정우회 등 일본의 과거 정당이 이때 모두 해산하고 익찬회에 흡수되고 말았습니다. 그 후 일본은 대정익찬회를 중심으로 정치가 움직여집니다. 하지만 이것도 금세 군부와 내정의 중심인

내무성의 지배하에 놓이게 되어 점점 전쟁 협력을 위한 어용기관이 되어버립니다.

당시 일본에서는 뭔가 일을 벌이려고 하면 바로 군부와 내무성이 개입해서 가로막아버렸습니다. 대정익찬회에 들어가 어떻게든 정치를 발전시키고자 한 사람도 있지만 그 속사정을 알자마자 탈퇴해 나갔습니다.

식전행사가 있은 지 약 보름 후인 11월 24일, 원로인 사이온지가 사망했습니다. 전전의 21명의 총리대신은 이 사람이 쇼와천황에게 추천하고 진언해 세웠다고 할 정도로 중요한 역할을 했던 사람입니다. 그러나 앞서도 말씀 드렸다시피 군부가 너무 강해졌을 때 더는 대항할 수 없다며 약한 마음을 먹었는지 정치에 참견할 기력을 잃고서 오키쓰에 틀어박힌 채 두문불출했습니다. 삼국동맹이 체결되었을 때 측근에게 "이제 일본은 멸망할 것이다. 이제 너희들은 다다미 위에서 죽을 수가 없게 되었다(인간의 도리에 어긋나고 나쁜 짓을 한 사람은 다다미 위에서 죽을 수 없다는 속담이 있다.─옮긴이). 그 각오를 해둬야 할 것이다."라고 말했다고 합니다. 사실 사이온지가 말한 것 같은 일본이 되었습니다. 향년 91세였습니다.

마쓰오카 외상의 유럽여행

그해 12월에 잡지 〈문예춘추〉가 '미일 전쟁은 피할 수 있을까?'라는 앙케트를 실시한 바 있습니다. 게재는 다음 해 1월호에 했는데, 회답은 피할 수 있다가 412명, 피할 수 없다가 262명, 불명이 11명이었습니다. 이미 이때 약 3분의 1의 일본 국민은 더 이상 전쟁을 피할 수 없다고 생각하고 있었지만 그러나 반대로 생각해보면 3분의 2는 아직 전쟁을 피할 수 있다고 생각하고 있다는 걸 보여줍니다. 그런데 잡지사가 이런 앙케트를 조사할 수 있는 것도 이 무렵까지이고 쇼와 16년에 들어가면 통제가 더욱 엄해집니다. 치안유지법, 국가총동원법, 언론출판집회결사등임시취재법, 군기보호법, 불온문장임시취재법, 전시형사특별법 등 매스컴은 온갖 법령에 의해 감시를 당하고 숨조차 쉬기 힘들 정도가 됩니다.

미국의 루스벨트 대통령이 12월 29일 라디오에서 노변담화를 발표하고 그 소식이 일본에도 전해집니다.

오늘 미국 문명은 최대의 위기에 처해 있다. 우리는 민주주의 국가들의 위대한 병기창이 되어야 한다.

그리고 독이일 삼국동맹을 정면에서 맹렬히 반대하며 나치 독일과 싸우는 영국 국민을 대폭적으로 지원하겠다, 그리고 민주주의 국가에는 앞으로 물자를 보내는 등 아낌없이 지원하겠다는 것을 명확하게 밝혔습니다.

그때까지 미국은 먼로주의*²를 내세워 중립을 지켜 왔지만 이 방송은 미국이 먼로주의에서 탈피했다는 것, 유럽전쟁에 참전할 생각이 있음을 표명했다는 의미를 가집니다. 이것은 일본에게는 커다란 충격이었습니다. 무역 통제의 전권을 가진 대통령이 삼국동맹을 비판하고 나치 독일을 타도하자고 말하고 있으니 그 다음 행동은 나치와 동맹한 일본에 석유 수출을 금지하는 게 될 것이 분명하다고 일본인들은 통렬하면서도 오싹할 정도로 느끼게 되었습니다.

쇼와 15년은 9월의 삼국동맹, 북부 인도차이나 진주라는 2개의 큰 사건이 있었고 일본이 전쟁을 향해 발걸음을 내딛은 해라고 할 수 있습니다. 어쨌든 쇼와 15년이 지나고 쇼와 16년이 밝았습니다.

희극배우인 후루카와 롯파(1903~1961)가 정월의 풍경을 일기에 적었습니다.

오토소(한약 가루를 우려내어 만든 술로 나쁜 액을 떨치고 무병장수를 기원하기 위해 설날에 먹는다.-옮긴이)도 오조니(맑은 장국이나 된장국에 떡을 넣어 끓인, 일종의 떡국-옮긴이)도 맛이 없다. 연하장도 없다. 해를 거듭할수록 정월 기분은 덜해진다고들 하지만 이처럼 비상시의 정월은 조금도 정월 기분이 나지 않는다.

미식가이면서 여유로운 생활을 좋아하던 롯파가 이렇게 탄식할 정도였으니 일반인의 생활은 물자가 부족한 정도가 아니라 매우 쪼들리고 살벌했을 거라는 생각이 듭니다.

그런데 많은 사람들이 이 시점에서 일본이 한 번에 남쪽으로 진출하기보다는 미국과의 관계를 외교교섭을 통해 어떻게든 원만하게 되돌릴 수는 없을지 생각했을 겁니다. 그래서 바로 미일 교섭이 시작되었지만 그 전에 마쓰오카 요스케 외무대신은 삼국동맹을 맺었고, 그뿐만 아니라 이걸 자신이 제창하는 독이소일 사국협정으로 끌고 갈 기회로 삼으려고 했습니다. 그리고 쇼와 16년 3월부터 4월에 걸쳐서 히틀러, 스탈린과 만나기 위해 자신이 직접 베를린과 모스크바를 방문하기로 했습니다. 그 이야기를 먼저 해드리겠습니다.

동맹을 맺은 직후이므로 히틀러는 대대적으로 환영해주겠지만 가는 길에 모스크바에 들린다고 해도 스탈린이 만나줄지는 장담할 수가 없었습니다. 그러나 마쓰오카 외상은 기어이 이 마음먹었던 외유에 나섭니다.

저도 1990년 동서 독일이 통일된 다음, 다음 날쯤 베를린을 방문했습니다. 동베를린의 비행장에 내렸더니 온통 러시아어투성이였던 간판을 영어로 된 것으로 바꾸느라 한창이었습니다. 일주일 정도 주재하여 히틀러 독일이 가장 번성했을 때의 유적을 구경하거나 마쓰오카 외상이 방독했을 때의 흔적을 찾아보거나 했습니다. 마쓰오카가 독일을 방문했을 때는 온 독일이 떠들썩할 정도로 성대하게 환영을 했던 것 같습니다. 베를린 역 앞에 일장기와 욱일승천기 그리고 독일의 나치당기인 철 십자기가 휘날리듯 걸려 있는 가운데 정렬한 히틀러 유겐트가 "하일 히틀러, 하일하일 마쓰오카"라는 환성을 지르는 광경을 역 앞 광장에 서서 상상했는데 마쓰오카가 꽤나 기분이 우쭐했을 거라는 생각이 들었습니다. 독일 군복은 세계에서 가장 세련되었다는 평을 받는데 마쓰오카는 그런 군복을 입은 장병들의 정렬을 한번 돌아본 뒤 동상이 죽 세워져 있는 운타 덴 린덴 대로를 오픈카로 행진해서 숙소로 돌아왔습니다. 뭐, 저야 택시를 타고 돌아다녔습니다. 그리고 그때 마쓰오카가 묵었던 숙소도 현재 남아 있습니다. 굉장히 멋지고 왠지 비쌀 것 같은 호텔입니다.

히틀러의 악마적인 유혹

그런데 3월 27일과 4월 4일, 두 차례에 걸쳐서 마쓰오카는 히틀러와 얼굴을 맞대고 회담을 나누게 됩니다.

그 첫째 날인 3월 27일의 회담에서 히틀러가 당당하게 말했습니다.

"역사적으로 볼 때 일본에 이 이상 절호의 기회는 없다. 위험이 어느 정도는 동반되겠지만 그건 필연적인 것이다. 러시아와 영국이 제거되고(실제는 영국이 독일의 공습을 받고 있다고는 해도 지난번에 말씀 드렸다시피 그 양태는 상당히 달라졌는데 히틀러는 물론 그에 대해서는 아무런 말도 하지 않았습니다. 그리고 러시아와는 동맹을 맺어 사이를 좋게 만들었으니 걱정할 것이 없다는 말입니다), 미국도 전비를 갖추고 있지 않다. 그러니 위험성은 상당히 작아진다. 지금이야말로 기회다. 일본은 동양에서의 영국의 아성인 싱가포르를 하루라도 빨리 공격해야 한다. 이 기회를 놓치면 프랑스와 영국이 2, 3년 안에 전력을 회복하게 될 가능성도 있다. 이 두 나라를 응원하고 있는 미국이 프랑스, 영국과 동맹을 맺는다면 일본은 하기 싫어도 이 삼국과 전쟁을 해야 한다. 그러므로 더욱더 싱가포르를 공격해서 영국을 완벽하게 박살 내야 한다. 지금 일본이 유럽에 거의 이해관계가 없는 것과 마찬가지로 독일 역시 아시아에 대해서는 거의 이해관계가 없으니 서로 상황이 좋다. 일본의 아시아, 독일의 유럽이라는 신질서를 만들어 세계를 지배할 수 있는 가장 탄탄한 기초를 만들지 않겠는가?"

그토록 콧대가 높고 호언장담하기를 좋아하는 마쓰오카 외상이지만 이때는 "알겠습니다. 싱가포르를 해치웁시다."라고는 말하지 않았다고 합니다. 겨우 마음을 진정시켜서 약속을 하지 않았던 것 같습니다.

"일본은 여론을 파악하기가 매우 힘든 국가이고 저는 귀국 후 이 회담 내용을 정치나 군부나 신문사에 설명을 해야만 합니다. 이때 싱가포르 공격을 논의했다고 일단 말은 하겠지만 그건 단순히 가상의 이야기였다고 보고할 수밖에 없습니다. 그러므로 독일은 이 건을 위해서 급히 특사를 파견하는 일은 하지 않았으면 합니다."

라며, 언젠가는 할 생각이지만 지금은 곤란하다는 식으로 피해간 것 같습니다. 그러나 히틀러는 다시 반복합니다.

"앵글로색슨(미국과 영국)은 협력하고 있긴 하지만 결코 진정한 제휴를 하고 있는 건 아니다. 한쪽이 다른 한쪽에 대해서 반목하고 있는 예를 역사는 많이 보여주고 있다. 영국은 유럽에서 어느 한 국가가 우위에 서는 것을 결코 용인하지 않는다. 마찬가지로 아시아에서는 일본, 중국, 러시아를 서로 반목시켜서 영국제국의 이익만을 불리려 하고 있다. 원래 그런 나라다. 미국 역시 영국의 방식을 모방하여 영국의 제국주의 대신에 미국식 제국주의로 앞으로의 행동을 취하려 하고 있다. 일본은 그런 영국을 빨리 무찌르기 위해서라도 싱가포르를……."

그때도 마쓰오카는 우물쭈물하기만 하고 약속은 하지 않았던 것 같습니다.

그리고 두 번째 4월 4일의 회담이 열립니다. 이번에는 마쓰오카가 입을 엽니다.

"미국에 부족한 고무나 사탕수수를 남방(동남아시아)에서 미국으로 자유롭게 수송하는 걸 일본이 인정해준다면 루스벨트를 비롯한 미국의 지도자들이 중국이나 동남아시아 때문에 일본에 싸움을 거는 일은 하지 않을 것 같습니다. 그러나 일본이 대영제국의 몰락을 서두르기 위해 싱가포르를 공격한다면 미국은 바로 일본과 전쟁을 벌일 거라고 예전부터 선언했습니다. 이 성명은 영국문화에 길들여진 일본인들에게 상당한 효과를 발휘하고 있으니 싱가포르 공격에 대해서는 반대운동이 크게 일어날 것입니다."

그러자 히틀러는 이 말에 대해 매섭게 비평합니다.

"그런 미국의 태도는 영국이 존재하는 한 언젠가 영국과 손잡고 일본에 일격을 가할 야심을 표명한 것이다. 뒤집어 말하면 영국이 몰락하면 동료를 잃게 되고 미국은 고립될 수밖에 없다. 그렇게 되면 독일, 일본, 이탈리아를 상대로 전쟁을 하려는 마음은 전혀 들지 않을 것이다."

정말로 히틀러의 악마와 같은 속삭임입니다. 이런 유혹이 뻗쳐와도 마쓰오카가 자제하고 싱가포르 공격을 약속하지 않았던 이유 중 하나는 바로 이겁니다. 만약 그런 약속을 하고 귀국했는데 조금이라도 이 일이 쇼와천황의 귀에 들어가면 아무 이유 없이 독일을 도와주느라 영국을 치려 한다는 둥, 영국을 좋아하는 천황의 격노를 살 것이 눈에 보였기 때문입니다. 마쓰오카는 쵸슈 출신으로 천황 이야기가 나오면 눈물을 뚝뚝 흘릴 정도로 상당히 천황을 좋아합니다. 히틀러의 앞에서나 스탈린의 앞에서도 그랬다고 할 정도니 그렇게 좋아하는 천황의 질책을 받을 것을 생각하면 아무리 기분이 우쭐했다고 해도 그 약속만은 할 수 없었던 게 아니었을까요?

그러나 최근의 연구에 의하면 약속을 하긴 했지만 막상 귀국하고 나서는 그 말을 전할 수가 없었다고 합니다. 마쓰오카가 일본을 독일에 판 것이라는 설도 있는데, 별로 남의 욕을 하지 않는 천황도 《쇼와천황 독백록》에서 상당히 확실하게 마쓰오카에 대한 불신감을 드러내고 있습니다.

마쓰오카는 2월 말에 독일에 가서 4월에 돌아왔는데 그 이후부터 완전히 다른 사람처럼 독일을 너무나 좋아했다. 아무래도 히틀러에게 매수라도 당한 것 같다는 생각이 든다.

천황은 이렇게 매우 신랄하게 마쓰오카를 비판하고 있습니다.

기분이 좋아진 스탈린

이렇게 마쓰오카는 히틀러와 삼국동맹을 축하하고 앞으로 독일은 유럽에서, 일본은 아시아에서 신질서를 만들자고 확인한 뒤 철도에 올라타 4월 13일에 모스크바에 도착합니다. 그런데 만나주지 않을 거라고 생각했던 스탈린이 뜻밖에도 만나겠다고 하는 것입니다. 여기서도 또 스탈린과 은밀하게 이야기를 나눕니다.

그때 마쓰오카 쪽에서 둘이서 전격외교를 펼쳐서 전 세계를 깜짝 놀라게 만들지 않겠냐는 이야기를 꺼냈다는 설도 있습니다. 그러나 스탈린이 그 말을 꺼냈다는 설도 있으니 확실하진 않습니다. 어쨌든 스탈린이 어떤 정치 전략을 머리에 그리고 있었는지 모르지만 묘하게도 이야기는 술술 진행되고 4월 13일 오후 2시, 그날 안으로 전 세계 누구도 예상하지 못했던 소일중립조약이 조인됩니다.

일본에 대해서 소련이 우호적인 태도를 취한 적은 쇼와가 시작된 이래 아니, 청일전쟁 이래 없었던 것 같은데 소련 쪽에서 제안하여 중립조약을 체결한다는 것은 하늘과 땅이 놀랄 만한 일이었습니다. 이는 쇼와사 최대의 불가사의한 사건 중 하나입니다. 그것만으로도 마쓰오카는 거만해졌습니다. 이 일로 마쓰오카는 더욱 우쭐해져서 중립조약이 아니라 불가침조약으로 만들고 싶다는 희망을 품게 되었는데 여기에는 소련도 놀라버렸습니다. 불가침조약이란 상호 영토를 공격하는 걸 절대적으로 금지하고 상호간 침략을 하지 않는다고 정하는 것입니다. 현재 북한이 미국에 계속해서 불가침조약을 맺자고 하는 것도 이 이유 때문입니다. 하지만 미국은 조약을 맺고 싶지 않아 이런저런 변명을 하고 있는 상황입니다. 어쨌든 그때 소련은 잠시 혼란스러워하긴 했어도 모로토프 외무장관은 러일전쟁으로 잃어버린 가라후토(사할린) 등을 반환하지 않는다면 세계 여론이 허락하지 않을 것이다, 그토록 불가침조약을 맺고 싶다면 남가라후토와 치시마 열도를 돌려주지 않겠냐는 말을 꺼냈습니다. 그러나 마쓰오카는 대담하게 대답합니다.

모스크바 역에서 스탈린(오른쪽)과 담소를 나누는 마쓰오카 요스케(왼쪽).
쇼와 16년(1941) 4월 13일.

"그건 너무 작지 않습니까. 세계 지도를 잘 살펴보세요. 남가라후토와 치시마 따위 말고 소련은 인도나 아프가니스탄으로 진출하세요, 일본은 눈감아줄 테니까."

이 부분은 허허실실이라고 해야 할지, 정말 외교라는 것은 사기극의 정점을 보여주는 것 같다는 느낌이 들 때가 많습니다. 어쨌든 이때는 스탈린도 나서서 결국 중립조약으로 결론이 났습니다. 다만 그 제1조에는 일단, '양국 영토의 보전 및 불가침을 존중한다'는 문구를 넣었습니다. 불가침을 존중한다는 말입니다. 그리고 제2조는 '체결국 일방이 하나 또는 둘 이상의 제3국 군사행동의 대상이 되는 경우 타방 체결국은 그 분쟁의 전 기간 동안 중립을 지킨다'라고 되어 있는데, 만약 일본이 미국과 전쟁을 할 경우 소련은 중립을 지켜달라, 대신에 소련이 독일과 전쟁을 할 경우에는 독일과 군사동맹을 맺고 있긴 하지만 일본도 중립을 지킨다는 약속입니다.

소련은 자국의 우수한 첩보기관을 통해 독일이 드디어 공격해 올 것을 알고 있었기에 스탈린의 전략 구상 속에는 만일의 사태가 이미 목전에 와 있다는 위기감이 들어 있었습니다. 독일이 공격할 때 만약 일본에게 뒤통수를 맞고 공격을 당한다면 소련은 유럽과 아시아에서 싸워야 하는 힘든 사태가 벌어질 것을 예상하고 있었으니, 정말 때를 맞추어 마쓰오카 외무대신이 와주었다고 생각했을 겁니다. 독소전이 일어나도 중립을 지킨다는 것을 일본에게서 약속받은 셈입니다. 이 부분은 정말로 허허실실이라고 할 수 있습니다. 게다가 조약의 유효기간이 자그마치 5년이라는 긴 시간인데도 일본은 조인했습니다.

마쓰오카 외상은 그러나 이면에 어떤 속셈, 음모, 책략이 도사리고 있는지 조금도 생각하지 못하고 13일 오후 5시 기분이 좋아져 시베리아 철도로 모스크바를 출발합니다. 그때 스탈린이 역에 배웅을 나왔다고 합니다. 별 좋은 일은 아니지만 어쨌든 그 당시의 사진이 남아 있습니다. 스탈린은 한층 더 기고만장해진 마쓰오카의 어깨를 감싸 안으면서 이렇게 말했습니다.

"우린 아시아인이지 않나."

스탈린은 그루지야 공화국 출신이니 아시아에서 태어난 것은 맞는 이야기입니다. 아주 멋진 연출을 해가며 달콤하게도 우리들은 영원한 친구라고 속삭인 것 같습니다. 이때 모스크바 역에서 스탈린이 과연 무슨 생각을 하고 있었는지는 여전히 불가사의인 채 남아 있습니다. 그리고 조약 조인 후 조촐한 파티를 열었을 때도 스탈린은 일본대사관에서 온 해군무관에게 다가가서,

"이제 일본은 안심하고 남진할 수 있겠군."

이라고 목소리를 낮추어 말했다고 합니다. 남진을 하고 싶어서 어쩔 줄 몰라 하는 일본 해군의 생각을 정말로 잘 꿰뚫어 본 이 말이야말로 악마의 속삭임입니다.

마쓰오카가 귀국하자 일본 국민은 대대적으로 환영하고 센다가야에 있는 마쓰오카의 집 앞에는 도쿄 시민들이 모여들어 만세 삼창을 했습니다. 물론 소련의 꿍꿍이를 알아챘던 사람은 없었습니다. 유일하게 있다고 한다면 육군참모본부겠지요. 육군은 이제까지 아무런 호의를 보인 적이 없던 소련이 중립조약을 적극적으로 맺었

으니 의혹을 품고 있었습니다. 하지만 국내에서는 매스컴들이 소비에트, 즉 북쪽에서 가해지는 위협이 풀렸다, 이제 남진을 해야 한다며 호들갑을 떨고 있었고 일본은 국가 전체가 남진론 일색으로 물들어가고 있었습니다. 그리고 스탈린의 말 그대로 '안심을 하고' 영미와의 정면충돌이 확실시되는 동남아시아로 드디어 진출하기 시작합니다. 아마도 스탈린이 기대한 바였을 겁니다. 이제 소련은 아시아에서 마음을 놓게 됩니다.

하나 재미있는 에피소드를 소개해드리자면 마쓰오카 외상이 모스크바에 있었을 때 영국 수상 윈스턴 처칠이 주소련 영국대사에게 마쓰오카 앞으로 된 편지를 부쳤습니다(4월 12일자). 영국대사는 일부러 화장실에서 편지를 마쓰오카에게 건넸다고 합니다. 즉 윈스턴 처칠의 머리글자(WC)를 생각했던 것 같습니다. 편지 내용이 괜찮으니 소개하겠습니다.

1941년 여름부터 가을에 걸쳐서 독일은 과연 영국을 정복할 수 있을까? 이 문제가 해결될 때까지 기다리는 것이 일본에게 유리하지 않겠습니까?

즉 당신들은 영국이 질 것이라고 생각하고 있겠지만 그렇게 되지는 않을 것이라고 말한 것입니다. 제대로 살펴보는 것이 좋지 않겠느냐는 말입니다. 이처럼 처칠은 치밀한 질문을 해옵니다.

독이 군사동맹에 일본이 가입하는 것은 미국의 참전을 용이하게 하는 걸까요? 아니면 오히려 곤란하게 만드는 걸까요? 미국이 영국 편을 들고 일본이 독이 추축에 참가한다고 하면 영미의 우수한 해군은 유럽의 추축국을 처분할 수 있을 뿐 아니라 일본도 처분할 수 있게 되지 않겠습니까?

요컨대 영국과 미국이 손을 잡으면 독일과 이탈리아는 간단하게 무찌를 수 있고

그와 동시에 일본도 손쉽게 물리칠 수 있다는 것입니다. 그리고

이탈리아는 독일에 힘이 될까요? 짐이 될까요?

처칠이라는 사람의 세계관, 전략관은 정말로 확실한 것 같습니다.

1941년(쇼와 16년)에는 미국의 철강 생산고가 7천500만 톤이었고 영국은 1천250만 톤이었으니 합하면 약 9천만 톤이 될 것입니다. 만일 독일이 패배하여 일본이 단독으로 일본만의 생산고 700만 톤을 가지고 전쟁을 한다면 불충분하지 않겠습니까?

이건 처칠의 말이 맞습니다. 처칠은 일본이 대미 강경노선을 돌파하는 것은 상당히 위험하니 조금 정책을 완화하는 것은 어떠냐고 충고해주고 있는 건데 마쓰오카는 그 충고를 받아들이지 않습니다. 오히려 이 충고를 굴욕적으로 생각해서 귀국과 동시에 답장을 썼습니다.

일본의 외교정책은, 위대한 국민적 목적과 팔굉일우를 구현한 상태를 종국적으로 전 세계에 구체화시키고자 끊임없이 기도하는 것입니다. 일본이 직면하고 있는 사태들의 모든 요소들을 용의주도하게 고려해서 결정한 것이니 부디 안심하기 바랍니다.
그리고 한번 결정된 이상은 단호하게, 그리고 극도의 신중함을 가지고 수행한다는 것을 다시 한 번 말씀 드립니다. 경구敬具.

간단하게 말하면 일본이 목적하는 바는 위대한 팔굉일우를 이루는 일이다, 그리고 그 목적을 실현하기 위해 삼국동맹, 소일중립조약을 맺었는데 이것들은 그냥 아

무릎게나 맺은 게 아니라 상당히 고민해서 결정한 것이므로 쓸데없는 말은 하지 말았으면 좋겠다, 안녕히 계시라, 이런 뜻입니다.

몇 번이고 말씀 드리지만, 이렇게 쇼와 16년 봄부터 초여름에 걸쳐서 일본은 북쪽의 소련은 중립조약이 있으니 안심이다, 앞으로는 장기전에 대비할 수 있는 자원을 구해야 하니 동남아시아의 자원지대로 가야 된다며 결연히 남쪽으로의 진출을 국책으로 정했습니다.

여기서 하나 매우 흥미로운 이야기가 있습니다. 미국은 이 중립조약이 체결되기까지 일본과 소련 양국의 움직임을 어떻게 보고 있었을까요. 말할 것도 없이 당시 미국의 첩보기관은 상당히 우수했습니다. 나중에 한 번 더 말씀 드릴 기회가 있긴 하지만, 암호전보 해독능력이 상당히 뛰어나 매우 시시콜콜한 일까지 미국정부는 알고 있었습니다. 루스벨트 대통령은 스탈린이나 모로토프 외무장관과 마쓰오카와의 미묘한 거래는 물론, 남진정책이 지금 일본의 주류적인 생각이 되었다는 것도 다시 확인할 수 있었습니다. 그뿐만이 아니라 소련이 남가라후토는 물론 치시마 열도에까지 손을 뻗으려 한다는 것을 이때 이미 다 파악하고 있었습니다.

그 덕분이라고 말하기는 그렇지만 루스벨트는 나중에 소련을 대일 참전에 끌어들이기 위해 치시마 열도를 전리품으로 내세워야겠다는 생각을 확실하게 가지게 됩니다. 그것은 1945년(쇼와 20년) 11월의 얄타회담에서 절충이 되지만 그때 루스벨트와 스탈린 사이에서 오갔던 비밀 회담의 배경에는 이때의 암호해독이 있었습니다. 언젠가 그것에 대해서 말할 기회가 오겠지요. 외교란 무서운 면을 가지고 있다는 것이 이 한 사건만을 보아도 잘 알 수 있습니다.

영웅은 머리를 전향한다

그런데 역사는 일본이 생각한 대로 움직여주지 않았습니다. 아니 오히려 일본이 생각하지 않은 방향으로 움직였습니다.

1941년(쇼와 16년) 6월 22일, 나치 독일이 소련으로 진공을 개시했습니다. 바르바롯사 작전계획이라고 합니다. 사전에 일본정부에 알리지도 않고 말입니다. 삼국동맹을 체결했을 때 목적으로 삼았던 '독이소일의 4국이 제휴해서 미영에 맞선다'는 일본의 꿈은 이 순간 말 그대로 구름처럼, 그리고 이슬처럼 흩어지게 됩니다. 이제는 소련이 미영 진영의 일원이 되었습니다.

만약 이때 처칠이 말한 대로 일본이 진정으로 자국에 대해 진지하고 신중하게 생각해서 전체적인 흐름을 바라볼 수 있었다면 독일이 약속을 깨뜨렸다는 이유로 독이일 삼국동맹에서 이탈하고 중립을 취해 전쟁 불참가를 정할 수도 있었습니다. 전쟁에 휩쓸리지 않을 기회가 찾아온 것입니다. 그런데 일본은 굳이 삼국동맹을 고집했습니다. 그건 왜일까요? 독일의 승리를 믿고 있었기 때문입니다. 영국을 쓰러뜨리고 소련도 무찌른다, 그리고 새로운 세계지도와 아시아 신질서를 일본이 만들 거라고 꿈꾸었기 때문입니다.

사족이지만 6월 27일, 독일의 소련 진공이라는 중대 사태를 보고 대본영 정부연락회의가 열립니다. 이때 갑자기 마쓰오카 외무대신이 이런 말을 꺼냅니다.

"지금은 단호히 소련을 공격해야 한다."

2개월쯤 전에 중립조약을 맺은 당사자가 뱉은 발언에 주위는 모두 놀랐지만 마쓰오카는 개의치 않고 계속 말을 잇습니다.

"영웅은 머리를 전향한다. 나는 앞서 남진론을 주장했지만 지금은 북진론으로 전향하겠다."

정말이지 모두들 황당해했지만 마쓰오카는 거침이 없습니다.

"시간이 지나면 소련의 저항력이 더해질 것이고 일본은 미영소에 포위될 것이다. 일본이 만주에서 공격하여 스탈린을 무찌르고 히틀러에게 승리를 안겨주자. 그 후 천천히 남방으로 진출하면 미영을 진압할 수 있다. 그런데 먼저 남방으로 진출하면 미영과 충돌하여 미국이 유럽전쟁에 참전할 수 있으니 독일이 불리해진다. 그 덕에 소련은 살아남고 결국 일본과 독일 모두 패배할지도 모른다."

마치 앞을 내다보고 있는 것처럼 말합니다. 지금은 남진을 해서는 안 된다, 무조건 북쪽으로만 가라고 하는 무책임한 외무대신입니다. 지금 본다면 정말이지 웃긴다고밖에 말할 수 없지만 논쟁은 그 후에도 계속 이어집니다. 마쓰오카가 말합니다.

"먼저 북을 치고 이어서 남을 쳐야 한다. 호랑이 굴에 들어가지 않고서는 호랑이를 잡을 수 없다. 꼭 소비에트 공격을 단행해야 한다. 이것이 정의라는 것이다."

히라누마 기이치로 내무대신이 말합니다.

"국책으로서 지금 당장 소련과 개전하라는 말인가?"

"그렇다."

"그 전에 우선 준비가 필요하지 않은가?"

이에는 스기야마 참모총장이 대답합니다.

"정의를 생각하면 그렇지만 실제로는 지금 당장 할 수는 없습니다. 육군 통수부로서는 우선 준비를 해야 합니다. 할지 말지는 그 후에 정해야 합니다."

마쓰오카는 아주 열심입니다.

"그렇다면 우선 소련을 공격한다는 것만은 정했으면 좋겠다."

너무나 우스운 이야기로 회의는 막이 내립니다. 그리고 이 6월 27일의 대본영 정부연락회의 결과를 토대로 쇼와 16년의 네 번의 어전회의 중 제1회가 열리게 됩니다. 그 회의에서 남진할 것인지 북진할 것인지가 중심의제가 됩니다.

다음번에는 미일 교섭과 그에 따른 네 번에 걸친 어전회의에 대해서 이야기하겠습니다.

11장

네 번의 어전회의, 이렇게 전쟁은 결단되었다

태평양전쟁 개전의 전야

외무성 내의 대미영 강경파

드디어 이번에는 대미영 개전에 대해 다루는데, 그 전에 미국과 일본은 오랜 교섭 시간을 갖습니다. 그 교섭을 토대로 네 번의 어전회의가 열렸고 드디어 대미영전에 돌입하게 됩니다. 그래서 다시 시곗바늘을 약간 앞으로 돌려 쇼와 15년(1940) 11월 말경에 대해 이야기를 해드리겠습니다.

마침 그 무렵 미국에서 월슈와 드라우트라고 하는 2명의 신부가 일본에 오게 됩니다. 어째서 오게 되었는지 그 경위는 약간 복잡하니 생략하지만 그 두 사람은 먼저 산업조합 중앙금고[*1]의 이가와 다다오 이사와 만나고 또 이가와의 소개로 11월 말에는 고노에 수상과도 만나게 됩니다. 이 두 신부가 고노에와 만난 이유는 그들이 미일 국교 타개책을 가지고 왔기 때문입니다. 고노에는 그들의 제안을 긍정적으로 받아들여 12월 초, 두 신부는 육해군의 수뇌와도 만나게 됩니다.

그 안은 루스벨트 대통령과 고노에 수상이 태평양 연안의 알래스카 또는 하와이에서 회견하여 미일 양국 간의 현안을 일거에 조정하자는 것입니다. 그 회견의 전제조건으로는 유럽전쟁에 대한 미일 양국의 태도, 중일전쟁의 해결책 그리고 미일 통상문제(미국에서 통상항해조약을 깨뜨린 것에 대한 재검토) 등이 있었는데, 요컨대 미일을 적대관계로 만들게 된 기본적인 문제에 대해서 양국이 의견을 조율해 뺄 것은 빼고, 더할 것은 더하자는 내용이었습니다.

일본 육해군이나 정부는 미일 통상항해조약이 폐기되어 태평양의 파도가 성난 듯 거칠어졌으니 이 조약이 원래대로만 된다면 더 바랄 것이 없을 것입니다. 특히 해군 군무국장인 무토 아키라 소장은 이 안에 매우 놀라워하면서도 반겼습니다. 그래서 정부는 이 미일 국교 타개책을 그대로 살리고 문제를 한 번에 해결하고자 교섭을 개시하느라 당시 결원이었던 주미 일본대사로 해군 대장 노무라 기치사부로를 급히 보충했습니다. 이는 근래에 없었던 훌륭한 인사라고 불립니다. 그 이유는 노무라는 미국에 근무한 경험도 있고 현지에도 지인들이 많아 그들과 신뢰를 구축해 왔기 때문입니다.

해군 대장 시절의 노무라 기치사부로
(1877~1964)

그러나 역사라는 것은 참으로 이상해서 이걸 잘못된 인사라고 생각하는 무리들이 있었습니다. 바로 외무성 사람들입니다. 그 이유는 시간을 잠시 거슬러 올라가, 쇼와 14년 9월 아베 노부유키 내각이 만들어졌을 때 외무대신이 된 노무라가 일대 변혁을 일으킨 적이 있기 때문입니다.

당시에는 외무성 역시 대미영 강경파가 주류를 이루고 있었습니다. 외무성에 들어온 노무라는 인사이동을 강행합니다. 차관 자리에는 미영에 대해서 유연하다기보다 오히려 협조파라고 할 수 있는 다니 마사유키를 앉혀 노무라·다니 콤비를 이루고 혁신파, 즉 대미영 강경파를 밖으로 전출시켰습니다.

예를 들어, 아시아 국장인 구리하라 다다시를 스위스 공사로, 정보부장인 가와이 다쓰오를 오스트리아 공사로 보내고, 친독일파의 원흉인 주독대사 오시마 히로시와 주이탈리아 대사인 시라토리 도시오를 바로 일본으로 불러들이고는 후임으로 독일에는 구루스 사부로, 이탈리아에는 아모우 에이지를 보냅니다. 마지막 2명은 중간파라고 불립니다.

이 인사이동이 외무성 엘리트들의 엄청난 반발을 불러일으켰습니다. 그런데 외무성 엘리트들은 이 방면에서는 실력자인지라, 복수를 한다고 대신과 차관에게 바로 칼날을 들이대지는 않았습니다. 이 둘을 쓰러뜨릴 기회만을 호시탐탐 노리고 있었습니다. 그런데 마치 그들의 덫에 걸리기나 한 듯 아베 내각이 무역성을 신설하겠다는 구상을 발표합니다. 그러자 기다렸다는 듯 외무성의 모든 기관들이 그 구상을 맹렬히 반대하고 쇼와 14년 11월, 과장 이하 외교관들, 즉 고급 실무관리자 130명이 전원 다니 차관에게 사표를 제출하여 외무성이 생긴 이래 대소동이 벌어졌습니다.

이 소동에 노무라 역시 매우 놀라면서도 곤란해했습니다. 뭐, 확실히 무역성이라는 구상 자체에 약간 무리가 있어서 미리 사전 교섭을 하거나 좀 더 제대로 다듬은 뒤에 발표를 했으면 좋았을 텐데 정부는 그런 것까지는 생각하지 못한 채 발표했기에 이런 사태가 벌어졌던 것입니다. 아베 수상도 포기하고 원안을 철회했습니다.

이걸로 우선 소동은 가라앉았다고는 하지만 외무대신 노무라 기치사부로가 걷고자 했던 개혁노선은 완전히 뭉개져버렸고 결과적으로 노무라에 반대하는 엘리트들은 보다 결속을 굳히게 되었습니다. 마침 미국이 통상항해조약의 폐기를 조금씩 내비치면서 일본을 위협하고 있던 무렵이었기에 어떻게든 조약을 연장시키려고 노무라가 그루 주일본대사와 교섭을 하고 있었는데도 외무성 사람들은 전혀 협조하지 않고 대체 미국은 무슨 짓을 하고 있냐며 씩씩거리고만 있었습니다. 두 사람의 교섭이 잘 될 리가 없습니다. 그래서 앞서도 말씀 드렸다시피 쇼와 15년 1월 미국은 미일 통상항해조약을 폐기합니다.

이런 일련의 사건들이 과거에 있었습니다. 해군 군인인 노무라는 외무 관료들에겐 눈엣가시였습니다. 그러니 그런 사람이 주미대사가 되는 것은 용서할 수 없는 인사라고 분통이 터졌을 테지만 관료라는 사람들은 그런 말을 입에 담지는 않는 것 같습니다. 대신 사보타주를 합니다. 상황이 이러니 미일 교섭이 부드럽게 진행 될 리가 없습니다.

참고로 주요 외무대신을 분류해보았습니다.

〈영미 협조파〉 시데하라 기주로, 사부리 사다오, 시게미쓰 마모루, 호리우치 겐스케, 아시다 히토시, 후지무라 노부오, 후쿠시마 신타로, 히라사와 가즈시게. 다만 마지막 세 사람, 후지무라, 후쿠시마, 히라사와는 후에 대미영 강경파로 바뀐 것 같습니다.

〈아시아파〉 아리타 하치로, 사이토 히로시, 다니 마사유키. 이들은 중국 진출이 숙명이긴 하지만 단지 미영 협조의 틀 안에서 이루어져야 한다고 주장한 사람들입니다.

〈대륙파〉 마쓰오카 요스케, 사이토 료에이, 요시다 시게루. 중국에서의 일본의 권익은 지켜야 하지만 어쨌든 외교수단을 사용해야 한다고 주장한 사람들입니다. 이중 요시다는 후에 친미영파로 전환합니다.

〈대미영 강경파〉 혼다 구마타로, 시라토리 도시오, 구리하라 다다시, 마쓰미야 준, 시게마쓰 노부오, 니노미야 다케오.

〈친독일파〉 도코 다케조, 미하라 에이지로, 나카가와 도오루, 우시바 노부히코, 아오키 모리오, 가이 후미히코, 다카세 지로, 다카키 고이치. 이 사람들은 전후 외무성에서 상당히 높은 자리에 오르게 됩니다.

사정이 이러했으니 외무성 안에서 외상인 노무라는 따돌림을 당하게 됩니다. 어쨌든 그 사람이 미국대사로 부임합니다. 그것이 쇼와 16년 1월의 일입니다.

깨끗하게 사라진 미일 양해안

노무라는 워싱턴에 도착해서 대사관의 관원들을 모아 놓고 인사를 한 뒤 미일 관계를 어떻게든 원래대로 되돌려서 거칠어진 태평양의 파도를 잠잠하게 만들고 싶다고 얘기합니다.

그리고 처음 회견 때 코델 헐 국무장관은 노무라 대사에게 다음과 같이 제안했습니다.

"오늘날처럼 험악한 상황에서 미일 양국 중 어느 한쪽이 국교 조정의 주도권을 쥐는 것은 적당하지 않다. 그런데 마침 다행히도 3명의 애국자(월슈, 드라우트 신부와 일본 육군의 이와쿠로 히데오 중좌를 가리킵니다)들이 작성한 시안이 있다. 미일 양국은 이것을 기초로 삼아 교섭을 시작하는 것은 어떤가?"

이렇게 두 신부가 가지고 온 미일 국교 타개책을 원안으로 삼아 바로 일본과 미국 양측 담당자들이 대화를 진전시킨 결과 4월 5일에는 미일 양해안의 제1안이 완성됩니다. 그 내용은 루스벨트 대통령과 고노에 수상이 태평양 연안의 어딘가에서 수뇌회담을 열어 뒤틀릴 대로 뒤틀린 문제를 해결하자는 것입니다. 워싱턴에서 이 안에 대해 교섭했는데 미국과 일본 모두 여기에 이론이 없었고 토의를 거듭한 결과 4월 16일에는 최종안이 마무리되었습니다.

노무라 대사는 헐 장관에게 이 미일 양해안의 최종 안을 본국에 통달하겠다고 말했습니다. 헐 장관도 되도록 빨리 일본정부의 정식 의견을 듣고 싶다며 호의적이었습니다. 이에 노무라는 홀가분한 마음으로 4월 17일에 최종 안을 일본에 보냈고 최종 안은 다음 날인 18일 일본에 도착했습니다.

생각보다 빨리 최종 안을 받아 든 일본정부는 뛸 듯이 기뻐했습니다. 특히 당시 모스크바를 여행 중이던 마쓰오카를 대신하여 외무대신을 겸임하고 있던 고노에 수상은 엄청난 일이라며 대대적으로 환영했습니다. 그뿐만 아니라 세부 문제는 제쳐두고라도 육군대신, 해군대신, 참모총장, 군령부총장도 대부분 양해안의 취지에 동의했습니다. 지금 당장이라도 노무라 대사에게 일본정부도 동의한다는 답장을 보내자는 의견이 태반이었습니다.

그런데 여기서 유감스러운 일이 벌어지게 됩니다. 고노에가 진정한 리더로서의 결단력을 가졌으면 좋았을 텐데 그 사람은 그럴 만한 인물이 되지 못했습니다. 그뿐만 아니라 책임감이 없고 자기 일을 남에게 미루는 것을 좋아하는 성격입니다. 그러니, 마쓰오카 외상이 얼마 안 있으면 돌아온다, 마쓰오카의 의견을 듣는 편이 좋지 않겠느냐는 미적지근한 말을 내뱉습니다. 윗자리에서 그렇게 말하니 바로 답장을 보내자는 강력한 의견들도 수그러들었습니다. 4월 19일, 20일 무렵의 일입니다.

그런데 마쓰오카 외무대신이 독일, 이탈리아와의 삼국동맹 체결, 나아가서는 소일중립조약이라고 하는 엄청난 선물을 들고, 너무나 기쁘고 자랑스러워 견딜 수가 없다는 얼굴을 하고 4월 22일 다치카와 비행장에 도착했습니다. 이 사람이 열흘쯤 늦게 왔으면 아무 문제가 없었을 텐데 하필이면 일본정부가 미일 양해안에 동의한다고 미국에 전하기 직전에 돌아와버렸습니다.

고노에는 마쓰오카의 동의를 얻을 생각으로 일부러 다치카와 비행장까지 맞이하러 나갔습니다. 하지만 우쭐해진 마쓰오카는 "그런 말 듣고 있을 새가 없습니다. 지금부터 히비야에서 열릴 저에 대한 환영 국민대회에 출석해야 되니 나중에 듣겠습니다."라고 말합니다. 그러니 고노에도 어쩔 수 없이 이동하는 차 안에서 자세하게 설명해주라고 오하시 주이치 외무차관을 마쓰오카의 차에 동승시켰습니다.

오하시로부터 설명을 들은 마쓰오카 외상은 "그런 정상적인 경로도 아니고 신부 2명이 가져온 안을 어떻게 신용할 수 있겠는가. 어리석어도 어느 정도여야지. 이건 육군의 음모다. 우리 외무성은 그런 시답잖은 안에 찬성할 수 없다. 절대 안 된다."라며 한마디로 잘라버렸습니다. 이렇게 해서 모처럼 만들어진 미일 양해안은 마쓰오카의 맹렬한 반대에 부닥쳐 날아가버리고 말았습니다. 실은 마쓰오카의 속셈은 독일, 소련에 했던 것과 마찬가지로 자신이 직접 미국과의 교섭을 성사시키려고 했던 것입니다. 그러니 쓸데없이 나서지 말라는 것이었겠지요.

그런데 워싱턴의 노무라 대사는 미일 양해안과는 별도로 헐 장관과 교섭을 하기 시작했고 내용은 서서히 윤곽이 잡히고 있었습니다.

나중에 또 나오지만 미국의 태도는 매우 분명해서 어쨌든 독이일 삼국동맹에서 일본은 빠져라, 중국과 북부 인도차이나에서 빨리 군대를 철수해라, 만주국도 일본만 독점하고 있지 말고 미국에도 균등한 기회를 달라 등, 원칙적인 요구를 강하게 밀어붙이고 있었습니다. 교섭은 원만하게 진행되지 못하고 난항을 겪기 시작합니다.

그런 때 지난번에 말씀 드렸듯이 갑자기 독일이 소련을 진공하기 시작하여 세계 정세가 확 뒤집어지듯 바뀌어버렸습니다. 그때 이 새로운 사태를 어떻게 헤쳐 나가야 하는지 토의하기 위해 일본은 대본영 정부연락회의를 열었다는 것까지 말씀 드렸을 겁니다.

이후 대본영 정부연락회의는 쇼와 19년 7월부터 '최고전쟁지도회의' 라는 이름으로 바뀌게 됩니다. 이 회의는 쇼와 12년, 제1차 고노에 내각 때 정부와 군부가 하는 일이 질서가 잡혀 있지 않아 지도력이 제대로 발휘되지 않을 때 그 타개책으로 만들어졌습니다. 당시 고노에는 육해군의 통수권을 쥔 수뇌부와 정부의 책임자가 이따금 만나서 이야기를 나누는 게 좋겠다고 제안했고 군부도 특별히 싫어할 이유가 없었습니다. 그러니 국무와 통수, 내정외교와 군사 문제를 상호 조정하기 위해 설치된 회의입니다.

그러나 법제상으로는 근거가 없었고 단지 국정과 통수를 담당하는 쌍방이 서로 이야기를 나누자는 모임이므로 결론을 내리거나 하지는 못했습니다. 국무에 관한 결론을 내리기 위해서는 다시 각료회의에서 정식으로 결정하는 순서가 필요합니다. 그러므로 중일전쟁 때 설치된 것이지만 고노에가 내각을 그만두자마자 자연히 휴회했고, 히라누마 기이치로 내각 때는 오상회의로 바뀌었으며, 아베, 요나이 내각 때는 전혀 열리지 않았습니다. 그런데 고노에가 제2차 내각을 만들었을 때 다시 한 번 그 회의를 열자는 이야기가 나와서 재개한 것입니다.

출석하는 사람은 정부 측에서는 원칙적으로 총리대신, 육군대신, 해군대신, 외무대신이고 군부에서는 참모총장, 군령부총장이니 합계 6명입니다. 그리고 내각 서기관장, 육군성 군무국장, 해군성 군무국장이 배석하고 의제에 따라서는 내무대신 또는 대장대신이 출석하는 일도 있었습니다.

이 회의를 앞세운 탓에 실은 지금부터 이야기가 좀 복잡해지게 됩니다. 천황은 천황이면서 동시에 대원수라는 2개의 지위를 가지고 있습니다. 그런데 대본영 정부연락회의에서는 내각과 통수부가 회의를 합니다. 따라서 여기에서 정해진 것은 결국 내각에서 정해진 것처럼 되어버립니다. 천황과 대원수를 하나로 만들어버리는 경향이 나타났으니 결국 국정과 통수를 담당하는 양쪽 결정에 '노'라고 말할 수 없는 천황이 만들어지게 됩니다. 어쨌든 제2차 고노에 내각 이후는 이 일본의 우두머리들만이 모인 회의가 종종 열리게 됩니다.

먼저 독일이 소련을 진공한 바르바롯사 작전 개시 후에 열린 대본영 정부연락회의에서는 지난번에 말씀 드렸지만 소일불가침조약을 자기 손으로 맺고 막 돌아온 마쓰오카 외무대신이 바로 소련을 공격하라고 말해서 주위를 놀라게 하고 반발도 샀습니다. 하지만 마쓰오카는 전혀 개의치 않고 회의를 할 때마다 소련을 공격하라고 계속 주장했습니다.

동시에 이것을 기회라고 여긴 군부도 북쪽의 위협이 없어졌으므로 지금이야말로 남쪽으로 진출해야 한다고 열심히 외쳐댑니다. 여기에서 기도 고이치의 수기를 살펴봅시다.

급격하고 대대적으로 변동하는 이 세상과 마주하여 우리나라만 혼자 수수방관하고 있을 수 없다는 것은 당연하다. 자원이 빈약한 우리나라가 남쪽의 석유, 고무, 철을 손에 넣기 위한 시책을 펴는 것에는 아무런 장애가 없을 것이다. 하지만 이건 어디까지나 평화적으로 이루어져야 할 것이고……

이것이 아마 당시 일본인들의 가장 대표적인 생각이었을 겁니다. 남쪽의 자원을 입수하기 위한 정책을 일본이 취한다는 것은 아무런 문제가 되지 않는다, 즉 평화적으로 하기만 한다면 아무 문제가 되지 않는다고 생각하고 있는 것입니다. 하지만 이 부분은•정말로 세계정세에 대해 무지하다는 것을 그대로 드러내 보이는 것입니다. 이때의 천황의 발언 역시 기도의 일기에 나와 있습니다.

일본은 역사적인 인물인 프리드리히 대왕이나 나폴레옹과 같은 행동, 극단적으로 말하면 마키아벨리즘과 같은 일은 하고 싶지 않다. 일찍이 조상이 신이었던 때부터 세웠던 방침인 팔굉일우의 정신을 잊지 않았으면 한다.

이걸 보면 쇼와천황도 역시 평화적으로 해결하면 좋지 않을까, 라고 생각했다는 것을 알 수 있습니다.

대미영 결전을 포기하지 않고

그런 이유로 대본영 정부연락회의에서는 약간의 분쟁이 있긴 했지만 양쪽의 의견을 받아들이자고 합의해서 쇼와 16년 7월 2일 이해의 첫 번째 어전회의가 열렸습니다.

어전회의라는 것은 천황 앞에서 내각과 군부가 하나가 되어 국가가 취해야 할 방침을 정하는 국가 최고회의입니다. 천황은(천황의 역할과 대원수 역할이라는 2개의 지위를 가지고 출석하지만) 한마디도 발언하지 않습니다. 의견을 듣기만 하고, 의견을 듣는 걸로 가납한다, 즉 승인한다는 것이 암묵적인 룰입니다. 그러기 위해서 정부나 군부도 대본영 정부연락회의에서 정한 것을 천황에게 보고하고 미리 양해를 구해둔다는 순서를 밟습니다. 그때는 천황도 몇 마디 발언을 하거나 의견을 말하고 거기에 가미해서 내용이 조금 정정되는 일은 있지만 대부분은 그대로 어전회의로 가져가게 됩니다. 따라서 어전회의는 일종의 의식이 되는 셈입니다.

쇼와 16년의 어전회의는 7월 2일의 제1회에 이어서 제2회가 9월 6일, 제3회가 11월 5일, 제4회가 12월 1일에 열리는데 그 출석자는 표로 정리했습니다.

이렇게 보니 제1회에는 내각 측에서 농림대신과 후생대신이 출석하지 않았습니다. 다만 대미영 전쟁을 결정한 마지막 회의에는 모든 대신이 출석했습니다.

상황에 따라서 멤버가 바뀌는데 정부와 군부의 높은 자리는 대부분 출석했습니다. 거듭해서 말씀 드리지만 어느 정도 만들어놓은 안을 미리 보고받은 천황은 그것을 아무 말 없이 듣는 것으로 승인을 합니다. 즉 정부가 정한 것은 거부하지 않는다, 입헌군주제의 원칙 아래 법적인 책임은 지지 않겠다는 것을 철저하게 지키고 있습니다.

의사의 경과는 설명을 드릴 만한 정도는 아니라서 생략하는데 7월 2일의 제1회 어전회의에서 일본이 무엇을 정했는지는 매우 중요합니다.

제국은 대동아공영권을 건설하고……지나사변의 처리에 매진하고 자존자위의
기초를 확립하기 위해 남방 진출에 발걸음을 내딛는다. 또, 정세의 추이에 따라서
북방문제를 해결한다.

〈제1회〉	고노에 수상/히라누마 내상/마쓰오카 외상/도조 육상/오이카와 해상/가와다 장상/스즈키 기획원 총재(이상 정부 측)/스기야마 참모총장/나가노 군령부총장/쓰카타 참모차장/곤도 군령부차장/하라 추밀원 의장/무토 육군 군무국장/오카 해군 군무국장/도미타 서기관장
〈제2회〉	고노에 수상/ 다나베 내상/ 도요다(데이지로) 외상/도조 육상/ 오이카와 해상/오구라 장상/스즈키 총재/스기야마 참모총장/나가노 군령부총장/ 쓰카타 참모차장/이토 군령부차장/하라 추밀원 의장/무토 육군 군무국장/오카 해군 군무국장/도미타 서기관장
〈제3회〉	도조 수상 겸 육상/도고 외상/하토야마 해상/가야 장상/스즈키 총재/스기야마/나가노/쓰카타/이토/하라/무토/오카/호시노 서기관장
〈제4회〉	도조/도고/하토야마/가야/이와무라 법상/하시다 문상 /이노 농상/ 기시 상공상/데라지마 체상/고이즈미 후상/스즈키 총재/스기야마/나가노/다나베 참모차장/이토/하라/무토/오카/호시노

태평양전쟁 개전을 정한 어전회의 출석자들.

간단하게 말하면 중일전쟁의 처리를 진행시킨다, 자존자위의 기초를 다지기 위해서 남쪽으로 진출하고 그와 동시에 독일이 공격하면 세계정세가 새로 만들어질 테니 그 상황에 따라서 북쪽의 소비에트 문제도 해결한다는 이야기입니다. 요컨대 마쓰오카 외상의 강경한 주장에 동조하여 남쪽으로 진출하고 상황에 따라서 북으로도 진출할 수 있다는 말입니다. 그리고 중요한 것은 다음입니다.

본 목적을 달성하기 위해서 대영미전을 그만둘 순 없다.

국가가 전쟁 결의를 공식적으로 하게 된 운명적인 결정이었다고 생각합니다.

다만 이 무렵 미국은 앞서 말씀 드렸듯이 일본의 외교 암호를 해독하는 데 성공했습니다. 퍼플(보라색)이라고 부른 외교 암호를 미국이 해독하기 시작한 것은 현재로서는 전년도인 쇼와 15년 10월 무렵부터였다고 알려져 있습니다. 일본의 외무성이 사용하는 97식 로마자 타이프라이터와 완전히 똑같은 암호변환기를 8대나 갖추어 놓고 해독을 하느라 열심이었는데 일본정부는 그런 일은 전혀 눈치 채지 못하고 있었습니다. 이제 와서 억울해한들 소 잃고 외양간 고치기겠지요. 어쨌든 일본이 독일이나 이탈리아, 워싱턴의 대사관에 타전한 비밀정보는 전부 그대로 해독이 되었습니다. 따라서 7월 2일의 어전회의에서 내린 결정도 외무성이 워싱턴 대사관에 알리자마자 미국은 바로 "뭐라고? 일본이 대영미전을 그만둘 수 없다고?"라고 말했다고 합니다.

그런 것은 꿈에도 생각하지 못한 일본은 이 어전회의의 결정에 따라 드디어 남진한다며 7월 23일 북부 인도차이나 진주에 그쳤던 군대를 남쪽인 사이공과 그 주변으로 이동시키거나 배를 이용하여 바다에 상륙시킬 것을 결정합니다. 그와 동시라고 말할 수 있을 정도로 7월 25일, 미국은 일본의 재미자산(미국에 있는 일본의 자산)을 전부 동결시킨다고 발표합니다. 그뿐만 아니라 영국, 필리핀, 뉴질랜드, 네덜란드도 그 뒤를 따르니 각국에 있는 일본의 자산은 동결되어 운용할 수 없게 되어버렸습니다. 완전한 포위망이 깔리게 된 셈입니다. 그러나 이런 일에는 전혀 개의치 않고 일본은 예정대로 7월 28일 남부 인도차이나 상륙을 개시합니다.

바로 그때입니다. 8월 1일 미국은 석유의 대일본 수출을 전면 금지한다고 통고합니다. 이 이후 일본은 미국에서 석유 한 방울도 받지 못하게 되는 긴급사태에 직면하게 됩니다. 해군 중 몇 명은 "뭐라고? 설마 그렇게까지 할 줄은 몰랐다."라고 말했다고 하는데, 이미 미국이 폐철의 수출을 금지시키고 재미자산을 동결하고 있으므로 일본에 대항할 전쟁정책을 취하고 있다는 건 알았을 것입니다. 정부나 군부는 부주의하게도 미국을 너무 우습게 생각했던 것 같습니다. 어쨌든 너무 놀라서 할 말이 없었습니다.

8월 7일자 기도의 일기가 있습니다.

'해군이 2년치 분량의 석유를 가지고 있다고 하지만 전쟁을 하게 되면 1년 반이면 없어진다고 한다(석유가 앞으로 들어오지 않아도 2년은 어떻게든 버티겠지만 전쟁이 시작된다면 1년 반밖에 버틸 수 없다는 말입니다). 육군은 1년 정도밖에 없다. 그래서 결론부터 말하자면 이게 사실일 경우 도저히 미국에 대해서 필승의 전쟁을 벌일 수 없다는 건 자명하다.'

군인도 아닌 내대신인 기도가 이렇게 써놓을 정도니 군부가 놀랐을 것은 분명합니다. 야마모토 이소로쿠가 상경해서 중앙에 엄중하게 항의했습니다.

"이런 중대한 일을 함대 장관의 의견도 듣지 않고 간단하게 정하다니요. 만일 전쟁이 벌어진다고 해도 이길 수 없습니다."

이에 대한 나가노 오사미 군령부총장의 대답은 무책임 그자체입니다.

"정부가 그렇게 정했으니 어쩔 수가 없다."

군부의 우두머리라는 사람이 이런 말을 하고 있습니다. 그뿐만이 아닙니다. 나가노 총장은 7월 29일 천황에게 이렇게 말했다고 합니다.

"물자가 없어지고 점차 곤궁해질 텐데 어차피 상황이 좋지 않으니 빨리 하는 편이 좋을 것 같습니다."

즉 석유 수입이 금지되어서 일본은 점점 가난해진다, 이렇게 된 바에야 전쟁을 하려면 빨리 하는 것이 좋지 않겠느냐는 말입니다. 천황은 놀라서 물었습니다.

"전쟁이 일어날 경우 러일전쟁 때의 해전과 같은 대승을 거두긴 힘들겠지?"

나가노는 대답합니다.

"그때와 같은 대승리는커녕 이길지 어떨지도 모르겠습니다."

해군의 모든 작전을 통괄하는 사람이 이렇게 말했습니다. 거듭 말씀 드리지만 일본이 전쟁을 치르려면 자원 조달을 위해서라도 남부 인도차이나에 진주해야만 합니다. 그러나 그렇게 되면 미국과 영국의 분노를 사 전투행위로 보복을 당하게 될 거라는 것은 알고 있을 것입니다. 그렇지만 혹시나 그렇게 되지 않을 수도 있지 않을까, 라는 낙관하에 이런 결정을 했다는 말입니다. 이걸로 전쟁으로 가는 길에 있는 걸림돌을 다 날려버렸습니다. 이시카와 신고 대좌는 "석유를 공급해 주지 않으면 전쟁이다."라는 말까지 했습니다. 미일 양해안은 다 깨졌고 그와 동시에 노무라와 헐의 교섭도 이 순간에 물거품이 되어 미일 교섭도 잠시 중지됩니다.

의욕이 충만했던 '관특연'

7월 2일의 결정으로 알 수 있듯이 일본은 남쪽으로 전진했지만 그와 동시에 만약 정세가 괜찮아지면 북쪽도 공격하려고 했습니다. 북쪽은 물론 육군의 담당입니다. 그렇다면 육군은 어떻게 했을까요? 그들 역시 가능하다면 소련을 공격할 생각이었습니다. 그 증거로 참모본보의 작전과가 준비한 대소련 작전계획이 현재도 남아 있습니다.

동원 개시 7월 13일 /집중 수송 시작 7월 20일 /개전 결의 8월 10일 /제1단 집중 완료 8월 24일 /개전 8월 29일 /제2단 집중 완료 9월 5일 /작전 종료 10월 중순(여기서 말하는 집중이란 국경선에 병력을 모으는 것을 의미하고, 제2단은 증원부대를 말합니다)

하지만 이건 그림의 떡입니다. 소련이 그렇게 간단하게 항복할 리가 없습니다. 그래도 관동군 특종 대연습(관특연)이라는 이름 아래 만약을 대비하여 대충 병사를 모아서 만주로 보냈습니다. 육군은 상당히 진지했던 것 같습니다. 이때는 서른 살도 넘은 사람도 소집되었는데 예를 들어 게이오 대학 교수인 이케다 야사부로[2]에게도 영장이 날아와 "어? 나같이 나이 든 사람한테도 영장이 오나?"라며 놀랐다는 이야기가 남아 있습니다. 어찌 되었든 수많은 사람들이 소집되어 전쟁 준비 태세를 취하고 있었습니다. 그런데 실제로는 원활하게 진행이 되지 않았다고 전후 전 대본영 참모인 세지마 류조가 미간행된 수기 《북방전비》에 적었습니다. 소비에트군에 대해 무력행사를 할 경우의 작전 구상은,

극동소련군의 전력이 반감되고 재만선(만주와 조선에 있는 일본군) 16개 사단(새로 증파한 2개 사단을 더했다)이 먼저 공세를 취한 뒤 후속으로 4개 사단을 꾸준히 투입시켜 약 20개 사단을 기간으로 하여(기간병력으로 삼아) 제1년도의 작전을 수행할 수 있는 경우에만 무력행사를 해야 한다. 다만 대본영은 다시 약 5개 사단을 총 예비군으로 준비하여 이들을 만주에 추진한다는 속셈이었다.

고 합니다.
즉 소련을 공격하려면 일본이 20개 사단 약 40만 명, 아니, 전쟁이니 많이 잡아서 약 50만 명의 병사를 집중한다면 괜찮다, 다만 그 경우라도 국경을 지키고 있는 소련군의 전력이 절반이 될 때가 아니면 안 된다고 합니다. 이 경우 대본영은 다시 5개

전시체제가 강화되어 징병되는 사람들도 점점 늘어나게 되었다.

사단의 예비역을 준비한다는 공격계획을 세워서 병사를 소집했던 것입니다.

　그런데 결과적으로는 그 예상과 반대로 소련은 독일과의 싸움에 훈련이 충분히 된 부대를 계속 내보내는 한편, 그에 상당하는 전력을 만주 쪽 국경에도 계속 내보내어 소만 국경에는 병력이 갑자기 늘어나게 되었습니다. 이렇게 무력행사의 한 조건이었던 극동소련군이 반감되지 않아 북방전략은 중지되었습니다. 관특연은 어디까지나 연습이라는 이름 아래 병사들을 국경선에 모아서 훈련만 하고 끝냈습니다. 만약 이런 때 북에서도 전쟁이 일어났다면 어떻게 되었을까요? 남쪽에서 미국, 영국과 대적하면서 북쪽에서 소련과 싸움을 벌이거나 하면 큰일인데 불행 중 다행으로 이런 결과가 되었습니다. 일본에는 북쪽과 남쪽 양 끝을 공격할 만한 국력이 없었습니다.

　이렇게 제1회째의 어전회의를 마친 결과 중대 사태가 발생했습니다. 어찌해야 좋을지 알 수가 없는 상황입니다. 원래대로라면 여기서 내각이 총사직을 해야겠지만 끈질긴 고노에는 어떻게든 되겠지, 라며 낙관적으로 생각합니다. 아마 황족 출신이라서 그런 걸지도 모르겠습니다. 단지 처음부터 그 마쓰오카라는 남자 때문에 되는 일이 없다, 그 사람을 쫓아내지 않으면 또 무슨 일이 일어날지 모른다는 말만 합니다. 《쇼와천황 독백록》에는 '……국제 신의를 무시하게 되므로 이런 장관은 안 된

제3차 고노에 내각 발족.

다고 나는 고노에에게 마쓰오카를 파면하라고 말했는데…….' 라는 놀랄 만한 말이 기록되어 있습니다. 그리하여 7월 17일에 마쓰오카 외상을 해임하기 위해 내각이 총사직에 돌입하게 됩니다. 마쓰오카만을 해임할 수는 없었기에 육해군 대신의 절반 정도를 경질시키고 나머지는 원래대로 끌고 가 제3차 고노에 내각이 만들어지게 됩니다.

총사직이 있던 다음 날 나가이 가후는 일기에 이것을 처음부터 계획했던, 짜고 치는 고스톱이라며 비웃고, 이런 일이 계속된다면 앞으로 군부의 전횡은 더 심해지고 세상은 한층 더 암울하게 될 것이라고 썼습니다. 뭐 누구나가 짜고 치는 고스톱이라는 것쯤 알 수 있는 총사직이었는데 어쨌든 고노에는 여전히 미국과 정상회담을 열면 잘 지낼 수 있지 않을까 자신만만해하고 있었다는 것을 알 수 있습니다.

천황은 이 사태에 대해 매우 깊이 실망하고 있었습니다. 그래서 고노에에게 진의

를 물어보자 "루스벨트와 직접 회담해서 문제 해결을 도모하기로 결의했습니다."라고 확실하게 말하니, 다시 8월 7일에 "이참에 미국 대통령과의 회담을 서두르는 것이 좋지 않겠는가?"라고 독촉합니다. 천황은 아직까지도 고노에를 전반적으로 신뢰하고 있었던 것 같습니다. 제가 자료를 조사하면 할수록 고노에는 정말이지 무능한 재상이었다는 생각이 들지만 쇼와천황은 그렇게 생각하지 않았던 것 같습니다. 어쨌든 어떤 총리처럼 고노에는 말만으로는 국민의 인기를 얻을 정도로 잘났지만 적극적으로 일을 하려고 들지 않는 사람이니 아무것도 하지 않고 그저 세월만 흘러갑니다.

8월 15일 야마모토 연합함대 사령장관은 전 함대에 전보명령을 발합니다.

'연합함대는……신속히 준비를 완료하고 시국의 급변에 대비하라.'

일이 여기까지 온 이상 이미 전쟁으로 향한 길을 피할 수는 없다, 싸울 수밖에 없다고 생각한 것입니다. 다만 야마모토는 이때 만약 도저히 전쟁을 피할 수 없다면 자기 나름대로의 방식으로 하겠다며 진주만 공격작전을 진지하게 생각하고 있습니다. 여기서부터는 그 하와이 작전과 관련을 지으면서 조금 이야기를 들려드리겠습니다..

전쟁을 그만두지 않을 것을 결의하다

남부 인도차이나 진주로 인해 태평양은 갑자기 거친 파도가 불어닥치게 되었습니다. 미일 양국은 태평양을 사이에 두고 팽팽하게 대립하게 되었고 미국은 중국대륙에 전투기와 미국인 조종사를 계속 보내줍니다. 그리고 인도차이나 진주와 동시에 극동 미군을 창설하여 더글러스 맥아더 중장(후에 원수)을 총사령관으로 임명했습니다. 그뿐만 아니라 필리핀인으로 구성된 부대를 파견하여 미 육군의 지휘하에 둡니다. 이를테면 필리핀은 미국의 아시아 전략에 있어서 일대 기지가 된 것입니다. 덤빌 테면 덤비라는 각오를 보여주고 있습니다.

정부나 군은 긴박해지는 미일 관계에 직면하여 더 이상 안 되겠다, 전쟁을 각오할 수밖에 없다며 9월 6일 제2회 어전회의를 열기로 합니다. 그 전날인 9월 5일 대본영 정부연락회의에서 다음과 같은 사항이 결정됩니다.

一. 영미와의 전쟁을 준비한다.

二. 이와 병행해서 미일 교섭을 추진한다.

三. 10월 초순이 되어도 미일 교섭이 성립할 전망이 보이지 않는 경우에는 영미에 대한 전쟁을 그만두지 않을 것을 결의한다.

어떻게든 전쟁을 피하려고 해도 회의를 열면 바로 이런 식이 되고 맙니다. 이때는 잠깐 동안 와신상담을 하자는 의견이 많이 있었지만 회의가 열리면 첫 번째 국책으로 전쟁 준비를 해야 한다는 제안이 나옵니다. 뭐, 군부로서는 만일의 사태가 벌어질 경우 아무 준비 없이 급하게 싸울 수는 없으므로 준비를 해두기 위해서라도 어차피 전쟁을 할 거면 한시라도 빨리 정했으면 좋겠고, 만약 전쟁을 하지 않을 거라면 그것도 좋은 방법이라고 생각했습니다.

그런데 이 결의를 가지고 고노에가 궁중에 와서 내일의 어전회의에서는 이런저런 말들을 할 것이라고 보고합니다. 이 보고를 듣고 천황은 매우 놀랍니다. 전쟁을 할 생각은 전혀 없었고 어떻게든 평화롭게 해결하고 싶다는 생각을 강하게 갖고 있었기 때문입니다. 그래서,

"이것을 보면 우선 첫 번째로 전쟁 준비를 하고, 두 번째로 외교교섭을 하자는 말이 아닌가. 어쩐지 전쟁이 주가 되고 외교가 종이 되는 것 같은 느낌이 든다. 이래서는 안 되지 않는가."

라고 문책을 합니다. 그러자 고노에는 능청스럽게 대답합니다.

"一, 二의 순서는 반드시 그 경중을 나타내고 있는 것은 아닙니다. 정부로서는 어

디까지 미국과 외교교섭을 벌인다, 다만 도저히 결론이 나지 않을 경우에는 전쟁 준비에 돌입한다는 취지입니다."

매번 이런 식이므로 천황은 고노에의 애매한 답변을 받아들이지 못하고 스기야마 참모총장, 나가노 군령부총장을 궁중으로 불러들입니다. 배석해 있던 고노에가 그때의 상황을 자세히 수기로 남겨놓았습니다. 매우 유명한 이야기입니다. 중요한 부분을 알기 쉽게 들려드리면 다음과 같습니다.

천황: 일본과 미국 사이에 일이 벌어지면 육군은 어느 정도의 기간 안에 정리할 수 있다고 확신하는가?

스기야마: 남쪽 방면만 한다면 3개월 안에 정리할 수 있습니다.

천황: 스기야마 자네는 지나사변 발발 당시 육군대신이었지. 그때 자네가 지나사변은 1개월 정도면 정리할 수 있다고 말한 걸 나는 기억하고 있네. 그렇지만 4년이나 질질 끌었고 아직도 정리가 안 되지 않았나?

스기야마: 지나는 오지가 넓게 펼쳐져 있기에 예상과는 달리 작전이 잘 진행되지 않았습니다.

천황: 뭐라고? 지나의 오지가 넓다고 한다면 태평양은 더 넓지 않은가? 무슨 확신이 있어 3개월이라는 말을 하는 건가?

이 말에 스기야마는 완전히 주눅이 들어 머리를 숙인 채 아무 대답도 하지 못했습니다. 가만히 보고 있을 수만은 없었던 나가노가 옆에서 도와주려고 거듭니다.

"통수부로서 대체적인 상황을 말씀 드리겠습니다. 오늘의 미일 관계를 병자에 비유하자면 수술을 할 것인지 말 것인지 기로에 서 있는 것과 같습니다. 수술을 하지 않고 이대로 내버려두면 점점 몸이 쇠약해질 위험이 있습니다. 만약 수술을 한다면 상당한 위험은 있지만 목숨을 구할 수 있는 희망이 없지는 않습니다.……통수부로서는 어디까지나 외교교섭이 성립되길 희망하지만 성립이 되지 않을 경우에는 마음을 굳게 먹고 수술을 해야만 한다고 생각합니다……."

나가노라고 하는 사람은 7월 29일에, 개전을 할 경우 러일전쟁 때의 해전과 같은 대승리는 물론 이길 수 있을지 어떨지 확신할 수 없다고 천황에게 말했던 인물입니다. 그런 사람이 이제 와서는 수술을 하는 것이 좋다고 말하고 있습니다.

천황은 이 상황에서 수긍을 해서는 절대로 안 되었습니다. 화를 내면서 무슨 말을 하고 있는 거냐며 두 사람 모두를 질책했어야만 했는데 이야기를 나누던 중에 나가노에게 넘어갔는지, 스기야마를 추궁하는 것이 불쌍하다고 생각했는지 질문을 이걸로 끝냅니다. 육군이 매일 적고 있는 〈대본영 기밀일지〉에는 그날 일에 대해서 이렇게 적혀 있습니다.

……남방 전쟁에 관한 폐하의 질문이 두 시간에 걸쳐 있었고 그 후 두 총장은 퇴거했다. 한때 참모본부 안의 공기는(천황이 맹렬히 반대하고 있다는 소리를 듣고) 약간 긴장감이 돌긴 했지만 어전회의에 대해서 두 총장의 답변을 듣고 천황이 가납했기에 일동은 안도했다.

즉 "내일의 어전회의를 열어도 좋다."고 천황이 허가했던 것 같습니다.

그리고 9월 6일 황거(일왕이 거주하는 궁—편집자)의 치구사노마라는 방에서 제2회 어전회의가 열리게 됩니다.

여기서는 전쟁을 그만두지 않겠다는 결의하에, 다시 한 번 대미 교섭을 벌이지만 10월 초순경까지 일본의 요구가 관철될 전망이 없는 경우에는 바로 대미(영국, 네덜란드 포함) 개전을 결의한다고 했습니다. 중단되었던 미일 교섭을 워싱턴에서 재개하지만 10월 초순이 되어도 별 소득이 없을 것 같으면 이제 전쟁을 할 거라고 정했습니다. 이걸 어떻게 생각하십니까? 이 결정이 난 것은 9월 6일입니다. 10월 초순은 한 달밖에 남지 않았습니다. 지금까지 계속 옥신각신했던 문제가 한꺼번에 해결될 리가 없다고는 단정할 수 없지만 이 부분을 보면 정말로 협잡질 같습니다. 체제는 갖추었지만 속임수를 쓰고 있습니다.

그리고 모든 것은 대본영 정부연락회의에서 다 결정을 끝냈으니 어전회의에서는 늘 하던 식대로 천황이 아무 말도 하지 않은 채 있었을 겁니다. 그런데 여기서 유명한 이야기를 하나 더 해볼까 합니다.

모든 설명을 듣고 통수부의 발언이 끝난 뒤 천황은 갑자기 가슴에서 메이지천황이 지은 시(와카)를 꺼내어서 낭랑하게 읽었다는 것입니다.

사방의 바다는 모두 동포인 이 세상
어찌하여 파도와 태풍은 몰아쳐 시끄럽기만 한 걸까.

다시 말해 세계가 평화롭기를 바라고 있는데 왜 파도와 태풍은 몰아쳐 시끄럽게 구는 것인가, 라는 말입니다. 천황이 어전회의에서 발언을 한 것은 이때뿐입니다. 천황이 이미 포기하고 있었던 것은 아닌가 하는 생각이 들겠지만 그렇지는 않았습니다. 어떻게든 분발하여 대미 교섭을 타결했으면 좋겠다는 마음이 아직까지는 있었다고 생각합니다. 그것을 각료와 군부에 말하고 싶었던 것입니다. 그것이 바로 이 노래를 읽은 이유입니다.

그리고 이 무렵 해군에서는 야마모토 이소로쿠의 진주만 공격 안을 둘러싸고 반대 의견이 분출해서 대격론이 벌어지게 됩니다. 거침없이 밀어붙이는 작전은 도박이나 다름없는데 야마모토는 자신이 즐기는 도박하는 마음으로 전쟁에 들어가려 하니 괘씸하다는 것입니다. 사실 그런 부분도 있긴 합니다. 만약 먼 길을 마다 않고 떠났는데 진주만에 미군 함대가 없다면 어떻게 할 것인가? 만약 작전을 시작하자마자 반격을 받고 일본의 항공모함이 전멸하면 어떻게 될 것인가? 게다가 하와이까지 함대를 가지고 들어가려면 연료 보급은 어떻게 해야 하는가? 그리고 그동안 무선이 단절되어 항행 도중에 미국 선박과 부딪치면 어떻게 될 것인가?……등등 문제가 너무 많아서 도저히 성공할 전망이 보이지 않습니다. 그러니 그런 작전을 허락할 수 없다며 작전 총본산인 군령부는 맹렬히 반대했습니다.

오케하자마와 히요도리고에와 가와나카지마

그런데 천황으로부터 10월 초순까지 어떻게 해서든 외교교섭을 통해 마무리를 지었으면 좋겠다는 부탁을 받은 고노에는 조금씩 행동을 개시합니다. 최초의 미일 양해안에 있었던 것처럼 루스벨트·고노에 정상회담을 통해 한 번에 문제를 해결하고 싶다고 워싱턴에 있는 노무라 대사에게 전보를 칩니다. 그런데 일을 여기까지 끌고 왔으니 이제 와서 정상회담을 한다 해도 별다른 해결책이 나올 수 없다는 것을 고노에는 알지 못했던 것 같습니다. 마쓰오카 외상이 없었을 때 해치웠다면 사태는 다른 방향으로 흘러갔을지도 모르겠지만 이미 미국은 석유 수출을 금지하고 필리핀이나 중국이나 태평양의 섬들에서 전쟁 준비를 착실히 하고 있었으니까요. 워싱턴에서 노무라 대사가 열심히 부탁해도 흡족한 대답은 돌아오지 않았습니다. 밑 빠진 독에 물 붓는 형상입니다.

이윽고 루스벨트로부터 "정상회담이라니 말도 안 된다. 거절하겠다."라는 대답이 나왔습니다. 그러자 10월 16일, 고노에 내각은 완전히 태도를 바꿉니다. 실은 자신이 어전회의에서 정한 기한인 10월 초순이 지나도 사태는 진전되지 않으니 각료회의에서 추궁을 당했습니다. 특히 육군대신 도조 히데키 중장이 펄펄 뛰면서 말했습니다.

"한번 보십시오. 미국이 계속 요구하는 중국 철병을 육군이 그대로 실행한다는 것은 인간으로 치자면 심장이 멎는 것과 같은 이야기입니다. 미국의 주장을 그대로 받아들이면 지금까지 4년간 싸워 온 지나사변의 성과는 완전히 제로가 되어 만주국

자체도 위험하게 됩니다. 조선을 국방의 최전선으로 삼는 것도 불가능해집니다. 철병을 교섭의 간판으로 삼는 일은 절대로 있을 수 없습니다. 철병은 퇴각 그 자체입니다. 철병은 심장정지입니다. 주장을 해야 할 것은 반드시 주장해야 합니다. 양보에 양보를 거듭하고 그뿐만 아니라 기본을 이루는 심장까지 정지시킬 필요가 어디에 있단 말입니까? 그것은 외교가 아닙니다. 항복입니다."

그러자 고노에는 알았다며 이번에는 해군대신에게 어떻게 생각하느냐고 물어보았습니다. 하지만 오이카와 해상으로부터는 "저는 잘 모르겠으니 수상에게 일임하겠습니다."라는 한심하기 짝이 없는 대답밖에 돌아오지 않았습니다. 해군은 여기서 과감하게 화평을 주장해야 한다고 생각했지만 수상에게 일임하는 것으로 무거운 책임을 회피하려 한 것입니다. 이렇게 해서 육해군의 불일치를 이유로 고노에 수상은 사표를 제출하게 됩니다. 국가가 존망의 위기에 직면했는데 정말이지 모두들 무책임함 그 자체입니다. 눈을 이리 돌리든 저리 돌리든 충신은 한 명도 없으니 애처롭고 어리석다고 할 수 있습니다.

그리고 이틀 후인 10월 18일에 도조 히데키 내각이 성립하게 됩니다. 고노에에게 단호하게 개전을 추궁했던 장본인을 총리대신으로 추천한 사람은 내대신인 기도 고이치입니다. 이때 쇼와천황은 이렇게 말했다고 합니다.

"호랑이 굴에 들어가지 않고는 호랑이를 잡을 수 없다, 이거겠지."

천황은 마치 상황을 파악하고 있는 것처럼 말합니다. 도조는 하고 싶은 말은 거침없이 말하는 사람이지만 천황에 대해서는 상당히 충성스러운 군인입니다. 그래서 기도는 없는 지혜를 다 짜낸 것입니다. 잘 생각해보면 9월 6일의 제2회 어전회의의 결정, 즉 10월 초순까지 교섭이 이루어지지 않으면 개전한다는 것은 좋지 않다, 이것을 없던 일로 하고 다시 한 번 과연 전쟁을 해야 할 것인가가 아니라 전쟁이 벌어지면 이길 수 있을까 여부에 대해서 근본부터 연구해보자, 그렇다면 오히려 충절한 군인인 도조가 가장 적합하지 않겠는가, 그런 식으로 천황과 기도가 회의를 하여 정한 것 같습니다. 즉 궁정그룹의 리모트컨트롤 역할을 가장 잘할 인물이 도조라고 생각했던 것 같습니다.

아무리 그렇다고 해도 최고의 주전론자를 수상으로 뽑는다는 것이 대체 제정신일까요?

도조 내각이 성립된 다음 날인 10월 19일, 연합함대에서 구로시마 가메토 참모가 도쿄로 날아왔습니다. 하와이 작전을 맹렬히 반대하는 군령부에 "어떤 일이 있어도 해치우자."고 공박하기 위해서입니다. 그러나 작전부장인 후쿠토메 시게루 소장과 작전과장인 도미오카 사다토시 대좌는 절대 승인할 수 없다며 버팁니다. 교섭의 여지는 없다, 연합함대는 군령부의 지시를 따르는 것이 당연하다는 듯 아무 말도 들으려고 하지 않는 태도였습니다.

"하와이 작전은 전리에 위반된다. 너무 위험한 일이다."

"아니, 전리를 뛰어넘는 작전이자 적이 상상하는 바를 초월합니다. 게다가 성공을 했을 때의 몫은 큽니다."

"그건 아니다. 실패를 했을 때 받을 타격이 너무 크다. 마치 도박과 같다."

그 말을 들은 구로시마는 얼굴이 빨개지며 이렇게 말을 꺼냅니다.

"군령부는 하와이 작전을 포기하라는 말입니까? 만약 그 말이라면 야마모토 장관은 사직한다고 합니다. 우리들 막료도 전원 사직하겠습니다."

그건 있을 수 없는 일입니다. 막료는 둘째치고 야마모토 이소로쿠는 천황의 칙령으로 장관이 되었는데 그걸 무시하고 스스로 사직한다는 건 있을 수 없는 일입니다. 그런 소리를 구로시마는 버젓이 하고 있습니다. 이 말에 후쿠토메와 도미오카는 놀라서 군령부총장인 나가노 오사미의 의견을 듣고자 그에게 조목조목 설명을 합니다.

그러자 나가노는 이렇게 말했다고 합니다.

"야마모토에게 그런 자신감이 있다면 자신이 원하는 대로 하게 놓아두는 것이 좋지 않겠는가?"

여러분, 어떻습니까? 이것은 국가의 운명을 좌우하는 중요한 작전으로 자칫하면 총알 하나로 큰 패배를 당할 수도 있습니다. 그런데 이렇게 정에 얽매여 드디어 10

월 19일 하와이 작전이 정식으로 결정됩니다.

　야마모토 이소로쿠가 왜 하와이 작전을 고집했는지 말해주는 편지가 전후가 되어서야 발견되었습니다. 아래는 그 내용입니다. 요지만을 말씀 드립니다.

　……아무리 대본영이 시키는 대로 한다고 해도 남방 작전에서 아군의 손해가 커지고 해군 병력이 더 이상 늘어나지 못할 위험이 없다고는 할 수 없다. 게다가 항공 병력의 보충능력이 상당히 빈약한 상태다. 이후에 하와이에서 갑자기 쳐들어 오는 적의 대부대를 되받아쳐서 태평양에서 일대 결전을 벌인다고 해도 승리하기란 지극히 어려울 것이다. 그러니,

　　수없이 고민하고 연구도 했는데 결국 개전 벽두에 유력한 항공 병력을 가지고 적
　　본영에 쳐들어가서 그들이 다시 일어서기 힘들 정도로 육체와 정신에 통격을 가
　　하는 것 외에는 없다고 생각한다.

　요컨대 전쟁을 하면 지게 될 것이 뻔하다, 도저히 군령부가 말한 것처럼 적의 함대를 일본 근해에서 기다려 대함거포를 가지고 일대 결전을 벌여 이길 수는 없다, 중일전쟁이 시작된 이래 4년 동안 일본의 힘은 피폐해졌다, 이런 때 강대한 미국, 그리고 반드시 참가할 영국을 상대로 싸워야 하는데 이 경우 절대로 지구전이 되어서는 안 된다, 한 번에 마무리를 짓고 빨리 강화를 생각하는 편이 좋다, 이것이 야마모토의 하와이 작전이었습니다. 무슨 일이 있어도 전쟁을 하라는 대세에 눌려서 분기할 수밖에 없다고 한다면 함대의 책임자로서는 도저히 평범한 작전으로는 전망이 서지 않는다는 말입니다. 지금부터는 야마모토의 말 그대로를 옮기겠습니다.

　　결국 오케하자마樋狹間와 히요도리고에鵯越와 가와나카지마川中島를 병행할 수밖
　　에 없는 지경이다. 이제 공격 여하에 달려 있다.
　결국 그는 여기서 오케하자마의 합전, 히요도리고에의 전투, 가와나카지마의 합

전[*3]이라는 세 가지 전투를 합한 것처럼 강하게 밀어붙인다고나 할까, 어려운 상황이지만 적의 허점을 파악하여 쏜살같이 돌격할 수밖에 없다고 잘라 말하고 있습니다. 야마모토의 머릿속에는 이 작전이 만약 성공한다면 재빨리 강화에 들어가고, 참패할 경우 곧바로 전쟁을 중지하고 할복해 죽는 길만이 남아 있다고 생각했던 것 같습니다. 즉 전쟁을 빨리 끝내기 위한 공격작전인 것입니다.

기회는 이제 오지 않는다!

여기서, 왜 해군이 그런 상태에 있으면서 전쟁에 '노'라고 말하지 않았는가에 대해서 한마디만 하겠습니다.

해군은 메이지 40년(1907) 이래 계속 생각해 온 대미 전쟁(영국을 포함하지 않고)에 대한 다양한 연구와 해상연습의 결과, 미국에 대해서 7할의 해군력만 있으면 어떻게든 될 거 같다는 결론에 이릅니다. 워싱턴과 런던의 군축조약을 파기하여 naval holiday가 끝나고 군함을 계속 만들어내게 되면 미국의 건조력이 일본의 10배 이상이나 되므로 일본의 대미 비율이 점점 불리해질 거라는 것은 불을 보듯 뻔합니다. 그러나 한편으로 일본도 열심히 만들고 있으니 언젠가는 대미 비율이 7할이 될 수 있을 것입니다. 그 언젠가가 쇼와 16년 12월이라고 합니다. 즉 이때 일본 해군의 대미 병력이 7할이 된다는 계산입니다.

자세하게 말씀 드리면 전함은 일본 10척, 미국 17척, 항공모함은 일본 10척, 미국 8척, 중순양함은 일본 18척, 미국 18척, 경순양함은 일본 20척, 미국 19척, 구축함은 일본 112척, 미국 172척, 잠수함은 일본 65척, 미국 111척이 됩니다. 다만 미국은 대서양 함대도 포함하고 있으므로 이 숫자가 전부 일본을 향하게 되는 것은 아닙니다. 그렇다고 해도 총계를 내보면 일본 해군의 함정 수 235척, 총톤수 97만 5천793 톤에 대해서 미국은 345척, 138만 2천26톤이니 일본의 대미 비율은 70.6퍼센트입니다.

그리고 전투기는 일본 3천800기(그중 실제 전쟁에서 사용할 수 있는 전개병력은 1천 669기), 미국 5천500기(그중 전면적으로 일본전에 사용할 수 있는 것은 2천600기). 이것도 또한 7할입니다. 즉 미국의 7할의 해군병력을 일본이 보유할 수 있게 되는 것은 쇼와 16년 12월 말경입니다. 이 시기를 지나 쇼와 17년, 18년이 되면 더 이상 싸우기가 힘든 6할, 5할이 됩니다. 게다가 해군부 내에는 대미전 숙명론이라는 것이 이전부터 있었습니다. 언젠가는 싸워야만 할 것이다, 그렇다면 선제 공격으로 기선을 제압하고 상대국의 전력을 완전히 짓밟아 침공의 위험을 배제하자, 즉 군사적인 면에서 세계가 공통으로 주장하고 있는 예방전술론이 유효할 것이다, 열세에 몰린 한 쪽이 우등한 상대와 대결할 경우 자신에게 가장 좋은 기회를 잡아서 일어나야만 한다, 그런데 그때가 바로 지금이라는 것입니다. 대미전 숙명론과 예방전술론에 온통 머리를 지배당하고 있는 일본 해군으로서는 전쟁을 한다면 바로 지금 해야 된다는 뜻입니다. 그래서 해군은 전쟁을 하라는 말에 '노'라고 하지 않은 것입니다.

도조 내각이 만들어지고, 9월 6일의 어전회의 결정을 철회하고(백지로 환원한 분부명령이라고 합니다) 정말로 싸움을 시작하면 일본은 이길 수 있는가, 정말 괜찮은가에 대해 검토하기 시작합니다. 도조는 충성심이 강한 군인답게 매일같이 부하를 닦달해서 약 10일간에 걸쳐 연일 회의를 열어 전비를 계산했습니다.

그런데 당시 국내의 정황을 알아야 합니다. 예를 들어, 10월 26일의 도쿄니치니치신문(현재의 마이니치신문)의 사설에는 이렇게 쓰여 있습니다.

싸우지 않고 일본의 국력을 소모시키려 하는 것이 루스벨트 정권의 대일정책, 대동아정책의 근간이라고 단호하고 거리낌 없게 말할 수 있는 시기에 지금 도달했다. 우리는 알 수 있다. 일본과 일본 국민은 루스벨트 정권이 설치한 책모에 걸려

들지 않을 것이다. 우리는 도조 내각이 의연하게 정세에 잘 대처하고 사변을 완수
할 것과 대동아공영권을 건설하고자 최단거리로 매진할 것을 국민과 함께 희망
하고 갈구하기를 금하지 않는다.

최단거리란 전쟁을 하라는 말입니다. 역사의 흐름은 이미 당당해져서 누구도 막
을 수 없는 격류로 변해갑니다. 개개인의 반대는 많이 있었다고 생각합니다. 예를
들어, 야마모토 이소로쿠도 그렇습니다. 그렇지만 해군 대장 요나이 미쓰마사가 말
한 것처럼 나이아가라폭포를 거슬러서 고독한 배를 젓고 있는 것처럼 부질없는 일
이었다고 할 수 있습니다.

그런데 도조 내각이 전력을 재검토해서 드디어 결론이 나왔습니다. 어쨌든 전비
를 계속 정비해 나가면서 미일 교섭도 계속한다, 그렇지만 11월 29일까지 외교 수
단에 의한 교섭이 불성립할 경우에는 개전을 결의한다, 그때 무력 발동은 12월 초로
한다는 것입니다. 따라서 교섭이 성립한다면 작전은 그 자리에서 중지가 됩니다.

11월 2일 이 도조 내각이 내린 결론을 가지고 대본영 정부연락회의가 열리게 됩
니다. 그 클라이맥스의 문답은 다음과 같습니다. 가야 오키노리 장상이 말합니다.

"나는 미국이 전쟁을 걸어올 공산은 적다고 판단한다. 결론적으로 전쟁을 결의하
는 것이 좋다고는 생각하지 않는다."

이어서 도고 시게노리 외상도 반대론을 펼칩니다.

"나도 미 함대가 공세를 할 거라고는 생각하지 않는다. 지금 전쟁을 할 필요는 없
다고 생각한다."

여기에 대해 나가노 오사미 군령부총장이 대답했습니다.

"닥칠 일을 무서워하지 말라는 말도 있다. 앞의 일은 전혀 알 수 없다. 안심을 할
수 없다. 3년이 지나면 남쪽의 방비(남방의 미, 영, 네덜란드의 방비)는 강해질 것이다.
적의 함대도 증가할 것이다."

가야는 다시 말합니다.

"그렇다면 언제 전쟁을 해야 이길 수 있는가?"

"지금! 전쟁의 기회는 이 이후에는 오지 않는다. 지금이 기회다."

나가노는 이렇게 대답했다고 합니다. 그런 군부의 강한 기세에 눌려 대일본제국은 자존자위를 수행하고 대동아의 질서를 건설하기 위해 대영미 전쟁을 결의하기로 합니다.

대미 전투를 결의하다

천황은 이렇게 결론을 내린 보고를 듣자 상당히 비통한 표정으로 수상과 육해군 총장에게 다짐하듯 말했습니다.

"미일 교섭을 최대한 지속하되 목적을 달성할 수 없는 경우에는 미국, 영국과 개전을 하지 않으면 안 된다는 말이지?"

그리고 다시 한 번 호소하듯 말했습니다.

"사태가 지금처럼 되었다면 작전 준비를 더 진행시키는 것은 어쩔 수 없다고 해도 어떻게든 있는 힘을 다해 미일 교섭의 타개책을 모색했으면 좋겠다."

육해군 총장은 놀라서 천황의 얼굴만 보고 있었는데 도조는 변함없이 송구스러워하면서 깊숙이 머리를 숙인 채 천황의 말을 듣고만 있었다고 합니다.

이렇게 해서 11월 5일 황거의 한 방에서 이해의 세 번째 어전회의가 열리게 됩니다. 사실상 태평양전쟁의 개전을 결정하는 회의가 됩니다. 도조 수상, 도고 외상, 스즈키 데이치 기획원 총재가 왔고 가야 장상, 육해군 총장이 조목조목 설명하고 이어서 하라 요시미치 추밀원 의장이 천황 대신에 질문하면 의식에 맞춘 대답이 돌아오는 순서로 회의가 진행되었습니다. 한마디로 말하면 어느 누구의 발언을 보아도 이미 미일 교섭이 성립되지 않을 것을 확신하고 있는 것 같습니다. 외교에 의한 타개는 말뿐이지 실제로는 있을 수 없다는 느낌을 부정할 수가 없습니다.

이렇게 질문이 끝나고 하라 추밀원 의장이 결론을 내립니다.

"지금 싸울 기회를 피하게 되면 앞으로 미국이 우리를 턱짓으로 부리게 되는 일을 당할 수밖에 없게 된다. 따라서 미국에 대해서 개전 결의를 하는 것도 어쩔 수 없는 일이라는 것을 인정해야 한다. 초기 작전은 괜찮겠지만 날이 갈수록 아마 곤란한 일이 많아질 것 같다. 하지만 뭔가 가능성이 있다고 [군부가] 말하므로 이걸 신뢰하는 바다."

이런 이야기는 완전히 그대로 미국에 읽히게 됩니다. 노무라 대사 앞으로 보낸 전보에는 어떻게든 미일 교섭을 타결하라, 그 기한은 11월 말까지라고 했지만 훈전은 옆으로 새어 나갔습니다. 코델 헐은 《회상록》에서 이렇게 쓰고 있습니다.

드디어 방수傍受전보에 교섭 기한이 명기되었다.……이 훈전이 의미하는 바는 바로 내일이다. 일본은 이미 전쟁 기계의 바퀴살을 돌리기 시작했으며 11월 25일까지 우리가 일본의 요구에 응하지 않을 경우에는 전쟁을 불사하겠다고 정했다.

그리고 일본은 최후의 미일 교섭에서 강경한 안, 예를 들어 중국에 파견된 일본군을 쇼와 25년을 목표로 철수시킨다는 갑 안과, 조금 낮춘 을 안, 그리고 인도차이나에서 일본군이 철병하는 대신 미국은 일본에 석유를 공급한다, 즉 미일관계를 쇼와 16년 7월 이래의 상태로 되돌릴 것을 골자로 하는 제3의 안을 만들고는 이걸 가지고 어떻게든 타결하라는 지령을 노무라에게 보냈습니다. 그래서 노무라는 재빨리 워싱턴 시간으로 11월 7일에 우선 갑 안을 내놓았습니다. 그런데 미국도 참 교활합니다. 어차피 월말까지 교섭을 계속하고 있으면 전쟁이 벌어질 것을 알고 있었으니 계속 질질 끌기만 합니다. 어쩔 수 없이 노무라가 답장을 재촉하자 헐은 14일까지 회답을 하겠다고 하고선 그날이 오자 그 안은 인정할 수 없다며 전면 거부라는 대답을 보냈습니다. 그래서 노무라는 을 안을 내놓게 됩니다.

그런데 왜 개전을 12월 초로 정했느냐 하면, 하나는 석유의 비축과 관계된 문제인데 아무리 석유를 절약해도 그때까지 개전을 결정하지 않으면 안 되었기 때문입니다. 두 번째는 어쩌면 소련이 미국과 힘을 합해 만주에 공격을 가해오기 시작할지도 모르는데 겨울 동안에는 공격을 하기가 불가능할 것이다, 그렇다면 빨리 남방작전을 종료하고 여차할 때 소련과 싸울 준비를 해두지 않으면 안 된다, 그러니 3개월 안에 남방을 진압한다고 하면 12월에 개전하는 것이 가장 적합하다고 보았기 때문입니다. 세 번째는 필리핀과 말레이시아의 기후정보를 볼 때 1, 2월은 파도가 거칠어 상륙작전에 적합하지 않아서 12월 중에 해야 되기 때문이었습니다. 따라서 12월 초순에 개전을 하지 않으면 안 되니 필연적으로 외교교섭은 11월 안에 마무리가 지어져야 합니다.

그리고 일본 시간으로 13일 야마모토 연합함대 사령장관은 각 함대의 장관과 참모장 등 주요 막료를 이와쿠니의 해군항공대에 집합시켜 최종 작전 회의를 엽니다. 전 부대는 이날 이후 각각 출격을 예정한 정박지로 나갔습니다. 이때의 기념사진이 지금도 남아 있습니다. 그 마지막 회의가 끝났을 때 야마모토는 지휘관 전원을 다시 한 번 모아놓고 다음과 같이 말합니다.

"12월 X일에 미영에 대해서 전단을 열 것이다. X일은 현재로선 12월 8일로 예정되었다. 그렇지만 12월 8일까지 워싱턴에서 교섭이 성립했을 경우 전날의 오전 1시까지 출동 전 부대에 곧바로 후퇴하라는 명령을 보내겠다. 그 명령을 받았을 때는 무슨 일이 있어도 그 자리에서 작전을 중지하고 일본으로 돌아가야 한다."

이 말을 들은 기동부대의 사령장관 나구모 주이치 중장이 반대 목소리를 냅니다.

"그건 무리입니다. 적을 눈앞에 두고 돌아갈 수는 없습니다. 군사들의 사기에도 영향을 미칩니다."

이 말에 두세 명의 지휘관도 동감이라며 동조했고 그중에는 "한번 지른 소변은 중간에 멈출 수 없다."라고 말한 사람도 있었다고 합니다. 그러자 야마모토 이소로쿠는 갑자기 화가 치밀었습니다.

"백 년의 군대를 기르는 것은 무엇 때문이라고 생각하는가? 국가의 평화를 지키기 위해서다. 만약 이 명령을 받았는데도 돌아갈 수 없다는 지휘관이 있다면 지금부터 출동을 금지한다. 즉각 사표를 내라."

야마모토는 마지막까지 교섭이 타협되길 원했던 것입니다. 그렇지만 헐 국무장관은 대답을 질질 끌고 제출된 을 안을 읽지도 않았습니다. 현재 미국의 외교에서도 볼 수 있는 완고한 자세입니다. 자신이 옳다며 그것을 밀어붙이니 유연성의 '유' 자도 찾아볼 수가 없습니다.

그리고 11월 15일 전쟁이 벌어졌을 경우의 전망에 대해서 대본영 정부연락회의는 다시 회의에 회의를 거듭합니다. 미국을 전면적으로 굴복시키는 일은 무적의 육해군도 할 수 없는 일입니다. 그렇다면 어떻게 하면 전쟁을 종결시킬 수 있을 것인가.

一. 초기 작전이 성공하고 자급의 길을 확보하여 장기전에 대비할 수 있게 되었을 때

二. 신속하고 적극적인 행동으로 중경(충칭)에 있는 장개석을 굴복시켰을 때

三. 독소전이 독일의 승리로 끝났을 때

四. 독일이 영국 상륙에 성공하고 영국이 강화를 요청했을 때

마지막처럼 어쨌든 독일이 승리할 것을 기대하고 있습니다. 독일이 소련을 무너뜨리고 영국이 항복한다면 그 콧대 높은 미국도 전의를 잃게 될 것이다, 따라서 강화를 할 기회가 생기게 된다, 그러므로 그때까지는 힘들겠지만 장기전이 되어도 힘을 내야 되지 않겠느냐는 결론입니다.

당시 회의에 대한 이야기를 조금 해보겠습니다. 11월 15일부터 5일간 임시국회가 열려 추가 군사 예산 308억 엔이 제대로 심의를 받지도 않고 가결되었습니다. 질문을 했던 오가와 고타로 의원이 큰 소리로 외쳤습니다.

"나는 드디어 결전을 이행할 때가 왔다고 주장하고 싶다."

이에 호응을 하듯 시마다 도시오 의원도 큰 목소리를 냅니다.

"여기까지 왔다면 할 수밖에 없지 않느냐는 것이 전 국민의 기분일 것이다."

도조 히데키도 그에 답해 사자후를 토합니다.

"제국은 백년대계를 결정할 중대한 시국에 서 있다."

이걸 보고 각 신문들은 용감한 논진을 펼칩니다. '1억 총 진군의 발족'(도쿄니치 니치신문), '국민의 각오와 국내의 제반 체제 완비에 총력을 집중해야 될 때'(아사히 신문) 등, 많은 신문들이 대영미 강경이라는 피리와 북을 연신 울리고 있는 것입니다.

의회의 토론을 듣고 있던 그루 주일 미대사의 일기가 있습니다.

도조의 연설이 끝나자 미 해군무관은 서기관 쪽으로 자리를 옮겨서는 거참, 선전 포고가 아니어서 다행이네, 라고 속삭였다.

그 정도로 공기는 긴박하고 험악했습니다.

니이타카 산에 올라가라 1208

워싱턴 시간으로 11월 20일, 노무라 대사는 헐에게 을 안을 제출합니다. 일본에 서는 11월 25일 데라우치 히사이치 대장(후에 원수)을 남방군 총사령관에 임명했고 데라우치는 이미 도쿄를 출발하여 대만의 타이페이를 향하고 있었습니다. 참고로 이 사람은 꽤 전에 소개한 나가이 가후와 중학교 동창입니다. 총사령부는 후에 사이

공까지 진출할 예정이었습니다. 이 데라우치 대장의 부하로 필리핀을 공략할 제14 군(우두머리는 혼마 마사하루 중장. 이 사람은 톈진사건 때 등장했습니다), 태국에 진주할 제15군(우두머리는 이다 쇼지로 중장), 동인도를 공략할 제16군(우두머리는 이마무라 히토시 중장), 그리고 말레이반도에서 싱가포르를 공략할 제25군(우두머리는 야마시타 도모유키 중장. 2·26사건 때 활약했습니다)이 남방작전 부대로서 세를 모아 각각 예정한 출격 지점으로 나아갔습니다. 총 39만 4천 명이라는 대부대이지만 육군병력의 2할에 지나지 않았습니다. 즉 개전 직전의 육군은 남방군 외에도 중국, 만주, 조선 그리고 일본 내지를 합해 228만이라는 병력을 모아 승리를 준비하고 있었습니다.

한편, 해군은 하와이를 향한 기동부대 외에 남방작전을 지원하는 제2함대(우두머리는 곤도 노부타케 중장), 필리핀 공략부대를 지원하는 제3함대(우두머리는 다카하시 이보 중장) 등 주요 군함 258척, 총톤수 100만 톤의 군함이 예정된 해역까지 진출해 대기하고 있었습니다. 그중에서도 나구모 중장이 지휘하는 기동부대는 11월 26일 오전 6시, 치시마 히토카프 만에서 하와이를 향해 출격했습니다. 그 20여 시간 후인 워싱턴 시간 26일 오후 5시, 헐이 을 안을 완전히 거부하고 그 대신에 헐 노트를 제출했습니다. 이것이 미국의 최종 답변이라고 말하면서 내놓은 그 내용은,

一. 중국 및 인도차이나(베트남)에서 일본군과 경찰의 완전 철퇴.

二. 미일 양국 정부는 중국에서 중경/장개석정권 이외의 정권을 인정하지 않는다.

三. 미일 양국 정부는 중국에서 일체의 치외법권을 포기한다.

四. 제3국과 체결한 협정을 태평양지역의 평화 유지와 충돌하는 방향으로 발동하지 않는다.

즉 一은 중국과 인도차이나처럼 일본이 점령한 지역을 포기하라는 것, 그리고 二는 중국의 왕조명 정권을 부정하고 만주국(부의정권)을 해소하라는 것, 그리고 三은 중국에서 나가라는 것, 四는 독이일 삼국동맹 같은 쓸데없는 것을 지키지 마라, 즉 유명무실화 하라는 말입니다. 요컨대 쇼와 6년(1931)의 만주사변 이전의 일본으로

돌아가라는 상당히 강경한 요구입니다. 그때까지 일본이 힘써 왔던 것을 전부 부정하는 것입니다. 이 단계에서 이처럼 강경한 요구를 들이대다니 외교의 상식에 반하는 일입니다. 이것을 그대로 받아들일 정도라면 일본은 지금까지 무엇을 위해 교섭을 계속해 왔는지 알 수가 없습니다. 도저히 받아들일 수 없다는 것은 확실해졌습니다. 미국은 일본과 이야기를 할 마음이 나지 않았던 것 같습니다. 이 노트를 제출한 뒤 헐 장관은 스팀슨 육군장관에게 "이제는 육해군이 나설 차례다."라고 말했다고 합니다.

12월 1일, 이 내용을 가지고 제4회 어전회의가 열립니다. 이미 모든 희망을 잃어버렸습니다. 교섭은 결렬되었고 전쟁만 있을 뿐이라고 결정합니다. 오후 2시에 개회하여 한 시간 만에 회의를 끝내버렸습니다. 일이 이렇게 되니 논의할 것은 아무것도 없었습니다.

기도는 개전을 결정해야 되는 것이 운명일 수밖에 없다고 일기에 적었습니다.

이 결정을 전해 듣고 12월 2일, 야마모토 연합함대 사령장관은 전군에 암호로 명령을 내렸습니다.

'니이타카 산에 올라가라 1208'

즉 개전의 날, X데이는 12월 8일로 정했습니다.

그런데 일본이 개전을 결정한 바로 그 다음다음 날쯤인 12월 5일, 일본이 마음속으로 승리를 빌어 마지않았던 독일의 국방군은 모스크바까지 겨우 30킬로미터밖에 공격해 들어가지 못했는데도 소련군의 맹렬한 반격을 받아 퇴각했습니다. 눈보라 속에서 뒤쫓기면서 후퇴에 후퇴를 거듭했습니다. 독일이 소련을 쓰러뜨린다는 희망은 완전히 사라졌습니다. 그러나 그런 줄도 모르고 일본은 12월 8일에 전쟁에 돌입했습니다.

한 가지를 더 말씀 드리자면 12월 1일의 어전회의가 열리기 전에 쇼와천황이 마지막까지 순서에 따라서 일을 정하고 싶다고 하여 11월 29일 과거 총리대신 역임자들을 모두 모은 중신회의를 열고 전쟁에 돌입했다는 것을 보고한 뒤 의견을 들었습니다. 이때 반대 의견을 말한 사람은 와카쓰키 레이지로, 오카다 게이스케, 요나이 미쓰마사 세 중신뿐이었습니다. 특히 와카쓰키와 도조의 논전은 역사에 남을 만한 것이라고 생각합니다. 와카쓰키가 말합니다.

"자존자위를 위해서라면 몰라도 전쟁에 목적을 둔 팔굉일우라는 이상 때문에 판단력이 흐려져서는 안 된다."

도조는 반발하며 대답했습니다.

"이상을 좇아 현실을 벗어나는 일은 하지 않는다. 그렇지만 이상을 가지는 것은 필요하다."

"이상 때문에 국가를 망하게 해서는 안 된다."

와카쓰키는 만주사변 때 "이미 조선에서 지원군이 나와버렸으니 어쩔 수 없다." 라고 말해 맨 처음에 쇼와사의 방향을 틀리게 잡은 수상인데 이 사람이 마지막이 되어서야 정론을 펼치고 있습니다. 그리고 실제로 일본은 그의 말대로 이상을 위해 국가를 멸망하게 만듭니다.

오카다는 2·26사건 때의 수상인데 구사일생으로 살아남은 사람입니다. 요나이 미쓰마사는 알고 계시다시피 해군의 양식 있는 제독이었습니다. 이때 요나이 미쓰마사가 "서서히 가난해지는 것을 피하려고 한 번에 왕창 가난해지면 어떻게 되나." 라는 유명한 발언을 합니다.

---

*1- 산업조합 중앙금고: 농림업자 단체를 구성원으로 하는 농림계통 금융의 중앙기관. 다이쇼 12년(1923)에 설립되어 쇼와 18년(1943)에 농림중앙금고로 개칭.

*2- 이케다 야사부로: 1914~1982. 국문학자. 오리구치 노부오에게서 사사를 받았다. 《예능》, 《문학과 민속학》 등의 저서가 있다.

*3- 오케하자마桶狹間 합전: 에로쿠 3년(1560) 오다 노부나가가 이마가와 요시모토를 오와라국의 오케하자마 촌(나고야 시 미도리 구 아리마쓰 쵸)과 오와키 촌(도요아케 시) 일대의, 기복이 험한 구릉지대에서 기습공격 하여 전사시킨 전투 / 히요도리고에鵯越え 전투: 사쓰마와 셋쓰의 국경인 이치노타니(효고 현 고베 시 스마우라 서쪽)에서 겐로쿠 원년(1184) 2월, 미나모토 요시쓰네는 이치노타니 계곡에 진을 친 다이라를 치기 위해 산 위로 올라온다. 그런데 아래 쪽 절벽이 아주 급경사여서 사람과 말은 지나다닐 수 없을 정도지만 사슴은 지나다닌다는 말을 듣고 "사슴이 지나갈 정도의 길을 말이 지나가지 못하라는 법이 없다."며 단숨에 말을 타고 내려가 다이라의 허점을 공격하여 전투를 승리로 이끌었다. / 가와나카지마川中島 합전: 전국시대 가이 지방의 호랑이라 불린 다케다 신겐과 에치고 지방의 용이라고 불린 우에스기 겐신이 북부의 미노지경의 영유권을 둘러싸고 시나노국 가와나카지마에서 덴분 22년(1553)에서 에로쿠 7년(1564)에 걸쳐서 대전한 합전을 총칭.

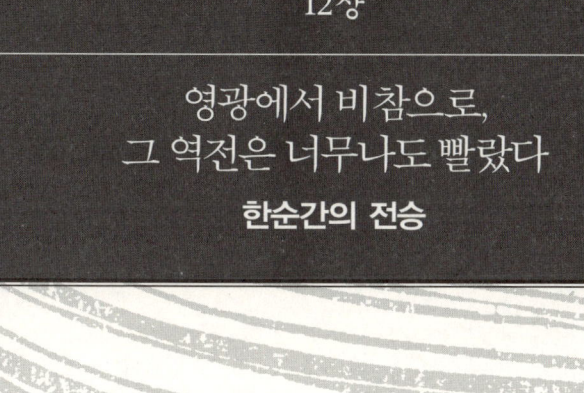

12장

영광에서 비참으로,
그 역전은 너무나도 빨랐다

한순간의 전승

전쟁 통고는 틀림없이 있었다

쇼와 16년(1941) 11월 27일, 헐 노트가 도착하자 정부와 군부는 마치 쇠망치로 머리를 맞은 것처럼 큰 충격을 받았습니다. 그때까지 전쟁에 반대했던 도고 시게노리 외무대신과 가야 오키노리 대장대신도 도저히 미국의 강경한 요구를 받아들일 수는 없다며 낙담했습니다. 결국 대본영 정부연락회의나 각료회의 모두 일치단결하여 대미영 전쟁을 결의하게 됩니다.

문제는 지난번에도 말씀 드렸지만 이미 일본의 기동부대가 몰래 치시마 히토카프 만을 나와서 하와이 쪽으로 향하고 있었다는 점입니다. 이것은 해군에게는 건곤일척의 대승부, 사느냐 죽느냐를 건 싸움입니다. 만약 적에게 들켜서 공격을 크게 받게 된다면 전멸까지는 가지 않더라도 이제 전쟁의 미래는 보이지 않습니다. 어떻게든 적에게 들켜서는 안 된다고 생각했을 것입니다. 극비리에 기습을 가하고 싶었으니 군부로서는 선전포고를 하지 않고도 전쟁을 이길 수 있다면 굳이 하고 싶지 않았을 것입니다. 이것이 솔직한 심정이었을 거라고 생각합니다.

그런데 1907년, 즉 메이지 40년에 네덜란드 헤이그에서 국제적으로 〈개전에 관한 조약〉이 맺어졌는데 다음과 같은 내용이 있습니다.

체약국은 이유를 제시한 개전선언의 형식, 또는 조건을 제시한 개전선언을 포함한 최후통첩의 형식을 가져야 하고, 명료한 사전 통고 없이 상호간 전쟁을 개시하지 않을 것을 승인한다.

일본은 메이지 44년(1911)에 조약을 비준했으므로 분명한 선전포고, 또는 선전포고라는 것을 알 수 있는 명료한 사전 통고를 하지 않으면 안 됩니다. 그래서 언제, 어떻게 통고를 해야 하는가가 큰 문제가 되었습니다.

그러나 문제는, 통고 없이, 즉 왼손으로 통고문을 건네주면서 그와 동시에 오른손으로 때리고 싶다는 군부의 본심입니다.

도고 외상은 "그런 식으로 하다간 일본의 입장은 국제적으로 매우 나빠질 것이다. 역시 통고를 하는 편이 좋을 것이다."라고 의견을 피력했지만 군부는 더욱 강하게 자신들의 입장을 밀어붙입니다. 실은 11월 15일, 선전포고를 하지 않고 어떻게 하면 전쟁에 돌입할 수 있을지 그 방법을 연구하자는 의견이 많아져서, 22일 '선전의 조직과 관련하여 선전포고를 할지 말지에 관해 그 방법과 더불어 법제적, 실제적인 문제들을 연구하고자 이야기를 나누었다'(참모총장 스기야마 하지메의 《스기야마 메모》)라는 내용 그대로, 헐 노트가 오기 전부터 선전포고에 대한 연구는 시작되었습니다.

그 결과 헐 노트가 도착한 27일에 '개전 다음 날에 선전을 포고한다. 선전포고는 선전의 조서詔書를 공포하는 것으로 한다'라고 연구회는 결의합니다. 일본은 실제로 선제공격을 한 뒤 그 다음 날에 선전포고를 하겠다, 그것도 선전포고문을 직접 손으로 건네주지 않고 국내에 선전포고를 알리는 천황의 조서를 가지고 세계에 알리는 것으로 하겠다는 것입니다.

도고 외상은 여기에 강하게 반대했지만 정작 헐 노트가 오자마자 맥이 빠져서 저항도 하지 못하고 반대파의 기세에 눌려버렸습니다. 그리고 적이 강제적으로 밀어붙여 꼼짝달싹할 수 없게 만들어 국가가 자위권을 행사해야만 했을 때는 선전포고 없이 전투를 개시한 예가 세계 역사상 많이 있었습니다. 미국 역시 그래 왔습니다. 이런 자위권 발동이라는 생각이 도고의 머릿속에 있었습니다. 그러니 이 경우는 자존자위를 위한 싸움이니 통고하지 않고 전쟁을 벌일 수도 있겠다고 일단은 자신이 납득할 만한 이론을 구축한 것 같습니다.

그런데 그 후 대본영 정부연락회의에서 군부가 "그렇지만 교섭은 계속 진행되었으면 한다."고 다짐하듯 말합니다. 이미 쓸데없는 일이 아니냐고 물어보아도 반응이 애매합니다. 도고는 이상하다고 생각하면서, 최종적으로 개전을 결정한 날인 11월 29일에도 아직 외교교섭을 할 여유가 있는지 살펴보았습니다. 개전일은 미국의 일요일로 한다는 군부의 주장에 도고는 일본 시간으로 12월 1일이 괜찮겠다고 생각했습니다. 그런데 나가노 오사미 군령부총장이 아직 시간상 여유가 있다고 대답하자 도고는 깜짝 놀라서,

"대체 군부는 언제 개전을 할 생각인가? 12월 1일이 아니면 언제란 말인가?"

라고 물어보자 나가노 총장은 스기야마 하지메 참모총장과 얼굴을 맞대고 속닥거리다가,

"개전은 12월 8일이다. 그러니 아직 여유가 있다. 전쟁에 이길 수 있도록 외교교섭을 진행시켜달라."

라고 주문했습니다. 도고는 어이가·없어, 날짜가 그 정도면 선전포고를 할 시간적 여유가 아직 있다고 생각을 다시 고쳐먹었습니다. 그때 마치 시간을 잰 것처럼, 12월 1일 최후의 어전회의가 끝난 뒤 도조 히데키 수상 겸 육군대신을 쇼와천황이 불러내어서 말했습니다.

"공격 개시를 하기 전에 제대로 최후통첩을 건네도록 하라."

천황의 이 말을 듣고 놀란 도조는 재빨리 생각을 바꾸어서 선전포고를 해야겠다는 말을 도고 외상에게 전합니다. 그리고 최후 통고를 어떤 형태로 할지를 새로운 의제로 삼아 정부에서 토의가 열리게 됩니다.

도쿄재판이 열리기 전에 검사단이 일본에 왔을 때 이 통고 문제에 대해 끈질기게 도조를 신문했습니다. 그때 도조는 확실하게 이렇게 말했습니다.

"천황은 중대사에 관해 결정할 때는 끊임없이 나에게 주의를 환기시켜주셨습니다. 그러나 최후통첩을 하는 것에 대해서 폐하가 나에게 마지막으로 주의를 준 때는 쇼와 16년 12월 1일이었습니다."

최후통첩을 건네기 전에 실제로 공격이 벌어지지 않을까 천황이 걱정하고 있었는지 검사단이 물어보았을 때도 도조는 이렇게 증언했습니다.

"폐하는 그 점을 계속 걱정하셔서 그런 일이 일어나지 않도록 주의하라고 나에게 말씀하셨습니다."

그리고 그 무렵 도쿄에 불려 온 연합함대 사령장관 야마모토 대장이 군령부와 해군성에 모습을 드러내어 매우 엄숙한 어조로 말을 꺼냈습니다.

"사전 통고는 반드시, 그리고 확실하게 하기 바란다."

이렇게 되니 군령부도 어쩔 수 없다고 드디어 사전 통고에 대해서 생각하기 시작합니다.

교섭이 중단되었음을 통고한다는 결정이 12월 4일의 연락회의에서 내려지고, 외무성은 상당히 공을 들여 문안을 작성하여 워싱턴의 노무라 대사에게 보낼 계획을 세웠습니다. 그리고 최후통첩은 일본 시간으로 12월 8일 오전 2시 반에 워싱턴 대사관이 미국 정부에 건네기로 정했습니다. 이것은 워싱턴 시간으로 12월 7일 오후 0시 반, 하와이 시간으로는 7일 오전 7시입니다. 일본의 기동부대의 하와이 공격은 오전 8시(하와이 시간)로 예정이 되었으니 공격 한 시간 전입니다. 실은 이후 오전 2시 반을 오전 3시로 해달라는 군령부의 요청이 있어 30분을 늦추었으니 결국 공격 30분 전에 최후통첩이 건네지게 되었습니다.

몰래 공격했다는 영원한 오명

이렇게 해서 통고문은 빠르게 작성되고 암호문으로 만들어져 계속 워싱턴 대사관으로 보내지게 되었습니다. 그러나 그 후에 판명된 사실을 보면 대사관에 있던 외교관의 근무 태만과 무신경함이 화근이 되어 결과적으로 전쟁 통고가 한 시간이나 늦어버린, 역사적으로 있어서는 안 될 파렴치한 사태가 벌어졌습니다. 이 이야기를 많이 알고 계실 겁니다. 이런 사태가 발생한 것은 지난번에도 말씀 드렸다시피 노무라 대사에 대한 외무성 엘리트들의 반감, 불신, 비협조적인 태도에 기인합니다. 한편에서 열심히 애를 쓰고 있던 노무라는 정말이지 수치스럽다고 생각했을 것 같습니다.

지금에 와서는 왜 그런 일이 일어났는가에 대해 다양한 논의도 있었고, 여러 가지 변명이 섞인 이유도 나오고 있습니다. 최후통첩이라고는 생각하지 못했다, 그래서 느긋하게 있었다고 말하는 사람도 있는 것 같습니다. 그게 아니고 외무성의 일처리가 서툴러서 워싱턴 착신 자체가 늦었다는 설도 있습니다. 아니, 육군이 일부러 늦게 도착하도록 공작했다는 설도 있습니다. 그러다가 결국에는, 별 문제 삼지 않아도 되지 않느냐는 의견까지 나오게 되었습니다. 왜냐면 일본에서 워싱턴 대사관으로 보낸 통고문을 미국은 계속 해독하고 있었으니 말입니다. 워싱턴 시간으로 12월 7일 아침에는, 도착한 최종 통고의 해독문을 받아 든 루스벨트 대통령이 "This means war!(이건 전쟁이다!)"라고 측근인 홉킨스에게 말했다고 합니다. 즉 상대방은 훨씬 이전에 통고문을 받은 것이며 이것이 정식으로 개전을 통고한 거라고 인식하고 있었던 셈입니다. 갑 안, 을 안 그리고 헐 노트를 포함하여 이 부분은 졸저 《진주만의 날》[*1]에 자세하게 써두었습니다.

그러나 유감스럽게도, 일본의 해군기가 진주만에서 하와이의 태평양함대 주력에 어뢰와 폭탄으로 공격을 개시한 지 한 시간 후에 전쟁 통고가 전달된, 도저히 부정할 수 없는 일이 벌어지고야 말았습니다.

그 때문에 이후 미국 국민은 일본에 대해서 매서운 반감과 분노를 품고 일치단결하여 전쟁에 임했다고 합니다. 그런데 '리멤버 펄 하버'라는 말은 이때 생긴 말은 아닙니다. 이 말은 쇼와 17년 여름부터 가을에 걸쳐 과달카날 섬을 둘러싸고 공방을 벌일 때 미 해병대 장병의 입에서 처음 나온 말이었는데 본국에도 그 말이 전해져 미국 국민도 자주 입에 올리게 된 것입니다. 그렇다면 진주만 공격 때 제일 처음 나온 말은 무엇일까요? 12월 8일(워싱턴 시각), 루스벨트 대통령이 상하 양원에서 연설을 합니다. 조금 길지만 읽어보도록 하겠습니다.

'12월 7일은 오욕(치욕) 속에 살고 있는 날(the day of infamy)입니다(이것이 미국인이 최초에 가슴에 새긴 말입니다). 일본제국은 계획된 공격을 갑작스럽게 바다 위에서 펼쳤습니다. 미국은 일본과 한창 평화교섭을 하던 중이었으며, 일본의 요청으로 태평양의 평화 유지를 위한 대화를 일본정부 및 천황과 추진하고 있었습니다. 사실 일본의 항공대가 오아프 섬을 폭격하고 난 지 한 시간 후에 일본대사(노무라 기치사부로 대사)와 그의 동료(지원을 하러 온 구루스 사부로 특명전권대사)는 최근 우리의 제안에 대한 공식 회답을 가지고 국무장관을 방문했습니다.……일본과 하와이 사이의 거리를 생각하면 일본의 공격이 며칠, 아니 몇 주 전부터 계획되고 있었다는 것은 명백합니다. 일본정부는 모략을 꾸미며 미국을 속인 것입니다.'

즉 '오욕의 날', '속임수를 쓴 공격(treacherous attack)', 이것이 맨 처음에 나온 단어였습니다. 미국 국민은 이걸 믿었고 세계도 이 말을 듣고 일본이 미국을 속였다고 인식하게 된 것 같습니다. 일본으로서는 정말로 한심스럽기 그지없습니다. 결과는 상원에서는 찬성 82 대 반대 0, 하원에서는 388 대 1로, 1표만이 일본과의 전쟁을 반대했습니다. 이런 압도적인 다수결로 미국은 대일본 전쟁을 결의하고 선전포고를 하게 됩니다.

다만 모략을 꾸미며 속였다는 것은 있을 수 없는 일입니다. 아까 말씀 드렸다시피 교섭이 중단되었다는 일본 측 통고를 읽은 루스벨트가 "This means war."라고 말한 것처럼 미국 정부나 군부는 일본의 공격 개시를 충분히 알고 있었지만 빨리 한 방을 맞았으면 하는 마음이 간절했던 겁니다. 특히 루스벨트 대통령은 그랬을 겁니다. 왜냐하면 미국 정부와 군부는 어떻게든 영국을 도우려고 유럽전쟁에 참가하여 히틀러

시베리아
소비에트공화국

몽고

만주국

신경

가라

북경

연안

남경

상해

오가사와라 제도

이오

한구

중경

오키나와

임팔

인도

버마

하노이

프랑스령인도차이나

마리아나제도

사이판 섬

타이

루손 섬

괌 섬

방콕

마닐라

필리핀

테니안 섬

남중국해

레이테 섬

사이공

민다나오 섬

팔라우

말라카 해협

말레이

수마트라 섬

싱가포르

보르네오 섬

술라웨시 섬

네 덜 란 드 령 동 인 도

자바 섬

뉴기니아

포트모르즈비

인도양

태평양전쟁도.

호주

캄차카

베링 해

오호츠크 해

앗쓰 섬   키스카 섬

치시마 열도

프 만

태 평 양

미드웨이 섬

하와이제도

진주만

마셜제도

트라크제도

케제린 섬

카로린제도

마킨

타리와

라바울

브겐빌 섬
부인

솔로몬제도

과달카날 섬

사모아제도

피지제도

뉴칼레도니아

의 독일을 무너뜨리고 싶어서 안달이 났었는데 선전포고를 할 만한 명목이 없었습니다. 그런 참에 일본에게서 먼저 한 방 공격을 받으면 독·이·일 삼국동맹 때문에 독일도 선전포고를 해올 것이 틀림없었기 때문입니다. 사실 독일은 일본보다 조금 늦게 미국에 선전포고를 합니다. 이러니 미국은 대의명분을 얻어 당당하게 제2차 세계대전에 참여할 수 있게 되었습니다.

그리고 진주만 공격에 대해서는 자세하게 말씀 드리지 않아도 잘 알고 계실 거라 생각합니다. 일본 기동부대에서 날아온 전투기 353기가 기습공격으로 적의 태평양 함대의 전함들을 거의 전멸시키는 대전과를 세웠습니다. 유감스럽게도 항공모함만은 진주만에 없어서 화를 피할 수 있었지만 어찌 되었든 세계 전사상 손꼽을 수 있을 정도의 대승리를 거두었습니다.

저는 그때 어린아이였습니다. 아침에 '금일 미명, 서태평양 방면에서 전투상태에 들어가다' 라는 방송이 나왔을 때 날은 매우 추웠지만 하늘은 매우 맑고 푸르렀습니다. 마치 청정한 도쿄 하늘처럼 머리 위를 덮고 지나가던 구름이 싹 가신 것 같은 개운한 기분이 들었던 것을 기억하고 있습니다. 대부분의 일본인이 그렇게 느꼈을 거라고 생각합니다.

이날에 대해서 많은 사람들이 회상을 하는데 전후에 쓰인 것 중에는 맞지 않는 부분도 많습니다. 별 생각 없이 '나는 전쟁에 반대했지만' 이라는 조건을 단 형태의 문장이 많은데, 실상은 당시에 쓰인 글들을 보면 거의 만세 소리를 외치고 있다고 느낄 정도입니다. 아주 기운차게 큰 소리를 확 내지른 느낌입니다. 특히 소설가나 평론가 등 문학자들이 무슨 이야기를 했는지는 《진주만의 날》에 많이 써놓았으므로 흥미가 있는 분은 그걸 참조하시길 바라고, 여기서는 5명 정도의 글을 소개하겠습니다. 먼저 평론가인 나카지마 겐조(1903~1979).

이것은 유럽문화에 대한 일종의 전쟁이라고 생각한다.

마찬가지로 평론가인 혼다 아키라(1898~1978)는,

대미영 선전이 포고되니 개운한 마음입니다.……성전의 의미도 이걸로 확실해졌고 전쟁 목적도 간단명료해지니 새로운 용기도 솟아나며 모든 일에 의욕이 생깁니다.

라고 했습니다.
고바야시 히데오(1902~1983)도 전쟁을 긍정하고 있습니다.

대전쟁이 마침 적절한 시기에 시작되었다는 생각이 든다. 전쟁은 사상의 여러 가지 불순물들을 일거에 없애주었다. 쓸데없는 생각들이 많으면 그로 인해 쓸데없는 말들을 해야 하기 때문이다.

가메이 가쓰이치로(1907~1966)는 좀 더 확실하게 말합니다.

승리는 일본 민족이 실로 오랫동안 꿈꾸어 왔던 것이라고 생각한다. 즉 이전 페리에 의해 무력적으로 개국을 강요당했던 우리나라가 최초이자 최대로 가혹하기 그지없는 답변을 한 것이고 복수를 한 것이다. 메이지유신 이래 우리들 선조가 품었던 무념의 생각을 일거에 소거할 때가 온 것이다.

작가인 요코미쓰 리이치(1898~1947)도 일기에 약동의 문자로 적고 있습니다.

전쟁은 드디어 시작되었다. 그리고 대승을 거두었다. 선조를 신이라고 믿었던 민족이 이긴 것이다. 나는 불가사의함 이상의 무언가를 느꼈다. 나와야 할 것이 나온 것이다. 그것은 가장 자연스러운 일이다. 내가 파리에 있는 동안, 사람들이 매

일 밤 열심히 이세신궁에서 기원했던 일이 드디어 발현하게 되었다.

이 무렵 요코미쓰는 극단적인 내셔널리스트가 되었지만 그래도 일본이 신의 나라이며 선조를 신이라고 생각하는 민족이 이겼다고 매우 기뻐하고 있습니다.

어쨌든 국민은 진주만 공격의 대승리로 한 번에 들끓어 올랐습니다. 결과적으로 야마모토 이소로쿠가 마음속에 품었던 진주만 공격으로 적을 철저하게 부수었으니 이걸 기회로 강화 태세에 들어가자는 의도 따위는 한 번에 날려버린 셈입니다. 이런 때 강화를 하자고 말하는 바보는 어디에도 없을 정도로 일본은 완전히 흥분의 도가니였습니다. 하늘을 찌를 듯 기세가 올라 있었습니다.

오로지 대승리에 취한 일본 국민

다만 여기서 한 가지 주의해두어야 할 일이 있습니다. 이날 〈개전의 조서〉가 발부되었는데, 이것은 갑자기 만들어진 것이 아니라 정통한 학자들이 참가해 검토하고 문법적으로 오류가 없도록 만반의 준비를 한 뒤 당당하게 완성된 문장으로 나온 것입니다. 하지만 거기에는 웬일인지 중요한 사항이 삭제되어 있습니다.

써놓은 문장은 청일전쟁, 러일전쟁, 제1차 세계대전 때와 거의 비슷합니다.

하늘이 도와 보호해주었다. 만세일계 황조를 걷는 대일본[제]국 황제(천황)는

그런데 청일전쟁 때는 이렇게 되어 있습니다.

적어도 국제법 세계에 기초하는 한 각국의 권능에 맞추도록 모든 수단을 다해야 한다. 반드시 실수가 없도록 해야 할 것이다.

러일전쟁과 제1차 세계대전 때의 내용은 거의 같은데,

대저 국제규범의 범위에서 모든 수단을 다하고, 실수가 없도록 기해야 하며

라고 되어 있습니다.

즉 지금까지 일본이 경험했던 3개의 대전쟁 때의 개전의 조서에는 모두 '국제법, 국제규범이라는 것을 지키는 범위 내에서 최대의 노력을 다하라'고 기록되어 있지만 그 말이 이번의 개전의 조서에는 없습니다. 삭제가 되었습니다.

또 다른 하나는, 지금까지 진주만 공격에 대해서만 이야기했지만 실은 개전을 포고하기 전에 육군은 말레이반도에 상륙했습니다. 그렇게 되면 무슨 수를 쓰더라도 태국 영토에 침입할 필요가 있었습니다. 그런데 태국은 중립국입니다. 태국에 개전의 의도를 감추기 위해서는 갑자기 군대를 보내고 그 이후에 교섭할 수밖에 없다, 이건 작전계획상 어쩔 수 없다며 처음부터 국제법 위반을 각오하고 있었습니다. 국제법을 지키라고 하면 당초에 세웠던 작전 자체가 성립이 되지 않는다, 그래서 도조가 국제법을 지키라는 부분을 삭제하라고 말했다는 설도 있습니다. 이런 식으로 지휘자들은 가장 중요한 문구를 삭제했습니다. 아무래도 처음부터 국제법을 지키지 않아도 되는 전쟁이라는 생각을 가지고 있었던 것 같은데, 이것은 나중에 정말이지 큰 문제를 정신 의식에 남기는 결과를 빚게 됩니다.

참고로 저는 지금 대미영 전쟁이라고 말하고 있는데 이것을 태평양전쟁이라고 불러야 할지, 대동아전쟁이라고 불러야 할지 종종 논의가 되었습니다. 전쟁이 일어났을 때 뭐라고 명칭을 붙여야 할지, 육해군과 정부가 논의했습니다. 해군에는 태평양을 무대로 하는 전쟁이므로 태평양전쟁이라고 해야 한다는 의견도 있었고, 정부

쪽에는 청일전쟁, 러일전쟁처럼 상대국과의 전쟁이라는 의미에서 대미영 전쟁이 좋지 않을까, 라는 의견이 있었습니다. 그런데 육군은 강경하게 대동아전쟁을 주장했습니다. 그 이유는,

이제 앞으로의 대미영전은 지나사변을 포함하여 대동아전쟁이라고 호칭한다. 대동아전쟁이라고 칭하는 이유는 대동아신질서 건설을 목적으로 하는 전쟁이라는 것을 의미하기 때문이지 전쟁지역을 대동아만으로 한정한다는 의미는 아니다.

즉 지금까지 노몬한사건이나 노구교사건은 전쟁이 일어난 장소를 이름으로 지은, 지역전쟁을 의미했지만 이번 전쟁은 어디까지나 대동아신질서를 만드는 것을 목적으로 한다는 것을 강조하고 싶었던 것입니다. 그러나 개전의 조칙에는 그런 말은 한마디도 없습니다. 자존자위를 위해서 어쩔 수 없이 일어섰다고만 합니다. 대동아신질서 건설을 위해서 전쟁을 한다고는 쓰여 있지 않습니다. 이 명칭은 개전 후인 12월 12일의 각료회의에서 결정된 것이고 전쟁 목적은 이른바 뒤에 장식으로 갖다 붙인 것입니다. 어쨌든 그렇게 이름을 지은 것도 최초에 일본이 너무 큰 승리를 했기 때문일 것입니다. 계속 승승장구하며 이기고 있으니 대동아신질서든 무엇이든 다 할 수 있을 것 같은 기분이 들어서 자존자위라는 급박한 심정이나 긴장감은 어느샌가 날아가버렸는지도 모릅니다.

참고로 말씀 드리면 그 이틀 전인 12월 10일, 파견되어 온 영국의 동양함대, 싱가포르를 근거지로 삼아 일본군을 반격하기 위해 나온 프린스 오브 웨일스, 레팔스라고 하는 2척의 신예전함을 남부 인도차이나(사이공)에서 출격한 일본의 항공부대가 멋지게 격침시켰습니다. 전함은 비행기로는 침몰시킬 수 없다는 세계 군사 상식을 깨뜨린 놀랄 만한 대전과였습니다.

그리고 대만 남부를 기지로 삼은 일본의 항공부대가 필리핀의 미군 기지를 공격하고 미국의 항공부대를 완벽하게 격파시키고 말았습니다.

어쨌든 전쟁이 시작된 이래 일본은 매일같이 "이겼다, 이겼다."라는 말을 들었고, 당시 소학교(초등학교) 학생들은 일장기나 전등을 들고 시끌벅적하게 행렬을 했던 기억이 있습니다. 온 일본이 너무 기뻐하고 환희에 떨었습니다. 그 정도로 잘되어가고 있었으니 각료회의에서도 흥분한 나머지 "대동아신질서 건설을 목적으로 하는 전쟁이므로 대동아전쟁이라고 하자. 그러나 잊지 말아야 할 것은 전쟁지역을 대동아만으로 한정하지 않는다는 점이다."라며 뻐기게 되었습니다.

그러나 이것도 좀 미묘한 부분입니다. 대동아에 한정하지 않겠다는 말은 앞으로 인도로 진출하고 나아가 중근동으로 진출하고 독일과 악수하여……이런 전개를 꿈꾸고 있었다는 뜻입니다. 좀 더 말씀 드리자면 내친김에 소련도 물리치자고 생각했으니 시베리아도 시야에 넣어놓자고 생각했을 것입니다. 어찌 되었건 당시에는 무적의 일본 육해군이었습니다.

한편, 일본이 얼마만큼 우쭐대고 있었는지 증거 하는 것으로, 꽤 오래전인 쇼와 18년 5월 31일의 어전회의에서 결정된 '대동아정략지도대망'이 있습니다. 군부나 정부는 가능한 한 숨기고 싶어했는데 당시에는 전혀 알려지지 않았고 전후가 되어서 모습을 드러내게 되었습니다.

말레이, 수마트라, 자바, 보르네오, 셀베스(뉴기니)는 대일본제국의 영토로 만들어 중요 자원의 공급원으로 개발하고 민심을 파악하는 데 주목한다.……이들 지역을 제국 영토로 삼는 방침은 당분간 공표하지 않는다.

이 놀랄 만한 대방침을 천황 앞에서 정했다는 것입니다. 어떻게 생각하십니까? 동남아시아의 여러 국가들을 제국 영토로 삼겠다는 말입니다. 이것을 공표하면 국제 여론은 "뭐라고? 일본은 대체 무슨 짓이냐? 겉은 번드르르하게 말하고 있지만 역시 자신의 영토로 삼을 생각이었군."이라고 몰매를 가할 것이 뻔합니다. 그러나 이런 말들을 뻔뻔하게 내뱉을 수 있을 정도로 일본은 승리로 인해 자기 과신에 빠져 있었습니다. 게다가 쇼와 18년 5월 31일이라고 하면 이미 상당히 전황이 불리해진 때이기도 합니다.

또 다른 이야기를 드리자면, 하와이 작전과 동시에 육군은 말레이반도 상륙을 감행해서 싱가포르 공략전에 들어가게 되는데 이 말레이반도에 상륙하는 부대에 〈이것만 읽으면 전쟁에서 이길 수 있다〉라는 제목의 작은 책자가 배부되었습니다. 저자인 쓰지 마사노부, 아사에다 시게하루 참모는 둘 다 육군사관학교와 육군대학을 우등으로 졸업한 엄청난 수재들입니다. 이 두 사람이 수송선 안에 있는 병사들이 읽을 수 있도록 책을 만들었습니다. 그 지역은 매우 더우니 마실 물에 주의하라는 등 자세한 사항들을 알기 쉽게 써놓았는데 그중에 이런 문장이 있습니다.

앞으로 도착할 곳의 토착민들에게 애정을 가져라. 토착민의 풍습을 존중해야 할 것이다. 그러나 과대한 기대는 하지 않는 게 좋다.

육군 엘리트인 참모가 동남아시아 사람들을 토착민으로 생각했던 것은 분명합니다.

미드웨이의 지는 해

이렇게 전쟁이 시작되었습니다. 특히 전쟁 시작 때는 위세가 좋았습니다. 연합함대는 대승리에 이어 또 대승리를 하므로 정말이지 기세등등했습니다. 군령부는 만약의 일을 두려워하여 하와이 작전에 반대했었다는 사실을 잊은 채 하와이와 말레이 앞바다에서의 개선을 축하하느라 매일 밤 아카사카와 신바시에서 연회를 열고 있었습니다.

그와 때를 맞추듯이 12월 16일 전함 야마토가 준공되어 연합함대의 제일선에 당당하고 웅장한 모습을 드러냈습니다. 기준 배수량 6만 2천350톤, 전체 길이 263미터, 폭 39미터이니 파나마 운하를 통과할 수 없는 넓이입니다. 46센티미터인 주포 9문은 후지 산의 2배를 뛰어오르고 42킬로미터 앞에 놓인 47센티미터 두께의 강판을 꿰뚫을 만한 위력을 가지고 있습니다. 승선 인원 또한 2천500명이라고 하니, 마치 마을 하나가 실려 있는 것과 같은 거함의 완성에 일본 해군의 사기는 하늘을 찌를 것만 같았습니다.

그런데 사실, 일본 군부는 이토록 승리를 거두리라고는 생각지도 못했습니다. 하지만 제1단계 작전, 즉 하와이를 공격하고 영국의 동양함대를 무찌르고 싱가포르를 공격하고 필리핀을 점령하고 네덜란드령 동인도(현재의 인도네시아)를 굴복시킨다는 것까지는 정해져 있었습니다. 그리고 그 작전은 생각대로 착착 진행되었을 뿐 아니라 예상 외로 빨랐습니다. 그렇게 해서 동남아시아의 자원지대 전부를 점령하고 일장기를 꽂을 수 있는 상황이 만들어지긴 했지만 그 다음에는 어떻게 할지 확실한 작전을 정해놓고 있지 않았습니다. 이 부분을 보면 어수룩하다고 할 수 있습니다. 작전을 짜던 초기에는, 전쟁은 그대로 독일이 이길 것이니 상대방이 강화를 하자고 할 것이다, 그때까지 어떻게든 자원지대를 확보해두어 장기전을 할 수 있는 태세를 갖춘다, 이 정도면 될 것이다, 라는 정도였으니 장기전에 대해서 진지하게 각오를 하지 않았던 것입니다. 아니, 맨 처음부터 장기전이 되리라는 것을 알고 있었음에도 불구하고 절대로 그렇게 만들고 싶지 않았기에 '하고 싶지 않다' 가 '되지 않을 것이다' 라는 생각으로 이어졌고, 결국에는 장기전은 되지 않을 것이라고 못 박은 채 제2단계, 제3단계 작전을 고려하지 않은 것입니다.

그래서 여기서 다시 논의가 벌어집니다. 만약 미국이 일본에 반격을 해 오기라도 하면 호주(오스트레일리아)를 기점으로 해 올 것임에 틀림없다, 그러기 위해 미국은 남태평양을 통해 호주로 병사, 자재, 대포, 전차 등을 계속 실어 날라 전비를 충분히 갖춘 뒤에 공격할 것이라고 쉽게 예상했습니다. 따라서 미군을 막기 위해서는 하와이에서 오스트레일리아까지의 수송로를 차단하는 것이 제일 좋다는 의견이 유력해집니다.

그러나 그렇게 수송로를 차단하려면 일본의 병력을 훨씬 먼 남태평양까지 옮길 필요가 있습니다. 먼 남쪽 섬 어딘가에 비행장을 만들어야 하고, 그 후에는 더 먼 섬으로……이렇게 반복되니 일본의 눈은 정말 머나먼 남쪽을 향하게 됩니다.

그런데 연합함대사령부는 너무 먼 남쪽으로 진출하는 것은 보급도 어렵고 유지도 어려우니 오히려 이참에 적의 남겨진 항공모함을 공격해서 완전히 제해권을 빼앗아 하와이를 점령하는 것이 좋을 것 같다고 대담하게 나옵니다. 연합함대의 참모 중에는 미국과 호주를 차단시키는 작전은 하고 싶으면 해도 괜찮지만, 그것보다도 최종 목적은 하와이 점령이라며 꿈에 부풀어 있던 사람이 있었습니다. 다만 그 꿈을 이루려면 대병력을 수송선에 태워 하와이에 옮겨 놓아야만 합니다. 그것은 상당히 어려운 일이니 그 전에 적의 항공모함을 공격할 필요가 있다고 생각했습니다. 그래서 목표인 하와이 공격은 쇼와 17년 가을 무렵으로 정해놓고 그 전에 적의 항공모함을 공격하기 위한 '미드웨이작전'을 시작합니다. 미드웨이를 빼앗으려 출동한다면 미국 함대는 어떻게 해서든 그걸 저지하기 위해서 항공모함을 내보낼 것이다, 그때가 기회이니 격파하자는 것입니다.

쇼와 17년 4월 1일에 연합함대사령부가 세운 작전계획은 다음과 같습니다.

5월 중순 뉴기니의 포트모르즈비 공략작전
6월 하순 미드웨이 섬 공략작전
7월 중순 피지 사모아 공격·파괴 작전(미호美豪 차단)
10월을 목표로 하와이 공략작전 준비

아무리 그래도 하와이 공략이라니 정말로 대담합니다.

이 미드웨이 섬 공략작전에도 반대는 많이 있었습니다. 군령부도 반대했습니다. 태평양의 한가운데니 상당히 먼 곳인데 만약 적이 오기 전에 점령한다고 해도 보급에 어려움이 있고, 만약 공격을 받기라도 하면 수비를 하기가 곤란합니다. 역시 남쪽에서 미국과 호주를 차단해야 한다는 의견이 나왔습니다. 그런데 그 의견이 나온 직후인 4월 18일 미국이 도쿄공습을 시작합니다. 얼마 되지 않는 항공모함 위에 실은 육상의 폭격기 B25가 갑판 위에서 겨우 날아오르지만 돌아올 때 함대 위에 제대로 내릴 수가 없어서 어쩔 수 없이 중국대륙까지 날아가 장개석의 비행장에 내린다는, 지금 생각하면 참으로 우습고 황당한 작전입니다. 그런데 이 작전이 대성공을 거두어 일본 상공에 B25가 마구 날아왔다가 날아갔습니다. 커다란 피해는 없었다고 하지만 어쨌든 본토 상공에 적기가 날아다닌다는 사실에 일본에는 큰 소동이 벌어졌습니다. 이것도 태평양이 텅 비어서 생긴 일이다, 역시 태평양에 빽빽하게 방위선을 만들어두지 않으면 같은 일이 일어날 것이라고 하니 육군도 "역시 미드웨이작전을 구체적으로 생각해야 할 것 같다. 육군도 병력을 내보내겠다."라고 입을 모아 얘기합니다. 반대를 하던 군령부도 육군이 괜찮다고 하므로 긍정적으로 돌아섰습니다.

쇼와 17년 6월 5일, 일본의 항공모함 4척 대 미국의 항공모함 3척의 싸움인 미드웨이해전에서는 제대로 미국의 기습공격을 받아 일본군은 상상도 하지 못한 대실패를 맛보아야만 했습니다. 일본의 항공모함 4척이 전멸했고 탑승원 다수가 전사했는데 미군은 단지 항공모함 한 척만 잃었습니다. 당시 일본에는 9척의 항공모함이 있었지만 정규 항공모함은 6척뿐이고, 나머지 3척은 상선을 개조한 것이라서 방위력이 약하고 실을 수 있는 비행기 수도 적어서 거의 정규 항공모함에 의존하고 있는 형편이었습니다. 그런데 그중 4척이 바다 밑에 가라앉아버렸으니 그로 인해 받은 충격은 심대하여 연합함대는 갑자기 의기소침해졌습니다.

그러나 조사를 해보면 그렇게 항공모함이 전멸할 만한 전투는 아니었던 것 같습니다. 이길 수 있는 싸움을 태만과 게으름과 착오 때문에 완패했다고 말할 수 있습니다. 야마모토의 부하였던 구로시마 가메토 선임참모가 전후에 이렇게 말한 적이 있습니다.

"작전은 조금도 틀리지 않았다. 모든 기회를 포착해서 미국 항공모함 부대를 공격하라는 연합함대의 명령을 기동부대 지휘관인 나구모 중장이 제대로 실행했다면 이 해전에서 일본 해군이 승리를 거뒀을 거라고 생각한다."

그러나 전투는 구로시마가 말한 것처럼 잘 진행되지 않았습니다. 나구모 사령부는 적 함대의 잠복은 없을 거라고 믿고 있었습니다. 연합함대로부터 지겹도록 들었던 '적의 기동부대의 출현을 예기하여 탑재기의 절반은 즉시 대기할 태세를 갖추어라' 라는 지시를 완전히 무시했던 것입니다. 그러니 정찰기가 적 함대를 발견했다는 보고를 한 지 무려 세 시간 가까이 공격대를 발진시키지 않는 어설픔을 보였습니다.

미드웨이해전에서 왜 졌는가에 대해서는 전후에 여러 사람들이 글을 썼습니다. 쌓아 두었던 어뢰를 육상 공격용 폭탄으로 바꾸어 부착하려고 했을 때 적의 항공모함을 발견하게 되었고 그러자 허둥대면서 다시 어뢰를 부착시키려고 했는데 공격이 들어왔다, 5분만 더 있었다면 무사히 다시 부착한 어뢰가 갑판에서 날아가 큰 피해를 입지는 않았을 것이라는 운명의 5분설이 지금도 통용되고 있는데 그건 아니라고 생각합니다. 운명의 5분 때문이 아닙니다. 일본 해군은 승리에 도취해 우쭐해 있었던 탓에 적이 항공모함을 내보낼 리는 없을 거라고 믿고 있었던 것입니다. 그러니 잠복하고 있다는 건 전혀 생각지도 못하고 처음부터 어뢰를 내팽개치고 육상폭탄으로 공격하려 했던 것이 실상이었다고 생각합니다. 전후 저는 당시 기동부대 참모장, 구사카 류노스케 중장을 만나서 이야기를 들었는데 구사카는 "오만이라는 한 단어가 모든 걸 말해줍니다."라고 말했으며 더 이상은 이야기하고 싶지 않다는 인상을 강하게 풍겼습니다.

이 싸움 후 일본이 공세를 하는, 즉 작전상 주도권을 쥐고 싸움을 걸어서 적을 무찌르는 일은 벌어지지 않았습니다. 어느 정도 엇비슷해지다가 적이 공세를 해 올 가능성이 갑자기 많아졌습니다. 이제 승산이 있건 없건 상관없이, 전력의 다과와 상관없이, 적이 공격해 오면 싸울 수밖에 없습니다.

그러나 이런 비참한 패배는 전혀 공표되지 않았습니다. '미 항공모함 엔터프라이즈형 1척 및 호넷형 1척 침몰. 적과 아군의 상공에서 격추한 전투기 약 120기. 아군 손해는 항공모함 1척 상실과 1척 대파, 순양함 1척 대파, 미귀환 전투기 35기.' 이것이 대본영이 발표한 내용입니다. 국민은 설마 큰 타격을 받았으리라고는 생각하지 못했고, 의기소침해진 야마모토 장관이 이후 의욕을 상실했다고는 아무도 알지 못했습니다. 모두 "미드웨이에서도 이겼다고 하네."라는 말들을 하면서 들떠 있었습니다.

해전이 있은 지 10일 정도 지난 6월 18일, 일본의 문학자들이 대동단결하여 〈일본 문학 보국회〉를 만들었습니다. 여기에는 문학자 거의 대부분이 가입했고 우호단체의 멤버나 학생들도 참가했습니다. 저는 소학교(초등학교) 학생이라서 참가할 수 없었지만 당시의 문학청년들도 모두 참가했다고 보면 됩니다. 히비야 공회당은 초만원이었습니다. 회장으로는 도쿠토미 소호(1863~1957)가 뽑혔고 기쿠치 간(1888~1948)이 소설, 오타 미즈호(1876~1955)가 단가, 가와카미 데쓰타로(1902~1980)가 평론수필, 후카가와 쇼이치로(1902~1987)가 하이쿠, 오자키 기하치(1892~1974)가 시 부문 대표가 되었고, 마지막으로 요시카와 에이지(1892~1962)가 〈문학자 보도반원에 대한 감사결의〉를 제창해 낭독했습니다.

총 뒤에 있는 우리의 동료, 같은 뜻을 함께 키워낸 동지들의 뜻이 오늘날 무위가 되어서는 안 된다. 문예문화정책의 사명은 크고 끝이 없다. 국가도 그 모든 기능을 다하고 있으며 필승 완수의 대업을 우리에게 부여하도록 명했다.

우리들 역시 이 전쟁에 이기기 위해서 커다란 책임을 부여받았다, 함께 힘을 내자는 말입니다. 일본의 문학은 점점 전쟁 구가, 전의 고양을 위한 문학이 되어 갑니다.

그러나 확실히 말한다면 전쟁은 여기까지입니다. 미드웨이해전에서 질 때까지가 일본이 가장 위세가 좋았던 시기이고 그 이후는 전쟁이라고 할 수가 없습니다. 굳이 말하자면 일본군의 육체와 총과 탄환이 맞부딪쳐 싸우는 살육이 시작됩니다. 비참한 상황이 계속 전개됩니다.

*1- 《진주만의 날》: 〈문예춘추〉(현재 〈문춘문고〉), 2001년.

13장

대일본제국에 더 이상의 승리는 없었다…

과달카날, 임팔, 사이판의 비극에서 특공대 출격으로

과달카날을 빼앗기다

미드웨이에서 패배했지만 해군은 외부에 이 사실을 철저히 비밀로 부쳤습니다. 그래서 육군은 남방지역을 완전히 점령했다며 사기가 크게 진작되었습니다. 이제 다음은 소련 차례라고 좌익 단체를 겨냥하고 있었는데, 미군이 일찍이 반격을 개시했습니다. 쇼와 17년(1932) 8월 8일부터 시작된 과달카날 섬 쟁탈전입니다.

태평양전쟁은 항공모함이나 비행기로 하는 전쟁이었습니다. 미국의 태평양함대나 영국의 동양함대처럼 주력이라고 불리던 전함은 비행기가 공격을 하니 눈 깜짝할 사이에 격침되었습니다. 일본 기동부대의 비행기가 하늘을 덮는 한 미국, 영국, 네덜란드는 도저히 대적할 수가 없었습니다. 그렇다면 비행기로 하는 전쟁이란 대체 어떤 것인가요? 폭격기는 상당한 항속거리*¹를 가지고 있지만 전투기는 그에 비해 항속거리가 짧습니다. 그중 일본의 영식전투기(제로기)는 항속거리가 비교적 긴 약 2천 킬로미터나 되니 만약 왕복을 한다면 1천 킬로미터를 날 수 있습니다. 그러나 이렇게 하면 바로 돌아와야 되니 전투를 할 수가 없습니다. 그래서 지름이 약 800킬로미터 정도인 원을 컴퍼스로 그리고 그 범위 안의 어딘가에 다음 비행장을 만들고, 또 그 비행장에서 다시 800킬로미터의 원을 그리고……이런 식으로 전쟁을 전개하고 있었습니다. 맨 처음에는 일본 비행기가 적의 공군을 먼저 격파해서 제공권을 쥔다, 그리고 육군부대나 함정이 그 뒤를 따른다는 작전이 순조롭게 진행되었습니다.

그런데 바로 전에 말씀 드렸지만 일본 본토를 완벽하게 방위하려면 조선반도를 확보해야만 하고, 그 조선반도를 방위하려면 이번에는 만주를 확보해서 최전선으로 삼아야만 한다……본토를 지키기 위해 이런 식으로 일본 군대는 앞으로, 앞으로 나아갔던 것입니다. 태평양에서도 계속 남으로 내려가서 결국 일본 본토를 방위하기 위해서는 사이판 섬, 테니안 섬, 괌 섬이 있는 마리아나제도를 지켜야만 한다, 마리아나제도를 지키려면 다시 그 앞에 트라크 섬이 있는 캐롤라인제도를 지켜야 하고, 캐롤라인제도를 지키려면 다시 컴퍼스로 원을 그린 곳, 즉 영전(제로기)의 항속거리 범위 안에 충분히 들어오는 라바울을 지키지 않으면 안 된다, 이런 식으로 전진기지를 넓혀가고 있었습니다. 결국 이렇게 계속 원을 그려 일본은 라바울에까지 항공부대를 진출시켰습니다.

그런데 라바울을 지키려면 좀 더 남쪽에 있는 섬에 비행장을 만들 필요가 있으니 다시 원을 그려야 합니다. 그러면 정확히 그 1천 킬로미터 앞에 과달카날 섬이 있습니다. 상식적으로 생각하면 1천 킬로미터라고 하면 영전 항속거리의 절반이니 그곳을 빼앗아도 영전은 가자마자 바로 되돌아와야만 합니다. 요컨대 용이하게 지킬 수는 없는 곳까지 굳이 비집고 들어가고 있다고 할 수 있습니다. 그 앞쪽에 비행장으로 적합한 섬이 없는 것도 아닙니다. 사실 나중에는 부인이라는 곳에 급하게 비행장을 다시 만들게 되었는데, 당시에는 한창 승리를 하던 중이라 적을 얕잡아 보고 괜찮을 것 같다며 멀리 과달카날에까지 팔을 뻗었습니다.

그런데 과달카날에 일본의 기지가 만들어졌다는 것은 미군으로서는 호주와의 사이에 수송선이 차단되고 언제나 일본 하늘 아래에서 감시를 당하게 된다는 것을 의미합니다. 뉴기니 주변에서 날아온 미군 정찰기는 일본 해군이 과달카날에 육전대를 상륙시켜 비행장을 만들기 시작하는 것을 발견했습니다. 미군은 아연실색했고 당장 탈환하려고 했기에 7월 2일 급히 공격작전명령을 내렸습니다. 반격을 개시한 것입니다.

그런 일은 모르는 채 일본은 느긋하게 삽질만을 하고 있었습니다. 겨우 활주로가 완성되고 병사들의 숙소도 만들어져 앞으로 2, 3일만 있으면 전투기가 진출할 수 있었는데 8월 8일에 미군이 상륙했습니다. 일본 측에는 일을 하는 설영대만 있었지 제대로 싸울 만한 병사는 없었습니다. 전력을 다해서 상륙해 온 미 해병대가 바로 일본군을 쫓아냈고, 70퍼센트 정도 완성된 비행장을 미 해병대가 불도저를 들여와 눈 깜짝할 사이에 완성해버렸습니다. 그리고 적의 전투기 대부대가 계속해서 도착합니다. 놀라서 눈만 껌뻑거리고 있는 사이에 과달카날 섬은 미국의 일대 기지가 되어버린 셈입니다.

처음에는 설마 본격적인 반격이 아니라 정찰을 위한 상륙일 것이라고 낙관했던 일본군은 비로소 적이 초강력 부대라는 것을 알고 깜짝 놀라게 됩니다. 어찌 되었든 이곳을 다시 빼앗기 위해 전력을 투입하기 시작합니다. 라바울에서 발진한 믿음직스러운 영전은 과달카날 섬 상공에 있을 수 있는 시간이 겨우 10분입니다. 바로 되돌아오지 않으면 라바울에 도착할 수 없습니다. 그러나 10분간의 싸움이란 있을 수 없습니다. 미군은 영전이 섬에 오면 잠시 도망쳤습니다. 그리고 10분만 기다리면 영전이 돌아가야 된다는 것을 알고 있었으니 전혀 겁내지 않습니다. 오히려 비행장을 확보하고 있었으니 제공권은 완벽하게 미군의 손에 넘어갔고, 일본의 함정이 다가오기만 하면 하늘에서 계속 공격해 해치울 수 있습니다. 일본으로서는 괴로운 전투가 시작된 것입니다.

자세한 내용은 졸저 《머나먼 섬 과달카날》*²을 읽어보시기 바랍니다. 결론만을 말씀 드리면 8월 8일에 시작되어 12월 31일 천황이 "이런 식으로 가다가는 섣달그믐도 정월도 없겠다."라며 급히 어전회의를 열어 과달카날 섬 후퇴를 결정하기까지, 약 5개월간의 전투에서 해군은 함정(전함을 포함해서) 24척, 합계 3만 483톤이 침몰당했습니다. 미국도 24척, 합계 2만 6천240톤이 침몰했다고 하니 둘 다 전력을 다해서 싸웠다고 볼 수 있습니다. 한편, 일본의 전투기는 893기가 격퇴되고 탑승원 2천 362명이 전사했습니다. 이것은 상당히 큰 숫자입니다. 이 전투에서 일본의 베테랑 전투기 조종사 대부분이 전사했고 남은 사람은 크게 부상을 입었습니다. 이 이후에는 숙련되지 않은 조종사들이 전투기를 타게 됩니다. 육군이 투입한 병력 3만 3천 600명 중 전사자는 약 8천200명, 병으로 죽은 병사 1만 1천명인데 그 대부분이 영양실조로 인한 아사입니다. 너무나 가엾다는 생각이 듭니다.

한편, 미국은 작전에 참가한 육군 및 해병대 합계 6만 명 중 전사자 1천598명, 전상자 4천709명으로 병을 얻어 죽은 병사는 없습니다. 페니실린은 이미 발명이 되어 있었으니 대부분의 상처는 거의 나았습니다.

이렇게 일본군이 전력을 다해서 되찾으려고 했던 과달카날은 미국이 점령하게 됩니다. 일본군의 완전한 패배입니다.

다음 해인 쇼와 18년 2월 9일, 최후의 병사까지 후퇴시킨 뒤 대본영이 발표합니다.

솔로몬군도의 과달카날 섬에서 작전 중인 부대는 작년 8월 이후 계속해서 상륙해 온 우세한 적군을 그 섬의 구석으로 압박했다. 격전을 벌여 용감하게 싸우고 적의 전력을 격퇴시켜 목적을 달성한 뒤 2월 초순 그 섬에서 철수하여 다른 곳으로 이 전했다.

목적이란 과달카날 섬을 되찾아오는 것이겠지만 그 목적을 달성하지 못했음에도 불구하고 일을 마치고 섬에서 나와 다른 곳으로 부대를 이전시켰다고 말하고 있습니다. 이러니 후세인 우리들 입에서 좋은 말이 나올 수가 없습니다. 후퇴도 없었고 패배도 없었다는 대본영 발표는 얼버무림의 대명사가 되었습니다.

그리고 여기서 또 하나 중요한 것은 전쟁을 하러 어디로 이전했는가 입니다. 육해군의 양 총장(참모총장과 군령부총장)이 천황에게 보고하러 가서 천황이 "이제 어디를 공격해야 하는가?"라고 물어보자, "이제부터 충분히 작전을 짜야 될 것 같습니다."라고 답하면 좋을 것을, 참모총장 스기야마 하지메가 "뉴기니입니다."라고 말했습니다. 그리고 이번에는 뉴기니에서 참담한 전투가 시작됩니다. 과달카날 섬과 거리상으로 거의 비슷하니 라바울을 떠난 전투기는 역시 그곳에서 10분 안에 돌아와야 합니다. 이런 바보 같은 전투가 다시 대대적으로 전개되었습니다. 그리고 17만

명의 장병이 종전하는 날까지 전투(아사와 말라리아와의 싸움도 포함합니다)를 계속했지만 살아 돌아온 사람은 겨우 1만 몇 천 명이라고 하니 비참함 그 자체입니다.

야마모토 장관의 전사 소식 발표

미드웨이해전은 쇼와 17년 6월 초순에 벌어졌는데 개전 후 반년까지는 기분이 좋았지만 후반으로 갈수록 일본의 패배가 눈에 보이기 시작했습니다. 이후 미국은 일본과 반대로 과달카날에서 컴퍼스를 돌려서 그 범위에 들어오는 다음 섬을 함락시키고 다시 그곳에서 컴퍼스를 돌려서 다음 섬을 공략해 나간다는 북상 진격을 개시합니다. 일본 수비군은 몇 군데 섬에서 저항하긴 했지만 과달카날 전투에서 비행기와 함정에 모두 타격을 입어 전력을 다해 싸울 수 없었기에 계속해서 함락당하고 맙니다.

라바울에는 점령 후 5만 명 정도의 육해군 장병이 있었지만 미국이 컴퍼스를 돌리면 점령할 필요가 없는 위치에 있습니다. 이런 곳에 대군을 보내 대격전을 벌일 필요가 없었을 겁니다. 남쪽 섬은 공격을 받고 있지만 라바울에서는 아무리 기다려도 아무도 오지 않았습니다. 이렇게 말하는 것은 뭐하긴 하지만, 병사들은 할 일이 없어서 "애만 못 만들었지 나머지는 무엇이든 만들었다."고 말할 정도로 종전이 될 때까지 전쟁에서 비켜나 있었습니다. 자급자족 자세로 무사태평하게 농사를 짓기도 했고 부품을 이것저것 모아서 신사령부 정찰기(신사정)와 영전(제로기) 같은 비행기를 3기나 만들었다고 합니다. 미국은 정말 컴퍼스를 잘 돌렸는데 이것은 일명 '개구리 뛰기 작전'이라고 불립니다.

그런데 과달카날 전투 이후 일본 해군과 미국 해군의 함정은 상당한 타격을 입어

히비야 공원 안 장례식장에서 거행된 야마모토 이소로쿠의 국장. 쇼와 18년(1943) 6월 5일.

서 일본은 본토로, 미국은 진주만으로 각각 돌아가 바다 전쟁은 이걸로 일단락이 지어졌습니다. 그리고 미국은 맹렬한 기세로 항공모함을 위주로 배를 만들어냈고 비행 탑승 훈련을 계속하여 전력을 가다듬었습니다. 잠시 동안 솔로몬 방면에서 맥아더 대장이 지휘하는 미 육군과 해병대가 벌인 전쟁이 이어지기도 했습니다. 마찬가지로 본토로 돌아간 일본 해군도 배를 크게 만들어서 다시 싸우고 싶다고 말하고 싶었겠지만 국력이 없으니 겨우겨우 배를 만들어서 다시 한 번 미국 함대와의 결전에 대비합니다. 이것이 쇼와 18년 초의 무렵입니다.

그 쇼와 18년의 중요한 사건만을 이야기해드리면 우선 1월 14일, 모로코의 카사블랑카에서 루스벨트와 처칠이 만나게 됩니다. 미국이 과달카날을 손에 넣고, 영국은 로멜 장군이 지휘하는 독일 전차군단을 엘알라메인에서 격파하여 더 이상 패배는 없다며 의기양양해 있었습니다. 그때 루스벨트가 이런 말을 했습니다.

"세계평화는 독일과 일본의 전쟁 능력을 전면적으로 전멸시켜야 달성할 수 있다. 우리에게는 율리시스 그랜트 장군이라는 인물이 있다(남북전쟁을 말합니다). 나, 루스벨트와 영국 수상의 소년시절에는 그를 '무조건 항복의 그랜트'라고 불렀다. 독일, 이탈리아, 일본의 전쟁 능력을 제거하는 것은 바로 무조건 항복과 같다. 주민을 섬멸하라는 의미가 아니다. 삼국의 이데올로기의 섬멸을 의미한다."

독일, 이탈리아, 일본은 무조건 항복을 하지 않는 한 전쟁을 그만둘 수 없다, 즉 회담을 갖거나, 강화를 하거나 휴전을 하는 일은 없다는 선언입니다. 실은 이에 처칠이 약간 반대하고 그 소식을 들은 장개석도 맹렬히 반대했지만 미국은 단호하게 주장했습니다. 이 정책은 이후 일본의 전투 형태에 영향을 미칩니다. 무조건 항복하는 것 외에 전쟁을 그만둘 수 없다면 마지막 남은 한 명의 병사까지 끝까지 싸워야 하기에, 일본군의 철저한 항전이 시작됩니다.

그런 식으로 미국이 자신감을 얻어가고 있을 때 일본에서는 3월 1일 육군성 군무국장인 사토 겐료 소장이 의회에서 중의원의 질문에 대답합니다. 이때 사토는 미군에 대해서 상세히 해부했다며 이렇게 이야기를 해줍니다.

1. 미 육해군은 정말로 실전훈련이 떨어진다.
2. 대규모 병단을 상당히 졸렬하게 운용한다.
3. 미 육군의 전술은 전근대적인 나폴레옹 전술로 많은 결점을 가지고 있다.
4. 정치와 군사와의 연계가 불충분하다.

잘 읽어보면 마치 일본 군대에 대해서 말하고 있는 것 같다는 생각이 들지만 군무국장은 아주 뻔뻔하게 이렇게 발언하고 있습니다. 과달카날에서 대패배를 했음에도 불구하고 "그건 거리가 너무 멀어 보급이 잘 이루어지지 않아서였다."라고 이유를 들었고, 그뿐만 아니라 적을 얕보며 "아직 일본은 괜찮다."라고 코웃음을 치고 있습니다. 그런 태도는 국민을 질타하고 격려해야 한다는 생각으로 이어져 2월 23일, 도저히 잊을 수 없는 결전표어가 만들어지게 됩니다.

'무찔러주겠다.'

학생들도 전선으로 향했다. 야스다 광장 앞에서 쇼와 18년 11월 12일에 벌어졌던 도쿄대생 장행회.

우리에게는 소학교(초등학교) 때부터 무슨 일만 생기면 무찔러주겠다고 말하며 싸움을 하더라도 마지막까지 힘을 냈던 기억이 있습니다.

그런 때 일본 국민을 경악시킨 사건이 일어났습니다. 야마모토 이소로쿠 장관이 전선에서 전사한 것입니다. 4월 18일의 일입니다. 개전 직전에 외무성의 암호를 미국이 전부 해독했다는 것은 전에도 말씀 드렸지만 미드웨이 전투 무렵에는 해군 최고층의 암호도 해독되기 시작했습니다. 당초에는 아직 일부에 불과했지만 쇼와 18년 봄 무렵엔 해독에 완전히 성공하여 일본 해군의 계획도 대부분 알려지게 되었습니다. 따라서 야마모토가 시찰을 하러 라바울에서 부인의 비행장으로 언제 날아올지 그 시간의 분, 초까지도 알려졌으니 미군은 야마모토가 몇 시 몇 분에 어디에 올 것인지 완전히 파악하고 있은 셈입니다. 그러나 "비행기를 격추시킬 수는 있다. 하지만 야마모토가 전사한다고 해도 그보다 좀 더 유능한 제독이 한두 사람이라도 있다면 별 의미가 없지 않은가. 그냥 지금까지 해 온 대로 하는 것이 좋지 않겠느냐."라는 논의가 벌어졌습니다. 이에 니미츠 대장이 정보참모 레이튼 중령을 불러 물어보니,

"아니오. 일본이 야마모토를 잃는 것은 미 해군이 니미츠 제독을 잃는 것과 같은

정도로 매우 중대한 일입니다."

라고 대답했습니다. 그 말이 아주 절묘합니다. 그러자 니미츠는 빙그레 웃으면서 "그래? 그렇다면 실행하라."라고 명령을 내려 야마모토 격추작전이 세워졌고, 예정된 시간에 온 비행기를 몰래 기다렸다가 격추에 성공했습니다. 사건 직후 지휘를 한 할제이 대장이 크게 기뻐하며 친 전보에 이런 말이 있었습니다.

공격 대원에게 축의를 표한다. 포획물 바구니 속에 든 오리들 무리 중에 공작 한 마리가 섞여 있는 것 같다.

이제 완전히 적은 일본을 얕잡아 보고 있습니다. 너무나 안타깝습니다.

이 사실이 일본 국민에게 알려진 것은 5월 21일입니다. 참고로 이날은 제 생일이기도 합니다. 그래서 잘 기억하고 있습니다. 4월 18일에 바로 전사를 발표하기에는 충격이 너무나 컸습니다.

우스운 이야기를 하나 할까 합니다. 이날의 프로 스모 경기에서 2명의 스모 선수가 도효土俵(밀짚으로 만든 둥글고 높은 스모 경기장—옮긴이) 위에서 서로 몸을 얽은 채 움직이려고 하지 않았습니다. 중간에 몸을 떼어 놓은 뒤 다시 시작했는데 또 몸을 꼭 안고서 움직이지 않아 결국 비긴 것으로 처리했습니다. 스모협회에서 화를 내며 "야마모토 각하가 전사하셨는데 투쟁 정신이 부족하지 않은가."라며 두 사람에게 휴장을 명하자, 선수협회 회장인 후타바 야마가 "도효 위에서 움직이지 않는 것처럼 보일지라도 두 선수는 자신의 모든 힘을 쏟아붓고 있습니다. 그걸 왜 모르십니까?"라고 항의해서 다시 이틀 후에 시합을 벌여 승부를 냈습니다. 그 정도로 야마모토의 전사는 국민에게 충격이었습니다.

야마모토의 전사 소식이 발표된 직후인 5월 29일에 북쪽의 앗쓰 섬에서 옥쇄玉碎가 있었습니다. 옥쇄라는 말은 이후에도 많이 나옵니다. 저는 이때 중학교 1학년이어서 그 단어를 알고 있었습니다. 기와보다 옥쇄라는 말이 있는데, 온전한 기왓장보다는 구슬이 되어서 부서지자는 말로 가치 없는 삶을 지저분하게 연장하기보다 가치 있는 죽음을 택해야 한다는 말입니다. 이 말을 알고 있던 저는 동네 개구쟁이들에게 단어의 뜻을 알려주었던 기억이 납니다. 이렇게 야마모토 이소로쿠의 전사, 앗쓰 섬의 옥쇄, 이 두 가지가 상징하는 것처럼 일본에는 패배에 이은 패배가 시작되고 있었습니다. 이렇게 되자 1억 명의 일본인은 전원이 전투원이 되어 학교를 갈 때가 아니라며 10월 21일 메이지진구가이엔에서 학도 출진식, 출진 학도 장행회 壯行會(장한 뜻을 품고 먼 길을 떠나는 사람의 앞날을 축복하고 송별하기 위한 모임—옮긴이)가 벌어졌습니다. 대학생이 철포를 짊어지고 흠뻑 젖은 채 빗속을 행진하고 있는 장면을 지금도 가끔 텔레비전에서 볼 수 있을 것입니다. 그때 도조 총리대신이 장행사를 읊었습니다.

"제군의 이 불타오르는 혼, 이 젊은 육체, 청신한 혈류, 모든 것이 조국의 보물이다. 이 모든 것을 천황을 위해 바치는 것은 황국에서 삶을 영위해 온 제군들이 나아갈 하나의 길이다."

오카베 나가카게 문부대신도 송별사를 읊었습니다.

"여러분의 마음과 혼에는 3천 년 동안 이어진 황국의 귀한 전통의 혈류가 가득 차 있다."

이렇게 초가을부터 학생은 병사가 되라는 부추김을 받아 청년들이 점점 전장으로 보내지게 됩니다.

쇼와 18년은 이처럼 큰 전쟁은 없었어도 은근히 압박을 당하고 후퇴에 후퇴를 거듭하면서 해가 저물어가고 있었습니다.

호우 속의 임팔가도

태평양 방면에서는 일본이, 유럽에서는 독일이 연합군에게 밀려 연이은 패배가 거듭되었습니다. 이런 때는 자세를 낮추고 연합군의 기세를 멈추게 하는 것이 가장 중요할 것입니다. 그런데 여기서 하지 않아도 될 작전을 강행하니 쇼와 19년 봄에는 정말 뜬 눈을 감고 싶은 대패배가 시작되었습니다. 임팔작전입니다.

실은 정부는 쇼와 18년 말 무렵부터 이 작전을 생각하고 있었습니다. 임팔이라는 곳은 버마(현재의 미얀마)의 국경선 너머 산을 넘어야 갈 수 있는 인도의 주요 도시입니다. 상식적으로 생각하면 '지금 상황에 인도를 진공해서 뭘 어떻게 하려는 것일까?' 라고 할 수 있을 것입니다. 게다가 버마 방면군의 본래의 임무는 버마를 방위하는 것입니다. 그런데 왜 이런 공세작전이 세워지게 된 것일까요? 실은 불리해져만 가는 전세로 인기가 계속 떨어지고 있던 도조 내각이 온 국민의 신뢰를 다시 전폭적으로 받고 싶다는 정치적인 의도를 그 안에 숨기고 있었습니다. 요컨대 뭔가 큰일을 벌여서 영예로운 금치金鵄훈장을 받자는 지극히 개인적인 야망에서 시작된 작전입니다.

이 작전을 추진한 사람은 다름 아닌 제15군 사령관 무타구치 렌야 중장입니다. 도조 수상의 하수인이라고 불리는 인물입니다. 무타구치의 위에 있던 사람은 버마 방면군 사령관인 가와베 마사카즈 대장입니다. 기억하십니까? 두 사람은 노구교사건 당시 여단장과 연대장이었습니다. 이 콤비가 참으로 우연찮게도 미얀마에서 또 만나 대작전을 펼치게 되었습니다. 이 무렵 이미 높은 자리에 오른 무타구치는 전에도 말씀 드린 바 있지만, 매우 공명심이 강한 돌격형 군인입니다. 누가 만들었는지는 모르지만 무타구치를 비웃는 노래가 유행했습니다.

무타구치 각하가 좋아하시는 것은 첫 번째는 훈장, 두 번째는 메마(버마 말로 여자를 말함), 세 번째는 신문기자들.

기가 막힐 노릇입니다. 이런 인물이 지휘권을 가지고 인도를 한 번에 공격해버리자고 말하고 있습니다. "각하와 저에게는 이 전쟁의 근원이 된 지나사변을 일으켰다는 책임이 있습니다. 이 작전을 성공시켜 국가에 면목이 설 수 있도록 해야 합니다."라고 무타구치가 가와베에게 말했다고 합니다.

그러나 버마에서 인도로 들어가려면 험준한 산을 넘어야만 하므로 상당한 준비가 되어 있지 않으면 작전을 수행할 수가 없습니다. 그럼에도 불구하고 후방 지원이나 보급 문제는 전혀 고려하지 않고 "50일 안에 함락시키고 말 것이니 아무 걱정할 것 없다."라고 신문기자들에게 호언장담했습니다. 마치 알렉산더 대왕이나 기소 요시나카[3]처럼, 병사들이 식량으로 쓸 소들을 이끌고 진격합니다. 그러나 소들은 험한 산길을 오르며 절벽에서 많이 떨어져 죽어 거의 도움을 주지 못했습니다.

쇼와 19년 3월에 작전이 개시되었지만 4월 말경에는 전력이 40퍼센트 전후로 저하되어서 더 이상 공격할 수가 없고 후퇴하는 것이 나은 상황이 되었습니다. 게다가 버마는 5월이 지나면 우기가 되니 후퇴하기도 힘들어져 가능한 한 빨리 작전을 중지해야 하는데도 무타구치는 오로지 공격하라고만 병사들의 등을 떠밀고 있습니다.

그러나 상황이 계속 나빠지게 된 5월 20일 무렵, 아무리 보아도 그 작전은 실패했다고 참모본부가 판단하고 그 취지를 버마 방면군에 전했습니다. 그래서 가와베와 무타구치 두 군사령관은 6월 4일과 5일에 회담을 가지게 됩니다. 먼저 5일에 무타구치가 "전쟁은 지금이 고비이니 이번만 넘기면 앞으로 걱정할 일은 없습니다. 반드시 임팔을 함락시켜 보이겠습니다."라고 말하자 가와베는 "화려함을 좇지 말고 평범하게 작전을 펼치도록 하게."라고 격려했다고 합니다.

그런데 다음 날인 6일, 무타구치가 "부하인 사단장이 한심해서 못쓰겠습니다. 작전 수행을 위해서 해임해야겠습니다."라는 말을 꺼냅니다. 무타구치는 이미 2명의 사단장을 해임한 상황이었으니, 무타구치의 이 말에 가와베가 "그렇게 자꾸 갈아치워서 작전이 잘 진행될 리가 있는가?"라며 무타구치를 노려보았습니다. 이에 무타구치도 지지 않고 똑같이 상관을 노려보아 회담은 그대로 아무 말 없이 끝났다고 합니다. 그런데 한번 생각해보시기 바랍니다. 이는 정말로 노구교사건이 재현된 것과 같은 상황이었다고 할 수 있을 것입니다.

결과적으로는 일본군은 완패했습니다. 억수같이 쏟아지는 우기의 비를 맞으며 각 부대는 임팔가도에서 후퇴에 후퇴를 거듭했고, 그런 일본군을 영국과 인도의 연합군이 전차로 격퇴했다는 슬픈 이야기로 끝이 납니다. 실제 많은 군인들이 전사했습니다. 전후 무타구치는 이렇게 회상했습니다.

나는, 이제 임팔작전은 단념해야 할 시기가 왔다는 말이 목구멍까지 올라왔지만 도저히 그 말을 뱉어낼 수가 없었다. 나는 단지 내 안색을 살펴서 이런 내 마음을 알아주었으면 했다.

대체 무슨 말을 하고 있는지 알 수가 없을 정도입니다. 한편, 가와베의 《전중일기》에는 6월 6일, 즉 무타구치와 회담을 한 뒤 기술해놓은 부분이 있습니다.

무타구치 사령관의 얼굴 표정을 보면 말하고 싶어서 견딜 수 없는 뭔가를 마음에 품고 있다는 게 분명히 드러나 있었다. 그러나 나는 그 뭔가를 노골적으로 추궁하려 하지 않았고 그대로 헤어졌다.

아무래도 이 부분을 보면 뭐라고 말을 해야 좋을지, 정말 할 말이 없습니다. 윗자리에 앉은 지휘자 2명의 바보 같은 생각 때문에 작전을 수행하게 되었고, 게다가 너무나 중요한 부분에서 서로 노려만 보고 올바른 판단을 내리지 못했습니다. 올바른 판단을 내리기는커녕 오히려 총공격 명령을 내렸다고 생각하면 같은 잘못을 대체 몇 번이나 반복하는지 한심스러워 하늘만 쳐다보게 되고 한숨만 나옵니다.

가와베와 무타구치도 굶주림으로 병사들이 죽어가고 병사들의 시체가 산처럼 쌓여가는 것을 알고 있었습니다. 내팽개쳐진 시체의 살을 쥐가 갉아 먹고, 눈알을 파먹고, 부상병의 몸 위를 영국과 인도 연합군의 전차가 깔고 지나가는 것을 알고 있으면서도 작전 중지를 내리지 않았습니다. 가와베의 전후 회상에 이런 내용이 있습니다.

이 작전은 내 시야를 벗어나 뭔가 커다란 의미가 있다. 이 작전에는 일본과 인도 양국의 운명이 걸려 있다. 찬드라 보스와 함께 죽을 수밖에 없다고 나는 스스로에게 말했다.

찬드라 보스는 일본과 손잡은 자유인도국민군의 최고 지휘자입니다. 상당한 정치적 수완을 가진 자로 도조 히데키 수상 겸 참모총장과 의기투합해서 도조가 임팔 작전을 펼치는 것까지 인가해주었을 정도입니다. 그의 체면도 있으니 도중에 그만둘 수는 없다며 작전 자체와는 관계없는 정치적 판단을 통해 작전을 수행하고 있습니다. 실패할 거라는 것을 알고 있으면서도 오히려 총공격 명령을 내리는 것은 군을 다스리는 지휘관이 할 일은 아닙니다. 이런 너무나 어리석은 판단 때문에 역사상 보기 드문 대참패를 맛본 이 전투는 이야기를 하는 것만으로도 혐오감이 생깁니다.

사이판 탈환은 불가능

한편 남방전선에서는 맥아더가 지휘봉을 잡고 호주에서 뉴기니, 뉴기니에서 과달카날, 과달카날에서 다시 북상하는 '개구리 뛰기 작전'을 펼치고 있었습니다. 미 육군은 필리핀을 목표로 삼아서 계속 공격하고 있었고, 중부 태평양으로 물밀듯 건너온 미 해군과 해병대 같은 대기동부대도 공격을 시작합니다. 솔로몬제도에서 북상하여 필리핀제도를 목표로 하고 있는 맥아더 장군은 컴퍼스를 돌려 기지를 만들면서 섬을 옮겨 다니고 있었으니 항공모함의 비행기에 의존하지 않아도 되었습니다. 하지만 태평양 한가운데에 있는 섬들을 공격하려면 항공모함을 이용할 수밖에 없었습니다. 그런 이유로 대기동부대가 편성되어 쇼와 18년 말부터 19년에 걸쳐 공격을 개시하게 됩니다. 이들은 매우 강력한 부대였습니다. 4개의 기동군에 각 4척씩, 합계 16척의 항공모함이 한꺼번에 공격을 해 옵니다. 공격기는 몇 백기나 됩니다. 섬을 옮겨 다니면서 북상해 오던 맥아더 군대와 태평양을 가로질러 오던 니미츠 군대가 일본군에 양면작전을 강행합니다. 두 곳에서 화살이 날아오는 격입니다. 맥아더와 니미츠의 목적지는 모두 필리핀입니다. 필리핀을 함락시키고 나서 일본 본토를 겨냥하겠다는 작전입니다.

태평양을 건너온 대기동부대가 쇼와 19년 여름에 공격한 곳은 바로 사이판 섬이었습니다. 미군은 그 전에 트라크 섬에 계속 폭격을 가해 엉망진창으로 만든 뒤에 사이판, 테니안, 괌처럼 지금은 신혼여행과 관광의 메카가 된 마리아나제도를 당시 최대의 공격 목표로 삼았습니다.

일본군은 미군이 다음에 사이판 섬을 공격해 올 것을 각오하고 있었습니다. 그러나 만약 사이판을 빼앗긴다면 초공의 요새라고 불리던 대형 폭격기 B29를 사이판으로 가져가 분명히 일본 본토를 공습할 것입니다. 본토가 폭격을 받는다는 건 가만히 두고 볼 수 있는 문제가 아닙니다. 일본으로서는 무슨 수를 써서라도 마리아나제도를 사수해야만 했습니다. 그래서 사이판, 테니안, 괌, 3개의 커다란 섬에 육군부대가 달려들어 난공불락의 방어태세를 갖추었습니다.

4월 28일 육해군 합동 연구회의에서 작전과장인 핫토리 다쿠시로 대좌(이 사람은 노몬한사건 때 나왔습니다)가 마리아나제도는 절대로 내줄 수 없다고 힘주어 말했습니다.

그리고 5월 19일 천황 앞에서 열린 대본영 정부연락회의에서 도조 수상이 말합니다.

"사이판 방위는 이제 안심해도 된다."

해군은 지금까지의 일도 있어서 다짐하듯 말했습니다.

"적이 상륙을 시작한 지 적어도 일주일 동안은 어떻게든 비행장을 확보해야 한다."

그러자 도조는 이렇게 호언장담합니다.

"일주일이나 열흘이 문제가 아니다. 몇 개월이라도 괜찮다. 사이판이 점령당할 일은 없다."

그 말을 듣고서 천황은 이렇게 말했습니다.

"육군도 열심히 해주기 바라네."

그리고 한 달도 지나지 않은 6월 15일, 미군은 사이판 섬에 상륙을 개시했습니다. 재미있는 것은 그 9일 전인 6월 6일, 유럽에서는 영국의 대병력이 노르망디 상륙작전(주*4)을 개시했습니다. 즉 동쪽과 서쪽이 하나의 궤도로 이어진 것처럼 일본과 독일의 운명을 결정짓는 대작전이 시작된 것입니다.

그런데 도조가 훌륭한 전투력을 가지고 미군을 완벽하게 쫓아내겠다고 큰소리쳤지만·미군은 계속해서 상륙해 옵니다. 비행장은 금세 점령되어 불꽃을 튀기고 쾅쾅 울리는 포격을 받게 됩니다. 상륙 이전에 약 3천 톤의 포탄 공격이 있었고 상륙 후에는 함포사격만 13만 8천391발, 약 8천500톤의 탄환이 집중적으로 쏘아집니다. 이 공격에 일본군이 반격을 가했지만 일본군의 포화는 211문, 이에 비해 미군은 2천417문이라고 하니 싸움이 될 리가 없습니다.

이렇게 금세 사이판을 빼앗긴 일본군은 6월 19일 연합함대가 총력을 다해 결전에 나섭니다. 당시 총 전력인 9척의 항공모함이 모두 출격하여 미 해군의 15척과 격전을 벌이게 됩니다. 결과는 일본 해군의 참담한 패배입니다. 일본의 항공모함 3척이 격침되었고 1년 동안 양성했던 전투기 395기는 전멸하여 비행기부대는 궤멸되었습니다. 미 해군은 이것을 마리아나의 칠면조 사냥이라고 표현했습니다. 이렇게 사이판 섬에는 함락되었다고밖에 표현할 수 없는 상황이 벌어졌습니다.

사이판이 도저히 어떻게 해볼 도리가 없다고 판명된 6월 22일, 다시 천황이 "어떻게 되돌릴 수는 없겠는가."라고 육해군에게 계속 물어보았습니다. 천황이 같은 문제에 대해서 두세 번씩 물어보는 것은 좀처럼 없는 일이라서 어쩔 수 없이 육해군은 22일과 23일에 최후의 회의를 엽니다. 그런데 탈환은 완전히 불가능하다는 결론이 나옵니다. 24일 육해군 양 총장이 이를 천황에게 보고하자 이전과는 달리 천황은 아무런 대답도 하지 않고 입을 다문 채 두 사람을 노려보면서 퇴실했습니다. 상주를 허락받지 못한 것입니다. 양 총장이 곤란해하고 있자 이번엔 천황이 스스로 원수회의를 열고 싶다고 시종무관장에게 요청합니다.

그래서 갑작스럽게 25일에 원수회의가 열리게 되었습니다. 출석자는 후시미노미야, 나시모토노미야, 나가노 오사미, 스기야마 하지메, 이 4명(간인노미야는 병 때문에 결석)입니다. 육해군 양 총장의 설명을 듣고 논의를 펼쳤지만 더는 할 수 없다는 결론이 나왔을 때 후시미노미야는 이렇게 말했다고 합니다.

"그렇다면 육해군 모두 뭔가 특수병기를 생각하고, 그 특수병기를 이용해서 전쟁을 치러야만 할 것이다."

실은 쇼와 19년 봄 무렵부터 육해군은 이길 수 있는 좋은 방법이 없을지 생각하면서 남들이 상상하지도 못한 특별공격 병기를 연구하고 있었습니다. 전투기에 폭탄을 싣고 공격하는 방법, 아니면 모터보트에 폭약을 가득 달고 적의 군함으로 돌입하는 병기……온갖 병기와 전법을 생각해보았는데 아직 그걸 사용하는 단계에는 들어가지 못했습니다.

그런데 이 원수회의에서 나온 후시미노미야의 발언 때문에 육해군은 특공작전을 현실적으로 계획하기 시작했습니다. 즉 그 전에는 영전에 폭탄을 싣고 그대로 돌진한다는 방법이 탁상공론에 지나지 않았지만 그 발언 이후 구체적으로 언제, 어떻게 할 것인가에 대해 논의가 이루어지기 시작했다고 생각합니다. 이것이 특공의 시작이 됩니다.

특별공격은 모든 해군의 뜻?

이제 지금부터 비통한 특공작전에 대해서 생각해보기로 합시다. 가설일지도 모르는 이야기를 하나 하겠습니다.

7월 7일, 사이판 섬이 완전히 함락당하자 더 이상 이 전쟁에서 승리를 기대할 수 없다고 결정이 났습니다. 그리고 18일에 도조 내각은 총사직하고 고이소 구니아키 내각이 만들어졌습니다. 일본이 B29의 폭격권 내로 들어왔다는 것은 분명하고 적의 다음 화살이 향한 곳은 바로 필리핀입니다. 이것은 이미 자명한 전리입니다. 필리핀 제도가 일본이 미군을 향해 반격하는 결전의 장이 됩니다.

10월 20일에 미군이 드디어 필리핀에 상륙을 개시합니다. 그 직전에 있었던 이야기를 조금 하겠습니다.

정세가 절망적으로 변해 당시 군수성 항공병기총국장이었던 오니시 다키지로 중장이 해군 내부에 통렬한 의견서를 제출했습니다. 그건 '이 상태로는 일본은 패배 이외는 생각할 수 없다. 윗분들은 총사직을 해야 한다' 라는 과격한 내용이었기에 커다란 문제가 되었습니다. 오니시는 10월 5일에 남서 방면 함대사령부부라는, 아무런 책임 분담을 지지 않는 지위를 부여받고 제일선에 부임됩니다. 그리고 10월 9일 도쿄를 떠납니다. 그런데 그 도중에 예상치 못하게 타이완 항공전이라는 대전투가 벌어져 마닐라에 도착한 것은 10월 17일이었습니다. 그 다음 날 미군의 레이테 만 상륙작전이 개시되어 필리핀을 둘러싸고 대격전이 벌어집니다. 그때 최전선 기지 마발라카트로 날아간 오니시가 19일 시곗바늘이 오전 0시를 가리키기 약 30분 전,

갑자기 특별공격대 출격 안을 꺼내듭니다.

이때 마발라카트 기지에는 전투기 부대인 제201 항공대가 있었는데, 오니시는 그 항공대의 부장 다마이 아사이치 중좌에게 이렇게 얘기를 꺼냅니다.

"영전에 250킬로그램의 폭탄을 싣고 전투기와 같이 목표물에 돌진하는 것 외에 확실한 공격 방법은 없다고 생각하는데 어떻게 생각하는가?"

다마이 부장은 이렇게 대답합니다.

"저는 부장이라서 이런 일을 함부로 정할 수 없습니다. 사령인 야마모토 사카에 대좌의 의견을 들어볼 필요가 있습니다."

그러자 오니시는 이렇게 말합니다 .

"아니, 야마모토 사령과는 이미 마닐라에서 만나 충분히 얘기를 나눴네. 나는 부장의 의견을 듣고 싶네. 모든 일을 부장의 처치에 맡긴다는 걸세."

오니시가 야마모토 사령과 만났다는 증거는 전혀 찾아볼 수가 없습니다. 다시 말해 오니시가 여기서 거짓말을 했다는 말이 됩니다. 다마이 부장은 그런 사실은 알지 못했고 사령이 이미 알고 있다고 하니 결국 수락했습니다.

여기서 일본 해군에 처음으로 특공대가 편성됩니다.

다마이 부장은 어차피 내보낼 거라면 자기 제자들을 보내고 싶다며 제201 항공대에서 특공대를 선별했습니다. 지휘관에는 해군병학교 출신이 좋을 것 같아 당시 23세의 세키 유키오 대위를 뽑았습니다. 그러나 그 형식은 명령이 아닌 지원입니다.

이때부터 오니시가 특공의 아버지라고 불리게 됩니다. 특별공격은 오니시가 발안했지만 부하들의 들끓는 열의가 거칠게 솟구쳤고 그 기세를 도저히 저지할 수 없어서 최후의 결단을 내렸다고 현재 전해지고 있습니다. 오니시는 종전 직후에 할복해서 죽었으니 물어볼 수는 없습니다. 말을 해줄 수 없는 오니시에게 모든 책임을 덮어씌우게 되었지만 여기에 전보 한 통이 남아 있습니다. 군령부의 겐다 미노루 참모가 기안한 것인데 그 날짜는 바로 쇼와 19년 10월 13일입니다. 오니시가 필리핀을 향해 날아간 것이 9일, 특공작전의 안을 가지고 나온 것이 19일 오전 0시 직전,

그리고 20일에 특공대가 편성되었습니다. 그런데 그보다 일주일이나 앞선 전보에는 이렇게 적혀 있습니다.

가미카제 공격대에 대한 발표는 전군의 사기 앙양 및 국민의 전의 진작에 좋을 터이니 각 부대가 공격을 실시할 때 충성심을 고취시킬 수 있는 공격대 이름(시키시마대, 아사히대 등)을 지어서 적당한 시기에 발표할 것을 바라는 바다.

이미 가미카제 공격대(정확하게 말하면 신풍神風이지만 일반적으로는 가미카제로 불리고 있습니다)라는 이름이 붙어 있지만 특공공격을 할 때는 전군의 사기를 높이기 위해 그때그때마다 반드시 대대적인 발표를 하는 것이 좋겠다는 것입니다. 그뿐만 아니라 시키시마대, 아사히대라는 이름까지 이미 나와 있습니다. 실제로 세키 유키오 대위가 이끌 초기 공격대에는 시키시마敷島(일본 열도—옮긴이)대, 야마토大和(일본 정신—옮긴이)대, 아사히朝日(아침 해—옮긴이)대, 야마자쿠라山櫻(산벚꽃—옮긴이)대라는 이름이 붙여졌습니다. 모토오리 노리나가*5의 노래 '시키시마에는 야마토 정신을, 인간은 아침 햇살에 향기를 피우는 산벚꽃'에서 따서 지었습니다. 편성은 시키시마대 5기, 야마토대 6기, 아사히대 2기, 야마자쿠라대 2기였고, 구스노키 마사시게가 미나토 강에 출진*6했을 때 기치로 세웠던 기쿠스이菊水(물 위에 국화꽃이 뜬 무늬로 구스노키 집안을 상징하는 문장—옮긴이)대도 있었습니다.

한마디로 말씀 드리자면, 일개 군사들의 들끓는 열의가 거칠게 솟아올라 이를 제어할 수 없어서 만들었다고 전해지는 특공대는 실은 오니시가 필리핀에 가기 전에 이미 군령부의 계획에 의해 만들어진 것입니다. 게다가 가미카제라는 명칭뿐만 아니라 첫 번째로 출동할 공격대 이름까지 정해져 있었습니다. 이러니 오니시는 발안자도 뭐도 아니고 오히려 해군 중앙의 뜻을 그대로 실행한 사람에 불과합니다. 다만 오니시는 다음 날인 20일, 제1항공 함대사령장관으로 정식 임명을 받았는데 그 직위를 가지고 출격명령을 내리고 싶지는 않았던 것 같습니다. 그래서 남서 방면 함대

사령부부라는, 아무런 권한도 없는 자리를 빌려 거의 떠날 때가 된 19일에 그 안을 들고 와서는 현지의 팽배한 열의에 따라 채용할지 말지를 결정하자는 모양새를 갖추었던 것은 아닐까요? 다시 말하자면, 해군이 아무리 자신에게 모든 책임을 덮어씌우려고 해도 자신은 이 명령을 내리고 싶지 않았다는 의사를 표명하고 싶어서, 거짓말까지 하면서 20일 직전에 제안했다고 생각합니다.

총지휘를 한 세키 대위가 출발 전에 이렇게 말했다고 합니다.

"일본도 이제 끝장이다. 나와 같은 우수한 파일럿을 죽이려 하다니……. 그러나 명령이 있으면 어쩔 수 없는 일. 일본이 진다면 KA(부인)가 아메공(미국인을 경멸해 부르는 말—옮긴이)에게 무슨 일을 당할지 모른다. 나는 그녀를 지키기 위해 죽는다."

세키 대위는 10월 25일 기지를 날아가서 다시는 돌아오지 않았습니다. 10월 28일, 해군은 가미카제특별공격대를 '명령이 아니라 의지에 의한 것'이라고 대대적으로 선전했습니다.

여기서 문득 생각이 났습니다. 일본군이 진주만을 공격할 때 두 사람이 탈 수 있는 특수 잠항정[7]으로 공격을 한 적이 있습니다. 만 안쪽으로 들어가는 것은 무리인데도 대원들 사이에는 특수 잠항정을 타겠다는 열의가 불타올랐습니다. 꼭 잠항정을 타고 싶다고 하는 것을 야마모토 이소로쿠가 "구사일생은 있어도 십사영생인 작전은 없다."며 한마디로 일축했습니다. 그것을 대원과 승무원들이 여러 가지로 연구하여, 공격 종료 후에 5척을 정해진 해역에서 회수한다는 방법을 짜냈고 9명 중 1명정도는 살아 돌아올 수 있다며 다시 한 번 지원했습니다. 이에 야마모토는 "생환할 수 있는 가능성은 분명히 있겠지?"라고 물어본 뒤 "희박하지만 있습니다."라는 대답을 듣고서 허가를 했다고 합니다. 야마모토의 발언입니다.

"내가 명령할 수 없는 작전은 수행해서는 안 된다."

가미카제특별공격대나 나중에 나온 가이텐回天특별공격대[8]도 모두 병사들의 의지에 의한 것이라고 말하고 있습니다. 그러나 그 말에서는 해군 리더들의 자신감이나 책임감은 전혀 찾아볼 수 없습니다. 도덕성은 그림자조차 없다고 할 수 있을 것입니다. 그들은 명령을 하지는 않습니다. 그런 작전을 군이 강행한 뒤에 '지원에 의한' 것이라는 형식을 계속 유지하고 있습니다. 최초의 공격 후에 천황은 이렇게 말했다고 합니다.

"그런 일까지 해야만 했는가? 하지만 잘했다."

뒷말인 '하지만 잘했다'는 정말 쓸데없는 말입니다. 이후 일본에는 오로지 특공, 특공에 의한 공격만이 남아 있는 날들이 옵니다.

그리고 또 하나 재미있는 사실을 말씀 드리자면, 오오모리 센타로라고 하는 전력이 풍부한 중장이 있었습니다. 쇼와 19년 9월, 이 사람은 해군특공부장에 임명됩니다. 특별공격이 시작되기 전에 부장이라는 자리가 만들어졌다는 건 대체 무엇을 말하는 것일까요?

쇼와 19년은 이렇게 참담한 형태로 저물어갑니다. 어쨌든 국민총동원의 시기니 전장과 후방의 구별이 없습니다. 본토공습도 이미 시작되었습니다. 쇼와 19년의 군사비는 국가 예산의 85.5%, 735억이라는 기록이 남아 있습니다. 일본이 총력을 다해서 싸웠다는 것을 알 수 있습니다. 저는 당시 중학교 2학년이었는데 11월 말 무렵부터 근로동원 되어 해군의 군수공장에서 일했습니다. 학업은 전면적으로 정지가 되어 공부하지 않아도 된다고 좋아하던 녀석들도 있었습니다.

사이판 섬에서 발진한 폭격기 B29가 도쿄 상공에 처음으로 모습을 드러낸 것이 쇼와 19년 11월 1일이었습니다. 그 바로 일주일 전에 필리핀의 동방 해역에서 처절한 싸움이 전개되었습니다. 이것을 레이테해전이라고 합니다. 이 전투에 대해서도 제가 상세하게 다른 책[9]에 써놓았습니다. 명실상부한 사상 최대의 해전이었습니다. 적과 아군을 합하면 함정(구축함 이상만) 198척, 비행기 2천 기가 동원되었습니다. 레이테 만으로 들어온 700척 이상의 함정과 수송선, 레이테 섬에 상륙한 10만 수천의 맥아더군과 맞붙어 일본군은 사투를 다한 싸움을 벌였습니다. 연합함대는 이때 "전군 돌격하라."는 명령을 받고 돌격했고, 결과는 거의 전멸입니다. 동시에 가미카제특공대의 온몸을 던지는 공격도 정식 작전으로 채용되었습니다.

그 무렵 일본은 어느 곳을 향해도 밝은 곳 한 점이 없었다고 말할 정도입니다. 물질적으로나 정신적으로나 황폐해져 온 일본이 휴지상태가 되었습니다.

그리고 쇼와 19년이 끝나고 쇼와 20년으로 들어가게 됩니다.

*1- 항속거리: 항공기(함선)가 한 번의 적재연료로 항공(항해)할 수 있는 거리를 말한다.

*2- 《머나먼 섬 과달카날》: 〈PHP연구소〉, 2003년.

*3- 알렉산더 대왕, 기소 요시나카: 고대 마케도니아 정복 왕(기원전 3560~323)의 전투와 기소 야마나카가 키운 헤이안 시대 말기의 무장 기소 요시나카(1154~1184)의 전투를 가리킨다.

*4- 노르망디 상륙작전: 1944년 6월 미영 연합군이 북프랑스 노르망디 해안에서 벌인 사상 최대의 상륙작전. 서부전선에서 패해 유럽대륙에서 후퇴한 연합군이 독일 본토를 진공하기 위한 발판으로 삼고자 전투를 벌였다. 기습작전을 벌여 하루 만에 대부분의 상륙지점에서 교두보를 확보했다.

*5- 모토오리 노리나가: 1730~1801, 에도 시대 중기의 국학자. 모노노아와레(일본의 대표적인 미의식으로, 사물의 슬픔, 비애의 정, 적막함 등을 말한다.—옮긴이)론을 주창했다.

*6- 구스노키 마사시게의 미나토 강 출진: 엔겐 원년(1336), 셋쓰 효고(고베 시)의 미나토 강 부근 일대에서 벌인 아시카가 군대와 구스노키와 닛타 군대의 합전. 교토에서 쫓겨난 아시카가 다카우지와 아시카가 다다요시 형제는 대군을 모아 하카타에서 봉기했는데, 겐무 신정은 닛타 요시사다와 구스노키 마사시게에게 아시카가를 공격할 것을 명했다. 닛타 요시사다는 와다 곶에, 구스노키 마사시게는 서쪽인 미나토 강에 포진했지만 두 군대 모두 아시카가에게 패했다. 결국 겐무 신정은 붕괴되었고 아시카가 다카우지는 다시 교토에 들어와 무로마치 막부를 세웠다.

*7- 특수 잠항정: 일본 해군이 고안해 사용한 소형 잠항정. 전체 길이 24미터. 어뢰 2문, 승원 2명. 잠수함이나 모함에서 발진됨.

*8- 가이텐回天특별공격대: 태평양전쟁 말기, 일본군이 적의 함대에 몸을 던져 공격할 때 사용한 인간어뢰.

*9- 《레이테해전》: 〈PHP연구소〉, 1999년.

14장

일본 항복을 앞에 두고 권모술수가
극에 달한 미국과 소련

얄타회담, 도쿄대공습, 오키나와 본섬 결전, 그리고 독일 항복

너무나 위험한 소이탄

패전은 계속되어 쇼와 20년(1945)이 되자 일본은 이미 말세가 된 듯합니다. 어디를 보든 희망을 품을 만한 곳은 없었다고 기억합니다. 저는 그때 도쿄에 있어서 당시 상황을 잘 기억하고 있습니다. 세 끼의 식사를 제대로 한 것은 전년도 10월 정도였으니 어쨌든 항상 굶주린 상태였습니다. 주식은 물론, 고기, 야채, 생선, 기호품까지도 전부 배급품입니다. 당연한 이야기겠지만, 가게에 진열할 수 없을 정도로 물건이 없었고 가게에 물건을 들여놓자마자 금방 사라져버렸습니다. 국민의 일상생활은 당시 성행하던 암거래가 지탱해주고 있었습니다. 물가는 계속 치솟아 배급으로 정해진 공정가격의 30배 가까이나 비쌌다고 생각합니다. 신문의 배급란에는 매일 어떤 지역에 무엇이 배급됩니다, 라며 품목과 수량이 적혀 있었습니다. 그걸 보면 당시 국민들의 생활은, 예를 들어 4인 가족에 정어리가 두 마리가 배급되는 상황이었습니다. 담배는 남자에게만 주었는데 한 명당 하루에 6개비입니다. 그리고 60세 이상의 노인과 15세 미만의 아이들에게는 1개월에 한 번만 과자가 배급된다고 적혀 있습니다. 저도 15세 미만이었으니 받았어야 했겠지만 실제 과자를 받은 기억은 전혀 없습니다.

점점 전쟁에 염증을 느끼는 사람들이 늘어나 반전적인 또는 염세적인 유언비어 등이 마구 활개를 치며 날아다니고 있었습니다. 이것을 헌병대가 적발하고 경찰이 불온한 언동을 철저하게 단속하니 언론의 자유는 눈 씻고 찾아볼 수가 없게 되었습니다. 그리고 민간에서 조합이나 익찬장년단이라는 단체를 만들어 헌병과 경찰의 끄나풀처럼 뒤에서 밀고를 하니 위험해서 견딜 수가 없는 지경이었습니다. 신문에는 이렇게 쓰여 있지만 상황은 전혀 다르다, 우리는 계속 지고 있다고 한다, 라는 말만 해도 바로 헌병대에 붙잡혀 가는 상황이었습니다.

지난번에도 말씀 드렸지만 쇼와 19년의 11월 말 무렵부터 근로동원이 있었는데, 중학교 2학년이었던 저도 군수공장에서 일을 해야만 했습니다. 점심시간에 햇볕을 쬐면서 쉬고 있었는데, '일본기가 중국대륙에 폭탄을 떨어뜨렸다' 라는 제목을 달고 신문기사에 난 커다란 사진을 보다가 "전탄 명중, 이라고 쓰여 있지만 저렇게 땅이 넓으니 폭탄이 모두 명중하는 것은 당연한 거 아닌가."라고 괜한 말을 꺼냈습니다. 그러자 당시 옆에 있던 물리학교, 지금의 도쿄 이과대학을 다니던 수염 난 아저씨가 "네놈은 정말 비국민이구나."라며 머리를 마구 때렸던 기억이 납니다. 어쨌든 무엇이든 위쪽에서 원하는 대로 말하지 않으면 금세 비국민 취급을 받게 되는 공포의 시대였다고 생각합니다.

전차나 버스가 궁성이나 야스쿠니 신사 앞을 지나갈 때는 항상 차장이 "최경례最敬禮"라고 외치고 승객은 모두 일어나서 허리를 깊이 숙여 정중하게 인사했습니다. '하늘에는 가미카제, 땅에는 육탄[肉彈]' 이라는 슬로건이 유행했습니다. '1억 일심'이라는 단어도 일상생활 속에서 자주 들렸습니다. 그런 상태에서 쇼와 20년 정월을 맞이하게 됩니다.

그리고 드디어 시곗바늘이 쇼와 20년의 정월을 가리킨 지 얼마 지나지 않은 0시 5분, 도쿄에 부우우 하는 사이렌 소리가 울렸습니다. 경계경보입니다. 수필가이자 만담가인 도쿠가와 무세이(1894~1971)의 이때 일기가 있습니다.

3시경에 고사포와 종 소리 때문에 일어났다. 적기는 이미 머리 위를 지나갔고 적은 소이탄[*1]을 떨어뜨린다. 떠들썩한 설날이다. 아가씨들은 경보가 해제되자 하치만 신사에 가서 참배를 한다. 제야의 종은 울리지 않고 제의의 사이렌과 제야의 고사포만 울린다.

'적기가 떠나고 구름이 사라진 설날이다.'

궁성 앞 광장에서 열린 관병식. 쇼와 20년(1945) 1월 8일.

'새해 첫 새벽의 소이탄이야말로 위험하다'

제야의 종 대신에 경계경보가 부우우 울리고, 고사포가 기운찬 소리를 낸다고 했습니다. 뒤에 이어진 시(하이쿠)에서는 설날 일찍부터 적의 공습을 받은 실상을 노래하고 있습니다.

정월을 축하할 기분은 전혀 나지 않습니다. 사람들은 침묵하고 있다고 할지, 위험해서 별 말이 없는 건지 모르겠습니다. 생각하면 쇼와 17년 무렵에는 전쟁 이야기로 매우 떠들썩했었습니다. 18년 무렵에는 공장이나 먹을 것에 관한 이야기가 중심을 이루었습니다. 19년이 되자 어둠의 이야기, 그리고 후반에는 공습에 관한 이야기가 빈번히 돌아다녔습니다. 쇼와 20년이 되면 이제 아무도 어떤 이야기를 하려고 들지 않게 됩니다.

이런 상황 속에서 1월 8일, 천황은 궁성 앞 광장에서 연례대로 관병식이라는 신례행사를 열었습니다. 관병식은 천황이 백마를 타고 고노에 연대를 열병하는 것인데 공습 때문에 위험해서 어쩔 수 없이 매우 짧은 시간 안에 끝냈습니다. 그 사진이 지금도 남아 있는데, 연대 기수라고 하여 군기를 들고 천황 앞을 지나가고 있는 사람은 후에 평론가가 된 무라카미 효에이입니다.

국민이 전쟁에 염증을 느끼는 것과 동시에 이 무렵부터 지도층에서도 어떻게 해서든 이 전쟁을 끝내야 한다는 움직임이 생기게 됩니다. 고노에 후미마로를 중심으로 후에 총리대신이 된 요시다 시게루, 평론가인 이와부치 다쓰오, 황도파의 에이스였던 오바타 도시시로 등이 화평의 길을 모색하기 시작합니다. 그러나 이것은 얼마 지나지 않아 헌병대에 발각되었고 요시다 시게루는 체포되었습니다. 이 체포는 전후 요시다에게 훈장이 되었습니다. 그리고 도쿄 대학 법학부의 교수들, 예를 들어 난바라 시게루, 다카기 야사카, 오카 요시타케 등 전후에도 활발하게 활약한 인물들이 전쟁을 이대로 지속해서는 위험하다는 생각으로 몰래 모여서 의논하거나 종전공작을 펼치기 시작합니다.

이처럼 일본은 계속 밀리면서도 전쟁을 그만둘 방법을 어떻게든 모색하려고 했습니다. 하지만 앞서 말씀 드렸다시피 루스벨트 미국 대통령이 카사블랑카에서 정한 무조건 항복이라는 대정책 때문에 많은 사람들이 전쟁을 그만두고 싶어도 항상 그 점이 마음에 걸려 좀처럼 앞으로 나아가지 못하고 있었습니다.

일본의 가옥은 나무와 종이다

루스벨트가 2월 4일부터 8일에 걸쳐 얄타(안톤 체호프의 소설에서도 나오는 우크라이나의 피서지입니다)에서 영국의 처칠 수상, 소련의 스탈린 서기장과 만나 회담을 나눕니다. 독일이 얼마 안 있으면 항복할 거라는 걸 알고 있었으니 전후 유럽을 어

얄타회담에서의 처칠, 루스벨트, 스탈린(왼쪽부터). 1945년(쇼와 20년) 2월.

떻게 할 것인가가 주제가 되었고 당연히 일본의 항복에 대한 이야기도 나옵니다. 다만 전부 기밀에 부쳐져 당시에는 일절 발표되지 않았고 회담 내용은 전후가 되어서야 밝혀집니다.

일본에 대해서는, 한마디로 말하자면, 중립조약 때문에 태평양 방면에 참전하지 않은 소련에 루스벨트가 일본을 공격해줄 것을 강력히 요구했습니다. 처칠도 이에 '노'라고 하지 않고 소련이 아시아에서 전단을 열어주었으면 좋겠다고 했습니다. 그때 스탈린은 이렇게 대답했다고 합니다.

"우리도 그럴 생각입니다. 하지만 그 대신에 제정러시아가 러일전쟁의 패배 때문에 잃어버린 모든 권익을 부활시켜 돌려받았으면[즉 가라후토(사할린)의 남쪽 반절과 치시마 열도를 소련에 반환한다, 대련 항을 국제항으로 만든다, 여순 항을 소련에 공여한다, 남만주철도를 소련이 조차한다] 합니다. 일본이 러시아에서 빼앗아간 것을 반환받기만을 우리는 바라고 있습니다. 대독일 전쟁은 분명히 소련의 생존과 관련된 문제였지만 일본과는 오늘날까지 큰 분쟁도 없었을뿐더러 일본과 전쟁한다고 해도 국민들이 쉽게 이해하지 않을 것 같습니다. 그러나 만약 빼앗긴 권익을 부활시킬 수 있다는 희망이 충족될 것 같으면 국민들은 대일본 참전이 국가적 이익이라는 것을 쉽게 이해할 수 있을 겁니다. 그렇다면 아주 적극적으로 일본을 공격할 수 있습니다."

루스벨트 대통령은 이 말에 맞장구를 쳤습니다.

"빼앗긴 것을 되찾고 싶은 것은 지극히 당연한 요구입니다."

결국 알타회담에서 미·영·소 삼국 수뇌는 독일이 항복한 뒤에 소련은 3개월의 준비기간을 가진 뒤 대일본전에 참전한다고 정했습니다. 결과적으로 말하자면 독일은 5월 7일에 항복했고 소련은 약속을 지켜서 8월 9일에 일본 공격을 개시했습니다. 미국도 영국도 이것을 승낙했습니다.

그런 사실을 일본은 조금도 알지 못했기에 괜찮다, 소련은 이대로 중립을 지켜줄 것이라고 믿고 있었습니다. 적은 정면을 가로막고 서 있는 미국인데, 이런 미국을 어떻게 하면 무찌를 수 있는지 토의하려고 2월 22일, 24일, 25일의 3일간에 걸쳐서 육군성과 참모본부의 수뇌가 합동회의를 엽니다. 다음은 드디어 본토결전이다, 어떻게 싸워서 이길 것인가를 논의하여 〈본토결전 완수 기본 요망〉을 정했습니다. 이에 따르면 본토 방위의 병비를 3월 말까지 31개 사단, 7월 말까지 43개 사단, 8월 말까지 59개 사단으로 확대 동원한다고 합니다. 그 외에 국민의용군을 편성한다는 계획을 세웠으니 무턱대고 병사만을 모으려 했습니다. 그리고 이제 적이 본토에 상륙할 때는 인해전술로 바다로 쫓아서 빠뜨린다는 작전 요망입니다.

비록 논의 끝에 나온 결정이라고는 하지만 조금만 생각이 있는 사람이 읽어보면 마치 그림의 떡과 같습니다. 대본영 기밀일지에도 '이건 정말 12, 3세의 소녀에게 애를 낳으라고 하는 것과 같다'고 써놓았을 정도이니, 당시 회의석상에서 육군대신과 참모총장을 중심으로 일대 격론이 벌어진 것은 당연합니다. 육군차관인 시바야마 가네시로 중장이 참모본부의 요구는 너무나 무리라고 하면서 "대체 병사의 수만 많으면 된다는 말인가? 병사를 모아본들 철포가 부족하지 않은가? 오히려 소수라도 충실한 부대를 만드는 것이 좋을 것 같다."라며 의구심을 드러냅니다. 그러자 작전부장인 미야자키 슈이치 중장은 얼굴이 벌게지며 "이 경우엔 질보다도 수다. 숫자를 제일로 삼아야 한다."며 격분했다고 합니다. 그리고 참모차장인 하타 히코사부로 중장도 여기에 동조합니다.

"본토결전을 할 때는 모든 수단을 강구해서 제1진을 격파해야만 한다. 만약 이것이 실패한다면 그 후의 계획은 불가능해진다. 뒷일은 우선 생각하지 마라. 어쨌든 전군을 투입해서 인해전술로 적의 제1진을 완전하게 격멸하는 것만이 중요하다."

이렇게 12, 3세의 소녀에게 아이를 낳으라는 것과 같은 대동원이 시작되었습니다. 일본 전국에 빨간 종이가 이리저리 뿌려지고 마을에는 대부분 노인과 여자와 아이만 남아 있는 상황이 만들어졌습니다.

그런 육군의 작전계획을 비웃기라도 하듯이 미국은 사이판, 테니안, 괌 섬에서 B29기를 발진시켜 본토공습을 감행하는데 그 강도는 점점 격렬해졌습니다. 그때까지는 대개 낮 동안에 일본의 전투기가 쫓아올 수 없는 고고도에서 전적으로 정밀조준을 통해 폭탄공격을 퍼부었습니다. 제가 일하던 군수공장도 고고도에서 B29기가 쏜 폭탄을 두세 발 맞았습니다. 당시 그걸 보고 용케 저런 높은 곳에서 이렇게 작은 공장을 명중시킬 수 있구나, 라고 감탄한 기억이 납니다. 다만 고생을 해서 날아오는 것에 비해 효과는 그다지 좋지는 않았던 것 같습니다. 그도 그럴 것이 한겨울이었으니 일본 상공에는 엄청나게 매서운 계절풍이 불고 있었습니다. 서쪽에서 날아오는 비행기는 고고도일수록 예상보다 많이 밀려서 조준을 꽤 정확하게 해도 좀처럼 명중시킬 수가 없었습니다. 적과 일본의 전투기 모두 열심히, 그야말로 몸을 부딪치면서 열심히 싸웠습니다. 저도 도쿄 상공에서 적기와 부딪친 일본군 전투기를 몇 기나 보았습니다. 이런 말을 해서는 안 되겠지만 투명할 정도로 파란 하늘을 B29가 편대를 짜서 반짝반짝 빛을 내며 기다란 비행기구름을 만들어내는 것은 정말 아름다워 보였습니다. 그런 B29편대에 마치 각다귀처럼 일본 비행기가 와서 부딪치는 것입니다. 미군기는 폭격이 별로 효과적이지 않은데다, B29의 손해를 경시할 수 없어 더 이상 참을 수가 없게 되었습니다.

어쨌든 일본 본토 상공에서 피해를 입고 바다 위에 불시착하는 수많은 폭격기 탑승원들의 생명을 구해야만 한다, 잠수함만으로는 안 된다, 여차할 때 긴급 착륙할 수 있는 활주로가 어딘가에 필요하다, 또한 B29를 호위하기 위해 강력한 전투기가 따라붙어야 한다는 강력한 요청 때문에 미군은 마리아나제도와 일본 본토 사이의 섬들 중에다 항공기지를 만들려고 했습니다. 그래서 오가사와라제도의 남서쪽, 이오 열도의 중앙에 있는 이오 섬을 노리게 되었습니다. 도쿄에서 약 1천200킬로미터로 신예전투기 P51의 더할 나위 없는 기지가 됩니다. 일본군이 이곳을 빼앗긴다면 미군은 B29와 합동작전을 벌여 결국 일본 본토의 제공권은 미군 손에 들어가고 말 것입니다. 이를 안 일본군은 2만 9천 명이 넘는 장병을 그곳에 보내 필사적으로 지키려고 했습니다. 그리고 상륙해 온 미 해병대 7만 5천 명과 처참하기 그지없는 전투를 벌였습니다.

2월 19일 아침부터 개시되어 일본군 수비대장인 구리바야시 다다미치 중장이 최후의 돌격을 명령한 3월 26일 새벽까지 전투는 한순간도 멈춘 적 없이 계속되었습니다. 미군 사상자 2만 5천851명이니 상륙한 해병대원 3명 중 하나가 전사나 부상을 입은 꼴이 됩니다. 일본군 사상자는 2만하고 수백 명(그중 전사 1만 9천900명). 태평양전쟁에서 미군의 반격이 개시된 이후 미군의 손해가 일본군을 상회한 것은 이오 섬 전투뿐입니다. 그러나 이렇게 선전을 한 것도 허무하게 이오 섬은 미군 손에 들어가게 되었습니다.

이오 섬에서 전투가 계속되고 있는 동안에 미 통합참모본부는 투장들을 끌어오자는 대책을 짜냈습니다. 그 결과 현재 눈에 보이는 성과가 딱히 없다는 인식하에 유럽전선의 독일공습에서 대활약한 커티스 러메이 중장이 마리아나 방면의 지휘관으로 부임하게 됩니다. 이 사람이 오자마자 생각한 것은 야간 저공비행을 통해 소이탄으로 공격하자는 것입니다.

一. 일본 주요 도시의 야간 소이탄 공격에 주력하기로 한다.

二. 폭격고도는 5천 피트에서 8천 피트로 한다. — 1피트가 30센티미터이니 1천500~2천 미터에 해당합니다. 이때까지는 1만 미터로 날았으니 정말 낮게 난다

도쿄대공습 후 후카가와를 순찰하는 천황(오른쪽).

고 할 수 있습니다.

三. 각 전투기는 개별적으로 공격하기로 한다. ─ 편대를 짜는 것이 아니라 한 기씩 공격합니다.

작전방침을 이렇게 고치고 러메이는 큰소리를 칩니다.

"일본의 가옥은 나무와 종이로 만들어졌다. 소이탄으로 충분히 효과를 얻을 수 있다."

이렇게 3월 10일 도쿄대공습이 그 모습을 드러내게 되었습니다. 특히 스미다 강의 동쪽 시타마치(바다나 강에 근접한 지역이나 예전 상공업자와 서민들이 거주하던 동네를 지칭─옮긴이)가 철저하게 폭격을 당했습니다. 제가 있는 무코지마는 상당히 북쪽에 있는 시타마치인데, 공습 때는 우선 남쪽, 그중 도쿄 만에 접한 후카가와 지구가 일제히 폭격을 받았고 다시 서쪽의 아사쿠사 지구, 마지막으로 북쪽의 무코지마 순이었습니다. 즉 강이 이들 시타마치를 사방으로 둘러싸고 있으니 강변을 먼저 모두 불태운다면 가운데는 쪄서 불태울 수 있다는 작전이었습니다. 이것이 놀랄 만한 성과를 거두었는데 도쿄의 시타마치는 전멸했다고 말할 수 있을 정도였습니다. 그 날 밤 강으로 떠밀리게 된 저도 하마터면 목숨을 잃을 뻔했는데 다행히 누군가가 옷 깃을 붙잡아 강에서 건져 올려서 목숨을 구했습니다. 뭐, 어쨌든 일본은 완벽하게 당했습니다. 미국은 "일본의 민가는 군수공장과 마찬가지다. 모두들 그곳에서 기계를 덜컹거리며 돌리고 있으니 일본 국민은 민중이 아니라 전사다. 그러니 무차별 공격을 한 것이 아니다."라고 변명했습니다. 그런데 미국이 그런 말을 한 이유는 무엇일까요? 물론 소수의 가내공장은 있었지만 대부분은 보통 하청에 하청을 받아 일했으니 두말할 나위 없는 무차별 공격이었다고 생각합니다. 그 커티스 러메이는 이후에 대장이 되었고 일본정부는 전후 이 사람에게 훈1등의 훈장을 바칩니다. 일본이 참 속이 없는 국가라는 생각이 들어 어이가 없고 탄식만 할 수밖에 없었습니다.

3월 6일 일요일 천황이 이 불탄 지역, 특히 후카가와 지구를 시찰하러 나왔습니다. 갑작스러운 일이었지만 다 불타버린 허허벌판이었으니 사람도 별로 없었고 몇 사람만이 불에 타버린 자기 집을 이리저리 들쳐보고 있었습니다. 그곳에 천황이 모습을 드러내 약 한 시간 정도 둘러보았습니다. 천황은 후지타 히사노리 시종장(전 해군 대장)에게 이렇게 말했습니다.

"다이쇼 12년의 관동대지진이 일어난 뒤에도 말을 타고 시내를 돌아다녔지만 지금이 훨씬 더 비참하다. 그때는 큰 건물이 적었던 탓인지 불에 탔어도 심하게 파괴되었다는 생각이 들지 않았는데 이번에는 빌딩 잔해들이 많아 훨씬 가슴이 아프다. 시종장, 이걸로 도쿄는 초토화가 되었구나."

그 후에는 아무 말도 안 했다고 합니다.

시타마치의 불탄 흔적들을 보고 쇼와천황이 이제 전쟁을 끝내자고 결심했는지 저는 여전히 의구심을 가지고 있습니다. 천황은 육해군의 큰소리만 믿고 본토결전에서 반드시 적을 파괴하여 조건이 붙은 강화를 할 수 있을 거라고 생각했던 것 같습니다.

지는 벚꽃과 남은 벚꽃도 모두 흩날리다

　이제 일본 육해군에 대해 이야기를 할 차례입니다. 적은 이제 오키나와에 옵니다. 맨 처음에는 필리핀이었는데 컴퍼스로 원을 그렸더니 다음 장소가 대만일 거라고 생각해서 대만의 전비를 강화했습니다. 일부러 오키나와에서 병력을 빼내 대만으로 보낼 정도였습니다. 즉 적이 대만에서 오키나와를 거친 뒤에 본토에 상륙할 것이라고 생각했습니다. 그러나 미군은 승리의 기운을 탔는지 4월　1일 엄청난 대부대를 이끌고 한 번에 오키나와로 들어왔습니다. 군함 1천370척, 항공모함에 실린 비행기 7천127기, 상륙부대 18만 명입니다. 반격하는 일본군은 우시지마 미쓰루 중장이 지휘하는 제32군 6만 9천 명, 오타 미노루 소장이 이끄는 해군육전대 8천 명이니 합계 7만 7천 명이었습니다. 어쩔 수 없이 만 17세부터 45세까지의 오키나와 현민 남자 2만 5천 명을 동원했습니다. 남자 중학생 중 상급생 1천600명도 여기에 포함됩니다. 그리고 여학교의 상급생 600명도 동원되었습니다. 이중 하나가 히메유리부대입니다.

　오키나와를 빼앗긴다면 그 다음은 본토결전이 될 텐데 아직 그럴 만한 준비가 되어 있지 않으니 무슨 일이 있어도 오키나와에서 열심히 버텨주어야 합니다. 가능한 한 적을 많이 쓰러뜨려 시간을 벌어야 하므로 육해군도 전력을 다해 싸웁니다. 남아 있는 군함도 전부 투입했다고 하니 전함 야마토는 물론, 얼마 안 남은 배도 특공작전으로 오키나와 출격명령을 받았습니다. 적에게 당하리라는 것은 불을 보듯 뻔합니다. 그래도 출격을 해야 합니다. 이를 둘러싸고 여러 논의가 오갔습니다. 야마토는 남겨두고 육상포대로 본토결전에 대비하는 것이 좋다, 먼저 내보내고 패전 후 배상 문제를 논의할 때 사용하자 등등 다양한 의견이 나왔지만 시간적인 여유가 없었으니 결국 4월 6일에 출격합니다. 벚꽃이 흐드러지게 피는 계절, 꽃잎이 하늘하늘 떨어지는 가운데 야마토는 죽음의 여로에 서게 된 것입니다. 연합함대 사령장관인 도요다 소에무 대장이 훈시를 내렸습니다.

"황국의 흥폐는 진정 이 일격에 달려 있다. 여기에 특별히 해상특공대를 편성하고 장렬한 돌입작전을 명한 것은 제국의 해군력을 이 한 싸움에 결집시켜서 빛나는 제국해군해상부대의 전통을 발양함과 동시에 그 영광을 후세에 전하려는 것이다……."

일본 해군의 전통과 영광을 후세에 전하기 위해 너희들은 죽으러 나가라는 말입니다.

다음 날인 7일, 규슈의 보노미사키 앞바다에서 약 380기의 미군기의 공격을 받고 야마토 부대는 궤멸합니다. 두 시간의 격렬한 전투 끝에 야마토는 가라앉고 승조원 2천740명이 전사, 경순양함 야하기 외 구축함 4척이 가라앉고 980명 이상이 죽었습니다. 배뿐만이 아니라 하늘에서도 수많은 비행기가 비 오듯이 쏟아져 내리니 특공에 이은 특공이 전개되었습니다. 당시 부대원들이 자주 양관(에도 시대 후기의 승려로 시인, 한시가, 서가로 유명함.—옮긴이)의 시구를 읊었다고 합니다.

지는 벚꽃과 남은 벚꽃도 모두 흩날리다

오늘 목숨을 부지한다고 해도 내일 어떻게 될지 보장을 받을 수가 없습니다.

그 무렵 더욱 어처구니없는 뉴스가 멀리 모스크바에서 들려왔습니다. 소련이 소일중립조약을 폐기한다고 통고해온 것입니다. 조약은 한쪽 체결국의 폐기 통고 후 1년은 유효하다고 규정되어 있었지만 그 규정이 지켜질 거라고 받아들인 국민은 아무도 없었습니다.

이렇게 전력을 다한 특공작전이 전개되는 속에 소련으로부터 불길한 통고를 받고 야마토마저 가라앉은 4월 7일, 아무런 대책이 없는 고이소 내각을 대신하여 최후의 내각이라고 불리는 스즈키 간타로 내각이 성립합니다. 스즈키 간타로는 2·26사건으로 중상을 입었던 시종장으로 당시 78세의 노인이었습니다. "도저히 저는 못

종전의 임무를 맡았던 스즈키 간타로 내각(오른쪽). 왼쪽은 아나미 고레치카 육상 (1887~1945).

합니다."라며 사퇴를 표명했지만 쇼와천황이 "이제 자네밖에 없네."라고 간절하게 부탁하여 어쩔 수 없이 받아들였습니다.

육군은 "마지막까지 싸울 것을 약속하라."고 주문했고 스즈키는 그 말에 선선히 승낙을 했습니다. 그 대신에 육군대신을 제대로 보내 달라고 요구하자 육군은 '최후의 카드'라며 아나미 고레치카 대장을 내보냈습니다. 최후의 카드라고 불린 이유는, 육군의 오랜 역사 속에서 이 사람은 통제파나 황도파 같은 파벌에 속하지 않고 순수하게 군인의 길을 걸었던, 말하자면 정치색이 없고 쓸데없는 일에 연루되지 않은 사람이었기 때문입니다. 그리고 쇼와 4년부터 4년 동안 시종장으로서 천황의 곁을 보좌한 경력도 있습니다. 그 당시 천황을 돌보던 시종장이었던 스즈키 간타로와 함께 궁중에서 쇼와의 격동을 체험한 인물이기도 합니다.

그러나 무엇보다, 마지막 한 명의 병사가 남을 때까지 싸워야 한다는 육군 정신을 대표하는 인물입니다. 엉망진창이 될 정도로 타격을 입어 지금은 말 그대로 최약체의 군대가 되었는데, 그런 장병들에게 아나미는 〈본토결전 훈5개조〉를 고시합니

다. 그 제1조는,

> 황군의 장병은 신칙神勅을 떠받들고 이윽고 성유聖諭를 준수하는 데 매진해야 할
> 것이다. 성유 준수는 황국국민의 생명이다. 신주불멸神州不滅의 신념을 가지고 밤
> 낮으로 성유를 봉송하며 이를 행동에 옮기는 데 혼신의 힘을 다해야 한다. 필승의
> 뿌리는 바로 여기에 있다.

천황의 명령을 지키고, 신인 천황이 다스리는 이 나라는 절대로 멸망하지 않는다
는 신념을 가지고 마지막까지 싸울 것을 항상 마음에 새겨라, 그러면 반드시 필승할
수 있다는 말입니다. 그리고 제2조는 황토사수皇土死守, 제3조는 '기다리는 것은 즐
거운 일이다. 어떠한가, 그때를 기다려 철저하게 훈련하고 기다려라' 입니다. 그리고
제4조는 '그때가 온다면 온몸을 던져 신념을 불태운다', 제5조는 '1억 전우의 선구
자가 되어라' 입니다. 이미 국민 모두가 전우이고 너희들 황군의 장병들은 그 선구자
가 되어 모두 죽으라는 말입니다. 그러나 말을 그렇게 해본들 병사들은 만족할 만한
전투 도구조차 가지고 있지 못합니다. 이렇게 스즈키 내각은 일단은 본토결전을 치
러 나갈 내각으로 첫 출발을 한 셈입니다.

이 무렵이 되면 아무리 대본영이 소란을 피우며 선전을 해대도 국민들은 "또 시
작이구나."라는 반응이고 불만의 목소리는 점점 거리를 덮어갔습니다. "어차피 질
거면 빨리 지는 게 좋다. 져서 미국과 영국의 지배를 받는 편이 행복하다. 그러면 이
렇게까지 불편하게 살지 않아도 된다."라고 쓰인 전단이 붙여지거나 "이 전쟁에 패
해 미군이 본토에 상륙하면 잔혹한 일을 할 것이다. 이때는 통역이라도 해서 생명만
은 구하자."라는 개인의 에고이즘을 노골적으로 드러낸 반전적인 언사들이 거리에
쏟아져 넘쳐납니다. 경찰과 헌병은 혈안이 되어 어떻게든 불만을 억누르려고만 했
습니다. 그러나 국민들이 지쳐버린 나머지 혐오감이 생겼다는 것을 가장 두려워했
던 곳은 군부입니다. 어떻게든 본토결전을 위해서 전 국민의 정신을 다시 개조해야

히틀러 총통(오른쪽)과 무솔리니 수상.

만 했었기에 이 무렵 내렸던 포고에는 '본토결전', '최후의 일병까지'라는 말들이 많이 있습니다.

그런 때 4월 13일에(워싱턴은 12일), 루스벨트 대통령이 사망했습니다. 스즈키 간타로 수상이 그 죽음을 애도하여 조사를 보냈는데, "어? 싸우고 있는 상대국 수상이 애도의 뜻을 나타내다니."라며 화제가 되었다는 이야기도 있지만 일본은 루스벨트가 죽은 뒤 어쩌면 무조건항복정책이 바뀌지는 않을까 하고 내심 기대를 했던 것 같습니다. 그렇지만 그 뒤를 이은 트루먼 대통령이 죽은 루스벨트 대통령의 정책을 답습할 것이라고 성명을 발표했으므로 일본은 "역시 안 되겠구나. 그렇다면 최후의 일병까지 싸우는 편이 낫다."라며 다시 결의를 다집니다.

그리고 4월 28일에 이탈리아 국민이 무솔리니를 총살하여 시국이 어수선해졌습니다. 그리고 독일에서는 독일군이 베를린까지 진공한 소련군과 시가전을 벌인 4월 30일, 지하 방공호에서 포성을 들으면서 히틀러가 자결을 합니다. 유언은 오싹합니다.

그토록 큰 희생이 이대로 허무하게 끝날 거라고는 믿을 수가 없다. 우리 병사들과 나 사이의 동지애를 통해 뿌려진 종자는 언젠가 독일의 역사 속에 꽃을 피우고 나치운동은 재생하여 드디어 진정한 통일국가를 만들게 될 것이다."

그 후 독일은 해군의 데니츠 제독을 정부 대표로 세워 5월 7일 무조건 항복합니다.

이탈리아도 1943년 9월 항복하고 독일이 항복할 무렵에는 완전히 연합군 측에 붙어 있었으므로 그 당시 세계를 상대로 싸우는 것은 일본뿐이었습니다. 전쟁에서 승리할 수 없다는 말을 할 상황이 아닙니다. 그것보다는 앞으로 어떻게 항복할 것인가가 문제가 되었습니다.

쇼와천황이 쓰러진 날

독일이 항복했다는 중대 사건을 접하게 되자 스즈키 내각도 어떻게 싸움을 종결지을지에 대해서 생각해야만 했습니다. 5월 중순, 스즈키 총리대신, 도고 외무대신, 아나미 육군대신, 요나이 해군대신, 우메즈 참모총장, 오이카와 군령부총장, 이 6명의 리더가 모여 비밀리에 최고전쟁지도회의를 가졌습니다. 참고로 이것은 이전의 대본영 정부연락회의를 이름만 바꾼 것입니다. 그 회의에서는 만일의 사태가 벌어지면 소비에트를 중개자로 삼아 화평을 해보자고 결정했습니다. 그러나 아직 오키나와에서 대격전이 벌어지고 있으니 항복할 준비를 하고 있다고는 말할 수 없었습니다. 여전히 표면상으로는 철저항전을 벌이고 있었습니다.

한편 독일의 항복 후 일본의 정책, 즉 국책을 제대로 정해두어야만 했기에 6월 8일 어전회의를 열었습니다. 그런데 종전이 아니라 결전과 다름없는 결의를 이날 외치게 됩니다.

방침: 칠생진충七生盡忠(일곱 번을 환생해도 충성을 다한다.─옮긴이)의 신념을 원동력

으로 삼아 국가의 이익, 국민의 화합을 토대로 끝까지 전쟁을 완수한다. 이로써
국체를 보호하고 황국의 영토를 보위하고 정전征戰 목적을 달성한다……."

　항복이라는 글자는 전혀 볼 수 없습니다. 독일이 항복한 뒤에도 일본은 끝까지
전쟁 완수, 마지막까지 싸워 나가자고 결정한 것입니다. 그리고 천황이 늘 하던 대
로 무언의 재가를 하니 이것이 국가의 방침이 됩니다. 방에 돌아온 천황은 기도 내
대신을 불러 "이런 것이 정해졌다."라며 결의가 적힌 종이를 툭 내던져 보여주었습
니다. 이것을 본 기도는 '어쩌면 천황은 의례상 안 된다는 말을 하지 못했지만 그 결
정에 불만이 있었던 것 같다. 화평을 생각하고 있었던 것은 아니었을까' 라고 느꼈다
고 하는데, 그 행동만 보고도 그렇게 느꼈다니 기도도 참 굉장합니다. 어쨌든 나름
대로 천황의 뜻을 파악한 기도는 화평을 구상하는 데 몰두합니다. 그것은 천황의 친
서를 든 특사를 소련에 파견해서 일본은 세계평화를 위해 모든 것을 감내하며 어떻
게든 명예로운 강화를 맺고 싶다고 말한다는 내용이었습니다. 이 이야기를 들은 천
황이 시도해보는 것이 좋겠다고 말하니 기도는 도고 외상을 불러서 그 과정을 설명
하고 의견을 들었습니다. 도고가 말합니다.
　"당신의 시안에는 찬성하지만 바로 전날 어전회의에서 결정된 전쟁 완수의 대방
침은 어떻게 하란 말인가? 그렇게 국책 결정이 내려진 이상 육군이 반발을 할 것이
고 화평공작을 하기는 힘들 것 같네."
　그러자 기도는 어떻게 해야 할지 스즈키 간타로 수상과 상의했는데 스즈키 수상
은 "그렇다면 5월 중순에 몰래 결정해둔, 소련이 중개하는 전쟁 종결안을 구체적으
로 진행하도록 하자."라고 견해를 말했습니다. 그러나 이 일을 하기 위해서는 종전
의 어전회의 결정을 뒤집어야 하는데 회의를 다시 열려면 육해군의 찬성이 필요하
므로 간단한 일이 아닙니다. 그래서 스즈키는 공식 어전회의는 어렵고 천황이 스스
로 회의를 열 수는 없는지 연구합니다.
　마침 그때 천황 자신은 만주와 중국을 시찰하고 돌아온 우메즈 요시지로 참모총

장으로부터 충격적인 보고를 받습니다. 6월 9일의 일입니다. 우메즈는 어찌 된 셈인지 정직하게 있는 그대로 다 말했습니다.

"만주와 지나에 있는 병력은 모두 합해도 미국의 8개 사단 정도의 병력밖에 되지 않습니다. 게다가 탄약 보유량은 근대식 대전투를 벌일 경우 1회분밖에 없습니다."

천황은 놀랐습니다.

"내지의 부대는 만주의 부대보다도 훨씬 장비가 열악하지 않은가? 그렇다면 육군이나 해군이 주장하는 본토결전은 무리일 것 같은데."

게다가 12일, 또 다른 보고가 들어왔습니다. 천황의 특명을 받고 일본 본토의 병기창이나 요코스카, 구레, 사세보, 마이즈루의 각 진수부와 항공기지를 3개월간 시찰하고 온 하세가와 기요시 해군 대장이 전력이 완전히 바닥나버린 해군의 상황을 너무나 솔직하게 보고했습니다.

"자동차의 낡은 엔진을 떼어다 붙여 만든 작은 배가 특공병기라며 몇 천 몇 백 기 준비되어 있습니다. 이런 사태 자체가 벌써 걱정입니다. 그뿐만 아니라 그런 간단한 기계를 조작하는 나이 어린 대원은 아무리 좋게 보려고 해도 훈련이 부족하다고밖에 말씀 드릴 수가 없습니다. 동원계획 그 자체도 정말이지 엉성하기 그지없습니다. 계획은 치밀하지 못하고 중복된 것이 많습니다. 게다가 기동력은 공습이 올 때마다 악화되고 감퇴되어 전쟁 수행능력은 매일매일 떨어지고 있는 실정입니다."

간단히 말해 본토결전은 할 수 없다고 보고한 것입니다. 이것을 들은 천황은,

"그럴 거라고 생각했다. 알겠다. 수고했다."

라고 하세가와 대장의 공을 위로해주었다고 합니다. 어쨌든 우메즈 참모총장의 보고나 하세가와 대장의 보고는 천황을 질리게 만들었습니다.

그러던 6월 15일, 천황은 병으로 쓰러지고 그날 모습을 드러내지 않았습니다. '성상(천황)께서 어제 쓰러지셨다'라고 해군 시종장무관 일기에 쓰여 있고, 육군 시종무관도 '성상께서 어제저녁부터 기분이 언짢으셨는지 몇 번 설사를 하시고 오늘은 아침부터 휴양 중이다'라고 기록했습니다. 천황은 개전 이래 처음으로 쓰러져서

자신의 침대에 누워 있기만 할 뿐 밖으로 나오지 않았습니다. 저는 이때 비로소 천황이 '더 이상은 안 되겠다. 전쟁을 더 이상 지속하는 것은 좋지 않다' 라는 생각이 들어 화평을 하는 방향으로 마음먹었을 거라고 생각합니다. 그때까지는 육해군의 큰소리를 믿어 본토결전에서 맹렬한 일격을 가한 뒤 어느 정도 유리한 조건을 제시하여 강화를 하려고 생각했었지만 그럴 만한 시기가 아니라는 것을 이때에 와서야 느꼈던 것은 아닐까요.

질질 끈 대답

그리고 이렇게 변한 천황의 생각과 6월 8일의 어전회의의 결정을 완전히 뒤집으려고 하는 스즈키 수상의 구상이 연결되어 천황은 드디어 소집을 명했습니다. 6월 20일 천황은 도고 외상에게 이렇게 말했습니다.

"최근에 보고를 받아 들고 나서야 통수부가 말하는 것과는 달리 일본 내지에 본토결전을 할 준비가 전혀 되어 있지 않다는 점을 명확하게 알게 되었다. 되도록 신속하게 전쟁을 종결할 것을 희망한다."

이 말을 듣고 급히 6월 22일, 천황이 스스로 소집해서 의견을 묻기 위한 간담 형식의 최고전쟁지도회의가 열리게 됩니다. 정식 어전회의처럼 정식 멤버가 나란히 있고 중앙에 천황이 앉는 형식이 아니라 멤버 6명이 부채꼴 모양으로 천황을 둘러싸고 잡담을 나누는 것 같은 형식이었습니다.

관례를 깨고 먼저 천황이 발언했습니다.

"전황은 극도로 악화되고 있다. 앞으로 공습이 더욱 격화될 것을 생각하면 상황은 한층 곤란해질 것이라 예상된다. 이런 때에 이전의 어전회의에서 결정한 바에 따라 끝까지 전쟁을 계속하는 것도 당연한 일이라 할 수 있을 것이다. 하지만 다른 한편, 이참에 전쟁 종결에 대해서도 지금까지의 고정관념에 사로잡히지 말고 신속하고 구체적으로 연구하는 것 역시 필요하지 않을까 생각한다. 이에 대해서 모두들 어떻게 생각하는가?'

극비리라면 몰라도, 누구 하나 앞에 나서서 말하려고 하지 않았던 화평이란 말을 천황이 먼저 꺼낸 것입니다. 일순간 모두가 침묵 속으로 가라앉자 천황은 수상을 지명합니다. 스즈키 수상은 일어나서,

"말씀을 듣고 보니 정말 송구스럽습니다. 전쟁을 끝까지 해야 한다면 열심히 해야겠지만 말씀하신 대로 전쟁 수행과 병행하여 외교적인 방법을 모색하는 것도 필요하다고 생각합니다. 그 점에 대해서는 해군대신이 보고할 것입니다."

이에 요나이 미쓰마사는 어쩔 수 없이,

"실은 저희들도 5월 중순 무렵부터 화평을 생각하고 그 방법에 대해서 상의하고 있었습니다. 최고전쟁지도회의의 멤버 6명이 극비리에 간담회를 열었었는데 이제 화평을 구체적으로 추진하도록 하겠습니다."

라며 소련을 중개로 한 평화구상을 설명했습니다.

천황은 이 말을 듣고 "그렇다면 외교적 해결을 할 날은 언제로 예정하고 있는가?"라고 콕 집어서 물어보았습니다. 그러자 이에는 도고 외상이 대답합니다.

"연합국은 베를린 교외인 포츠담에서 7월 중순에 회의를 연다고 발표했습니다. 그 전에 어떻게든 7월 초순까지는 협정을 맺었으면 합니다."

협정이란 소련이 중개자가 되어 전쟁 종결을 알선해주었으면 한다는 내용의 협정을 의미합니다. 여기에 대해서는 우메즈 총장과 아나미 육상도 "특별히 할 말은 없습니다."라고 말해 간담회는 35분 만에 종료되었습니다. 그러나 이 겨우 35분 사이에 일본 지도자의 눈이 비로소 화평으로 향하게 되었다고 말할 수 있습니다.

같은 날 오키나와전은 일본군의 궤멸로 종료되었습니다. 그 사실이 국민에게 알려진 것은 3일 후인 6월 25일이었습니다. 신문은 이날 옥쇄라는 단어는 쓰지 않고

국민은 모두 병사라고 불렸고 여성들도 죽창훈련을 받아야만 했다.

'군관민이 일체를 이루어 선전을 다한 지 3개월 20일, 적의 주력에 전원이 최후의 공세'라고 보도했습니다. 전사자 10만 9천 명, 그 외에 시민 10만 명이 사망했습니다. 일본의 지도자가 좀 더 화평공작을 서둘렀더라면 하는 아쉬움이 남습니다. 존엄한 희생이라고밖에 말할 수 없습니다.

그런데 화평에 눈길이 갔다고는 해도 그걸 발표한다면 그렇잖아도 전쟁에 혐오감이 생긴 국민들이 해이해질 수 있을지 몰라 겉으로는 여전히 최후의 한 병사까지 싸우자고 외쳤습니다. 전시긴급조치법과 국민의용병역법이 의회를 통과하여 1억 국민이 전부 병사가 되었습니다. 전국에서 남녀노소 가리지않고 징병되었고, 여성도 죽창훈련을 받기 시작했습니다. 군수공장에서 일하고 있던 우리들은 이미 소국민의 전사였으니 이제 와서 달라질 것은 없었습니다.

여기까지는 이른바 비화가 섞인 이야기였는데 알고 계시다시피 앞으로 일본의 지도층은 이미 적으로 돌아선 소련을 중개자로 삼아 화평공작을 할 거라며 실망스럽고 한심한 일에 전력을 쏟아붓게 됩니다. 그러나 소련은 이미 일본에 중립조약 폐기를 통고해왔습니다. 그리고 2월에 열린 얄타회담에서 소련은 독일이 항복한 지 3개월 후에는 일본을 공격할 것이라 했고 이 사실을 이미 영국과 미국은 알고 있었습니다.

소련은 아직 일본이 강력한 군대를 가지고 있다고 여겼으니 대독일전에서 피폐해진 군비를 회복할 시간이 많으면 많을수록 좋다고 생각했습니다. 그래서 어쨌거나 일본의 의뢰에 바로 답하지 않고 질질 시간을 끕니다. 일본이 마지막까지 전쟁을 계속할 거라면 참전 기회가 있는 것이니 중개할 마음은 전혀 없었습니다. 즉 일본은 전혀 도움이 되지 않는 사람(스탈린)을 상대로 화평을 꿈꾸고 있었던 것입니다.

그런데 문제는 미국에게 일어났습니다. 독일 항복 후 유럽의 처리를 둘러싸고 여러 교섭을 벌이는 과정에서 미국은 소련이 미국, 영국과 협조할 생각은 조금도 없고 자기 몫만 챙겨갈 매우 횡포한 나라라는 것을 너무나 잘 알게 되었습니다. 그래서 비록 얄타에서 결정한 바가 있긴 했지만 이 시점에 와서 굳이 대일 전쟁에 소련의 힘을 빌릴 필요는 없겠다고 생각하기 시작했습니다.

이렇게 되자 미국은 어떻게든 소련이 참전하기 전에 일본을 항복시키고 싶다, 하지만 일본은 연합국 측의 무조건항복정책을 믿고 있으니 오키나와나 이오 섬에서 철저하게 싸울 것이고 본토결전에서 역시 온 힘을 다해 싸울 것이다, 그러니 미국은 소련이 합류하기 전에 어떻게든 일본을 항복시킬 방법이 없을까 고민합니다. 그때 원자폭탄이 등장합니다.

원자폭탄과 포츠담 선언의 묵살

그런데 여기서 잠시 원자폭탄에 대해 말씀 드리고자 합니다. 방대한 비용과 인력을 투입해서 연구와 실적을 거듭한 결과 연구실에서는 핵분열 실험에 성공했습니다. 그런데 아직 원폭실험을 하지 못했으니 폭탄으로 만들 경우 정말로 파괴될지 어떨지는 모릅니다. 그래서 1945년(쇼와 20년) 7월 16일, 뉴멕시코 주 앨라마고도에서 인류 최초로 원폭실험을 하게 됩니다. 그런데 이 실험은 성공을 거두었습니다. 원폭력은 TNT 화약 2만 톤에 상당한다고 하니, 겨우 5톤의 원자폭탄이 통상 2만 톤의 폭탄을 한 번에 폭발시킬 때와 똑같은 위력을 가진다는 것을 알 수 있습니다. 실험에 참가한 물리학자인 오펜하이머 박사는 말했습니다.

"전쟁은 이제 끝났다."

그러자 원폭계획을 계속 추진해 왔던 총지휘관 그로브스 소장이 웃으면서 대답했습니다.

"네. 우리가 일본에 2발의 원폭을 터뜨리면 그걸로 끝입니다."

왜 두 발인가 하면, 이 시점에서는 제조를 아무리 서둘러도 2발이 한계였기 때문입니다. 이미 2발은 완성되었으니 그 다음은 그것을 폭격 발진지인 테니안 섬으로 옮기는 일만 남아 있었습니다.

원래 원폭은 독일이 만들면 안 된다며 아인슈타인 박사가 루스벨트에게 편지를 써서 미국이 제조하기 시작했습니다. 일본도 원폭에 대해서는 알고 있어 독자적으로 연구개발에 착수했습니다. 육군은 니시나(이름은 요시오·유카와 히데키, 도모나가 신이치로 같은 노벨상 수상자를 길러내 일본 현대 물리학의 아버지라고 불린다.—옮긴이) 연구실에 의뢰했고, 해군은 독자적으로 교토 대학의 물리학자를 중심으로 'B연구'를 하기 시작했습니다. 하지만 일본의 경우 어디까지나 연구에 그쳤을 뿐 만들 수 있는 경지에까지는 이르지 못했습니다. 한편, 미국은 마침 일본이 진주만을 공격할 때 5만 명, 20억 달러를 들여서 원폭 제조에 전력을 쏟기 시작합니다. 일본의 B연구의 예산은 2천 엔(4천700달러)이므로 비교할 바가 못 됩니다.

미국이 원폭제조를 확실하게 목표로 설정한 것은 1943년 5월 무렵입니다. 당시는 아직 독일이 싸우고 있었으니 표적은 당연히 독일이었을 것 같은데 실상을 살펴보면 이 시점에서 이미 일본이 표적으로 정해졌습니다. 독일이 먼저 항복을 했기에 원폭이 일본에 떨어지게 되었다는 말들을 하지만 그건 애초에 성립이 되지 않는 이야기입니다. 그로브스 소장이 스팀슨 육군 장관 앞으로 보낸 1945년 4월 23일자 편지에 다음과 같은 한 구절이 있습니다.

　목표는 변함없이 일본입니다.

　그리고 원폭실험에 성공한 시점에 원래부터 정해놓은 표적, 일본을 향해서 드디어 원폭공격을 작동하게 됩니다. 그것도 상당히 서둘러서 말이지요. 왜 그렇게 작전 실시를 서둘렀을까요? 여기에는 앞서 말한 대로 소련이 대일 참전을 하기 이전에 어떻게든 일본을 빨리 항복시키려는 음모가 있었다고 생각할 수밖에 없습니다.

　일본의 정부나 군은 내면에서 벌어지는 이 일련의 공작에 대해 전혀 눈치를 채지 못하고 있었습니다. 정부는 열심히 소련이 중개 역할을 맡게 될 화평공작에 힘을 쏟고 있었고, 군은 정부가 그러고 있는 줄도 모르고 본토결전을 준비하느라 혈안이 되어 있었습니다. 그렇게 소련이 중개 역할에 대한 대답을 미적거리고 있는 사이에 7월 7일부터 스탈린, 트루먼, 처칠(후반에는 선거에 져서 노동당의 아트리로 교체됩니다)이 포츠담에 모여서 회담을 시작합니다. 이 회담 석상에서 트루먼이 스탈린에게 원폭에 대해서 살짝 이야기를 흘렸지만 스파이 활동 덕분에 이미 그 정보를 얻은 소련은 어떻게 해서든 빨리 일본 공격을 개시하려고 열심히 공작을 펼칩니다. 안쪽에서는 원폭투하와 소련 참전을 놓고 경쟁을 벌이면서 겉으로는 양국 모두 아무 일 없다는 얼굴을 하고 계속 회담을 하고 있습니다.

　그리고 7월 26일, 이른바 일본에 항복을 권고한 포츠담 선언이 발표됩니다. 길어서 일일이 설명해드릴 순 없지만 대략적으로 말씀 드리면, 일본은 항복하고 싶으면 이 선언에 나와 있는 조항을 모두 지키라는 것입니다.

　이 선언이 27일 일본에 도착하자 천황은 "저걸로 전쟁을 그만둘 수 있게 되었군. 원칙적으로 수락할 수밖에 없겠지."라고 도고 외상에게 말했습니다. 그런데 그때 일본정부는 중개 의뢰에 대한 소련의 대답을 기다리고 있었습니다. 그러니 그런 때에 갑자기 포츠담 선언을 수락하고 의뢰를 없던 일로 해서는 안 된다고 합니다. 이런 때는 의리가 앞서지 않아도 되는데, 일본은 이런 점에서 참으로 고루합니다. 그 때문에 어떻게 해야 할지 몰라 허둥대다가 결국 포츠담 선언을 일단 무시하자고 했습니다.

그리고 내각 정보국의 지령하에 포츠담 선언을 28일 조간에서 발표합니다. 다만 국민의 전의를 저하시킬 만한 조항은 삭제하고, 정부의 공식적인 견해도 발표하지 않고, 가능한 한 톤을 낮추어 다루도록 했습니다. 그러자 신문사에서는 이것을 독자적으로 해석하여 오히려 전의를 불태우도록 만드는 강경한 말들을 나열해 보도합니다. 신문사 〈요미우리호치〉는 '웃음 금지, 대일 항복조건'이라고 제목을 달고, 전쟁 완수에 매진하며 제국정부는 포츠담 선언을 문제 삼지 않겠다, 라고 했습니다. 〈아사히신문〉은 '정부는 묵살'이라고 제목을 달고 〈마이니치신문〉은 '웃음 금지! 영미와 장개석의 공동선언, 높은 콧대를 꺾자, 성전을 끝까지 완수'라고 제목을 달았습니다. 맨 처음 포츠담 선언에 대한 기사가 나왔을 때는 신문의 너무나 강건한 논조에 일본 국민은 '이렇게 바보 같을 수가. 이 기사는 제대로 쓴 게 아니다'라고 여겼습니다. 그러나 우습게도 군은 "그렇군. 아직 국민은 의욕이 충만하구나."라며 힘이 났는지 포츠담 선언을 완전히 무시하자는 성명을 내라고 정부를 몰아세웁니다. 어쩔 수 없이 28일 오후 4시, 스즈키 수상은 기자회견을 열게 됩니다.

"그 공동성명은 [1943년 11월 루스벨트, 처칠, 장개석에 의한] 카이로 회담과 다를 바 없으니 정부로서는 중요한 가치가 있다고 생각할 수 없다. 다만 묵살하겠다. 우리들은 전쟁 완수에 매진할 뿐이다."

이것이 해외 방송망을 통해서 세계로 흘러나오자 스즈키 수상이 '노코멘트'의 의미로 말한 '묵살'을 외국 신문이 '일본은 포츠담 선언을 reject(거절)했다'고 보도한 것입니다. 적에게 "우리들의 호의를 거절하다니. 그럼 해볼 테면 해보자."라고 말할 구실을 안겨준 셈입니다. 이런 식으로 전개되니 이제 원폭투하 이야기가 나오는 게 앞뒤가 맞을 것 같은데 실상은 다릅니다. 이미 포츠담 선언이 나오기 전인 7월 24

일에 투하명령이 내려진 것입니다.

　원폭투하작전의 모든 명령은 그로브스 소장이 기안, 마셜 참모총장이 승인, 아놀드 대장이 서명하고 전략공군총사령관 스파츠 장군에게 전달되는 순서를 밟아서 24일 6시 35분, 포츠담에 있는 트루먼 대통령이 정식으로 승인했습니다.

　연합국 육군전략공군총사령관 칼 스파츠 장군에게,
　1. 제20 공군 509폭격대는 1945년 8월 3일 이후 일기가 [레이더가 아니라] 목시目
　視 폭격을 허락하는 한 재빨리 최초의 특수폭탄을 다음 목표 중 하나에 투하하라.
　[목표] 히로시마. 고쿠라. 니가타. 나가사키.
　폭탄의 폭발효과를 관측, 기록하기 위해서 육군성에서 파견하는 군과 민간 과학
　자를 태운 수반기가 폭탄 탑재기를 뒤따르도록 하라. 관측기는 폭발지점에서 수
　마일 떨어진 곳에 위치하도록 하라……

　이처럼 기록을 보면 이미 7월 24일에 투하명령을 내리면서 8월 3일 이후 언제 투하해도 괜찮다는 식으로 되어 있습니다. 아무것도 모르는 일본은 오로지 소련이 중개하는 화평에 모든 시선을 향하고 있었고 응답이 오면 바로 대응할 수 있도록 고노에 후미마로에게 전권을 주었습니다. 수행원으로 마쓰모토 슌이치 외에 도미타 겐지, 이토 노부미, 마쓰모토 시게루, 호소카와 모리사다 같은 고노에의 지인들을 특사 멤버로 정해 이제나저제나 하고 소련에서 올 편지만을 기다리고 있었습니다.

---

*1- 소이탄: 연소성 물질을 채우고 그걸 연료로 삼아 목표물을 파괴하는 폭탄.

15장

견디기 힘든 감내, 참기 힘든 인내

포츠담 선언 수락, 그리고 종전

히로시마 사자의 행렬

쇼와 20년(1945) 8월 6일 히로시마의 아침은 찌는 듯이 더웠고 구름 한 점 없이 맑았습니다. 7시 7분에 경계경보가 울렸습니다. 상공에 B29 3기의 그림자가 비쳤기 때문입니다. 그러나 그대로 쓰윽 사라져 갔기에 7시 31분에 경보는 해제되고 사람들은 일상으로 돌아왔습니다. 그런데 그 후 40분이 조금 지난 8시 15분, B29의 에놀라게이호에서 원자폭탄이 투하되었습니다. 밖에 나와서 근로동원 작업을 시작한 사람도 있었고, 평소처럼 전차를 타고 직장에 가는 사람도 있었습니다.

폭탄은 지상에서 약 570미터 위, 거의 히로시마 한가운데에서 폭발했습니다. 직경 150미터나 되는 거대한 불기둥이 히로시마 상공을 뒤덮었습니다. 폭심지에서 반경 약 500미터 이내에 있던 사람들이나 주택은 3천~4천 도의 고열로 완전히 다 타버렸습니다. 쇼와 20년 11월 시점에서 사망자는 7만 8천150명, 행방불명 1만 3천983명, 부상자 3만 7천425명이라고 발표되었습니다. 그 후 원폭증이라는 불치의 병에 걸려 오늘날까지 사자의 행렬은 줄을 잇고 있으므로 몇 만 명이 죽었는지 현재로서는 확실하게 말할 수 없습니다.

히로시마의 원폭투하 시간은 모스크바 시간으로 6일 오전 2시를 조금 넘긴 때였는데 스탈린은 전날 저녁에 포츠담에서 돌아와 깊이 잠들어 있었습니다. 아침에 일어나서 그 보고를 받고는 아연실색하여 대일 참전을 서두르라고 하며 7일 오후 4시 30분, 일본 시간 오후 10시 30분에 '8월 9일, 만주의 국경을 돌파해야 한다'는 공격 개시 명령을 극비리에 내렸습니다.

소련의 만주 침공은 준비 상황에 맞추어서 처음에는 8월 하순으로 예정되어 있었지만 미국이 원폭 개발에 성공하여 그 제조를 진행하고 있다는 걸 안 시점에 8월 15일로 다시 정해졌습니다. 하지만 이것도 너무 늦은 감이 있어서 8월 11일로 앞당겼지만 히로시마 원폭투하로 인해 다시 예정시간을 번복해야 했습니다. 비록 준비가 부족하긴 하지만 어떤 방책을 써서 보충하면 된다며 8월 9일에 침입하자고 결정했습니다. 그리고 스탈린은 크렘린에 원자 물리학자 5명을 불러 "비용은 아무리 많이 들어도 상관없다. 가능한 한 빨리 미국을 따라잡아야 한다. 전력을 다해서 임해주길 바라네."라고 엄명을 내리고 숙청의 귀신이라고 불린 비밀경찰장관 베리아를 원폭제조연구소의 총지휘관으로 임명했습니다. 이렇게 미소의 핵무기 경쟁이 시작되었습니다.

전쟁의 총지휘를 맡은 트루먼 대통령의 회고록에는 이렇게 쓰여 있습니다.

언제 어디서 폭탄을 사용할지에 대한 최종 결정은 내가 내릴 것이다. 이 점을 분명히 해야만 한다. 나는 원자폭탄을 군사병기로 보아 이용해야 한다는 점을 한 번도 의심한 적이 없다. 대통령 곁에 있는 최고 군사고문들은 이것의 사용을 권고했고, 그뿐만 아니라 처칠과 이야기를 나눌 때, 그가 나를 향해 단호한 어투로 전쟁 종결을 위해서 도움이 될지 모르니 원자폭탄의 사용에 찬성한다고 말해주었다.

원폭은 병기이므로 사용하는 것은 너무나 당연한 일이라는 말을 트루먼은 너무나 쉽게 말하고 있습니다. 원폭 사용에 대해 처칠과 이야기를 나눈 때는 따져보면 포츠담 회담밖에 없습니다. 그렇다면 처칠은 정말로 원폭투하에 찬성한 것일까요? 그의 《대전회고록》을 보면 그런 말을 나눈 적은 없다고 하면서 이렇게 말했습니다.

일본에 항복을 강요하기 위해 원자폭탄을 사용할지 여부를 문제 삼은 적은 한 번도 없었다. 이 역사적 사실은 엄연히 존재하고 있으며 후세에 의해 이 사실은 정확하게 판단되어야만 한다.

즉 처칠은 "나는 모르는 일이다."라고 확실하게 말하고 있습니다. 트루먼의 기억이 정확한 것인지 처칠의 기록이 진실인지, 아니면 처칠이 자신의 책임을 회피하느라 모든 책임을 트루먼에게 미루고 있는지는 의문입니다.

어쨌든 미국의 대부분의 지도층은 일본에 원폭을 투하하는 것에 대해 조금의 주저도 없었습니다. 스팀슨 육군장관의 전후 회고록에는 이렇게 쓰여 있습니다.

> 1941년부터 45년까지(즉 태평양전쟁이 시작되고 나서 종결될 때까지) 대통령과 그 외의 정부 책임자인 고관들이 원자력을 전쟁에 사용해서는 안 된다고 말하는 것을 한 번도 들은 적이 없다.

다만 양식이 있는 사람이 없었던 것은 아닙니다. 미 해군차관인 랄프 버드는 일본에 원폭을 사용하는 것에 대해 맹렬히 반대했습니다. 꼭 사용할 거라면 미리 일본에 예고를 해야 한다, 일본인에게 원폭에 대처할 시간을 주어야 한다고 주장했습니다.

"나는 본계획에 관여하게 된 이래 이 원폭을 실제로 일본에 사용하려면 그 이전에, 예를 들어 이틀이나 3일 전에 일본에 어떤 식이든 사전경고를 해야 한다고 생각했다. 위대한 인도주의 국가인 미국의 입장과 국민의 페어플레이 정신이 이런 생각을 하게 만든 동기가 되었다."

미국은 민주주의를 표방하는 국가이므로 더욱 휴머니즘을 중시해야만 한다, 페어플레이 정신을 가진 국가가 역사에 반역하는 일을 해서는 안 된다, 라고 마지막까지 애를 썼습니다. 그렇지만 무경고 투하의 정책이 정해지자 버드는 사표를 제출하고 7월 1일 스스로 그 자리에서 물러났습니다.

아무래도 전쟁의 열광은 인간을 우둔하고 무책임하게 만드는 것 같습니다. 군인뿐만 아니라 정치가를 포함한 미국인들은 터무니없을 정도로 강력한 병기를, 그것도 방대한 자금과 노력을 들여서 만들었으니 사용하지 않는 것이 오히려 이상하다고 생각했던 것 같습니다.

일본은 그런 경위를 알지 못합니다. 초강력 폭탄이 떨어졌다고 하니 이것이 원자폭탄인지를 조사하기 위해 현지에 조사단을 보냈습니다. 8월 7일, 신문과 라디오에서 다음과 같은 내용이 흘러나왔습니다.

一. 지난 8월 6일 히로시마 시는 적 B29 여러 기의 공격에 의해 상당한 피해를 입었다.

一. 적은 이번 공격에 신형폭탄을 사용한 것 같은데 상세한 것은 현재 조사 중이다.

그러니 우리들은 이때까지 원자폭탄이라는 말을 몰랐습니다. 신형폭탄이라고 말했던 기억이 지금도 선명하게 남아 있습니다.

더 이상 전쟁을 계속하기란 불가능

소련이 중개하는 전쟁 종결만을 머릿속에 그리고 있던 일본정부와 군부는, 미국이 히로시마 시가지를 한 방에 날려버린 폭탄을 만들었다는 것을 다음 날 미국 라디오 방송에서 흘러나온 트루먼 성명을 듣고서 알게 됩니다.

"우리는 20억 달러를 들여서 역사적인 도박을 했다. 그리고 이겼다.……6일 히로시마에 투하된 폭탄은 전쟁에 혁명적인 변화를 줄 원자폭탄이다. 일본이 항복에 응하지 않는 한 다른 도시에도 투하할 것이다."

일본의 우두머리들은 전쟁을 계속하면 다른 도시에도 원폭을 투하하겠다는 예고장을 받은 셈이니 어쨌든 하루라도 빨리 전쟁을 종결시켜야 한다고 초조감을 느끼기 시작했습니다. 그런데 몇 번이나 말씀 드렸지만 소련이 중개하는 화평이 목표였으므로 소련으로부터 긍정적인 답변을 받을 수 있지 않을까 하고 마음 한구석에서는 여전히 기대를 하고 있었습니다. 그리고 7일은 아무런 움직임 없이 날이 저물어 갔습니다.

8일이 되자 천황은 기도 내대신에게 이렇게 말했습니다.

"이런 무기가 사용된 이상 이제 더는 전쟁을 계속할 수 없다. 불가능하다. 유리한 조건을 얻으려고 소중한 시간을 잃어버려서는 안 된다. 가능한 한 빨리 전쟁을 종결시키도록 노력하라. 이 점을 스즈키 수상에게도 전달하라."

그래서 기도는 스즈키 수상에게 천황의 항복 결정 의사를 전달합니다. 스즈키는 "여기까지 왔으니 소련 중개를 날려버리더라도 전쟁 종결의 길만을 모색하자."라며 신속하게 최고전쟁지도회의를 열려고 했습니다. 그러나 갑작스럽게 생긴 일이라 여러 대책을 세우느라 바빴던 군인들은 도저히 출석할 수가 없어 회의는 9일 아침으로 연기되었습니다.

그러는 동안 시곗바늘이 정확히 9일 오전 0시를 지나자마자 소련이 만주 국경선을 뚫고 침입해 왔습니다. 전날 밤 모스크바에서는 모로토프 외무장관이 사토 나오타케 주소련 대사를 불러서 일단은 선전포고장을 내밀었습니다. 중립조약이 아직 유효할뿐더러 중개를 부탁했던 국가에게서 전혀 생각지도 못한 공격을 받은 것입니다. 예고도 없는 일방적인 중립조약 파기입니다. 일본은 선전포고를 할 생각도 못하고 어쨌든 일방적으로 계속 공격을 받게 되었습니다. 그러나 소련은 일본의 항의 따위는 귓등으로도 들으려고 하지 않았습니다. 세계평화를 위해서라며 미국과 영국도 이 참전에 찬성해주었으니 말입니다. "얄타에서 한 세계적인 약속에 따라서 우리는 일본에 항복을 강요하기 위해 공격을 개시한 것이다. 중립조약이라고 하는 두 국가 간의 조약보다 세계평화를 위해서 더욱 커다란 의미를 가지는 협정이 중요하다."라고 말한 셈입니다.

이 공격 보고는 바로 관동군을 통해 도쿄에 전달되었습니다. 스즈키 수상은 아침에 일어나서 그 소식을 듣자마자 무슨 일이 있어도 이 내각에서 전쟁의 매듭을 짓자고 결심했습니다. 원래대로라면 소련이 중개하는 화평정책을 펼치고 있는 중에 당사자인 소련이 공격을 해 왔기에 바보 같은 정책을 세웠다는 이유로 내각이 총사직하는 것이 당연합니다. 관료 중에서 그렇게 주장한 사람도 있었습니다. 그런데 스즈키는 사직하지 않고 어쨌든 매듭을 짓자고 결의를 하고 전날의 약속대로 최고전쟁지도회의를 열었습니다.

오전 10시 30분에 회의가 시작되고 스즈키 수상은 갑자기 말을 꺼냅니다.

"히로시마의 원폭이건 소련의 참전이건 간에 더 이상 이 전쟁을 계속하는 것은 불가능하다고 생각합니다. 포츠담 선언을 수락하고 전쟁을 종결시킬 수밖에 없습니다. 이에 대한 각자의 의견을 듣고 싶습니다."

이렇게 전쟁을 종결시켜야만 한다고 수상이 군부 앞에서 명확하게 말했습니다. 회의장은 무거운 침묵 속에 잠겼고 아무도 말을 하지 못했습니다. 뭐, 원폭과 소련 참전이라는, 생각지도 못했던 철포를 2대나 머리에 맞았으니 대부분은 어찌해야 좋을지 모르는 상태였을 것입니다. 그때 요나이 해상이 입을 열었습니다.

"아무 말도 하지 않고 있으면 어쩔 셈인가. 계속 의견을 말해봐라. 만약 포츠담 선언을 수락할 거라면 무조건으로 모두 수용할 것인지, 아니면 우리 쪽에서 희망조건을 제시할 것인지 그 점을 논의해야 될 거라고 생각한다."

이 발언 덕분에 우선 포츠담 선언을 수락한다는 전제가 세워지게 되었습니다. 그 다음에는 어떻게 수락할 것인가를 논의하게 되었습니다. 이 순간에 포츠담 선언 수락이 결정되었고, 그 이외의 전쟁 종결 방책을 찾아보자는 의견은 전부 다 날아가버렸다고 해도 좋을 것입니다. 그리고 아나미 고레치카 육군대신, 우메즈 요시지로 참모총장, 도요다 소에무 군령부총장 모두 여기에 대해 반론하지 못하고 발언을 시작했습니다.

포츠담 선언에는 일본의 항복 조건이 상세하게 적혀 있습니다. 제대로 번역하자면 너무 길고 오히려 번잡하므로 결론 부분을 추려서 말씀 드리겠습니다.

먼저 세계정복 계획에서 생겨난 권력과 세력의 영구 제거입니다. 이하 일본 본토의 군사 점령. 혼슈, 홋카이도, 규슈 및 시코쿠 외의 영토 몰수. 외지의 일본 군대의 완전 철수. 전쟁범죄인의 처벌과 민주주의적 경향의 부활 강화, 거대 산업 불허가 (재벌 해체). 연합군의 철수는 평화적이면서 책임이 있는 정부가 만들어 졌을 때라고 했습니다.

가장 큰 문제는 처음 부분인 '세계정복 계획에서 생겨난 권력과 세력' 입니다. 이 것이 다름 아닌 천황제를 말하는 것이 아닐까, 하는 근본적인 의문이 생겼습니다. 그것이 최고전쟁지도회의 논의의 최대 주제가 되었습니다.

첫 번째의 성단

회의는 갑자기 분규를 일으키기 시작했습니다. 천황제가 위기에 처해졌다, 국체 가 파괴될지도 모른다, 천황의 신변이 매우 위험하게 된다고 걱정을 합니다. 그래서 도고 시게노리 외무대신은 희망조건을 붙인다고 하면 단 하나 천황의 국법상의 지 위를 변경하지 않는다는 것, 즉 천황제를 보호하는 것만을 조건으로 내세워 포츠담 선언을 수락하자고 제안했습니다. 요나이 해상이 이에 동의했습니다. 세계정복 계 획에서 생겨난 권력과 세력이 천황제가 아니라는 것을 확인하자는 말입니다. 그러 자 아나미, 우메즈, 도요다 등 군부 측 세 사람이 "그것만으로는 부족하다."라고 주 장합니다. 천황제를 끝까지 지켜내기 위해서도 2. 점령은 소범위에서 소병력으로 단기간에 할 것', 3. 무장해제와 4. 전범의 처치는 일본인의 손에 맡길 것' 이라는 조건을 더해 합계 4개의 조건을 제시하자고 주장했습니다.

이에 대해서 도고 외상은 "그렇게 조건을 많이 달면 받아주지 않을 것이다. 조건 하나만을 달자."라고 말했지만 군부는 양보하려고 하지 않습니다. 군이 해체되고 무장해제 된 뒤에 연합군 측이 천황을 재판에 회부하려고 한다면 천황을 지킬 수가 없다, 무장해제와 전범재판을 일본인이 하겠다고 해두면 끝까지 지켜낼 수 있지 않느냐고 버팁니다. 스즈키 수상은 요나이나 도고의 의견에 가까워 "조건은 하나가 좋다."라고 말했지만 군부 측 3명은 "네 가지 조건이 아니면 안 된다."고 버팁니다. 회의는 분규를 거듭하고 양쪽 모두 의견을 굽히려고 하지 않았는데, 그렇다고 해서 큰 소리를 지르며 자기 의견을 주장하는 사람은 없었습니다. 다만 암담한 분위기 속에서 각자 조곤조곤 자신들의 주장을 반복해 말할 뿐입니다.

그런데 그 회의를 하던 중에 제2의 원자폭탄이 나가사키에 투하되었다는 소식이 전해졌습니다. B29의 박스카호는 당초 예정했던 고쿠라 시가지가 구름에 덮여 있어 목시目視 할 수 없는데다, 상공을 계속 선회해도 맑아질 기미가 보이지 않자 목표를 나가사키로 변경했습니다. 나가사키 역시 흐리기는 했지만 산 건너편의 구름 사이로 볼 수가 있어 오전 11시 2분, 원폭을 투하했습니다. 이것도 같은 해 12월 시점에서 사망자는 7만 5천 명이라고 발표되었습니다.

한편, 최고전쟁지도회의에서는 정해진 시간을 한 시간이나 넘겼지만 아무런 결론이 나오지 않았습니다. 그 후에 예정된 각료회의 때문에 어쨌든 휴회를 하고 각료회의를 열기로 했습니다. 제1회는 오후 2시 반부터 세 시간, 제2회는 오후 6시 반 부터 10시까지였으니 논의에 논의를 거듭한 셈입니다.

여기서도 아나미 육상이 완강하게 네 가지 조건을 고집했고 각료 중에서 여기에 찬성하는 사람도 나와 여전히 결론이 나지 않았습니다. 드디어 오후 10시 반, 모두가 지쳐버려 이 회의 역시 일단 휴회를 했습니다.

그때 스즈키 육상은, 회의를 몇 번씩 열어도 결론이 나지 않는다, 그렇다면 내각 불일치라는 결론을 그대로 천황에게 가지고 가서 결론을 내려달라고 하자고 생각했습니다. 그런데 어전회의를 열려면 법적으로 참모총장과 군령부총장의 승인, 이 경우는 서명의 의미인 화압花押(각종 문서에 자신의 성명이나 직함 밑에 본인이라는 것을 확인하려 찍는 문자 모양의 표지—옮긴이)이 필요합니다. 그런데 미리 준비했다고는 생각되지 않지만 9일 아침, 최고전쟁지도회의를 열기 전에 스즈키 수상의 지시를 받고 서기관장인 사코미즈 히사쓰네가 참모총장과 군령부총장의 화압을 받아두었습니다. 정세가 계속 급변하고 있었으니 무슨 일이 일어날 때마다 일일이 두 총장을 쫓아다니면서 화압을 받는 것은 힘든 일입니다. 그래서 "정말로 죄송하지만 만일의 일이 생길 경우 꼭 필요하니 일단 이 서류에 화압을 받아두고 싶다."라고 미리 부탁했습니다. 두 사람은 다소 수상쩍다는 생각을 가졌지만 사코미즈가 "회의를 열 때는 지금까지 하던 대로 수속을 밟아서 양해를 얻겠습니다."라고 말한 것 같습니다. 이 화압은 그날 밤에도 효력이 살아 있었으니 법적으로 문제가 없는 어전회의를 열 수 있었습니다. 스즈키 수상은 재빨리 어전회의를 소집했습니다.

8월 9일 오후 11시 50분, 최고전쟁지도회의 멤버 6명 전원 외에 추밀원 의장인 히라누마 기이치로와 육해군의 군무국장, 그리고 사코미즈 서기관장이 배석하여 포츠담 선언을 어떻게 수락할 것인가에 대해 한밤의 어전회의를 열었습니다. 이때의 모습은 그림으로 그려져 남아 있습니다.[1] 15평(약 50평방미터) 정도의 매우 좁은 지하 방공호에 책상을 놓고 정규 어전회의 스타일로 열렸습니다.

스즈키 수상은 그때까지의 경위를 천황에게 설명한 뒤 "결론이 나지 않으니 폐하의 판단을 따르고 싶습니다."라고 갑자기 말합니다. 이에 군부는 '저게 아닌데'라고 마음속으로 생각했을 것입니다. 보통 어전회의에서 천황은 발언을 하지 않게 되어 있으므로 천황의 의견을 구하는 것은 약속위반이라고 할 수 있습니다. 군부 측 사람들은 마음속으로는 화가 났지만 천황 앞이라서 말을 할 수 없었습니다. 어쨌든 그런 관례를 깨고 천황도 "그렇다면 내 의견을 말해보지."라면서 솔직하게 말했습니다. 사전에 교섭을 했던 것은 아니지만 이 부분은 쇼와천황과 스즈키 간타로의 일종의 짜고 치는 고스톱이 되어버렸습니다. 쇼와 4년부터 11년 말까지 천황과 시종장의 관계를 보면, 천황은 스즈키를 아버지처럼 신뢰하고 있었습니다. 스즈키가 하는 말은 전부 다 받아들였다고밖에 생각할 수 없습니다. 천황이 조용히 말했습니다.

"나는 외무대신의 의견에 동의한다."

즉 조건이 하나여도 괜찮다는 말입니다. 게다가 천황은 마음속 깊은 곳에서 목소리를 짜내듯이 설명했습니다.

"공습은 격화되고 있고, 이 이상 국민을 도탄의 괴로움에 빠지게 하고, 문화를 파괴하고, 세계 인류의 불행을 부르는 건 내가 원하던 바가 아니다. 내 임무는 선조로부터 이어받은 일본이라는 국가를 자손에게 전해 주는 일이다. 이제는 한 사람이라도 더 많은 국민들을 살아남게 해서 그 사람들이 장래에 다시 털고 일어서게 해주는 것밖에 길이 없다.

물론 충직하고 용감한 군부를 무장해제 하고 어제까지 충성을 격려했던 그들을 전쟁범죄인으로 처벌하는 것은 그간의 정을 생각할 때 견디기 힘든 것이다. 그러나 이제는 참기 힘든 것을 참아야만 할 때라고 생각한다. 메이지 천황의 삼국간섭 때의 마음을 이어받아 나는 눈물을 삼키며 외상의 의견에 찬성한다."

이렇게 일본은 연합군 측에 한 개 조건만을 희망한다고 전하고, 그걸로 괜찮다면 항복할 거라고 결정했습니다. 8월 10일 오전 2시 30분을 넘겼습니다. 그날 밤은 궁성 앞에 있는 소나무가 광장에 그림자를 털썩 드리운 매우 아름다운 달밤이었다고 합니다. 회의를 끝내고 밖으로 나왔을 때 요시즈미 마사오 육군군무국장이 갑자기 "약속이 틀리지 않습니까?"라며 군도를 손에 들고 스즈키 수상 앞을 가로막은 것을 아나미가 "요시즈미, 이제 다 끝났네."라고 말렸다는 이야기도 남아 있습니다.

예속과 제재하에서

10일 아침이 밝았습니다. 아침부터 외무성은 중립국인 스위스와 스웨덴 주재 일본공사를 통해서 '천황의 국가통치 대권을 변경한다는 요구를 포함할 수 없다는 점을 양해하여 포츠담 선언을 수락한다' 는 전보를 연합국에 전달했습니다. 이해하기 어려운 문장이지만 이것이 완성된 문장입니다. 간단하게 말하자면, 천황이 가진 대권은 보호받아야 된다는 점을 양해해주기 바라고 그걸 조건으로 포츠담 선언을 받아들여 항복한다, 즉 천황제의 보호를 보증해주었으면 한다는 내용입니다.

이 전보를 받은 미국은 무척 곤란해하는 것 같았습니다. 그루 전 주일대사와 다른 사람들은 빨리 승낙해서 일본이 항복하도록 만드는 편이 좋다고 생각했고, 육군장관인 스팀슨도 일본은 매우 곤경에 처해 있음에도 불구하고 열심히 천황제의 보증을 요구하고 있다며 그루 대사의 의견에 동감했습니다. 스팀슨은 '일본인은 어찌되었든 끝까지 천황을 좋아하는구나' 라며 말할 수 없이 감동했다고 나중에 글을 남겼습니다. 미국으로서도 더 이상 전쟁을 계속한다면 다음은 본토결전을 해야 합니다. 그렇게 되면 이오 섬이나 오키나와에서 일본 병사들이 맹렬히 저항하여 상당수의 미군이 죽은 것처럼 또다시 엄청난 유혈사태가 발생할 것이고, 전쟁이 길게 늘어지는 것에 비한다면 천황제는 작은 문제이니 일본의 희망조건을 받아들여야 하지 않겠는가, 라는 의견이 상당히 강력했습니다. 그러나 강경한 사람들도 많이 있었습니다. 특히 번즈 국무장관은 "이 조건을 받아들이면 무조건 항복이 아니다. 우리는 지금까지 몇 번이나 무조건 항복을 선언했다. 이제 와서 왜 일본에 양보할 필요가 있는가. 당장 거절하라."라고 말했습니다.

그리고 일본의 요구를 영국, 소련, 중국에 알리자 영국과 중국은 비교적 빨리 대답을 보냈습니다. 대답은 더 이상의 유혈참사보다 조건을 받아들이는 것이 좋지 않겠느냐는 의견이었습니다. 다만 소련은 좀처럼 결론을 내리지 못하고 있었고, 미국 내부도 결론을 내리지 못하고 질질 끌다가 드디어 일본 시간 8월 12일 밤에 연합군 측의 회답이 정해졌습니다. 그 내용은 샌프란시스코 방송을 통해서 일본에 전해졌습니다. 그건 정말이지 애매모호하여 뭐라고 대답한 건지 알 수 없는 회답이었습니다.

일본국의 최종적인 정치 형태는 포츠담 선언을 존중하고 일본국 국민이 자유롭게 표명한 의사에 의해 결정되어야 한다.

앞으로 일본국의 정치 형태는 국민이 자유롭게 정한다, 그 의사에 따라 결정하겠다는 것이지 천황제를 보증한 것은 아닙니다. 그리고 중요한 부분이 그 뒤에 이어집니다. 일본 본토를 점령할 때는,

천황 및 일본국 정부의 국가통치 권한은……연합군 최고사령부에 Subject to 하기로 한다.

이 Subject to를 두고 외무성이 고민하다가 '제한 안에 둔다'라고 번역했는데 군부는 그 해석을 인정하지 않고 '예속한다'라고 해석했습니다. 그렇다면 천황과 일본정부는 맥아더에 예속하게 됩니다. 그러자 맨 처음에 나온 '일본 국민의 의사에 맡긴다'는 말도 믿을 수 없지 않은가, 라는 의견이 나와 다시 한 번 대격론이 펼쳐집니다. 이는 전쟁을 시작하는 것은 간단하지만 끝내는 것은 어렵다는 것을 증명해주고 있습니다.

13일 아침부터 최고전쟁지도회의에서는 논의가 계속되었는데 군부는 이렇게 주장합니다.

"국체의 근원인 천황의 존엄함을 모독하고 있다. 이런 일은 우리 국체의 파멸, 황국의 멸망을 초래하는 것이니 자칫하면 우리의 희망조건을 받아들여주지 않을 수도 있을 것이다."

그리고 다시 한 번 연합국에 국체를 보장해줄 것인가, 천황의 신변은 안전한가 물어보아야 한다고 요구합니다. 도고 외상은 다시 물어본다는 건 외교적으로 볼 때 교섭의 결렬을 의미한다, 적어도 천황이 황위에 앉아 있는 것은 보증되어 있지 않은가, 라고 말합니다. 그러나 군부가 납득하지 않아 계속 삐거덕거리는 사이에 시간은

허무하게 지나가고 있었습니다.

일흔여덟 살인 스즈키 수상은 그 말들을 아무 소리 안 하고 듣고 있었습니다. 저는 《성단聖斷》*2을 쓸 때 스즈키 수상의 말을 통역하느라 비서관으로서 옆에 있었던 수상의 아들 하지메를 몇 번 만나서 이야기를 들었습니다. 귀가 약간 어두운 탓도 있었지만 어쨌든 스즈키 수상은 인내심이 강했던 것 같습니다. 내용이 들렸는지 어땠는지는 모르지만 어쨌든 아무 말 없이 묵묵히 듣고 있었다고 합니다. 논의가 결론이 나지 않자 이윽고 간타로가 등을 꼿꼿이 펴고 확실하게 이렇게 말했습니다.

"군부는 회답의 언어 해석에 대해 너무나 무제한적으로 논의하여 정부가 일궈놓은 모처럼의 화평 노력을 뒤집으려고 하는 것같이 여겨집니다. 왜 외무성의 전문가가 생각하는 것처럼 회답을 해석할 수는 없습니까?"

외무대신 쪽에 찬성한다는 의견입니다. 도고 외상은 백만의 아군을 얻었다고 생각한 것 같습니다. 이 말에는 군부도 아무 말을 하지 못했지만 두 번째의 연합국 조회를 포기할 수 없어서 마지막까지 매달렸던 것 같습니다. 그러나 오후부터는 예정대로 각료회의를 열어야만 해서 최고전쟁지도회의는 일단 휴회를 했습니다.

소수의 지도자들이 정할 수 없는 것이 대신들이 가득 모여 있는 장소에서 정해질 리가 없습니다만 어쨌든 각료회의에 들어갔습니다. 아나미 육상이 변함없이 연합국에 다시 조회할 것을 주장합니다. 그러자 도고 외상이 "그러면 모든 것이 파산이 된다. 말도 안 되는 이야기다."라며 양보하지 않습니다. 같은 논의를 반복하고 있는 것입니다. 도고 외상은 드디어 인내의 끝에 다다른 것 같았습니다.

"정식적인 형태의 연합국 회답은 아직 도착하지 않았다. 단지 샌프란시스코 방송만을 듣고 논의를 하고 있는 것은 난센스다. 총리께서는 각료회의를 여기서 끝내주셨으면 한다."

스즈키 수상은 그 말도 맞다며 단념하고 휴회에 들어갔습니다. 생각해보면 각료회의에서 일치해 정할 수 있는 이야기가 아닌데 일본의 정부 시스템상 각료회의에서 일치하지 않으면 결정을 내릴 수 없으니 어쩔 수 없었습니다. 하지만 논의를 하면 할수록 모두 자신감이 없어지는 것입니다. 궁지에 몰린 일본제국은 누군가가 무엇을 결단하지 않으면 어떻게 할 수 없는 단계에 다다르게 된 것입니다.

그 누군가란 대체 누구일까요?

두 번째의 성단에 따라서

그런 상황의 이면에, 육군에서는 강경한 쿠데타를 일으켜 스즈키 내각을 타도하고 군부가 내각을 만들자, 그리고 지금까지의 활동을 모두 없던 것으로 하고 철저하게 항전해야 한다며 8월 10일 무렵부터 쿠데타 계획이 착착 진행되고 있었습니다. 물론 비밀리에 말입니다. 아나미 육상과 우메즈 참모총장은 이 계획을 알고 있으면서도 모른 척하고 회의나 각료회의에 출석했습니다. 그 계획도 최종적인 단계에 들어가 13일 밤에는 '내일 8월 14일 오전 7시, 아나미 육군대신과 우메즈 총장이 회담하여 이미 완성된 쿠데타 계획을 정식으로 승인한다. 7시 30분, 육군대신과 동부 군사령관(도쿄를 방위하고 있는 군의 수장입니다), 고노에 사단장(궁성수비군의 우두머리입니다)이 회담하여 계획을 확인한다. 8시, 육군성 및 참모본부의 중견 클래스, 최고과원 이상 전원 집합. 10시, 쿠데타 발동' 이라는 계획을 세워 아나미와 우메즈에게 전했습니다. 두 사람은 대답하지 않았습니다. 다만 다음 날 오전 7시의 회담에서 결론을 내기로 하고 헤어진 것 같습니다.

그리고 14일이 밝았습니다. 당시는 육군성과 참모본부가 이치가야다이, 즉 지금의 방위청이 있는 장소의 같은 건물 안에 있었고 1층이 참모본부, 2층이 육군성이었으니 두 사람이 만나는 것은 어려운 일이 아닙니다. 오전 7시경에 예정대로 아나미 육상과 우메즈 참모총장이 차례로 왔습니다. 두 사람을 앞에 두고 아라오 군사과장이 병력의 동원에 대해서 설명하고 찬동을 구했습니다. 그런데 이때 우메즈가 "나는 이 계획에 반대한다."라고 말하고 아나미도 동감이라고 말했습니다. 실은 이 순간에 쿠데타 계획은 갑자기 불이 붙듯 타올랐지만 일은 그렇게 간단하게 마무리되지는 않았습니다.

이것을 보고 중견급들이 "그렇다면 우리들만이라도 일을 벌이자."라며 더욱 강경해지기 시작했습니다. 그런데 그때 최고전쟁지도회의의 멤버들뿐만 아니라 각료 전원과 추밀원 의장도 궁성 내 방공호에 전원 집합하라는 천황의 명령 통지가 왔습니다. 천황과 스즈키 수상이 8시가 넘어 만나서, 여기까지 온 이상 천황이 앞의 사람들을 소집하여 최후의 어전회의를 열고 최종 결정을 내리는 것이 좋겠다는 이야기가 나왔고 천황도 승인했습니다. 최고전쟁지도회의의 구성원과 각료 전원이 참석한 합동회의가 열린 것은 쇼와 16년 12월 1일 태평양전쟁 개전 결정을 한 어전회의 이래 처음입니다. 스즈키 수상은 무슨 일이 벌어지든지 간에 단숨에 종전을 결정하리라 결의했습니다.

이렇게 육군 강경파가 쿠데타 발동을 준비하느라 시끄러울 때 육군대신과 참모총장이 모두 명령을 받고 궁 안에 들어가버리니 군인들은 한껏 높이 치켜든 주먹을 어떻게 해야 좋을지 알 수 없는 상태가 되었습니다.

10시 50분부터 회의가 시작되었습니다. 원래 하던 대로 스즈키 수상이 경위를 설명합니다. 아무리 논의를 거듭해보아도 결론이 나지 않으니 "정말로 송구스럽지만 폐하의 의견을 듣고 싶습니다."라고 말했습니다. 다시 한 번 천황의 의견을 물은 것입니다. 여기서 천황은 조용히 입을 엽니다. 이때 천황이 한 말은 함께 자리한 대신의 수기 등 여러 형태로 전해지고 있습니다. 그중 시모무라 히로시 정보국 총재가 정리하여 스즈키 수상의 승인을 받은 글이 있습니다. 매우 길지만 이것으로 전쟁이 끝났다고 할 수 있고, 내용이 종전의 조칙과 거의 같다고는 해도 더욱 알기 쉽게 말하고 있으니 한번 읽어보겠습니다.

반대론의 취지는 잘 들었지만 내 생각은 이전에 말한 것과 변함이 없다. 나는 국내 사정과 세계 현상을 충분히 생각했고 더 이상 전쟁을 지속하는 것은 무리라고 생각한다. 국체문제에 대해서 염려들이 많다고 하는데 상대방의 회답문은 악의를 가지고 썼다는 생각이 들지 않는다. 중요한 것은 국민 전체의 신념과 각오의 문제라고 생각하니 이참에 상대의 회답을 그대로 수락해도 좋을 것 같다. 육해군의 장병에게 무장해제나 보장점령이란 견디기 힘든 일이란 것을 잘 알고 있다. 국민이 옥쇄하여 군국을 위해 희생하려는 마음도 잘 알고 있지만 나 자신은 어떻게 되든 상관없으니 국민의 생명을 지키고 싶다. 게다가 전쟁을 계속하면 결국 우리나라는 완전히 초토화될 뿐이다. 국민에게 더 이상의 고통을 맛보게 하는 것은 나로서는 참기가 힘들다. 지금 화평이라는 수단을 써보아도 상대방의 방식에 전폭적인 신뢰를 두기 힘든 것은 당연한 일이다. 하지만 일본이 완전히 없어지는 결과에 비해서 조금이라도 종자가 남아 있기만 한다면 다시 부흥이라는 광명도 있을 것이다. 메이지 천황이 삼국간섭 때 괴로움을 참고, 인내를 했던 것처럼 장래의 회복을 기대하고 싶다. 앞으로 일본은 평화로운 국가로서 재건하겠지만 이것은 어려운 일이고 시간도 오래 걸릴 것 같다. 그러나 국민이 마음을 합해 협력하고 일치해 노력하면 반드시 이룰 수 있다고 생각한다. 나도 국민도 모두 노력하자.
오늘날까지 전장에서 전사하거나 내지에서 비명에 쓰러진 자나 그 유족을 생각하면 비탄을 금하기 힘들고 전쟁 중 부상을 입고 화재를 당하고 가족을 잃은 자들의 앞으로의 생활을 생각하면 걱정스럽기 그지없다. 이때 내가 할 수 있는 일은 무엇이든 하겠다. 국민은 지금 아무것도 알지 못하니 동요하리라 생각하지만 내가 국민에게 말하는 것이 좋다면 언제라도 마이크 앞에 설 것이다. 육해군 장병은 특히 동요가 클 것이고 육해군 대신은 그 마음을 위로하는 데 상당히 곤란함을 느낄 것이다. 그러나 필요하다면 내가 어디라도 나가서 자세하게 이야기해줄 것이다. 내각에서는 급히 종전에 관한 조서를 준비했으면 좋겠다.

이런 천황의 결단에 의해 전쟁은 종결됩니다. 이것이 전쟁이 끝났다는 것을 의미하지는 않습니다. 내각이 다시 한 번 포츠담 선언을 수락해서 항복할 것을 전원이 일치해 정하고 그런 내각 결정을 스즈키 수상이 다시 천황에게 주상하는 수속을 밟아야 합니다.

각료회의는 바로 열렸고 조서의 자구를 둘러싸고 시간을 많이 들였지만 어쨌든 일치를 보아서 승인했습니다. 8월 14일 오후 11시, 일본의 포츠담 선언 수락은 다시 한 번 스위스, 스웨덴 주재의 일본공사를 통해 연합국에 통지되었습니다. 그러므로 미국, 영국, 연합국 모두 통달을 받은 일본 시간 8월 14일 밤이 이들에게는 '승리의 날'이 되는 셈입니다. 한편, 일본은 이것을 전 국민을 동요시키지 않고 알리기 위해 15일 정오에 천황이 방송하는 형식을 취했습니다. 일본 국민은 8월 15일에 전쟁이 끝났다고 알고 있지만 실제로는 8월 14일에 종결되었다고 할 수 있습니다.

항복한다는 것의 어려움

그러나 앞날은 험준합니다. 전쟁이라는 것은 일으키기는 쉽지만 끝내는 것은 용이하지 않습니다. 일본이 일방적으로 "포츠담 선언을 수락해서 그만두겠습니다."라고 말한다고 해서 모든 것이 다 끝나지는 않습니다. 포츠담 선언 수락은 전쟁상태를 끝낸다, 전투를 그만둔다는 것을 의미합니다. 그러나 제대로 항복을 조인할 때까지 전쟁 자체는 완전히 종결된 것이 아닙니다. 그 점을 일본이 확실히 알고 있지 못했다고 한다면 이 이상 한심한 이야기는 없을 것입니다. 독일의 경우 항복을 신청하고 이틀 후에 조인했으므로 아주 짧은 시간에 전쟁이 끝났지만 일본의 경우 본토에 아직 많은 병사가 있습니다. 미군은 먼 오키나와에 있었고 소련은 만주에 막 들어갔으

미주리 함상에서 이루어진 일본의 항복문서 조인식. 실크 모자를 쓴 사람이 전권대사인 시게미쓰 마모루, 그 오른쪽이 우메즈 요시지로 참모총장. 쇼와 20년(1945) 9월 2일.

니 갑자기 항복을 조인할 수 없고 시간이 걸립니다. 그리고 그 점을 소련이 이용했습니다.

일본이 소련 침공에 관해서도 좀 더 진지하게 생각했다면 바로 만주에 천황의 사자를 보내 정부끼리 면밀하게 전투 중지 결정을 해야만 했습니다. 소련은 처음 미·영·중 삼국으로 구성된 포츠담 선언에, 참전을 한 뒤에야 들어갔습니다. 일본은 "포츠담 선언을 수락했으니 소련도 알고 있을 것이다."라고 생각했습니다. 하지만 이것은 너무나 얄팍한 생각입니다. 먼저 첫 번째 잘못은 포츠담 선언 수락은 항복 의사의 통달이라는 의미밖에 없습니다. 그러므로 소련군은 그대로 만주를 계속 공격해 나갑니다. 참모장인 안토노프 중장은 8월 6일 당당하고 분명하게 포고합니다.

'천황이 14일에 했던 통고는 단지 일본 항복에 관한 일반적인 태도에 지나지 않는다. 일본군의 항복이 정식으로 실행되지 않은 이상 극동에서의 소련의 공격태세는 여전히 계속되어야만 한다.'

그리고 두 번째의 잘못은 미군이 연합군의 대표이고 그 연합군의 최고사령관으로 트루먼이 임명한 사람이 맥아더 원수이니 그와 교섭만 잘한다면 그게 소련에도 통용될 거라고 생각했다는 점입니다. 그러나 항복이 제대로 조인된 때 비로소 맥아더가 연합국군 최고사령관이 되는 것인데 일본은 그런 것도 몰랐습니다.

소련으로서는 항복문서에 조인이 이루어지기 전까지는 아직 기회가 있다며 계속 공격했습니다. 무지했던 일본은 8월 17일, 대원수 명령에 따라서 관동군도 무기를 버리고 무저항이 됩니다. 그걸로 괜찮을 거라고 생각했습니다. 그런데 소련군은 계속 공격합니다. 그런 상황이 이어졌으니 만주의 비극이 시작된 것입니다. 이렇게 일본과 소련 간의 이른바 '일주일 전쟁' 후의 전투에서 소련군은 마음껏 공격했고 일본은 군대뿐만 아니라 일반 민중까지 휘말려 비참한 희생자가 끊임없이 나오게 되었습니다. 실제로 전사자만 8만 명입니다. 한편 소련군은 전사자 8천219명, 부상자 2만 2천204명이라고 발표했습니다. 그리고 일본 측이 발표한 숫자로 57만 4천538명이 시베리아에 포로로 호송되어 몇 년이나 강제노동을 해야 했습니다. 무사하게 귀환한 사람은 47만 2천942명이었으니 10만 명 이상이 시베리아 땅 아래에 잠들어 있다고 볼 수 있습니다. 소련 측은 이에 대해 숫자를 발표하지 않았습니다.

동시에 그때까지 일본 방위의 최전선이라 일컬어지던 만주에는 많은 일본인들이 건너갔지만 어디에 몇 명이 있는지 좀처럼 정확하게 알기가 힘듭니다. 150만 명 가까이 살고 있었다고도 합니다. 그리고 귀환자의 수는 만주에서는 104만 7천 명, 여순이나 대련 같은 관동주에서는 22만 6천 명이므로 단순하게 계산하기 힘들지만 만주에서 죽은 일반 민간인은 18만 694명이 됩니다. 살아 귀환했다고는 하나 이들은 당시에 상당히 고생을 했습니다. 그리고 만주는 눈 깜짝할 사이에 소련이 석권했습니다.

9월 2일, 도쿄 만에 떠오른 미국의 전함 미주리호 위에서 항복문서의 조인식이 이루어져 일본은 태평양전쟁을 '항복'이라는 형태로 끝냈습니다. 이것이 무조건 항복이었는지는 자주 문제가 되고 있습니다. 분명히 한 가지 조건을 제시했고 연합군 측이 그것을 받아들였으니 무조건이 아니라고 할 수도 있을 겁니다. 하지만 곰곰이 생각하면 GHQ(연합국최고사령부)가 만든 신헌법에 의해 적어도 지금까지 가졌던 일본의 국체, 천황주권 국가는 부정되고 국민이 주권을 가진 국가가 되었으니, 천황의 신변이 상징이라는 형태로 살아났다고는 해도 결과적으로 일본이 제시한 하나의 조건조차 무시당한 게 아닌가 생각됩니다.

그렇지만 그 찌는 듯이 무더운 여름에 잘 항복하여 전쟁을 매듭지었다는 느낌을 받았습니다. 졸저 《소련이 만주에 침공했던 여름》[3]에도 쓰여 있지만 미국의 삼성(육군, 해군, 국무) 조정위원회는 일찍이 일본을 점령한 뒤의 통치정책에 대해서 연구, 토의를 했습니다. 결과적으로 그 제1국면인 3개월간은 미군 85만 명이 군정을 펴 일본 본토를 통치하지만 다음 제2국면인 9개월간은 미, 영, 중, 소의 4개국이 진주해 통치한다, 이 경우 일본 본토를 4개로 나누어서 간토 지방과 츄부 지방 및 긴키 지방은 미군 31만 5천 명이, 츄고쿠 지방과 규슈 지방은 영국군 16만 5천 명이, 시코쿠 지방과 긴키 지방은 중국군 13만 명(긴키 지방은 미중의 공동 관리)이, 그리고 도후쿠 지방과 홋카이도는 소련군 21만 명이 통치한다, 그리고 도쿄는 4개국이 4개로 분할하여 통치한다고 결정을 보았습니다. 그리고 이것이 쇼와 28년 15일에 성문화됩니다.

물론 이 문서는 일본이 조기에 항복했기에 없어졌습니다. 그런데 소련은 끈질깁니다. 8월 15일에 스탈린은 트루먼에게 극비리에 친전의 편지 한 통을 보냅니다.

一. 소련군에 대한 일본국 군대의 항복 구역에 치시마 열도 전부를 포함할 것(중략)

二. 소련군에 대한 일본국 군대의 항복 지역에……홋카이도의 북쪽 절반을 포함할 것. 홋카이도의 북반과 남반의 경계선은 홋카이도의 동안에 있는 구시로 시에서 서안에 있는 루모이 시를 잇는 선으로 하고 그 두 도시는 섬의 북쪽 절반에 포함시킬 것.

이 2개의 제안은 러시아 여론이라는 문제에서 특별한 의의를 가지고 있습니다.……만약 러시아군이 일본 본토의 어딘가에 점령지역을 가지지 못하게 된다면 러시아의 여론은 매우 분개할 것입니다. 나의 이 작은 희망이 반대에 부닥치는 일이 없길 간절히 바라는 바입니다.

여전히 홋카이도의 북쪽 절반을 소련 영토로 귀속시키겠다고 주장하는 스탈린의 제안을 트루먼은 정면으로 거부했습니다. 덕분에 일본은 독일처럼 분할되는 일 없이 전쟁을 종결할 수 있었습니다. 이런 역사의 안쪽에 숨겨져 있던 사실을 나중에 알고 나니 '야, 하마터면 늦을 뻔했다. 정말 그때 질 수 있게 되어서 다행이다' 라는 생각이 들기도 합니다.

그렇다고는 해도 이 얼마나 바보 같은 전쟁을 했습니까. 이 긴 수업의 마지막에는 이 말 한마디밖에 할 말이 없습니다. 달리 결론을 내릴 것이 없습니다.

*1- 8월 9일 최고전쟁지도회의의 그림. 시라카와 이치로 그림. 치바 현 노다 시 스즈키 간타로 기념관 소장.

*2- 《성단聖斷》, 〈문예춘추〉, 1985년. 후에 2003년, PHP연구소에서 신장판.

*3- 《소련이 만주에 침공했던 여름》, 〈문예춘추〉(현재 〈문춘문고〉), 1999년.

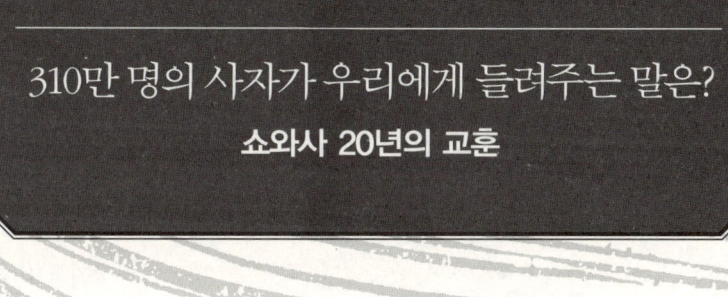

종장

310만 명의 사자가 우리에게 들려주는 말은?

쇼와사 20년의 교훈

제일 처음에 말씀 드렸듯이 쇼와사는 러일전쟁의 유산을 받아 만주를 일본 국방의 최전선 영토로 만들고자 한 부분에서 시작합니다. 마지막에는 소련군이 그 만주를 공격하니, 메이지유신 이래 러일전쟁까지 40년이 걸려 만들어진 일본은 러일전쟁 후 40년 만에 멸망하고 맙니다. 만주국은 눈 깜짝할 사이에 소련군에게 침공당해 결국에는 중국 영토가 되는 형태로 전쟁이 끝나버립니다. 이걸 보면 쇼와사는 너무나 허무하고 헛수고만 한 것 같은 역사처럼 보입니다. 냉정하게 말하면 러일전쟁 직전의, 아니 청일전쟁 전의 일본으로 돌아갔으니 50년간의 길고 긴 고통은 무위로 돌아갔습니다. 쇼와사란 그처럼 무위가 되어가는 과정이라고도 할 수 있습니다.

8월 15일 아침이 밝았고, 천황이 전쟁 종결 방송을 하기 전에 마지막까지 국체 보호, 즉 천황의 신변의 안전을 염려한 아나미 육상은 "하나의 죽음으로 대죄를 사한다."라는 유서를 남기고 할복자살했습니다. 육군을 대표해서 국가를 비참하게 패망으로 이끈 죄과를 천황 앞에 사죄하고 싶었던 겁니다. 그러나 곰곰 생각하면 평화를 되살리기 위한 희생양이 되어서 대륙에서, 먼 남쪽 바다에서, 태평양의 섬들에서 허무하게 흩날릴 수밖에 없었던 무수한 사망자에 대해 마음속으로 사죄한 것이라는 생각이 듭니다.

이야기가 길어지므로 태평양전쟁 때의 전투에 대해서는 하나하나 언급할 수 없지만 많은 곳에서 일본 병사들은 죽어갔습니다. 주요한 전쟁의 사망자들을 한번 열거해보겠습니다.

과달카날 섬에서 전사자 8천200명, 아사 또는 병사 1만 1천 명.

앗쓰 섬에서 전사 2천547명, 포로 29명, 이건 거의 전멸입니다.

뉴기니에서 병사를 포함한 전사 15만 7천 명.

타라와 섬에서 전사 4천690명, 여기도 옥쇄라고 볼 수 있습니다. 포로 146명.

마킨 섬도 옥쇄라 할 수 있는데, 전사 690명, 포로 90명.

케제린 섬도 옥쇄하여 전사 3천472명, 포로 250명.

괌 섬에서 전사 1만 4천800명, 포로 1천250명.

사이판 섬에서 전사 약 3만 명, 시민 사망자 1만 명, 포로 900명.

섬뿐만이 아니라 육상에서도 많은 사람들이 죽었습니다.

임팔작전에서 전사 3만 500명, 부상을 입거나 병으로 쓰러진 사람 4만 2천 명.

임팔작전의 하나로 버마와 중국의 국경선과 중국 본토에서 미중과 벌인 전투에서 옥쇄한 전사자 2만 9천 명, 생존자 1명. 무사 탈출한 이 사람이 이 전투에 대해 이야기해주었습니다.

페리류 섬도 옥쇄하여 전사 1만 650명, 포로 150명.

필리핀은 레이테 섬, 민다나오 섬, 루손 섬의 마닐라 주변 등 많은 곳에서 전투가 있었고 그 전 지역의 전사자 47만 6천800명, 생존자 13만 3천 명. 이곳은 종전까지 싸웠으므로 생존자는 마지막까지 살아남은 사람을 의미합니다.

이오 섬도 옥쇄하여 전사 1만 9천900명, 포로 210명.

오키나와에서는 전사 10만 9천600명, 시민 사망자 10만 명, 포로 7천800명. 여기의 전사자의 경우 중학생과 여학생 같은 의용병도 포함합니다.

그리고 일본 본토 공습으로 인한 사망자는 일본 전국에서 29만 9천485명이고 236만 호의 가옥이 잿더미가 되었습니다(쇼와 24년 경제안정본부가 공식으로 조사해 발표한 바에 의합니다).

그리고 8년간에 걸친 중일전쟁의 사망자는 만주사변과 상해사변까지 포함하면 총합계 41만 1천610명입니다(우스이 가쓰미의 《중일전쟁》에서). 다만 여기에는 소련과 일본의 일주일 전쟁의 전사자 약 8만 명도 포함된 것 같습니다.

이처럼 일본인은 온갖 전투에서 허무한 죽음을 맞았습니다.

전쟁이 끝난 뒤 얼마 지나지 않아 일본인 사망자의 합계는 260만 명이라고 했는데 최근 조사에서는 약 310만 명이라고 보는 견해도 있습니다.

그리고 특공작전에 의해 젊은 목숨을 잃었던 사람들은 해군 2천632명, 육군 1천983명, 합계 4천615명입니다. 이들은 앞서 이야기했듯이 전쟁 말기, 지원에 의한다는 명목이었지만 대부분 명령에 따라 십사일생의 작전에 참가한 사람들입니다.

이만큼의 사망자가 20년 쇼와사가 빚어낸 결론입니다.

역사를 통해 배우라는 말을 자주 듣게 됩니다. 물론 제대로 읽는다면 역사는 장래에 상당히 커다란 교훈을 던져줍니다. 반성의 재료를 제공해주고, 일본인의 정신구조의 결점도 제대로 보여줍니다. 또, 같은 잘못을 반복하지 않아야 된다는 것도 가르쳐줍니다. 다만 그것은 우리가 역사를 바르게 제대로 배운다는 조건하에서 가능합니다. 그런 의지가 없으면 역사는 우리에게 제대로 말을 해주지 않습니다.

이 15회에 걸친 수업을 끝마칠 이즈음에 쇼와사의 20년이 어떤 교훈을 우리에게 주고 있는지를 잠시 이야기해보겠습니다.

첫째는 국민적 열광을 만들어서는 안 된다는 점입니다. 국민적 열광에 휩싸여서는 안 됩니다. 한마디로 말하면 시대의 기운에 제멋대로 휘둘림을 당해서는 안 된다는 말입니다. 열광이라는 것은 이성적이지 못한 감정의 산물인데 쇼와사 전체를 보면 일본인은 얼마나 열광적이었습니까? 매스컴에 선동당해 일단 불타오르면 열광 그 자체가 권위를 가지기 시작하여 굳건한 물건처럼 사람들을 이끌어 가고 휩쓸어버립니다. 결과적으로는 해군 대장 요나미가 말한 것처럼 '마성의 역사' 였다고 할 수 있습니다. 일본인이 열광했기에 그런 역사가 만들어졌다고 생각합니다.

대미 전쟁으로 갈 것을 알고 있으면서도 별 생각 없이 삼국동맹을 맺었다는 사실을 이야기했었습니다. 양식이 있는 해군 군인은 대부분 반대했다고 생각합니다. 그런데 눈 깜짝할 사이에 찬성으로 바뀌게 된 것은 정말로 시대의 기운이었던 것 같습니다. 이성적으로 생각하면 반대를 해야 하지만 국내 사정이 허락하지 않는다는 묘한 사고방식에 휩쓸리게 되었습니다. 그리고 순수하게 군사적으로 검토한다면 대미영 전쟁 같은 이길 수 없는 전쟁을 해서는 안 되었습니다. 승리의 확신이 전혀 없었으니 끝까지 반대를 해야 했고 반대해야 당연한데도 이대로 고집을 부리면 국내전쟁이 일어날 수 있다는 묘한 생각이 군의 상층부를 움직이고 말았습니다. 쇼와천황이 《독백록》 속에서 "내가 마지막까지 '노' 라고 말했다면 아마 유폐되거나 죽음을

당했을지도 모른다."고 말한 적이 있습니다. 이것 역시 시대의 흐름이고, 그런 국민
적 열광 속에 천황 자신도 그렇게 생각할 수밖에 없는 분위기를 감지했다고 봅니다.

둘째는 최대의 위기에 처한 일본인이 추상적인 관념론을 너무 좋아한 나머지 구
체적이고 이성적인 방법론을 전혀 검토하려 들지 않았다는 점입니다. 먼저 자신에
게 바람직한 목표를 설정하고 이어 매우 능숙한 작문으로 장대한 공중누각을 쌓는
것이 일본인의 특기인 것 같습니다. 모든 일들이 자신이 희망하는 대로 움직일 거라
고 생각합니다. 소련이 만주를 공격해 올 것이 눈에 뻔히 보이는데도 공격을 당하기
싫다, 지금 공격하면 곤란하다, 이런 생각들을 점점 '아니, 공격해 오지 않는다',
'괜찮다. 소련은 마지막까지 중립을 지켜줄 것이다' 라는 식으로 생각을 굳히고 맙
니다. 정세를 제대로 본다면 소련이 국경선에 병력을 집중하고 게다가 시베리아 철
도를 이용해서 계속 병력을 보내리라는 것을 알 수 있습니다. 그런데 공격해 오면
곤란하니 오지 않을 것이다, 라며 자신이 원하는 쪽으로만 생각을 끌고 갑니다.

쇼와 16년 1월 15일, 대본영 정부연락회의는 전쟁이 날 경우의 전망에 대해서 논
의했습니다. 여기서 정해진 '전쟁 종결의 복안' 은 요컨대 독일이 유럽에서 이길 것이
다, 그러면 미국이 전쟁을 계속할 의지를 잃을 것이다, 그러므로 반드시 영광이
있는 강화로 인도하겠다는, 정말이지 남의 다리를 긁는 말만 하고 있습니다. 건방짐
의 끝을 보는 것만 같습니다. 그와 동시에 이때 미국에 대한 선전모략을 강화한다는
일본 나름의 책략도 정했습니다. 그것은 우선 '미 해군의 주력을 일본 근해에 유치
하도록 한다' 는 것이었는데, 이는 러일전쟁 때와 같은 해전을 꿈꾼 데서 비롯된 것
같습니다. 미 해군은 일본이 원하는 길을 통해서만 일본 근해에 올 것이다, 그때 적
을 맞아 격멸시키겠다는 것입니다. 그리고 미국이 아시아 정책을 반성할 수 있게 만
들고, 일본과 싸우는 것이 무의미하다는 것을 일깨워주겠다고 벼르고 있습니다. 자
기 마음대로 이런 방침을 정해놓았지만 미국이 일본이 정해놓은 경로로 와줄 리가
없습니다. 그러나 일본은 정말로 진지하게 그렇게 생각했습니다. 그렇게 될 거라고
꿈꾸었습니다.

셋째는 폐쇄적인 일본사회의 소집단주의 폐해가 원인이라고 생각합니다. 당시 육군대학교 우등 졸업생들이 모인 참모본부 작전과가 절대적인 권력을 가졌는데, 다른 부서에서 아무리 귀중한 정보를 전달해주어도 일절 인정하려 들지 않습니다. 군령부에서도 작전과가 그랬습니다. 즉 쇼와사를 이끈 중심 집단인 참모본부와 군령부는 소집단 엘리트주의의 폐해를 너무나도 적나라하게 보여주었다고 생각합니다.

그리고 넷째는 포츠담 선언의 수락은 의사 표명에 지나지 않고, 제대로 항복문서에 조인하지 않으면 종전은 완벽해질 수 없다는 국제적인 상식을 일본인은 전혀 이해하지 못했다는 점입니다. 간단하게 말하면 국제사회 속에서 일본의 위치를 객관적으로 파악하지 못하고 주관적 사고에 의한 독선에 계속 빠져 있었던 것입니다.

그리고 다섯째는 무슨 일이 일어났을 때 바로 결과를 얻으려고 하는 성급하고 대중요법적인 발상입니다. 이것이 쇼와사 속에서 거듭해서 전개되고 있습니다. 그때그때 상황에 맞추어 그 자리만 모면하는 방책으로 처리합니다. 넓은 의미에서 시간적·공간적인 대국관이 전혀 없습니다. 쇼와사를 통해 일본인은 복안적인 사고방식이 거의 부재했다는 것을 보여줍니다.

이렇게 다양하게 분석적인 말들을 늘어놓았지만 쇼와사 전체를 본 뒤 내린 결론을 한마디로 말하면, 정치적 지도자나 군사적 지도자들처럼 일본을 이끌어 온 사람들이 아무런 근거 없는 자기 과신에 빠져 있었다고 할 수 있습니다. 이런 말을 해도 소 잃고 외양간 고치는 격이겠지만 온갖 자료들을 보면 볼수록, 아무런 근거가 없는데도 "괜찮다, 이길 수 있다."라고 하거나, "괜찮다, 미국은 합의를 해줄 것이다."라는 말들을 반복하고 있습니다. 그리고 그 결론이 어긋났을 때 보여주는 태도는 끝을 알 수 없는 무책임함입니다. 오늘날의 일본인에도 이와 같은 면들이 많이 보입니다. 앞서 말씀 드렸다시피 역사는 제대로 보려고 하지 않으면 보이지 않고, 역사를 배우려고 하지 않으면 역사는 가르쳐주지 않습니다.

매우 긴 수업이었지만 오늘로 마칠까 합니다. 고맙습니다.

못 다한 이야기

노문한사건으로부터 배운 것

환상, 독선 그리고 당황스러움

안녕하십니까. 소개를 받은 한도라고 합니다. 실은 오늘 아침에 일어나서 통지를 보았더니 타이틀이 《쇼와사》라고 쓰여 있더군요. 이런 표지로 만들었구나 하고 놀랐습니다. 그런데 쇼와사라고 하면 너무 막연하니 이번에는 쇼와 14년(1939)의 노몬한사건에 대해서 이야기를 하겠다고 제가 그냥 정해버렸습니다. 이 점 부디 양해해주시기 바랍니다.

저는 헤세 10년(1998) 《노몬한의 여름》이라는 책을 썼는데, 상당히 많은 독자들이 제 글을 읽어주셨습니다. 그 다음 해 설날 〈아사히신문〉의 천성인어란에서 이 책을 다루었기에 여기서 그 일부를 소개하겠습니다.

홍수같이 쏟아져 나오는 책들 속에서 작년에 건진 수확 중 하나는 한도가 쓴 《노몬한의 여름(문예춘추)》일 것이다. 1939년(쇼와 14년), 당시 만주국과 몽골 국경 부근에서 일어난 소련과 일본 양 군사의 대규모적인 무력충돌을 해석해 그려낸 역작이다.

일본 측은 참패했고 사망자 수는 만 단위를 기록했다. 〈병사들은 먹지도 마시지고 않았고, 탄약이 떨어져도 싸웠다. 게다가 보급이나 구원을 요청할 방법은 전혀 생각할 수가 없었기에〉 이런 결과가 나왔다. 원래 이 전투는, 〈환상과 몰상식한 작전지도〉에 따른 것으로 〈무모, 독선 그리고 수령의 끝을 보여주고 있다.〉

이렇게 꺾쇠로 제 글을 상당히 많이 인용해 적었습니다.

자국 군에만 유리하게 상황이 펼쳐지리라는 고정된 선입관이 일본군 참모에게는 있었다. 예를 들어, 일본군이 출동하면 적은 퇴각할 거라고 한다. 〈그런 선입관에 얽매여서 보는 한 작전계획은 흠잡을 데가 없다. 그러나 문제는 적의 사정이 완전히 무시되었다는 점이다.〉

그래서 주관적으로는 이겼을지라도 철저한 고통을 겪게 되었다. 시바 료타로도 지적했듯이 전차 하나를 보아도 차이는 너무 크다. 우리 쪽 전차는 장갑이 얇고 기관총에도 견딜 수 없다. 그러나 이름이 전차인 이상 그건 훌륭한 전차였다.

여기서 이야기는 조금 바뀌는데,

그런데 경제기획청이 전날 정리한 1998년판 《경제의 회상과 과제(미니 경제백서)》는 어려운 내용이지만 우리에게 시사하는 바가 크다. 버블 붕괴 후의 10년간을 해석한 곳에서는 불량채권의 처리의 지연은 〈일어나서는 안 되는 일은 일어나지 않는다는 의식이 민관 쌍방에 강했기에 나온 결과〉라고 단정했다.

패배(실패)를 솔직하게 인정하지 않는 것이 더욱 패배(실패)의 원인이 되었다는 지적도 있다. 이 두 가지…….

즉 일어나서는 안 되는 일은 일어나지 않는다고 결정해버리는 점과 실패를 솔직하게 인정하지 않아서 다시 또 실패를 거듭한다는 두 가지 점에 대해서 다음과 같이 말하고 있습니다.

이들은 모두 《노몬한의 여름》의 내용과 겹쳐진다. 상황은 다르지만 일본인은 환상, 독선, 수렁과도 같은 발상에서 빠져나오지 않았던 것은 아닌가? 연초에 그런 염려가 문득 머리를 스친다.

이것이 천성인어의 개요입니다. 이것을 읽어드리고 이야기를 끝내면 좋겠지만 그래서는 여러분께 죄송한 마음이 드니, 여기에 약간 보충을 하는 형태로 노몬한사건에 대해서 이야기해드리겠습니다.

시바 료타로에 대해서

그 전에 천성인어 속에서 시바 료타로의 이름이 나왔으니 먼저 시바 료타로의 이야기를 해볼까 합니다.

시바는 《구름 위의 언덕》이라는 소설에서 메이지 시대를 그렸는데, 그보다 더 나아가 근대일본의 후반, 즉 다이쇼와 쇼와에 관한 소설을 쓰고자 하는 의도도 볼 수 있었습니다.

시바는 저에게, "다이쇼, 쇼와의 일본을 쓴다면 참모본부를 그리는 게 제일 좋지 않겠는가? 다시 말해, 참모본부에 대해 쓰는 것이 근대일본을 이해하기에 가장 좋은 방법이라고 생각하네."라고 말씀하셨습니다. "하지만 참모본부는 메이지 시대부터 존재했으니 그 역사를 쓴다는 게 만만치 않은 일일 것 같네."라는 이야기도 했습니다.

그 후 몇 년이 지나자 시바는 갑자기 "참모본부 전부를 쓰는 것은 도저히 무리니 주제를 노몬한사건으로 잡아 그곳에서 무슨 일이 일어났는지를 쓰면 그게 바로 참모본부에 대해 쓰는 일이 되지 않을까 생각하네. 그러니 참모본부의 역사가 아니라 노몬한사건을 쓰기로 했네."라고 말해주셨습니다.

그리고 시바가 늘 해 오던 방식대로, 자료를 계속해서 모았고 노몬한사건의 생존자들도 만나보았습니다. 그리고 당시 육군참모본부의 작전과에 있던 사람들도 아직 살아 있어서 이런저런 이야기를 충분히 들을 수 있었습니다. 저도 보조를 하느라 옛날의 참모들을 시바가 취재할 때 옆에서 이야기를 같이 듣기도 했습니다.

그중에서 노몬한사건의 단 하나 남은 생존자라고 할 수 있는 연대장급의 인물이 나가노 현에 있었습니다. 보병 26연대장인 스미 신이치로인데 시바는 이분을 만나 면밀하게 이야기를 들었습니다.

그런데 준비는 충분히 되었으니 이제 그 자료들을 모아서 본격적으로 글을 쓰면 될 것 같다고 생각하던 때에 시바가 갑자기 노몬한사건을 쓰지 않겠다고 하는 겁니다. 왜 쓰지 않으려고 했을까요? 제가 "그렇게 준비를 많이 하셨잖습니까?"라고 여쭈어보니, 시바는 "어쨌든 이제 그 이야기는 하지 말자. 노몬한사건을 쓰라고 하는 건 나보고 죽으라고 하는 말과 같다."라는 식으로 말씀하셨습니다.

결국 시바는 그토록 방대하게 조사한 노몬한사건에 대해서 한 줄도 쓰지 않았습니다. 단지 에세이나 그 밖의 다른 글에서 노몬한을 언급하거나, 아니면 잠깐 참모본부나 전차 이야기를 한 적은 있지만 제대로 그 사건에 대해서는 쓰지 않았습니다.

"왜 쓰지 않았던 걸까요?"라고 저에게 물어보는 분들도 많습니다. 실제로 저도 시바 료타로의 속내를 듣긴 했지만 그건 글을 쓰지 않는 정확한 이유를 들은 것이 아닙니다. 다만 아마 이러이러해서 쓰지 않았던 건 아닐까 하고 추리는 했습니다.

그 후 시바 료타로는 사망했고 장례식을 오사카에서 치렀습니다. 장례식장에서 시바의 영정 사진이 걸려 있는 곳에 꽃을 바치고 이별했는데 저는 사진 속 얼굴을 보면서 시바, 당신이 쓰지 않은 글을 제가 한번 써보겠습니다, 라고 속으로 말했습니다. 그래서 《노몬한의 여름》이 세상에 나오게 되었습니다.

제가 직접 써보니 노몬한사건의 당사자, 즉 참모본부의 작전이나 관동군의 작전과 군인들은 도저히 시바가 좋아할 만한 부류의 사람들이 아닙니다. 시바 소설의 주인공들은 사카모토 료마, 가와이 쓰구노스케, 히지카타, 도시조처럼 산뜻하고 심지가 곧으며 청결한 정신의 소유자들입니다. 선견지명이 있는데다, 세상의 풍파에도 결코 굴복하지 않으며 자신이 믿는 것은 끝까지 밀고 나가는 사람들입니다.

시바가 만약 노몬한사건을 썼다고 하면 5, 6년 이상은 매일같이 그 산뜻하지 않은 참모본부 사람들과 만나야 했을 것입니다. 글을 쓴다는 것은 바로 그런 일을 의미합니다. 그뿐만 아니라 그 전에 조사하는 기간이 5, 6년 이상 있어야 하므로 약 10년 이상의 세월을 관동군 참모나 참모본부 작전과 사람들과 어울려야 하는데 시바는 그들과 도저히 친해질 수 없을 거라 생각했던 것 같습니다. 그들은, 물론 지면상이긴 하지만, 시바가 10년 이상이나 가까이 지내며 이야기를 나눌 만한 사람들은 아니라고 생각했던 건 아닐까요? 그러니 노몬한을 쓰라고 하는 것은 자신보고 죽으라고 하는 것과 같다고 말했던 것 같습니다. 다만 이것은 저의 추측입니다.

대장이 보내온 한 통의 편지

하지만 언젠가 시바의 히가시 오사카 자택을 방문해서 노몬한사건에 대해 이야기를 나눈 적이 있었습니다. 그는 여전히 "그 이야기는 없었던 일로 하자."라고 강한 어조로 말씀하셨는데 제가 물러서지 않자 "실은 글을 쓸 수가 없네. 그 이유가 하나 있지."라며 한 통의 편지를 보여주었습니다. "제가 읽어봐도 되겠습니까?"라고 물어보자 괜찮다고 하기에 편지를 읽어보았습니다. 잠시 앞서 말씀 드렸던 스미 신이치로 연대장이 보내온 편지였습니다.

문장을 전부 기억하고 있는 것은 아니라서 대강을 말씀 드리자면 "나는 시바라는 분을 믿고 뭐든지 이야기해드렸는데 당신은 나를 너무나도 실망시켰다. 따라서 지금까지 말해드렸던 것은 전부 없었던 것으로 해주기 바란다. 내 이야기는 전부 듣지 않은 것으로 해주기 바란다."라는 취지였습니다.

그 이유는 "당신은 〈문예춘추〉지에서 세지마 류조 대본영 전 참모와 너무나 사이좋게 이야기를 하더라. 세지마처럼 국가를 그르치는 데 가장 큰 책임이 있는 자와 그렇게 사이좋게 이야기를 할 수 있다니 이제 더 이상 당신을 신용할 수 없다. 쇼와사의 여러 사건들을 제대로 읽으면 세지마가 대표하는 참모본부 사람들이 무엇을 했는지는 명료하다. 그런 사람들과 마치 친한 친구처럼 이야기하는 것은 도저히 용서할 수 없다."라고 합니다. 이 편지를 읽고 '아, 이래서는 시바가 노몬한을 쓸 수 없겠구나'라고 생각했습니다. 그 이유는, 물론 제 상상이긴 하지만, 시바가 글을 쓴다고 하면 아마도 그 스미 연대장을 주인공으로 삼아서, 시바가 좋아하는 산뜻하고 비판정신을 가진 군인으로 그려야 했을 겁니다. 그 연대장은 노몬한사건의 맨 처음부터 끝까지 제일선에서 용감무쌍하게 싸운 사람으로 상층부를 비판하는 자는 용서하지 않습니다. 그러나 우스운 이야기지만, 그는 노몬한에서 전사하지 않고 살아남았다는 이유로 비겁자라는 낙인이 찍혀 그 후 육군에서 추방당했습니다. 그런 사태가 이미 당시의 육군이 어떠했는지를 알려주는 증거가 될 텐데, 어쨌든 연대장 자체는 훌륭한 군인이었던 것 같습니다. 그런데 그분한테서 절교장을 받았으니 쓸 수가 없었을 것입니다. 이상 이 두 가지의 이유로 시바가 노몬한사건을 쓰지 않게 된 것은 아닌가, 라고 제 마음대로 한번 추측해보았습니다.

사건의 시작은 국경 침범

노몬한사건에 대해서는 이미 여러분들도 알고 계실 것이니 내용이나 경과는 자세하게 말씀 드리지 않겠습니다. 대강 말하자면, 일본군과 만주국은 하루하 강을 국경으로 정했는데 몽골과 소련 측은 강을 넘어서 활 모양으로 생긴 노몬한이라는 집

락이 있으니(그곳에 있는 초원은 양이나 말을 먹이기에 딱 좋은 멋진 초원이라고 합니다),
그 호롱바일 초원까지를 몽골영역이라고 주장했습니다. 이러니 항상 다툼이 끊이지
않았습니다. 일본 측은 양치기가 마음대로 강을 넘어오면 국경을 침범했다며 쫓아
내버렸는데 그런 일은 종종 있었습니다. 그러다가 드디어 군대를 보냈습니다. 이에
대해 소련 측도 군대를 내보냈는데 그것이 발단이 되어 노몬한사건이 일어납니다.

그런데 당시 마침 유럽에서 나치 독일이 동쪽으로 계속해서 세력을 넓히고 말 그
대로 폴란드를 집어삼키려고 했습니다. 폴란드가 독일에 넘어가면 독일과 소련은
국경을 접하게 됩니다. 눈앞에서 독일이 엄청난 힘으로 침투하려는 상황이 전개되
고 있기에 소련의 스탈린의 머릿속은 오로지 유럽으로 향해 있었습니다. 그러나 한
편으로 동쪽에서는 여전히 만주와 일본군이 마음에 걸렸습니다.

그래서 스탈린은 유럽에 전력을 집중하기 위해 이참에 동쪽에 있는 일본군을 완
전히 제압해두자고 결정하고 강대한 군사력을 집결해서 일본군을 공격하기 시작했
습니다. 즉 단순한 국경 침범으로 인한 분규였지만 소련 측이 대군을 보내왔기에 일
본도 이에 응해서 대군을 보낼 수밖에 없었습니다. 드디어 대전쟁이 벌어지게 되었
습니다.

전투는 5월 11일에 시작되어 8월 말이 되어서야 끝나고 9월 15일에 정전협정이
맺어졌습니다. 4개월이 조금 안 되는 기간 동안의 전투였지만 일본군은 궤멸에 가
까운 타격을 입었습니다. 여기까지는 이야기를 들으셨을 겁니다. 시바도 에세이 등
에서 노몬한사건에 대해 언급할 때는 일본군이 궤멸에 가까운 타격을 입었다는 식
으로 썼고 이것이 정설이 되었습니다.

그런데 소련이 무너지고 러시아가 된 이후에, 지금까지 나온 적이 없는 당시의
자료가 조금씩 빛을 보게 되었습니다. 러시아가 노몬한사건에서 어느 정도 손해를
입었는가? 그간 계속 숨겨 왔다기보다 러시아가 발표를 하지 않았기에 일본만 큰
타격을 입었지 러시아는 별다른 손해를 입지 않았다는 정도로 여겨져 왔습니다.

그런데 뜻밖에도 뒤쪽에 있던 참모본부와 관동군 작전과의 전쟁 지도가 졸렬했

음에도 불구하고 일본의 제일선의 병사들은 정말 용감하게 전투를 벌여 일본 측이 오히려 사상자가 적었다고 합니다. 이는 1998년 러시아 발표에 의한 것입니다. 제가 마침 《노몬한의 여름》 원고를 쓰고 있을 때 그 보고가 나와서 책에는 '정확하지는 않지만' 이란 단서를 달고 그 숫자를 적었습니다. 일본의 전사, 전상자는 1만 7천 명 정도이고 러시아는 2만 5천655명이었습니다.

그래서 최근 인터넷에서는 네티즌들이 "시바 료타로와 한도 가즈토시라는 두 남자가 괘씸하게도 노몬한은 진 사건이라고 여기저기서 떠들어댔는데 그들은 바보다. 일본은 이겼었다."라고 일본의 승리를 큰 소리로 부르짖기도 합니다.

연구위원회가 내린 결론

하지만 전쟁은 서로 살상을 하는 것이 목적이 아닙니다. 그러면 무엇이 목적인가? 이것이 가장 중요한 부분입니다. 노몬한에서의 전쟁의 목적은 국경선을 어떻게 확정할 것인가였습니다.

9월의 정전협정의 결과 몽골과 소련 측이 주장하는 대로 하루하 강을 넘어 초원지대까지 선을 긋는 국경이 정해졌습니다. 따라서 전쟁 목적은 몽골 측이 달성한 셈입니다. 현재도 노몬한 지역에서의 중국과 몽골의 국경선은 아마도 그때 정해진 선일 것입니다. 요컨대 노몬한사건에서는 상대방이 목적을 달성했다고 할 수 있습니다.

어찌 되었든 일본군은 상당히 악전고투했습니다. 병사들은 용감무쌍했으므로 그만큼 열심히 싸웠다고 생각하지만 실태를 보면 정말이지 졸렬한 전쟁 지도하에 벌인 전투였습니다. 이것을 하나하나 말씀 드릴 수가 없으니 중요한 부분만 이야기하겠습니다.

　사건의 다음 해인 쇼와 15년 1월, 육군 중앙, 즉 참모본부에서 노몬한사건의 교훈을 무엇으로 삼을 건가에 대해서 연구회라고 할지, 대대적인 반성회가 열렸습니다. 노몬한사건연구위원회라고 하는 것이 설치되어 전문가인 참모나 사건과 직접적인 관계가 없는 참모들까지 나와서 여러 가지로 검토했습니다. 작전계획이나 전투 자체에 대한 조사연구는 물론, 통제, 동원, 자재, 교육훈련, 방위 및 통신, 소련군 정보 등 회의 주제는 다양했습니다. 예를 들어 회의의 보고서에는,

　……화력 가치에 대한 인식은 지금도 충분하지 않아서 우리의 준비가 늦어진다. 성급한 국민성과 더불어 잘못된 교훈으로 다짜고짜 돌진해 왔다. 그리하여 조직적인 화력망에 심대한 손해를 불러오게 될 테니 우려가 깊어짐을 금할 수 없다.

　라는 관찰이 기록되어 있습니다. 화력의 준비 부족에 대한 우려는 이 글 그대로입니다. 노몬한 전투에서 가장 용감하게 싸운 제23사단의 실정을 보면 화력의 준비를 게을리했다는 사실을 초보자도 금방 알 수 있을 정도입니다. 이 사단의 포병은 말 타는 포병에 지나지 않았다는 점은 제쳐두고라도 그 화포는 상상을 뛰어넘을 정도로 구식이었습니다. 예를 들어, 보병 직접지원이라고는 하지만 근거리용 38식 75밀리미터 야포는 전 육군 중에서 가장 낮은 메이지 38년(1905)제식 물건으로 다른 어떤 사단에서도 사용하지 않는 것이었습니다.

　그런데 보고서는 이 뒤에 '우수한 적군의 화력에 대해 승리를 점할 수 있는 길은 급습전법뿐이다'라는 쓸데없는 문장을 덧붙여 모처럼 제대로 내린 판단을 흐리게 하고 있습니다. 이렇게 되면 러일전쟁 이래 일본 육군 보병의 골수를 이루는 백병돌격 정신에 대한 존중은 광신의 경지에 이르렀다고 볼 수 있습니다.

　그리고 사건에 대한 결론을 내리기에 앞서 "전투의 실상은 우리 군의 필승의 신념 및 왕성한 공격정신과 소련군의 우수한 비행기, 전차, 포병, 기계화된 각 기관,

윤택한 보급이 백열적으로 충돌한 것이다. 국군은 전통의 정신위력을 발휘했고 소련군 역시 근대 화력전의 효과를 발휘했다."라고 썼습니다. 이것이 일본 육군의 노몬한사건에 관한 인식입니다.

그 결과 생겨난 결론은 이렇습니다.

노몬한사건의 최대 교훈은 군국 전통의 정신위력을 점점 더 확충하는 동시에 저 수준인 화력전 능력을 하루라도 빨리 향상시켜야 한다는 것이다.

이것을 읽어보면 정신력의 강조가 우선이고 그에 부가해서 근대 화력전에 대비해야 한다는 각성이 따라옵니다. 즉 근대적인 병기를 사용하는 전투를 하기에는 일본은 매우 뒤떨어져 있다, 저수준이다, 따라서 이 점을 향상시키지 않으면 안 된다, 라고 합니다. 그러나 어디까지나 정신력의 강조가 골자이고 화력전의 능력 향상은 보충적입니다.

그런데 구육군에 있던 몇 사람의 이야기를 들으면 "한도, 그건 그렇지 않습니다. 여기서 '화력전 능력을 하루라도 빨리 향상시키는 것이다'라고 한 줄 적어 넣는 것도 용감한 일이었습니다. 이런 걸 보통 사람이 썼다면 바로, 대체 무슨 생각을 하고 있는 거냐고 비판을 받았을 텐데 연구회의 참모들은 용케도 이렇게 잘 썼습니다. 그런 생각을 가지고 읽으셔야 할 겁니다."라고 가르쳐주었습니다. 즉 그 정도로 당시 육군은 자기중심적이고 자기 위주로만 생각했다고 말할 수 있습니다.

이 연구회의 보고가 나온 것은 쇼와 15년 봄경입니다. 태평양전쟁은 쇼와 16년 12월에 시작되었으므로 1년 반 정도 여유는 있었지만 여기에 쓰인 것처럼 저수준인 화력전 능력을 향상시키는 일을 일본 육군은 도저히 할 수가 없었습니다.

결국 노몬한사건이라는 커다란 아픔이라고 할지, 교훈을 얻었음에도 불구하고 아무도 잘못을 바로잡으려 하지 않고 단지 정신력의 강조, 군국 전통의 정신위력을 확충하는 것만 강조하면서 태평양전쟁으로 돌입했다고 말할 수 있을 것입니다.

정보는 천황에게 전달되지 못하고

그러나 가장 잘못된 점은 무엇일까요? 이 사건의 가장 중요한 점은 가능한 한 많은 사람이 이 사실을 알았어야 한다는 것입니다. 그러나 그렇게 되면 육군으로선 치명타를 입게 됩니다. 따라서 육군은 이 사건에 대해서 많은 사람들이 알지 못하게 했습니다. 참모본부의 극히 소수의 동료들이 연구회를 열어 결론을 내는 데 그쳤습니다.

여기서 상당히 마음에 걸리는 것이 있는데, 과연 쇼와천황에게는 그 사건에 대해 어떻게 보고했을까 하는 점입니다. 조사를 해보았지만 제대로 나와 있지 않습니다. 《쇼와사》 속에서 비록 언급하기는 했지만, 중요해서 반복해 말씀 드리는 건데, 제대로 된 숫자를 포함하여 천황에게 전부 보고를 했는지는 매우 의심스럽습니다. 《쇼와천황 독백록》이라는 책이 1991년에 〈문예춘추〉에서 발간되었는데, 저도 그 출간 과정에 참가했습니다(지금은 문고본으로 나와 있습니다). 이것은 전후에 쇼와 3년의 장작림 폭살사건부터 종전까지의 쇼와사를 천황이 측근들에게 이야기한 것을 정리한 것입니다. 정본은 궁내청에 있는데 그건 세상에 나오지 않았습니다. 다만 그때 측근 중 한 사람인 데라사사 히데나라라는 사람이 메모한 글을 토대로 《쇼와천황 독백록》이 세상에 나오게 되었습니다. 그중에서 노몬한사건에 대해서 쇼와천황이 이런 말을 했다고 합니다.

노몬한 방면의 국경은 분명하지 않으니 쌍방이 불법 침입이라고 트집을 잡을 것이다.

이것이 첫 번째입니다. 두 번째는,

관동군 사령관에게 만주 국경을 엄수하라는 대명령이 내려졌으므로 관동군이 침입해 온 소련 병사들과 교전한 것은 이유가 있다.

그리고 세 번째는,

이 사건을 거울삼아 이후 명령을 변경해서 국경이 불명확한 지역과 벽지에서는 반드시 국경을 엄수하지 않아도 될 것이다.

라고 했습니다. 첫 번째 쇼와천황에게 노몬한사건이 있었다고 보고는 했다, 그러나 이것은 국경이 명료하지 않아서 생긴 분쟁이니 어느 쪽이 나쁘다고는 할 수 없고 쌍방이 트집을 잡은 것이다, 라는 보고였던 것입니다.

두 번째는 천황은 관동군 사령관에게 국경을 넘어서 침입해 온 소련 및 몽고군에 대해서는 이들을 쫓아내라고 명령을 내렸으므로 전쟁이 일어난 것은 그 나름의 이유가 있다는 것입니다.

세 번째는 사건 후에, 국경은 반드시 명확하지는 않으니 아주 먼 곳이라면 지나치게 철저하게 지킬 필요가 없다고 명령을 변경했다는 것입니다.

즉 이 단 여섯 줄의 문장만 가지고는, 노몬한사건으로 일본의 한 사단이 궤멸적 타격이라 할 수 있는 70퍼센트의 인적 손실을 입었다는 것을 천황은 몰랐던 건 아닌가, 육군은 상세한 보고를 하지 않은 것 같다, 그 정도밖에 읽어낼 수가 없습니다.

일본 육군은 중일전쟁 무렵부터 그랬지만, 특히 쇼와 14년 무렵부터는 제대로 된 보고서를 천황에게 주지 않았습니다. 천황은 대원수로 군의 통령인데 그 통령에게 제대로 된 보고를 하지 않았던 것 같습니다. 요컨대 천황과 상의 없이 독단으로 일을 처리하고 있었던 것은 아닐까, 라는 생각이 들 수밖에 없습니다.

핫토리 참모와 쓰지 참모

그 노몬한사건을 후방에서 작전지도 한 관동군 작전참모는 핫토리 다쿠시로 중좌입니다. 그리고 핫토리와 같이 직접적으로 지도한 작전주임은 쓰지 마사노부 소좌였습니다.

쓰지는 전후에 중의원과 참의원을 지냈습니다. 의원생활을 하는 중에 책을 많이 써 《노몬한》이라는 책도 냈습니다. 그 속에는 이렇게 쓰여 있습니다. '전쟁은 지도자 상호의 의지와 의지의 싸움이다. 조금 더 일본이 힘을 냈다면 아마도 소련이 정전 신청을 했을지도 모른다.' 즉 일본군이 정전을 신청했기에 상대방이 원하는 대로 국경선이 정해졌다는 억울함을 읽을 수 있습니다. '어찌 되었든 전쟁이란 의지가 강한 쪽이 이긴다' 는 것입니다.

그리고 쓰지의 말에 따르면 상당한 손실을 입을 것을 알고 있으므로 대본영이 "빨리 정전하라."라는 명령을 관동군에게 내렸다, 그러나 관동군은 "말도 안 되는 소리다. 조금만 더 버티면 이길 수 있다."라며 명령을 듣지 않았다고 합니다. 대본영은 다시 한 번 공격중지명령을 내리고 더 이상 전투를 속행하는 것을 허락하지 않겠다, 명령을 따르지 않으면 군법회의에 회부하겠다, 라며 확실히 말했지만 관동군은 이 말에 저항합니다. 전장에서 충의를 위해 죽어간 부하들의 사체를 아직 거두지도 못했다, 그 뼈를 추리는 일은 대원수폐하의 마음을 읽는 일임을 우리들은 확신한다, 따라서 전장에 나가겠다고 끝까지 버팁니다. 그때까지 관동군이 하는 대로만 따랐던 대본영도 이제는 드디어 대원수명령을 내리고, "정전하라. 더 이상 공격하면 통수권 위반이다."라고 제지하는 등 정면으로 부딪칩니다.

쓰지의 머릿속에는 대본영이 겁이 많아 결과적으로 전쟁 목적의 달성이라는 점에서 상대방이 이겼다는 생각이 들었는지, 일본이 진 것은 어디까지나 대본영 탓이라는 논점에서 책을 썼습니다.

그리고 핫토리 다쿠시로 중좌는 자신의 책에서 이렇게 썼습니다. 그는 쓰지와 달리 명확하게 사건을 실패라고 보았습니다. 그리고 그 원인을 얘기하는데, "내 생각에 실패의 원인은 중앙과 현지부대가 의견이 일치되지 않았다는 데 있다. 양자가 각자의 입장에 서서 판단한 것이니 어느 쪽이나 이유는 존재한다. 요컨대 의지가 통일되지 않은 채 계속 확대로 이어진 점에 최대의 고질이 있다."라고 합니다.

이것도 읽는 각도에 따라서는 중앙에 있는 놈들이 쓸데없는 일을 말하고 다니며 우리가 있는 현장을 제약하고 견제했기에 실패한 것이다, 우리에게 맡겨두었다면 잘되었을 텐데 도쿄에서 이러쿵저러쿵 말을 했기에 통일이 되지 않아서 진 거라고 말하고 있다고 하겠습니다.

그런데 이것도 정말 우스운 이야기입니다. 관동군은 일본 육군의 한 부대입니다. 독립해서는 안 됩니다. 대본영의 작전명령을 따르지 않으면 안 됩니다. 그런데 관동군은 자신들의 의지에 따라서 작전지도를 할 수 있다, 대본영은 쓸데없는 말을 하지 말라, 입 다물어라……라는 말을 하고 있는 것입니다. 즉 통수권에 복종하지 않은 것은 관동군이었음에도 불구하고 핫토리는 중앙이 쓸데없는 말을 해서 실패했다고 말합니다.

또 하나 우스운 점은 사건 후 육군은 늘 해 오던 전통에 따라 해결을 했는데, 바로 결과를 가지고 인사적인 처벌을 내립니다. 당시에는 최고지휘관 및 참모장급이 책임을 지지 현장의 참모들은 책임질 필요가 없다는 것이 불문율이었습니다. 따라서 당시의 관동군 사령관은 군을 나와야 했고 참모총장도 그 나름의 벌을 받고 쫓겨나게 되었습니다. 그런데 이때 쓰지 참모와 핫토리 참모도 관동군 참모를 그만두었습니다. 하지만 이렇게 제일선에서 물러나기는 했어도 군복을 벗지는 않았습니다. 그뿐만이 아니라 이상한 일이지만 두 사람은 다시 복귀를 하게 됩니다.

이렇게 1개 사단을 궤멸로 이끈 작전 지도자의 엉터리이며 독선적인 작전계획과 앞뒤를 살피지 못한 무모함과 깊은 수렁과도 같은 전쟁 지도에 대한 책임은 불문에 부친 채 어둠 속으로 사라지고 말았습니다. 게다가 정전 후에 일신된 참모본부는 보고서를 만들어 '화력전 능력을 빨리 향상시킬 것'이라는 제목을 붙였지만 묘책은 찾아볼 수 없고 전혀 도움도 안 되니 뭘 짜내려고 해도 도저히 짜낼 수 없는 형편이었습니다. 겨우 '수정 군비 확충계획'과 그에 병행하여 '지나 파견군의 병력 정비안'에 착수했지만 이들 계획 모두 실행 불가능하다는 것은 아주 뻔합니다.

그런데 이런 때, 어려울 때는 신에게 맡길 수밖에 없다는 말처럼 정말 구원의 신이 나타났습니다. 쇼와 15년(1940) 5월 10일, 독일 국방군이 총구를 서부전선으로 옮겨 벨기에, 네덜란드를 공격하고, 독불 국경선 마지노선을 돌파하여 파리로 전격적인 진격작전을 개시한 것입니다. 그것은 정말 놀랄 만한 공격작전이었습니다. 마치 아무도 없는 들판을 정복하는 것처럼 6월 14일에는 파리가 함락됩니다.

초조와 무력감에 몸살을 앓던 일본 육군 중앙은 이 사건으로 한숨을 돌렸습니다. 아니, 그 정도가 아니었습니다. 마치 자신들이 승리를 얻어낸 것처럼 흥분했습니다. '지나에 있던 병력을 줄이는 것에만 골몰한 나머지 결국 지나에서 철병하리라고 결정했던 육군성 군사과가 완전히 태도를 바꾸어서 대남방 강경론을 펼쳤다. 그 후 바로 싱가포르를 기습하라는 명령이 나왔다'(《대본영 기밀일지》, 다네무라 사코, 〈부용서방芙蓉書房〉)고 할 정도로 말로 형용할 수 없을 만큼 들떠 있었습니다.

이렇게 쇼와 15년의 여름부터 육군부 내에는 기묘할 정도로 남진론을 주장하는 목소리가 합창이라도 하듯 커져갑니다. 노몬한사건이 일어난 다음 해에 완성된 제2차 고노에 후미마로 내각은 7월 27일 대본영 정부연락회의에서 육군의 주도하에 '무력을 사용해서라도 남진'이라는 중대한 국책을 결정하고 맙니다. 근거 없는 자기 과신, 교만스러울 정도의 무지함, 끝을 알 수 없는 무책임, 이렇게 평가를 내리기는 쉽습니다. 그러나 잘 생각해보면 지금의 일본도 똑같은 일을 반복하고 있지 않는가 하는 생각이 듭니다. 그렇게 관찰될 정도니 한심스러움은 그때와 별반 다를 게 없습니다.

남진론을 부르는 대합창

그런데 문제는 핫토리 참모와 쓰지 참모입니다. 이들은 앞서 말씀 드렸던 대로 금세 부활합니다. 게다가 가장 중요한 부서로 말입니다. 쇼와 15년 10월 핫토리 다쿠시로 중좌는 대본영 참모본부작전반장에 임명되어 재빨리 도쿄에 당당하게 개선합니다. 그리고 다음 해인 16년 10월에 작전과장이 되고 대좌로 진급합니다. 태평양전쟁은 이미 눈앞에 와 있으니 그 일을 할 중심인물이 된 것입니다. 그리고 핫토리는 자신이 작전과장이 되자마자 쓰지 중좌(이미 진급해서 중좌가 되었습니다)를 작전과의 전력반장으로 부릅니다. 그 전에, 쓰지를 육군 중앙에 불러오는 것에 대해 당시 작전과장이던 도이 아키라 대좌가 맹렬하게 반대 의견을 표명했습니다.

"절대로 안 된다. 자네와 쓰지를 함께 두면 다시 노몬한과 같은 일을 벌일 것이다……."

너무나 확실하게 이렇게 말하고 있습니다. 그러나 핫토리의 책모가 한 수 위였습니다. 작전부장인 다나카 신이치 소장은 신중파인 도이를 내쳐버렸습니다. 도이를 참모본부에서 다른 곳으로 전임시켜버린 것입니다. 그 대신에 과장자리에는 대좌로 승진한 핫토리를 앉히고 이제는 남진론의 제일인자가 된 쓰지를 참모본부에 앉힙니다. 기가 막힐 따름입니다. 이것이 쇼와 16년 10월의 일입니다. 이제는 핫토리-쓰지 콤비를 중심으로 미야케자카우에(참모본부가 있던 장소)는 동남아시아 침공 주장 일색으로 물들어갑니다.

쓰지는 자신의 저서 《과달카날》에서 평소의 태도처럼 의기양양하게 써 내려가고 있습니다. 개전 후인 17년 7월에 출장 때문에 대만에 갔을 때의 감상을 적어놓은 것이 있습니다.

대만연구부가 개설되었고 그 부원으로 뽑혀 처음으로 남방 연구의 제일보를 내딛은 지 겨우 1년 반이 지났다. 남방작전의 편제나 장비, 훈련을 진지하게 생각하기 시작한 것은 쇼와 16년 정월부터다. 겨우 반년의 연구로 현지 작전계획을 세웠고, 태평양전쟁은 몇 개월 만에 발동되었다.

정말이지 수렁에 빠뜨리는 엉터리 계획을 가지고 잘도 일본을 대미영 전쟁에 끌어들였구나, 라는 비판은 이제 그만두겠습니다. 그렇다고는 해도 이런 인물이 육군을 좌지우지한다는 것은 한심하기 그지없습니다. 그러나 쓰지뿐만 아니라 개전 전의 미야케자카우에서 퍼진 남진론 대합창은 너무나도 소란스러웠습니다.

아니, 군부뿐만이 아닙니다. 제2차 고노에 내각은 내각이 구성되기도 전에 수상, 외상, 육상, 해상 후보가 모인 추밀원 회의에서 독·이·일 삼국동맹의 강화와 소일불가침조약 체결을 외교방침으로 빠르게 정해놓았습니다. 그리고 이 방침에 기초하여 다시 7월 22일 대본영 정부연락회의에서 '신속하게 독·이와의 정치적 결속을 강화하고 대소 국교의 비약적 조정을 도모한다'는 것을 정식 국책으로 삼는다고 정했습니다. 이것들은 모두 육군 중앙의 원안에 기조를 둔 결정이었습니다. 소련을 주적으로 여겨 왔던 메이지 이래의 육군 대전략은 대체 어디로 가버린 걸까요? 제가 마음대로 이름을 붙인 것이지만 일종의 '노몬한 증후군'이란 것이 있어서, 더 이상 북에는 손을 뻗치지 말자, 오히려 남쪽이다, 남으로 내려가면 아마 미국이 화를 낼 것이다, 미국은 어쨌든 여자들의 기가 센 나라다, 전쟁이 일어나면 눈물을 흘리면서 남편을 붙잡을 것이다, 그만큼 미군은 강한 군대가 아니다(이것은 제가 한 말이 아니고 쓰지의 책에 쓰여 있는 말입니다), 그러니 괜찮다는 것입니다. 이래서 쓰지는 남진론의 강력한 추진자가 되었습니다. 이렇게 쇼와 16년 여름의 참모본부는 이제 남진론으로 들끓게 되었습니다.

노몬한사건의 교훈

이런 역사적 사실을 보면서 당시 일본인은 육군을 중심으로 도저히 말도 안 되는 큰 자신감을 가지고서 판단을 내리고 독불장군 같은 잘못을 아무렇지 않게 범하고 있었던 것은 아닌가, 라고 느끼게 됩니다.

이번에는 핫토리와 쓰지의 이름만을 말씀 드렸지만, 실은 다나카 신이치 작전부장을 비롯하여 다른 참모들 중에도 강경론자는 산더미처럼 많았습니다. 그 사람들의 공통점은 무엇일까요? 천성인어에 빗대어 말씀 드리자면, 곤란한 일은 일어나지 않을 것이라는 비상식적인 의식, 그와 동시에 실패를 솔직하게 인정하지 않고 그 실패로부터 아무런 교훈을 얻으려고 하지 않는 태도, 그 이외에도 예를 들자면 다음과 같은 점을 말할 수 있을 것입니다.

첫 번째는 기본에 깔려 있던 것으로 일본 육군(당시에는 황군이라고 말했습니다만)은 불패한다는 인식입니다. 황군은 지금까지 패한 일이 없다고 중앙의 참모들은 정말로 믿고 있었던 것 같습니다. 어디에 근거가 있느냐 하면 아무 데도 없습니다. 근거 없는 자기 과신입니다.

분명히 일본 육군은 청일, 러일 전쟁 이래 어떤 의미에서는 불패했습니다. 그래서 불패신화가 만들어졌습니다. 즉 그런 정신력만 가지면 어떤 근대 화력에도 대등하게 대항할 수 있다고 믿었던 것입니다. 결과적으로 소련군이나 중국군은 황군이 나오기만 하면 반드시 도망칠 거라는 생각을 가지고 있었습니다. 사실 중국군은 모택동이 그랬습니다. 적이 나오면 도망친다, 일본군이 물러나면 바로 나간다는 전법을 취했습니다. 그러나 그 점이 일본 불패의 근거가 될 수는 없습니다.

두 번째는 정보라는 것을 경시하는, 매우 교만한 무지에 생각이 지배당했다는 점입니다. 노몬한사건 때 소련군이 시베리아철도를 이용해서 수많은 전차를 아시아로 내보내고 있다는 정보가 계속 들어오고 있었습니다. 따라서 소련군이 대거로 총공격을 해 올 거라는 것도 어느 정도 예상할 수 있었을 것입니다. 그런데도 유럽에서 그렇게 빨리 전차를 가지고 올 리가 없다며 정보를 전혀 인정하지 않았습니다. 이것은 관동군뿐만 아니라 대본영의 참모본부작전과 역시 그랬습니다.

동시에 병참을 무시했습니다. 보급을 전혀 생각하지 않았습니다. 시바의 표현에 따르면 노몬한에서 일본 육군은 겐키元龜와 덴쇼天正(전국시대 중 무장인 오다 노부나가가 활동하던 16세기 후반—옮긴이) 때 썼던 무기를 가지고 기관총과 전차에 맞섰다고 할 수 있습니다. 이 겐키, 덴쇼 때라는 말은 앞서 나왔던 스미 연대장이 했던 말입니다. 우리들은 겐키, 덴쇼 무렵의 무기를 가지고 근대 무기와 싸웠다고 스미는 탄식했습니다. 분명 그들은 메이지 38년에 만들어진 38식 보병총을 가지고 근대병기로 온몸을 무장한 병사와 마주하게 되었습니다.

이 38식 보병총은 태평양전쟁에서도 큰 활약을 펼칩니다. 상대편은 자동소총을 사용했는데 일본군도 전장에서 이미 자동소총을 보았을 테니 그 유효성은 알고 있었습니다. 게다가 노몬한사건을 돌아보는 회의의 결론에서도 병기를 근대병기로 향상시켜야 한다고 말합니다. 그러면서도 실상은 일본은 좀처럼 병기를 개발하려 들지 않았습니다. 당시 구육군에 있었던 사람에게 왜 병기를 개발하지 않고 계속 38식 보병총을 쓴 거냐고 물어본 적이 있습니다. 그러자 한심한 대답이 돌아와 기가 막혔습니다. "실은 38식 보병총의 탄환을 산만큼 쌓아 둔 정도가 아니라 아무리 사용해도 떨어지지 않을 만큼 만들어 두었습니다. 그러니 한동안 그것만 쓸 수밖에 없었습니다." 그런 바보 같은 생각으로 국가의 운명을 걸고 전쟁으로 돌입하다니, 그런 생각에 저는 자신도 모르게 하늘만 쳐다보고 말았습니다.

그리고 전차입니다. 예를 들어, 소련이나 미국의 전차는 둔탁하고 모양이 좋지 않습니다. 그렇지만 철판이 두껍습니다. 한편, 일본의 전차는 가볍지만 얇습니다. 왜 이렇게 얇은지 물어보니 실은 일본의 철도가 협궤(레일의 간격이 좁다)여서 중전차를 옮길 수 없어서라고 했습니다. 또 다른 이유는 일본의 항만에 있는 기중기가 약해서 전차를 실어 내보낼 때 50톤이나 되는 전차를 들어 올릴 수가 없어서라는 것입니다. 시바의 말을 빌리자면 전차라고 이름만 붙이면 그냥 전차가 된다는 대답입니다.

결국 오만한 무지라는 것은 단순한 무지가 아니라, 알고 있으면서도 무시하고 고집을 피우는 걸 말합니다. 아무래도 일본인 속에는 그런 경향이 있는 것 같습니다.

다른 하나는 끝을 알 수 없는 무책임함입니다. 전에도 말씀 드렸던 대로 일본은 작전계획이 얼마나 무모하고 엉터리일지라도, 작전이 실패해도 밑에 있는 병사들이 목숨을 바쳐 용감히 싸우면 참모에게 책임을 묻지 않습니다. 즉 책임을 묻지 않고 일을 처리합니다. 게다가 그 사람들이 인사 발령을 받아 중앙으로 바로 돌아온다는, 상식상 생각할 수 없는 일이 종종 일어났습니다. 그러니 당시 육군에는 엄벌에 처할 만한 일이 전혀 없었던 것입니다.

그런 식으로 말씀 드리면 지금도 그다지 달라지지는 않았다고 말하는 분도 계실 겁니다. 여러 가지 큰 실패들을 장래 교훈으로 삼기 위해 제대로 기록해두어야 하지 않느냐는 목소리가 높습니다. 그러나 실행되는 일은 거의 없습니다. 조직에는 실패야말로 배울 점이 많고, 교훈이 될 거라고 생각합니다. 그러나 실패를 배우자는 목소리만 있지 정작 실제로는 배우려고 하지 않습니다. 그것이 조직이라는 것입니다. 그리고 이겨서 위세를 떨칠 때는 승리의 영광만을 가져가려 하는 이른바 승리 병에 빠집니다. 그렇게 되면 결국 아무것도 배울 것이 없다는 말이 나옵니다.

일본인의 결점을 여실히 기록

전쟁 전의 쇼와사는 이 노몬한사건이 상징하듯 일본인이 빠지기 쉬운 결점을 여실히 보여주는 기록입니다. 그렇다고 해서 일본인이 원래부터 구제불능이라는 말은 아닙니다. 충분히 우수한 점이 많습니다. 다만 우리가 쇼와사를 제대로 배우려 하지 않고 계속 후세까지 끌고 들어가는 것은 아닌가, 라는 생각이 듭니다. 쇼와사를 배워서 제가 지금까지 지겹도록 말씀 드린 과거 일본인의 특성을 제대로 알고 교훈으로 삼아야 하지 않겠습니까? 《쇼와사 1926~1945》의 마지막 부분에는 쇼와사에서 배울 교훈 다섯 가지에 대해 적어보았습니다. 그 부분도 참고로 해주시면 감사하겠습니다.

맺음말

일의 발단은 편집자인 야마모토 아키코의 집요한 설득에서 비롯되었다.

"학교에서 쇼와사를 거의 배우지 못했습니다. 쇼와사의 시옷 자도 모르는 저희 세대들을 위해서 입문 정도 수준의 수업을 해주신다면 일본의 장래를 위해서도 무척이나 도움이 될 것 같습니다."

그리고 주식회사 일본음성보존에서 나온 스태프 3명도 이 이야기에 동조했다. 어차피 강의를 할 거면 녹음을 해서 앞으로 누구라도 들을 수 있도록 CD로 만들자고 한다. 4명의 ABCD 포위진의 공세에 꺾여 쇼와사 강의를 위한 교습소를 열어 이야기를 들려주었다. 솔직히 말하면 수업 후 선술집에서 한잔 걸치면서 기염을 토하는 것이 즐거워 수락한 면도 있긴 하다.

때로는 특별 수강생도 낄 때가 있었지만 학생 4명 중 3명은 전후에 태어났기 때문인지, "천황의 간신? 그게 뭔데요?"라거나 "통수권 간범? 들어본 적이 없는 말이네요."라면서 질문을 한다. 이렇게 하니 시간이 늘어졌을 법도 한데 1회 한 시간 반(때로는 두 시간이 넘기도), 한 달에 한 번(후반에는 두 번, 세 번) 강의했더니 2003년 4월에 시작된 수업은 12월에 종료되었고 교습소는 문을 닫았다. 처음에는 전후 일본의 버블 붕괴까지는 무리라고 해도 일본제국의 종결점인 쇼와 26년(1951) 9월의 샌프란시스코 강화조약 조인까지는 진도가 나갔으면 했는데 강사가 너무 힘든 나머지 백기를 들고 종강했다.

수업은 때로는 부채를 펼쳐서 강의를 하듯이 말하거나, 때로는 라쿠고처럼 옛날 이야기를 들려주는 등 학생들이 지겨워하지 않도록 여러모로 신경을 썼다. 어쨌든 격식을 벗어던지고 했던 이야기들이 이토록 당당하게 한 권의 책으로 나오리라고는 꿈에도 생각하지 못했다. 책으로 읽을 수 있는 쉬운 문장으로 구조를 전면적으로 새로 잡아준 야마모토 덕분이다. 정말 뭐라고 감사를 드려야 할지 모르겠다. 지금은 그 분투와 노력이 어느 정도 빛을 보아서 이 책이 많은 젊은이들에게 사랑받게 되기를 마음속으로 기원하는 바다.

"모든 대사건의 앞에는 반드시 작은 사건들이 일어나는 법이다. 큰 사건만을 열거하고 작은 사건들을 빼먹는 것은 예전부터 역사가들이 빠지기 쉬운 폐해이자 결함이다."라고 나쓰메 소세키가 《나는 고양이로소이다》에서 쓰고 있다. 분명히 대사건은 빙산의 일각이고 그 아래에는 몇 개나 되는 작은 사건들이 숨겨져 있다. 갑자기 사건이 일어나지는 않는다. 시간을 들여서 연쇄적으로 서서히 형태를 갖추게 된 몇 개의 요인이 존재하고 그것들이 합해져 큰 사건으로 분출하게 된다. 어느 시점에서 내린 인간의 작은 결단이 역사를 말도 안 되는 엉뚱한 방향으로 이끄는 경우도 있다. 그 점을 말하지 않고서는 역사를 말할 수 없다. 역사가 어려운 점은 바로 그 점이다.

그뿐만 아니라 항상 하는 생각이지만 역사란 거대하고 다양하며 재미있는 이야기 같다. 인간의 영특함과 아둔함, 용기와 비열함, 선의와 야심, 이 모든 것이 다 녹아들어 있다. 역사란 무엇인가에 대해 생각한다는 것은 결국 인간학에 도달하는 것이다.

지금까지 나의 모든 졸저를 밑바탕 삼아 이야기를 했으니 거기에서 언급한 참고문헌 전부가 참고문헌이 되는 셈이다. 너무나 방대하여 여기서는 다 열거할 수가 없었다. 하지만 그래서는 독자들의 공부 길잡이를 해줄 수가 없으니 아주 일부분 개인의 일기와 수기를 중심으로 밝혀놓았다. 그러나 그 외의 많은 부분은 적어드리지 못했다는 점을 인식하시고, 저자와 출판사를 너그럽게 용서해주기 바라는 바다.

2003년 12월, 그믐날 밤 한도 가즈토시

헤이본샤 라이브러리판 맺음말

본서는 초판이 간행된 이래 너무나도 많은 독자들에게 환영을 받아 인쇄를 거듭한 행운의 책이다. 5년 만에 이렇게 라이브러리판이 나오다니 다시금 지금까지 많은 분들에게서 들은 고마운 말들이 떠오른다.

그중에서 특히, '쇼와사의 서사꾼'이라고 평가받은 것이 가장 마음에 든다. 하지만 원래 서사꾼을 말할 때는 고전인 《고지키古事記》의 오노 야스마로가 바로 연상이 된다. 야스마로라는 인물이 한 일은 단순히 장장하게 역사적 사실만을 말해주는 게 아니었다. 염불을 외우듯이 사실을 지루하게 나열해 이야기한 것이 아니다. 그는 정열을 가지고 듣는 사람이 질리지 않도록 마음을 담았고, 또한 자신의 이야기에 떳떳한 자부심을 가지고 이야기를 했음에 틀림없다. 즉 서사꾼이란, 사실을 공정하게 판단해 취사선택하고 감정의 강약을 조절해 말할 수 있는, 일종의 기예를 가진 사람이었다. 그래서 《고지키》는 훌륭한 서사시가 되었다고 나는 이해하고 있다.

그런데 내가 그 오노 야스마로와 견주어질 정도로 기예를 가진 인물인지는 솔직히 말해서 자신이 없다. 하지만 열심히 말씀해드린 것은 사실이니 결과적으로 그것이 많은 독자들의 환영을 받았다는 점에 정말 너무나 기쁘기 그지없다. 그 점만은 알아주셨으면 한다. 그리고 이 라이브러리판이 보다 많은 분들을 즐겁게 해줄 수 있다면 이것은 서사꾼의 명리와도 이어지는 일이 된다.

이제는 우쭐해져서 서사꾼이 협잡꾼이 되는 일이 없도록 스스로를 경계하는 마음을 더욱 다독여야 할 것이다. 그리고 본서를 다시 한 번 세상에 선물하려고 한다.

부록으로 강연록 '못 다한 이야기 노몬한사건으로부터 배운 것'을 실어놓았다. 그냥 감사의 선물로 받아주었으면 한다.

2009년 3월 한도 가즈토시

芥川龍之介『支那游記』 ……………………………………………… 筑摩書房
石川信吾『真珠湾までの経緯』…………………………………… 時事通信社
伊藤隆ほか編『牧野伸顕日記』………………………………………… 中央公論社
今村均『今村均大将回想録』……………………………………… 自由アジア社
宇垣一成『宇垣一成日記』（全3巻）………………………………… みすず書房
宇垣纏『戦藻録』……………………………………………………………… 原書房
岡田啓介（述）『岡田啓介回顧録』…………………………………… 毎日新聞社
岡村寧次『岡村寧次大将資料』……………………………………………… 原書房
小川平吉『小川平吉関係文書』（全2巻）………………………… みすず書房
木戸日記研究会編『木戸幸一日記』（上下）…………………… 東京大学出版会
木下道雄『側近日誌』………………………………………………………… 文藝春秋
黒羽清隆『日中15年戦争』（全3巻）………………………………… 教育社
軍事史学会編『大本営陸軍部戦争指導班機密戦争日誌』（全2巻）… 錦正社
児島襄『天皇』（全5巻）………………………………………………… 文藝春秋
近衛文麿『平和への努力』……………………………………… 日本電報通信社
近衛文麿『失はれし政治』…………………………………………… 朝日新聞社
佐藤尚武『回顧八十年』……………………………………………… 時事通信社
参謀本部編『杉山メモ』（全2巻）……………………………………… 原書房
重光葵『昭和の動乱』（全2巻）…………………………………… 中央公論社
嶋田繁太郎『嶋田繁太郎日記』……………………………………… 〔未刊行〕
勝田龍夫『重臣たちの昭和史』（全2巻）…………………………… 文藝春秋
高橋正衛『二・二六事件』……………………………………………… 中央公論社
高松宮宣仁親王『高松宮日記』（全8巻）………………………… 中央公論社
角田順『石原莞爾資料』（全2巻）……………………………………… 原書房
寺崎英成（記録）『昭和天皇独白録』……………………………… 文藝春秋
東郷茂徳『時代の一面』…………………………………………………… 改造社
永井荷風『断腸亭日乗』（全7巻）…………………………………… 岩波書店
南京戦史編集委員会『南京戦史』（全2巻）………………………… 偕行社
野田六郎『侍従武官野田六郎終戦日記』「歴史と人物」… 中央公論社
畑俊六『陸軍畑俊六日誌』…………………………………………… みすず書房
浜口雄幸『随感録』…………………………………………………………… 三省堂
原田熊雄（述）『西園寺公と政局』（全9巻）……………………… 岩波書店
東久邇稔彦『東久邇日記』…………………………………………… 徳間書店
細川護貞『細川日記』（全2巻）…………………………………… 中央公論社
本庄繁『本庄日記』………………………………………………………… 原書房
矢部貞治『近衛文麿』（全2巻）………………… 近衛文麿伝記編纂刊行会
読売新聞社編『昭和史の天皇』…………………………………… 読売新聞社
若槻礼次郎『古風庵回顧録』……………………………………… 読売新聞社

주요 인명 · 지명 · 사건

가미 시게노리神重德
가와베 마사카즈河邊正三
가토 다카요시加藤隆義
가토 히로하루加藤寬治
간인노미야 고토히토閑院宮載仁
고가 미네이치古賀峰一
고모토 다이사쿠河本大作
고바야시 다키지小林多喜二
고이소 구니아키小磯國昭
그로브스Leslie Richard Groves
그루Joseph Grew
기도 고이치木戶幸一
기요하라 야스히라淸原康平
기타 잇키北一輝
나가노 오사미永野修身
나가이 가후永井荷風
나가타 데쓰잔永田鐵山
나구모 주이치南雲忠一
나카하시 모토아키中橋基明
네모토 히로시根本博
노무라 기치사부로野村吉三郎
니미츠Chester William Nimitz
니이타카 산新高山
다나카 기이치田中義一
다나카 류키치田中隆吉
다나카 신이치田中新一
다니구치 나오미谷口尙眞
다카라베 다케시財部彪

다카하시 고레키요高橋是淸
다테카와 요시쓰구建川美次
데라우치 히사이치寺內壽一
도고 시게노리東鄕茂德
도고 헤이하치로東鄕平八郎
도미오카 사다토시富岡定俊
도요다 소에무豊田副武
도조 히데키東條英機
러메이Curtis Emerson Le May
루즈벨트Franklin Delano Roosevelt
리벤트로프Joachim von Ribbentrop
마쓰모토 세이초松本淸張
마쓰오카 요스케松岡洋右
마쓰카타 마사요시松方正
마자키 진자부로眞崎甚三郎
마키노 노부아키牧野信顯
맥아더Douglas MacArthur
모로토프V.M.Molotov
모택동毛澤東
무타구치 렌야牟田口廉也
무토 아키라武藤章
미노베 다쓰키치美濃部達吉
미야케자카三宅坂
부의溥儀
사쓰마薩摩
사이온지 긴모치西園寺公望
사이토 마코토齋藤實
손문孫文
스기야마 하지메杉山元
스에쓰구 노부마사末次信正
스즈키 간타로鈴木貫太郎
스즈키 요리미치鈴木率道
스탈린Iosif Vissarionovich Stalin
스팀슨Henry Lewis Stimson

시게미쓰 마모루重光葵
시데하라 기주로幣原喜重郞
시라카와 요시노리白川義則
시라토리 도시오白鳥敏夫
시바 가쓰오柴勝雄
시바 료타로司馬遼太郞
아나미 고레치카阿南惟幾
아라키 사다오荒木貞夫
아베 노부유키阿部信行
아와야 센키치粟屋仙吉
아이자와 사부로相澤三郞
아쿠타가와 류노스케介川龍之介
야마가타 아리토모山縣有朋
야마나시 가쓰노신山梨勝之進
야마모토 이소로쿠山本五十六
야마시타 도모유키山下奉文
오가와 헤이키치小川平吉
오바타 도시시로小畑敏四良
오스미 미네오大角岑尾
오시마 히로시大島浩
오이카와 고시로及川古志郞
오카다 게이스케岡田啓介
오카무라 야스지岡村寧次
오키쓰興津
와카쓰키 레이지로若槻禮次郞
와타나베 조타로渡邊錠太郞
요나이 미쓰마사米內光政
요시다 시게루吉田茂
요시다 젠고吉田善五
우가키 가즈시게宇垣一成
우메즈 요시지로梅津美治郞
유아사 구라헤이湯淺倉平
이노우에 시게요시井上成美
이누카이 쓰요시犬養毅

이마다 신타로今田新太郞
이세키 다카마사井關隆昌
이시카와 신고石川信吾
이시하라 간지石原莞爾
이치키 기토쿠로一木喜德郞
이케다 스미히사池田純久
이타가키 세이시로板垣征四郞
장개석蔣介石
장작림張作霖
장학량 張學良
처칠Winston Leonard Spencer Churchill
쵸슈長州
하라다 구마오原田熊雄
하야시 규지로林久治郞
하야시 센주로林銑十郞
핫토리 다쿠시로服部卓四郞
헐Cordell Hull
호리 데이키치堀悌吉
혼조 시게루本庄繁
후시미노미야 히로야스伏見宮博恭
히라누마 기이치로平沼騏一郞
히로타 고키廣田弘毅
히틀러Adolf Hitler

452 쇼와사 – 1

쇼와사 1 전전편(1926~1945)

지은이 : 한도 가즈토시
옮긴이 : 박현미

1판 1쇄 발행일 : 2010. 8. 15.
1판 2쇄 발행일 : 2011. 4. 25.

펴낸이 : 원형준
펴낸곳 : 루비박스
기획·편집 : 허문선
마케팅 : 홍수아
등 록 : 2002. 3. 28. (22-2136)
주 소 : (137-860) 서울시 서초구 서초 2동 1338-21 코리아 비즈니스센터 601
전 화 : 02-6677-9593(마케팅) 02-6447-9593(편집)
팩 스 : 02-6677-9594
이메일 : rubybox@rubybox.co.kr
블로그 : www.rubybox.kr 또는 '루비박스'
트위터 : @rubybox_books